检察证据实用教程

（第二版）

何家弘　杨迎泽　著

中国检察出版社

图书在版编目（CIP）数据

检察证据实用教程/何家弘，杨迎泽著. —2 版. —北京：中国检察出版社，2014.8
ISBN 978－7－5102－1220－8

Ⅰ.①检… Ⅱ.①何… ②杨… Ⅲ.①证据－教材 Ⅳ.①D915.13

中国版本图书馆 CIP 数据核字（2014）第 127465 号

检察证据实用教程
（第二版）

何家弘　杨迎泽　著

出版发行：	中国检察出版社
社　　址：	北京市石景山区香山南路 111 号（100144）
网　　址：	中国检察出版社（www.zgjccbs.com）
电　　话：	（010）68682164（编辑）　68650015（发行）　68636518（门市）
经　　销：	新华书店
印　　刷：	三河市西华印务有限公司
开　　本：	720 mm × 960 mm　16 开
印　　张：	25.75 印张
字　　数：	468 千字
版　　次：	2014 年 8 月第二版　2014 年 8 月第五次印刷
书　　号：	ISBN 978－7－5102－1220－8
定　　价：	68.00 元

检察版图书，版权所有，侵权必究
如遇图书印装质量问题本社负责调换

出 版 说 明

为了进一步贯彻和落实最高人民检察院《2004—2007年全国检察人员培训计划》和《2004—2008年全国检察人才队伍建设规划》的目标任务，适应"以加强执法能力建设为核心，加快推进检察官队伍专业化建设步伐"的具体要求，根据"十五"教育培训规划，我们组织编写了本套高级检察官培训教程。

本套教程采取开放的形式，根据检察工作的特点、规律和发展方向，结合检察人员在岗培训的特点，聘请在法学理论或检察理论研究领域具有较深造诣和在检察实践方面具有丰富实践经验的专家、学者撰写，内容覆盖了检察基本理论与制度、检察证据、检察管理及各部门业务知识，体现出"注重质量，讲求实效"的特点，适合于各类检察人员培训和自学之用。本套教程将陆续出版《检察制度教程》、《检察证据实用教程》、《职务犯罪侦查教程》、《公诉制度教程》、《检察官管理制度教程》等。

丛书编委会
二〇〇六年十一月

第二版前言

刑事司法有一个美丽的传说，那就是"既不冤枉一个好人，也不放纵一个坏人"。但是，在任何一个国家的刑事司法制度下面，这都是做不到的。从这个意义上讲，刑事错案的发生具有不可避免性，只是或多或少的问题。在当今世界，不仅法制不太健全的国家有刑事错案，法制比较健全的国家也有刑事错案。例如，自20世纪90年代中期开始，美国的许多州都建立了"无辜者中心"（Innocent Center），通过"无辜者行动"（Innocent Project）对可能错判的案件进行复查，至2011年4月已经发现并纠正了271起错判案件。由于这类错案复查的手段是DNA检验，所以复查的对象仅限于强奸、杀人等存在生物物证的案件。

2011年4月7日至11日，我应邀到美国的辛辛那提市参加了"2011年无辜者协作网研讨会——错判的国际探索"（2011 Innocence Network Conference: an International Exploration of Wrongful Conviction），并在会上做了关于中国大陆地区刑事错案问题的主题发言，介绍了近年来我们所做的刑事错案实证研究的情况。

近年来，随着一些冤错案件披露报端，错判问题越来越受到国人的关注。其中特别引人注目的是那些涉嫌杀人的大案，如云南省的杜培武案、湖北省的佘祥林案、湖南省的滕兴善案、黑龙江省的石东玉案、吉林省的任忠案、辽宁省的李化伟案、河北省的李久明案、河南省的秦艳红案、山东省的陈世江案、安徽省的刘明河案、福建省的刘日太案、甘肃省的王学义案、陕西省的李菊兰案、广西壮族自治区的邓立强案、重庆市的童立民案、北京市的谭富义案等。有些错判是令人震惊的，譬如 2010 年轰动一时的河南省赵作海案。

毫无疑问，冤错案件的发生是当事人及其亲友的不幸，对社会也会产生负面影响。但是，冤错案件的披露可以使人们更好地认识司法制度存在的问题，从而去改革和完善。2010 年 6 月 13 日，最高人民法院、最高人民检察院、公安部、国家安全部、司法部联合颁布了《关于办理死刑案件审查判断证据若干问题的规定》（在本书中简称为《死刑案件证据规定》）和《关于办理刑事案件排除非法证据若干问题的规定》（在本书中简称为《非法证据规定》），①于 2010 年 7 月 1 日起施行。2012 年 3 月 14 日，第十一届全国人大第五次会议通过了关于修改《中华人民共和国刑事诉讼法》的决定，并于 2013 年 1 月 1 日起施行。新修订的刑事诉讼法②和两个"刑事证据规定"的颁行是中国刑事证据制度改革的重大进步，特别是提升了非法证据排除规则的可操作性，对于防范错判具有积极意义。

为了反映上述变化，我们对本书进行了修订。

何家弘

2014 年初春写于北京世纪城痴醒斋

---

① 以上两个规定在本书中合称为两个"刑事证据规定"。
② 在本书中，如无明确说明，刑事诉讼法均指 2012 年修订的刑事诉讼法。

第一版前言

大约在五年前,我和杨迎泽教授应国家检察官学院和最高人民检察院检察教材编审委员会的委托,撰写了一部《检察证据教程》。几年来,该书在检察系统的培训中广泛使用,据说颇受欢迎并得到不少好评。对此,我甚感欣慰。然而,在过去的五年间,中国的证据法学研究取得了长足的进展,中国的检察人员在运用证据的司法实践中也积累了更加丰富的经验,因此,我深感有必要对该书的内容进行修订和补充。于是,当检察出版社的编辑约我重修该书的时候,我便欣然应允。不过,这次不是简单的修订,而是在原书的基础上重新编写一部更能反映当前科研成果也更有实用价值的检察证据教材。

在中国,检察机关是宪法所确定的法律监督机关,其职权范围是相当广泛的,并不像有些国家那样仅局限为刑事案件的公诉。但是,从职务犯罪侦查到审查批捕和提起公诉,从民事、行政案件的监督到控告、申诉案件的处理,几乎各项检察工作都要和证据打交道。从一定意义上讲,检察人员"办案"就是在"办证据"。因此,收集、审查、运用证据的知识和技能是检察人员都应该掌握的"基本功",而我们编写本教材的目的就是要帮助检察人员掌握这门"基本功"。由于检察工作中涉及的证据以刑事证据为主,所以本教材中讲述的知识、规则和实务也以刑事证据为基本内容。另外,考虑到本书的读者一般为具有比较丰富的法律知识和司法实践经验的高级检察官,我们在一些章节的内容中也包括了对前沿性理论问题的探讨。

  本书是我和杨迎泽教授的合力之作。在我们二人商定的内容框架和修改要点的基础上,上篇和中篇由我撰写,下篇由杨迎泽教授撰写。倘若这本教材能够为中国检察人员专业水平的提高发挥一点促进作用,那我们就会感到莫大的荣幸了。

何家弘
2005 年深秋写于北京世纪城痴醒斋

目　录

上篇　基础知识

第一章　证据与证明 ……………………………………………（ 3 ）
第一节　证据的概念 …………………………………………（ 3 ）
一、证据的语词起源和基本含义 ……………………………（ 4 ）
二、我国诉讼立法上的证据概念 ……………………………（ 5 ）
三、证据的真实性问题 ………………………………………（ 6 ）
四、证据的定义 ………………………………………………（ 9 ）
五、证据的功能 ………………………………………………（ 10 ）
第二节　证明的概念 …………………………………………（ 12 ）
一、证明概念的复杂性与多义性 ……………………………（ 12 ）
二、自向证明与他向证明 ……………………………………（ 13 ）
三、证明与查明 ………………………………………………（ 15 ）
四、证明的定义 ………………………………………………（ 16 ）
第三节　证明的对象 …………………………………………（ 17 ）
一、证明对象的界定 …………………………………………（ 18 ）
二、证明对象的内容 …………………………………………（ 21 ）
第四节　司法证明制度 ………………………………………（ 24 ）
一、法定证明模式 ……………………………………………（ 24 ）
二、自由证明模式 ……………………………………………（ 33 ）
三、法定证明与自由证明的结合 ……………………………（ 35 ）
四、中国的司法证明制度 ……………………………………（ 39 ）

第二章 证据的法定形式 …………………………………（43）

第一节 物证 ……………………………………………（43）
一、物证的概念 ……………………………………（43）
二、物证的种类 ……………………………………（44）
三、物证的特点 ……………………………………（46）

第二节 书证 ……………………………………………（47）
一、书证的概念 ……………………………………（47）
二、书证的种类 ……………………………………（49）
三、书证的特点 ……………………………………（50）

第三节 证人证言 ………………………………………（51）
一、证人证言的概念 ………………………………（51）
二、证人的种类 ……………………………………（52）
三、证人证言的特点 ………………………………（53）

第四节 被害人陈述 ……………………………………（54）
一、被害人陈述的概念 ……………………………（54）
二、被害人的种类 …………………………………（54）
三、被害人陈述的特点 ……………………………（56）

第五节 犯罪嫌疑人、被告人的供述和辩解 …………（57）
一、口供的概念 ……………………………………（57）
二、口供的种类 ……………………………………（57）
三、口供的特点 ……………………………………（58）

第六节 鉴定意见 ………………………………………（59）
一、鉴定意见的概念 ………………………………（59）
二、鉴定意见的种类 ………………………………（59）
三、鉴定意见的特点 ………………………………（61）

第七节 勘验等笔录 ……………………………………（62）
一、勘验等笔录的概念 ……………………………（62）
二、勘验等笔录的种类 ……………………………（63）
三、勘验等笔录的特点 ……………………………（64）

第八节 视听资料和电子数据 …………………………（65）
一、视听资料和电子数据的概念 …………………（65）

二、视听资料和电子数据的种类 …………………………………（ 66 ）
三、视听资料和电子数据的特点 …………………………………（ 67 ）

第三章　证据的学理分类 …………………………………………（ 69 ）

第一节　言词证据与实物证据 ……………………………………（ 69 ）
一、言词证据与实物证据的概念 …………………………………（ 69 ）
二、划分言词证据与实物证据的标准 ……………………………（ 72 ）
三、划分言词证据与实物证据的意义 ……………………………（ 73 ）

第二节　原生证据与派生证据 ……………………………………（ 75 ）
一、原生证据与派生证据的概念 …………………………………（ 75 ）
二、划分原生证据与派生证据的标准 ……………………………（ 77 ）
三、划分原生证据与派生证据的意义 ……………………………（ 78 ）

第三节　直接证据与间接证据 ……………………………………（ 79 ）
一、直接证据与间接证据的概念 …………………………………（ 79 ）
二、划分直接证据与间接证据的标准 ……………………………（ 80 ）
三、划分直接证据和间接证据的意义 ……………………………（ 82 ）

第四节　本证和反证 ………………………………………………（ 85 ）
一、本证和反证的概念 ……………………………………………（ 85 ）
二、划分本证和反证的标准 ………………………………………（ 86 ）
三、划分本证和反证的意义 ………………………………………（ 88 ）

第四章　司法证明的基本原则 ……………………………………（ 90 ）

第一节　实事求是原则 ……………………………………………（ 90 ）
一、实事求是原则的内容 …………………………………………（ 90 ）
二、从偏重实体的公正观转向实体和程序并重的公正观 ………（ 91 ）

第二节　程序法定原则 ……………………………………………（ 92 ）
一、程序法定原则的内容 …………………………………………（ 92 ）
二、从长官至上的执法观转向法律至上的执法观 ………………（ 94 ）

第三节　人权保障原则 ……………………………………………（ 95 ）
一、人权保障原则的内容 …………………………………………（ 95 ）
二、从一元片面的价值观转向多元平衡的价值观 ………………（ 96 ）

第四节　证据裁判原则 …………………………………………（98）
　　一、证据裁判原则的内容 …………………………………（98）
　　二、从查明事实的办案观转向证明事实的办案观 ………（99）

第五节　直接言词原则 …………………………………………（100）
　　一、直接言词原则的内容 …………………………………（100）
　　二、从侦查中心的程序观转向审判中心的程序观 ………（101）

第五章　司法证明的方法 …………………………………（104）

第一节　司法证明方法的特点和种类 …………………………（104）
　　一、司法证明方法的特点 …………………………………（104）
　　二、司法证明方法的种类 …………………………………（106）

第二节　同一认定的方法 ………………………………………（109）
　　一、同一认定的概念 ………………………………………（110）
　　二、同一认定的对象 ………………………………………（111）
　　三、同一认定的依据 ………………………………………（113）
　　四、同一认定的科学基础 …………………………………（114）
　　五、同一认定的一般方法 …………………………………（117）
　　六、同一认定的基本步骤 …………………………………（120）

第三节　推理和推定的方法 ……………………………………（122）
　　一、推理和推定的概念 ……………………………………（122）
　　二、推理的方法 ……………………………………………（124）
　　三、推定的方法 ……………………………………………（126）

中篇　证明规则

第六章　司法证明规则概述 ………………………………（137）

第一节　司法证明规则的概念和种类 …………………………（137）
　　一、司法证明规则的概念 …………………………………（137）
　　二、证明规则的性质 ………………………………………（138）
　　三、证明规则的种类 ………………………………………（139）

第二节　外国司法证明规则简介 …………………………………（140）
一、关于取证的规则 ……………………………………………（140）
二、关于举证的规则 ……………………………………………（142）
三、关于质证的规则 ……………………………………………（143）
四、关于认证的规则 ……………………………………………（143）

第三节　中国司法证明规则体系的完善 …………………………（146）
一、司法证明规则体系的现状与问题 …………………………（146）
二、完善司法证明规则体系的思路和构想 ……………………（147）

第七章　取证规则 ……………………………………………………（149）

第一节　询问规则 …………………………………………………（149）
一、询问的概念 …………………………………………………（149）
二、询问的种类 …………………………………………………（150）
三、询问的规则 …………………………………………………（150）

第二节　讯问规则 …………………………………………………（152）
一、讯问的概念 …………………………………………………（152）
二、讯问的任务 …………………………………………………（152）
三、讯问的规则 …………………………………………………（153）
四、关于沉默权的规则 …………………………………………（155）

第三节　辨认规则 …………………………………………………（156）
一、辨认的概念 …………………………………………………（156）
二、辨认的种类 …………………………………………………（156）
三、辨认的规则 …………………………………………………（157）

第四节　勘验、检查规则 …………………………………………（158）
一、勘验、检查的概念和种类 …………………………………（158）
二、勘验、检查的规则 …………………………………………（159）

第五节　搜查规则 …………………………………………………（161）
一、搜查的概念 …………………………………………………（161）
二、搜查的种类 …………………………………………………（161）
三、搜查的规则 …………………………………………………（162）

第六节　证据保全规则 ……………………………………………（163）
一、证据保全的概念 ……………………………………………（163）

二、证据保全的功能 …………………………………… (164)
　　三、证据保全的种类 …………………………………… (165)
　　四、证据保全的规则 …………………………………… (166)

第七节　侦查实验规则 ……………………………………… (167)
　　一、侦查实验的概念 …………………………………… (167)
　　二、侦查实验的种类 …………………………………… (168)
　　三、侦查实验的规则 …………………………………… (168)

第八节　鉴定规则 …………………………………………… (169)
　　一、鉴定的概念和种类 ………………………………… (169)
　　二、鉴定的规则 ………………………………………… (169)
　　三、鉴定的规范化问题 ………………………………… (172)

第八章　举证规则 …………………………………………… (175)

第一节　举证责任的概念 …………………………………… (175)
　　一、举证责任与证明责任 ……………………………… (175)
　　二、举证责任的概念 …………………………………… (177)

第二节　刑事诉讼中举证责任分配的一般规则 …………… (178)
　　一、无罪推定原则 ……………………………………… (178)
　　二、公诉案件由公诉方承担举证责任 ………………… (179)
　　三、自诉案件由自诉人承担举证责任 ………………… (180)

第三节　刑事诉讼中举证责任分配的特殊规则 …………… (180)
　　一、举证责任的转移 …………………………………… (180)
　　二、举证责任的倒置 …………………………………… (182)
　　三、举证责任的免除 …………………………………… (187)

第四节　刑事诉讼中举证的程序性规则 …………………… (189)
　　一、审前证据展示 ……………………………………… (189)
　　二、庭审中举证的顺序 ………………………………… (191)
　　三、举证的方式 ………………………………………… (194)
　　四、举证的时限 ………………………………………… (194)
　　五、补充举证 …………………………………………… (195)

第九章　质证规则 …………………………………………………（196）

第一节　质证的一般性规则 ……………………………………（196）
一、质证的主体 ………………………………………………（198）
二、质证的对象 ………………………………………………（199）
三、质证的内容 ………………………………………………（201）
四、质证的功能 ………………………………………………（202）

第二节　质证的保障性规则 ……………………………………（203）
一、当庭质证规则 ……………………………………………（203）
二、直接质证规则 ……………………………………………（204）
三、公开质证规则 ……………………………………………（205）
四、平等质证规则 ……………………………………………（205）

第三节　质证的程序性规则 ……………………………………（206）
一、质证的顺序 ………………………………………………（206）
二、质证的程式 ………………………………………………（206）
三、质证的基本方式：交叉询问 ……………………………（208）

第十章　认证规则 …………………………………………………（211）

第一节　认证的一般性规则 ……………………………………（211）
一、认证的主体 ………………………………………………（211）
二、认证的对象 ………………………………………………（212）
三、认证的内容 ………………………………………………（212）
四、认证的方式 ………………………………………………（214）

第二节　证据的采纳规则 ………………………………………（218）
一、采纳证据的一般标准 ……………………………………（218）
二、证据排除规则 ……………………………………………（219）
三、证据的有限采纳规则 ……………………………………（225）

第三节　证据的采信规则 ………………………………………（233）
一、采信证据的一般标准 ……………………………………（233）
二、补强证据规则 ……………………………………………（234）
三、证明力优先规则 …………………………………………（234）
四、心证公开规则 ……………………………………………（235）

第四节 证明标准问题 (236)
　一、与证明标准有关的几对基本范畴 (236)
　二、司法证明的目的和标准 (245)
　三、关于我国司法证明标准体系的构想 (248)
　四、司法证明标准的规范化 (250)

下篇　证据实务

第十一章　检察证据实务概述 (257)

第一节　检察证据实务的内容和特点 (257)
　一、检察证据实务的内容 (257)
　二、检察证据实务的特点 (262)

第二节　检察人员评断证据的一般方法和步骤 (263)
　一、评断证据的一般方法 (263)
　二、评断证据的基本步骤 (265)

第三节　评断证据真实性的方法 (266)
　一、分析证据内容的可信度 (267)
　二、分析证据来源的可信度 (270)

第四节　评断证据价值的方法 (273)
　一、分析每个证据的证明力 (274)
　二、分析全部已知证据的证明力 (275)

第五节　间接证据的综合评断 (275)

第十二章　直接受理立案侦查案件的证据实务 (281)

第一节　贪污案件中证据的收集和审查判断 (281)
　一、贪污案件的证明对象 (281)
　二、贪污案件的证明责任 (283)
　三、贪污案件证据的特点 (284)
　四、贪污案件证据的收集 (287)
　五、贪污案件证据的审查判断 (290)

第二节 贿赂案件中证据的收集和审查判断 ……………… (293)
  一、贿赂犯罪的修订及贿赂犯罪的发展趋势 …………… (293)
  二、贿赂犯罪案件证据的特征 …………………………… (294)
  三、贿赂犯罪案件证据的收集 …………………………… (295)
  四、贿赂犯罪案件证据的审查判断 ……………………… (303)

第三节 渎职案件中证据的收集和审查判断 ……………… (305)
  一、渎职犯罪案件的证明对象 …………………………… (305)
  二、渎职犯罪案件证据的特点 …………………………… (307)
  三、渎职犯罪案件证据的收集 …………………………… (308)
  四、渎职犯罪案件证据的审查判断 ……………………… (310)

第十三章 审查批捕中的证据实务 ………………………… (312)

第一节 批捕证据审查的内容 ……………………………… (312)
  一、批捕证据审查的范围 ………………………………… (312)
  二、批捕证据审查的内容 ………………………………… (313)

第二节 批捕证据审查的特点 ……………………………… (317)
  一、批捕证据审查的主体特定性 ………………………… (317)
  二、批捕证据审查的时间特定性 ………………………… (319)
  三、批捕证据审查的重点是审查逮捕的条件 …………… (320)
  四、批捕证据审查的全面性 ……………………………… (321)
  五、涉及未成年人涉嫌犯罪的证据审查的特殊性 ……… (321)

第三节 批捕证据的标准 …………………………………… (322)
  一、逮捕的证明标准 ……………………………………… (322)
  二、我国刑事诉讼中逮捕的证明标准 …………………… (322)

第四节 批捕证据审查的方法和步骤 ……………………… (325)
  一、批捕证据审查对检察人员的能力要求 ……………… (325)
  二、批捕证据审查的方法和步骤 ………………………… (326)

第十四章 审查起诉中的证据实务 ………………………… (330)

第一节 起诉证据审查的内容 ……………………………… (330)
  一、受理移送审查起诉案件证据必须查明的内容 ……… (331)
  二、审查移送审查起诉证据必须查明的内容 …………… (331)

第二节　起诉证据审查的特点 (336)
一、起诉证据审查由人民检察院审查起诉部门的检察员、助理检察员进行，也可由检察长直接承办 (336)
二、起诉证据审查必须在一定的期限内完成 (336)
三、对起诉证据必须进行全面审查 (337)
四、人民检察院对起诉证据应当进行深入细致的审查 (338)
五、对未成年人涉嫌犯罪案件起诉证据的审查特点 (339)

第三节　起诉证据的标准 (339)
一、我国刑事诉讼法对起诉证明标准的规定 (339)
二、国外有关起诉证明标准的规定 (341)
三、掌握刑事起诉证明标准应注意的问题 (342)

第四节　起诉证据审查的方法和步骤 (343)
一、审阅案卷 (344)
二、讯问犯罪嫌疑人 (347)
三、听取被害人及其诉讼代理人的意见 (348)
四、听取辩护人的意见 (349)
五、调查核实证据 (349)
六、补充侦查 (351)

第十五章　庭审中的证据实务 (352)

第一节　起诉证据的准备和出示 (352)
一、起诉证据的准备 (352)
二、起诉证据的出示 (356)

第二节　辩护证据的分析与反驳 (362)
一、认真宣读起诉书，打好第一炮 (362)
二、搞好庭审调查，掌握控诉主动权 (363)
三、认真发表公诉词是出庭成功的保证 (363)
四、掌握答辩规律和法庭辩论重点，采用正确的答辩方法 (364)
五、庭审中的几种对策 (365)

第三节　庭审中的质证技巧与策略 (367)
一、质证概述 (367)
二、我国刑事诉讼中质证的特点 (369)

三、质证技巧与策略 …………………………………………（370）

第十六章　民事行政检察证据实务 …………………………（378）

第一节　当事人在民事行政检察中的举证 ……………………（378）
　　一、当事人在民事行政抗诉案件审查中的举证义务 …………（378）
　　二、举证义务的承担与转换 ……………………………………（379）
　　三、当事人无须举证的事实 ……………………………………（380）

第二节　检察机关在民事行政检察中的调查 …………………（381）
　　一、检察机关在审查民事行政案件中调查的必要性 …………（381）
　　二、检察机关查证的范围 ………………………………………（382）

第三节　民事行政检察证据审查的方法和步骤 ………………（383）
　　一、公开审查程序的概念和内容 ………………………………（383）
　　二、审查公开的含义 ……………………………………………（384）
　　三、公开审查的方法 ……………………………………………（384）
　　四、同时听取当事人陈述的步骤 ………………………………（385）
　　五、适用公开审查程序应注意的问题 …………………………（386）

上篇　基础知识

第一章
证据与证明

在研习证据法学的时候，人们首先面临的问题就是：什么是证据？什么是证明？因此，明确证据和证明的概念，是研究和探讨证据法学中一系列问题的基础。在本章中，我们从社会生活、法律规定、司法实践等角度探讨了证据和证明的概念，并在此基础上阐述了证明的对象。最后，我们还从历史的角度探讨了司法证明制度的发展趋势。

第一节 证据的概念

人们在日常生活中使用"证据"这个语词的时候，也许并不会刻意去研究它的定义，甚至会认为"证据就是证据"。但是在司法活动中，明确证据的概念却是非常重要的。如果司法人员对证据的概念有不同的理解，那么在司法活动中运用证据认定案件事实的时候就会出现混乱和偏差，就会影响司法的公正性和判决的正确性。然而，证据的界定并不是一个简单的问题。学者们在这一问题上就有许多不同的观点。有人认为，证据是法官确认案件事实的"原因"；有人认为，证据是举证与调查的"结果"；有人认为，证据是认定案件事实的"方法"；有人认为，证据是证明案件事实的"根据"；有人认为，证据是对案件事实的"反映"；有人认为，证据是与案件事实有关的"信息"；有人认为，证据是认定案件事实的"材料"；有人认为证据是证明案件真实情况的"事实"；也有人认为，证据是"事实材料"与"证明手段"的统一；还有人认为，证据的概念有广义与狭义之分，而究竟何为广义证据何为狭义证据，人们又有不同的理解。总之是众说纷纭，莫衷一是。语言是人类交流思想的工具，是在人类重复使用中约定俗成的。因此，为了明确证据的概念，我们有必要先考察一下证据一词的历史沿革以及人们在使用这个语词时所赋予它的基本含义。当然，我们这里研究的对象是汉语。

一、证据的语词起源和基本含义

证据一词在汉语中的准确起源已经很难查考。唐代文豪韩愈在《柳子厚墓志铭》中曾经写下了"议论证据今古，出入经史百子"①的名句。然而，其中的"证据"是动词，意为"据史考证"或"据实证明"。在古汉语中，证据二字往往是分开使用的。其中，"证"字犹如现代的证据，但多指人证；"据"字则意为依据或根据。例如，《唐律·断狱》中就多有"据众证定罪"之用语。及至清代，法律中仍有"众证明白，即同狱成"的规定。20世纪初，随着白话文的推广，证据二字才越来越多地合并为一个词使用，而且多出现在与法律事务有关的文字之中。例如，南京临时政府于1912年3月2日颁布的《大总统令内务、司法两部通饬所属禁止刑讯文》中规定："不论行政司法官署，及何种案件，一概不准刑讯。鞫狱当视证据之充实与否，不当偏重口供。其从前不法刑具，悉令焚毁。"②这可以视为后来在我国颇为流行的"重证据，不轻信口供"之办案原则的发端。

现在，证据已经是汉语中常用的语词之一。诚然，人们在日常生活的非法律事务中也使用这一概念，但是，由于它在法律事务中具有特别重要的地位和最高的使用频率，所以它仍然在很大程度上属于专门的法律术语，以至于人们一听到这两个字就会首先联想到案件、纠纷、调查、审判等法律事务中的问题。《辞海》中对证据的解释即："法律用语，据以认定案情的材料。"从这个意义上讲，人们在日常生活的非法律事务中使用证据一词时实际是在借用法律术语。

由此可见，证据首先是或者主要是法律领域的专门用语。人们在日常生活中对证据一词的理解也是以法律领域的概念为基础的。二者之间没有也不应该有本质上的差异。人们在讨论证据概念问题时必须从这两个字的基本含义出发，不应片面强调法律用语和人们日常生活用语的差异，不应偏离人们在长期形成的语言习惯中对证据一词的理解去再造什么"法律证据"或"法律事务

---

① 《辞海·语词分册》，上海辞书出版社1979年版，第373页。
② 转引自陈一云主编：《证据学》，中国人民大学出版社1991年版，第77页。

证据"的概念。

从汉语的字词结构来理解,证据就是证明的根据。这是对证据一词最简洁最准确的解释,也是人们在日常生活中普遍接受的证据基本含义。由此可见,证据一词并没有真假善恶的价值取向。好人可以使用证据,坏人也可以使用证据。无论要证明的是什么,也无论证明的根据是什么,只要按照一定的规则把甲用做证明乙的根据,甲就是证据。就真假的两值观念而言,"根据"一词是中性的,它可真可假,也可以同时包含真与假的内容。诚然,在法律上界定证据的概念,可以使用更为具体更为明确的语言,但是不应偏离这一语词本身所具有的基本含义。语词的基本含义是人们在使用该语词的长期过程中约定俗成的。如果抛开这一点,就会背离语言的使用规律。

二、我国诉讼立法上的证据概念

中华人民共和国成立以后,随着人民司法制度的建立,证据问题也逐渐受到人们的重视。那一时期人们对证据问题的研究及有关的论述主要集中在证据的意义或重要性上,还没有深入证据的概念和特征等理论问题。不过,当时的一些法规性文件在强调要重视证据调查的同时,也谈到了什么是证据的问题。例如,中共中央在1955年作出的《关于彻底肃清暗藏的反革命分子的指示》中说道:"不漏掉一个反革命分子和不冤枉一个好人,分别是非轻重,根本的办法是依靠证据。证据就是人证和物证。证据也有真假之分,所以要经过鉴定。"[①]

1979年7月1日,第五届全国人民代表大会第二次会议通过了新中国第一部刑事诉讼法。该法第31条规定:"证明案件真实情况的一切事实,都是证据。"这是我国法律首次对证据一词作出的明确解释。1989年的行政诉讼法和1991年的民事诉讼法,以及1996年修正的刑事诉讼法都明示或默示地接受了这一解释。于是,我国学者多把它作为界定证据概念的法律依据,得出"证据就是证明案件真实情况的事实"这样的证据定义。[②] 对于这条法律规定的含义,我们还将在后面作进一步的讨论。

在"证据就是证明案件真实情况的事实"这一定义中,核心词是"事实",因此可以将其简化为"证据即……事实"。这一定义与前文谈到的证据语词的基本含义之间的区别就在于它把"根据"改成了"事实"。这一改变的

[①] 巫宇甦主编:《证据学》,群众出版社1985年版,第60页。
[②] 参见江伟主编:《证据法学》,法律出版社1999年版,第206页。

用意是显而易见的，即要强调证据的真实性，因为"事实"与"根据"有着不同的性质。就证据是否属实的价值取向而言，"根据"是个中性词，而"事实"则站在真实一方，把一切不属实的东西都排斥在证据的范畴之外。一言以蔽之，"不属实者非证据"！

诚然，"根据"一词确实有些抽象。学者在界定证据的概念时要对其进行解释和说明也无可非议，但是不能偏离其本意。比方说，用"依据"、"凭据"等近义词代替"根据"就不会改变词义；用"材料"、"手段"等同样没有真假价值取向的中性词说明"根据"也不会造成使用中的混乱与矛盾。至于"材料"和"手段"等词能否准确全面地表达"根据"一词的内涵，则另当别论。但是，一旦改变了原来词语的属性，用具有真假价值取向的"事实"代替本来没有真假价值取向的"根据"，就会背离该语词的原意并造成使用上的混乱和矛盾。例如，1996年修正的《刑事诉讼法》第42条在列举了物证、书证等7种证据之后，又明确指出："以上证据必须经过查证属实，才能作为定案的根据。"如果按照"不属实者非证据"的观点界定证据的概念，那么这条法律规定显然就有些自相矛盾了。试问：既然证据都是"真实的"事实，既然不属实的东西都不是证据，那么还有什么必要去"查证属实"呢？已经肯定是事实的东西却还要让人去审查它是不是事实，岂不荒唐！由此可见，把证据界定为"证明案件真实情况的事实"不符合人们的语言习惯，而且容易陷入难以自圆其说的境地。

三、证据的真实性问题

上述证据定义与证据一词的基本含义之间的分歧，归根结底是以认识论为基础的证据真实性问题，其焦点在于是否只有属实的才能叫做证据。对于这个问题，我们可以从司法实践和认识论两个方面来回答。

（一）从司法实践来看，"不属实者非证据"的观点无法成立

众所周知，无论是在刑事诉讼、民事诉讼还是在行政诉讼中，当事人提交司法机关的证据和司法机关自己收集的证据中都是有真有假的，因此才需要认真地审查评断。按照"不属实者非证据"的观点，这些当事人提交的和司法机关收集的证据显然就不能称为"证据"了，因为它们都存在着不属实的可能性。

实践经验还告诉我们，不仅当事人提供的和司法机关收集的证据中有真有假，司法机关审查判断之后用做定案根据的证据中也会有真有假，否则就不会有冤假错案了。有时，法官采信的证据被后来的事实证明为假；有时，法官决

定不予采信的证据又被后来的事实证明为真。

例如,在一起合同诈骗案件中,一审法院的法官请笔迹专家对合同上的字迹进行了鉴定。但是后来经过对案件中各种证据的综合评断,法官认为该鉴定结论不符合案件中的真实情况,未予采信。我们能因此说该鉴定结论就不是证据吗?否!它当然是证据,只是没有被该法官采信而已。事实上,该案的上诉审法院后来又采信了该鉴定结论,将其作为二审推翻原判的根据。如果因为一审法官没有采信该鉴定结论就说其不是证据,那么二审法官采信之后它怎么又变成了证据?同一样东西,一会儿是证据,一会儿不是证据,而且仅仅以法官是否采信为标准。这不仅否定了证据的客观存在性,而且否定了证据的统一确定性。其结果必然是证据理论上的自相矛盾与司法实践中的混乱。

人非圣贤,孰能无过?法官不是"神仙",怎能要求他们在审查评断证据时不得犯任何错误?即使在那些还没有被发现为冤假错案的判决中,以及在法官们正在作出和将要作出的判决中,难道就肯定没有内容不属实或者不完全属实的证据吗?对这个问题,每位诚实的法官恐怕都很难作出"肯定没有"的回答。那么按照"不属实者非证据"的定义,这些被法官采信但是有可能不属实的证据自然也就不能称为"证据"了。

严格地说,在任何一起案件的定案依据中都存在着证据不完全属实的可能性。而且就每一个具体证据来说,其中也存在着不完全属实的可能性。例如,证人证言往往都不是百分之百的属实。法官在决定采信一份证言的时候往往也知道该证言的内容只是基本属实。那么,证言中不属实或可能不属实的部分还是不是证据呢?如果对此问题作出否定的回答,那么一份证言就同时既是证据又不是证据,而提供该证言的人就既是证人又不是证人了。这显然是一种很难被人们接受的结论。

于是,人们就被"不属实者非证据"的定义带入一种非常尴尬的境地。以刑事案件的诉讼过程为例:当事人和证人提供的证据可能不属实,不能称为证据;侦查人员收集的证据也可能不属实,也不能称为证据;检察人员提交审判的证据还可能不属实,还不能称为证据;一审法院认定的证据仍然可能不属实,仍然不能称为证据;二审法院……这样一来,证据何在?证据岂不成了人们在现实生活中可望而不可即的东西!

(二)从认识论的角度来看,"不属实者非证据"的观点也难以成立

辩证唯物主义认为,世界是可知的,人类是有能力认识一切客观真理的。但是,这并不等于说世界上的事物对每个具体的人来说都是可知的,并不等于说每个具体的人都有能力认识客观真理。恩格斯在《反杜林论》中曾经精辟地指出:"一方面,人的思维的性质必然被看做是绝对的,另一方面,人的思

维又是在完全有限地思维着的个人中实现的。这个矛盾只有在无限的前进过程中，在至少对我们来说实际上是无止境的人类世代更迭中才能得到解决。从这个意义来说，人的思维是至上的，同样又是不至上的，它的认识能力是无限的，同样又是有限的。按它的本性、使命、可能和历史的终极目的来说，是至上的和无限的；按它的个别实现和每次的现实来说，又是不至上的和有限的。"①

人们对证据和案件事实的认识都属于认识的"个别实现"，都是"在完全有限地思维着的个人中实现的"，都是不可能无限期、无止境地进行下去的，因此就每一个具体案件来说，人们对证据和案件事实的认识都不是"绝对真理"，都只能是"相对真理"。换言之，人们对每个具体案件和具体证据的认识都不是百分之百的"属实"，而只是在不同程度上的"属实"。承认这一点，证据才不会仅仅存在于"理想的王国"里，才能具有现实的意义。

司法活动中面临的证据错综复杂，而且对证据的收集和使用要受时间、空间等多方条件的限制，因此司法人员对证据的认识便不可避免地带有一定的局限性和模糊性。其实，案件中的证据问题并不像人们想象的那么简单。在有些人的心目中，似乎案件事实总是泾渭分明的，案件中的证据总是一清二白的。他们喜欢或者习惯于用非此即彼、非真即假、非对即错、非黑即白的思维方式看待案件事实和有关的证据。在他们眼中，一件证据要么就是真的，要么就是假的，绝对不能处于可真可假、半真半假的状态；一个事实认定结论，要么就是对的，要么就是错的，绝对不应出现或对或错、有对有错的情况。

然而，这是一种形而上学的思维习惯。恩格斯在《自然辩证法》一书中指出："一切差异都在中间阶段融合，一切对立都经过中间环节而互相过渡，对自然观的这种发展阶段来说，旧的形而上学的思维方法就不再够了。辩证法不知道什么绝对分明和固定不变的界限，不知道什么无条件的普遍有效的'非此即彼'，它使固定的形而上学的差异互相过渡，除了'非此即彼'，又在适当的地方承认'亦此亦彼'，并且使对立互为中介。"② 实践经验告诉我们，人们在通过证据认定案件事实的时候经常要不可避免地面临那种非黑非白的"灰色地带"，即使是所谓的"科学鉴定"结论亦然。例如，在笔迹鉴定和司法精神病鉴定等在很大程度上要依靠鉴定人员的个人主观经验的鉴定中，这种"灰色地带"就时有所见。因此，证据只能真不能假的"定论"在理论上也是站不住脚的。

---

① 《马克思恩格斯选集》（第3卷），人民出版社1972年版，第126页。
② 《马克思恩格斯选集》（第3卷），人民出版社1972年版，第535页。

为了解释立法规定与司法实践在证据真实性问题上的矛盾，有些学者把证据分为广义证据与狭义证据，前者有真有假，后者都是真的；还有些学者把证据分为证据事实和证据材料，前者都是真的，后者可真可假。从表面上看，这样的划分似乎解决了立法定义与司法实践脱节的问题，但是，只要不把证据说成是"天堂"里才有的东西，这两种观点就仍然无法回避由司法人员查证属实的证据是否就可以肯定是"证明案件真实情况的事实"的问题。如果说"广义证据"或"证据材料"只要一经过审判人员的"加工和提炼"就都变成了绝对属实的证据，那么侦查人员、检察人员和诉讼律师会有何感想？其实，无论称为"狭义证据"还是"证据事实"，都不能保证审判人员在审查评断证据的时候绝对不出现任何误差。

另外，上述划分给证据一词两种颇不相同的解释，就使得我国诉讼立法中的有关规定陷入了"偷换概念"或者违反同一律的尴尬境地，因为诉讼法本身在使用证据这一术语时并没有作出这种划分。法律并没有说证明案件真实情况的一切事实，都是"狭义证据"或"证据事实"；也没有说以上"广义证据"或"证据材料"必须经过查证属实，才能作为定案的根据。上述两种解释等于说法律起草者们在使用证据这一概念时一会用的是"广义证据"，一会用的是"狭义证据"；一会说的是"证据事实"，一会说的是"证据材料"。起草者们恐怕很难接受这番"好意"，因为他们绝不愿意承认自己在起草法律时居然犯下了这么简单的逻辑错误。

顺便说一句，用"诉讼证据"的概念也不能解决证据是否必须属实的问题。诉讼证据当然是指在诉讼活动中使用的证据，或者说被法庭采用的证据。但是，人们并不能因此得出诉讼证据都一定属实而其他证据则有真有假的结论。证据法学研究的对象不仅是诉讼证据，也包括非诉讼证据，如仲裁中使用的证据，调解中使用的证据，公证中使用的证据，行政执法中使用的证据，等等。人们可以把证据划分为诉讼证据和非诉讼证据，还可以进一步把诉讼证据划分为刑事诉讼证据、民事诉讼证据和行政诉讼证据等。然而，这些划分的子项都应该具有母项的基本特征。人们不能说证据有真有假，诉讼证据却都是真实的。其中的道理显而易见，毋庸赘述。

四、证据的定义

从法律的角度界定，证据就是证明案件事实或者与法律事务有关之事实存在与否的根据或者材料。无论这些根据是真是假或半真半假，它们都是证据；无论这材料是否被法庭采信，它们都是证据。至于这证明根据的具体表现形式或存在形式,那就是法律中列举的物证,书证,证人证言,当事人陈述,勘验、检查笔录,鉴定意见,视听资料等。在此,我们有必要区分证据和定案根据这两个既有联系又有区别的概念。一般来说,定案根据都是证据;但是证据并不一定都能成为定案根据。在诉讼过程中,那些未能被法官采信的证据,也仍然是证据,只是未能成为定案根据而已。

那么,究竟应该如何理解我国刑事诉讼法等法律中对证据的解释呢?严格地说,诉讼法上的这种规定并不是证据的定义。从逻辑学的角度分析,"证明案件真实情况的一切事实,都是证据",这是一个全称肯定判断,即"所有S是P"。在这个判断中,主项S是周延的,但是谓项P不周延。这就是说,所有S都是P,但是并非所有P都是S,因此这个判断中的主项和谓项是不能颠倒的。例如,我们可以说所有"中国人"都是"人",但是我们不能因此得出结论说所有"人"都是"中国人"。回到证据问题上,所有"证明案件真实情况的事实"都是"证据",这并不等于说所有"证据"都是"证明案件真实情况的事实",证据中也可以有不属实或者不完全属实的东西。由此可见,诉讼法上的这条规定可以理解为法律对证据的要求,即诉讼中使用的证据应该是能够证明案件真实情况的事实,但是司法实践中的证据未必都能达到这一标准。换言之,诉讼中使用的证据应该是真实的,但是现实中的证据并不一定都是真实的。

2012年刑事诉讼法修正了过去的表述,使诉讼法中关于证据概念的表述更为合理。该法第48条规定:"可以用于证明案件事实的材料,都是证据。"根据这条规定的精神,我们可以把证据的概念界定为"可以用于证明案件事实的材料"。

五、证据的功能

证据的基本功能就在于它具有证明一定事实存在与否的作用。对于司法活动和执法活动来说,这种作用具有特别重要的意义。概括而言,司法活动和执法活动有两项基本任务:其一是准确认定案件事实或其他争议事实;其二是正确适用有关的法律规定。在这两项基本任务中,前者无疑应占首位,因为准确认定案件事实是正确适用法律的前提条件和基础。

人们习惯于把司法机关受理的案件称为"法律纠纷"。然而,大多数案件实际上都属于"事实纠纷",而不是"法律纠纷",因为双方当事人在案件中的主要争议往往是事实问题,不是法律问题。例如,张三起诉李四借钱不还,但是李四说他根本没有借过张三的钱;检察官指控某人抢劫杀人,但是被告人坚决否认。诚然，在有些诉讼纠纷中，案件事实基本清楚，双方争议的焦点便落在了法律问题上。例如，张三指控李四剽窃了他的作品，李四对指控事实没有争议，但是认为那在法律上不应该被定为剽窃行为；检察官指控某人受贿，被告人不否认接受金钱的事实，但是认为自己不符合受贿罪的法定主体条件。不过，解决这些"法律纠纷"也必须以一定的事实为基础，也离不开具有事实证明功能的证据。正是由于事实问题和证据问题在司法活动中如此重要，所以证据理论才在法学领域内产生并发展为一个独立的学科体系。

证据在司法活动中的功能主要表现在以下三个方面：

（一）证据是认定案件事实的基础

案件事实是发生在过去的事件。对于当事人来说是这样，对于办案的司法人员来说更是如此。从某种意义上讲，认定案件事实的工作与历史学家的工作非常相似，都必须通过现存的材料去认识发生在过去的事件。一方面，二者都必须经常进行逆向思维，即从现在去认识过去，从结果去认识原因；另一方面，二者对过去事件的认识都不是直接实现的，而是间接地通过各种"证据"来实现的。司法人员面对的案件情况往往是错综复杂的，需要处理的证据经常是真假难辨的，而且他们对证据的收集和评断还要受多方因素的制约和影响。要想在这种难度极大的认识活动中准确地认定案件事实，就必须严格遵守司法证明的科学规律，就必须努力提高司法活动的科学性。司法证明的科学规律，就是科学地运用各种证据证明案件事实的规律。要保证司法裁判的科学性，就必须依靠证据，就必须重视证据。总之，科学的证明离不开科学的证据，证据是认定案件事实的基础。

（二）证据是实现司法公正的前提

证据的这种功能是与前一项功能密切相关的。司法公正的要旨在于司法机关在审理各种案件和处理各种纠纷的时候坚持公平、正义的原则，但是这一切都必须建立在正确认定案件事实的基础之上。例如，某甲违约就应该承担相应的赔偿责任，某乙犯罪就应该受到相应的惩罚，但是这有一个重要的前提条件，那就是某甲确实违了约和某乙确实犯了罪。如果某甲本来没有违约，某乙本来没有犯罪，法院却让某甲赔偿、让某乙受罚，那么这显然就违反了司法公正的原则。当然，如果某甲确实违了约，某乙确实犯了罪，但是法院让其逃避处罚或刑罚，那也是违背了司法公正的精神。实现司法公正的首要问题就是要准确地认定案件事实，就必须重视证据的作用。由此可见，证据是实现司法公正的前提条件。离开证据，司法公正就是一句空话。

（三）证据是维护当事人合法权益的保障

证据的这种功能表现在两个方面：其一是在实体方面维护当事人的合法权

益；其二是在程序方面维护当事人的平等权利和正当权利。无论是诉讼当事人还是非诉讼法律事务的当事人，要保护自己的实体性合法权益就必须用证据来证明自己的主张。没有证据支持的主张就不会得到法律的保护，相应的权益也就得不到保障。例如，张三借给李四10万块钱，李四到期不还，张三便起诉到法院，请求法院维护他的合法权益。但是，如果他没有证据证明借钱的事实，法院就不会支持他的诉讼主张，他的合法权益也就无法得到保护。证据在程序方面维护当事人权利的功能主要表现为证据规则的作用。维护当事人在诉讼中的平等正当权利，首先，就要有切实可行的举证规则和质证规则来保障当事人能够行使收集证据、使用证据和审查证据的权利；其次，要有严格的证据排除规则来防止有关人员滥用职权或使用非法手段收集证据，侵犯当事人的合法权利。例如，刑事诉讼中禁止刑讯逼供的证据规则就是为了保护被告人或犯罪嫌疑人的合法权利；民事诉讼中禁止使用非法收集的证据也是为了保护对方当事人的合法权利。由此可见，没有证据和相应的证据规则，诉讼活动和其他法律事务当事人的合法权利就很难得到有效的保障。

第二节 证明的概念

本节中所讲的"证明"是司法证明，即司法活动中的证明，或者说，为司法裁判服务的证明。由于司法证明活动存在于各种诉讼过程之中，所以也可以称为"诉讼证明"。为了叙述的简便，我们将使用"证明"一词代表司法活动中的证明，只有在必须明确和行文需要时才使用"司法证明"。

一、证明概念的复杂性与多义性

证明是人们在社会生活和科学研究领域内广泛使用的一个概念。根据《汉语大词典》上的解释，证明就是"据实以明真伪"。[1] 根据《现代汉语词典》中的解释，证明是指"用可靠的材料来表明或者断定人或事物的真实性"。[2] 在"证明"一词中，"证"的含义是证据；"明"的含义是明确、说明或表明。因此，证明就是用证据来明确、说明或表明。

证明的概念貌似简单，其实很复杂，因为人们在使用这个概念的时候可以表示不同的含义。例如，证明可以表示从已知到未知的推论活动；可以表示支

---

[1] 《汉语大词典》（第11卷），汉语大词典出版社1993年版，第430页。
[2] 《现代汉语词典》，商务印书馆1996年版，第1608页。

持某种观点或论断的说明活动；可以表示为某人或某事作证或担保的行为；还可以表示各种具有证明作用的文书。即使在证据法学领域内，学者们对证明的概念也有不同的解释。例如，有人认为"诉讼中的证明……是指司法机关或当事人依法运用证据确定或阐明案件事实的诉讼活动"；[1] 有人认为"证明就是认知案件事实的理念运动和具体过程的统一"；[2] 有人认为证明"是指诉讼主体按照法定的程序和标准，运用已知的证据和事实来认定案件事实的活动"；[3] 也有人认为"证明就是国家公诉机关和诉讼当事人在法庭审理中依照法律规定的程序和要求向审判机关提出证据，运用证据阐明系争事实、论证诉讼主张的活动"；[4] 还有人把证明分为广义的和狭义的，狭义的证明是指"司法机关和当事人依法运用证据对案情中未知的或者有争议的事实查明的诉讼活动"，广义的证明包括"证明过程、证明程序、证明对象、证明责任、证明标准"。[5]

毫无疑问，证明是人的一种活动，而且是与人的认识有关的一种活动。但是，如何界定这种认识活动的性质，如何描述这种认识活动的特征，确实不是一件容易的事情。对上述观点进行分析比较，我们发现其使用的描述语可以分为三类：第一类包括"认定"、"确定"、"确认"等；第二类包括"推断"、"查明"、"求证"、"探知"等；第三类包括"阐明"、"论证"、"说明"、"表明"等。这三类词语的差异，既反映了人们对"证明"概念的不同理解，也反映了证明概念本身的复杂性和多义性。

二、自向证明与他向证明

作为人的一种认识活动，证明普遍地存在于人们的社会生活和工作之中。例如，张三要证明其出国留学的决定是正确的；李四要证明自己是个诚实的好人；数学家要证明"哥德巴赫猜想"是可以成立的；考古学家要证明万里长城在秦始皇之前就已经开始修建了。

这些都是现实生活中的证明。如仔细分析，我们会发现这些证明的形式略有不同。在张三和李四的证明中，证明的主体在进行证明的时候其实都有了证

---

[1] 陈一云主编：《证据学》，中国人民大学出版社2000年版，第114页。
[2] 江伟主编：《证据法学》，法律出版社1999年版，第49页。
[3] 樊崇义主编：《证据法学》，法律出版社2001年版，第173页。
[4] 卞建林主编：《证据法学》，中国政法大学出版社2000年版，第264页。
[5] 陈光中主编：《中华法学大辞典》，中国检察出版社1995年版，第761页。

明的结论，即张三出国留学的决定是正确的，李四是个诚实的好人。但是在数学家和考古学家的证明中，证明的主体在进行证明的时候还没有证明的结论，或者说还没有肯定的证明结论。诚然，数学家和历史学家的心中都有一定的证明期望，即"哥德巴赫猜想"是可以成立的，万里长城是在秦始皇之前就已经开始修建了。但是，在证明过程结束之前，他们自己也不能肯定这期望就一定能够变成现实的结论。换言之，在前一种证明中，主体自己已经明白了，证明的目的就是让他人明白；在后一种证明中，主体自己也不明白，证明的目的主要是让自己明白，当然也包括让他人明白。

根据这种差别，我们可以把证明分为两种，或者说证明有两种基本形式，一种是自向证明；另一种是他向证明。自向证明就是向自己证明。一般来说，证明者先提出一个假设的结论，然后去寻找证据，并按照一定规则运用证据去证明该结论是正确的或可以成立的。他向证明是向他人证明。证明者在证明时已经知道或者认为自己已经知道了证明的结论，但是他人不知道或不相信，所以要用证据向他人证明。

在诉讼活动中，自向证明和他向证明都是存在的，但是二者的主体有所不同。自向证明的主体一般是就事实问题作出某种认定或裁断的人，如侦查员、检察官、法官；他向证明的主体一般是提出某种事实主张的人，如诉讼中的当事人及其律师。不过，自向证明和他向证明的主体在诉讼过程中也是可以转化的。在侦查阶段，侦查员是自向证明的主体；但是在审查起诉阶段，侦查员则成了他向证明的主体，因为他们要向检察官证明逮捕或提起公诉的事实依据；而作为是否起诉的决策人，检察官又成了自向证明的主体。到了法庭审判阶段，检察官作为公诉人，要向法庭证明指控的案件事实，因此他们又转化为他向证明的主体；而法官作为诉讼裁判者就成了自向证明的主体。

在诉讼活动中，自向证明一般都属于主体的职权行为，目的是满足自己行使某种职权的需要，例如，法官的自向证明就是其行使司法裁判权的需要；他向证明一般属于主体的义务行为，目的是满足他人的某种认知需要，例如，案件当事人的他向证明就是要满足法官认定案件事实的需要。虽然当事人的他向证明最终是为自己的诉讼目的或主张服务的，但是就审判活动而言，他向证明表现为一定的义务，即作为诉讼主体必须履行的责任。因此，他向证明的主体要在诉讼中承担相应的证明责任，而自向证明的主体虽有证明职权，却不承担证明责任。

由此可见，自向证明是以司法职权为中心的，他向证明是以诉讼当事人的活动为中心的。因而在不同的诉讼制度下，这两种证明的地位和作用也有所不同。在纠问式或职权主义的诉讼制度下，当事人的他向证明虽然不可缺少，但是司法官员的自向证明显然发挥着特别重要的作用；而在抗辩式或当事人主义的诉讼制度下，自向证明虽依然存在，但相当弱化，他向证明则成了整个诉讼证明的基本内容。明确区分自向证明与他向证明，是我国诉讼制度和审判方式改革的需要，有利于司法实践中证明观念的转变。

三、证明与查明

在司法活动中，查明是一个经常使用的概念，也是一个很容易与证明相混淆的概念。所谓查明，就是通过调查研究，明确有关事实的真伪，如侦查人员、公诉人员或审判人员查明案件事实的活动。查明的依据，主要是各种各样的证据。查明的过程一般表现为查找证据、收集证据、使用证据的过程。查明的目的往往是让查者自己明白，以便作出某种决定或裁断。

受职权主义诉讼模式及其观念的影响，我们很容易把查明和证明等同起来，或者笼统地把查明说成证明的目的。根据前面的分析，查明在一定意义上可以等同于自向证明，因此，说查明就是自向证明，或者说查明是自向证明的目的，似乎并无不可。但是，查明与他向证明在内涵和外延上都有较大的差异，不可混为一谈。

一般来说，他向证明的主体在进行证明时都已经通过不同途径和方式"查明"案件事实了。例如，案件当事人在诉讼中进行证明的时候已经"查明"案件事实；公诉人和辩护律师在法庭上进行证明的时候也已经"查明"案件事实。如果当事人、律师、公诉人在法庭上证明的时候自己还没有查明案情的话，那他们显然就不应该进行诉讼，就不应该也不能够进行他向证明。以其昏昏，使人昭昭，在诉讼中是根本行不通的。

由此可见，查明与证明这里使用的是狭义的证明概念，即"他向证明"。的关系是既有联系，又有区别。查明是证明的基础，证明是查明的目的；但是证明并不等于查明，查明也不能代替证明。用通俗的话讲，查明是让自己明白，证明是让他人明白；自己明白才能让他人明白，但自己明白并不等于他人也明白。二者不可混淆，二者的关系也不能颠倒。

在证据法学中，区分这两个概念是非常必要的。就司法活动来说，在很多情况下，让自己明白并不难，最难的是让别人明白。例如，侦查人员已经查清了案件事实，但是他们若想让检察官、法官和其他有关人员都相信这确实是事实，就要靠证明。当事人自己也完全明白案件是怎么回事，但是他要想用证据说服司法人员相信他说的确是事实，也得靠证明。下面举一例说明：

一天早晨，王某骑自行车去上班，路上见到一个过马路的老太太被一个骑车的年轻人撞倒了。那个年轻人回头看了一眼，没有下车，跑了。王某是个心地善良的人，便下车来看那老太太摔得怎么样。他见老太太伤得不轻，就把老太太送进了附近的医院。他本想做一回好事，但是那个老太太的儿子来到医院之后，老太太反而一口咬定说王某就是撞伤她的人。王某怎么解释都没有用。后来他们一起去了当地的派出所。但是警察也不相信他的话，最后让王某赔偿老太太医药费和营养费。王某气坏了，觉得这世道真是不讲理。他明明是好人，却没有人相信他的话。这实际上就是个证明的问题。

在该案中，王某自己知道案件的真实情况，但是处理案件的警察并不知道，所以他必须让警察相信他说的是事实，而这就需要证明。证明不是空口说白话，必须依靠证据。他说那老太太不是他撞的，可那老太太就说是他撞的。他没有别的证据，警察凭什么相信他说的话？王某抱怨这世界上已经没有"天理良心"了。但是，在解决诉讼纠纷的时候，"天理良心"也是需要证据来证明的。

由此可见，查明并不等于证明，"自明"并不等于"他明"。如果你想让他人接受你的事实主张，如果你想让他人按照你的事实主张作出裁断，你就得用证据向他人进行证明。明确查明与证明的概念及其相互关系，不仅对于证据理论研究很有意义，对于司法证明实践也很有意义。

四、证明的定义

如前所述，证明就是用证据来明确或表明。那么，司法活动中的证明，即司法人员或司法活动的参与者运用证据明确或表明案件事实的活动。这包括两层含义：其一是提出事实主张的当事人、律师、检察官等用证据向法官说明或表明案件事实存在与否的活动；其二是法官运用证据查明和认定案件事实的认识活动。狭义的司法证明，仅指前一种含义上的证明。理解司法证明的定义，关键在于明确司法证明的主体。

司法证明的主体即在司法活动中进行证明的人。根据我国有关法律的规定，刑事诉讼证明的主体包括当事人、律师、侦查人员、公诉人员和审判人员等。其中，当事人、律师、侦查人员和公诉人员是他向证明的主体，在某些情况下也可以成为自向证明的主体；审判人员则只能是自向证明的主体。

法官不能成为诉讼活动中他向证明的主体。虽然诉讼活动中的证明可以统称为司法证明，虽然法官在司法证明过程中起着非常重要的作用，但是，法官不是用证据去向他人说明或表明案件事实的人，而是查明案件事实的人，是接受或认定证据所说明或表明之案件事实的人。换言之，他们不是证明活动中的说服者，而是被说服者。诚然，法官在必要的情况下也可以自己去收集证据，但这是为了查明案件事实，为了让自己明白，不是为了让他人明白。

在诉讼活动中，他向证明的主体都应该根据一定的原则承担相应的证明责任，而且承担证明责任者在案件事实不清、证据不足的情况下，必须承担败诉或不利的诉讼后果。如果法官属于他向证明的主体，那么他们就必须承担相应的证明责任乃至不利的诉讼后果，而这显然违背诉讼的基本原理。

不同主体在诉讼中地位不同，其证明案件事实的方式和角度也有所不同。在刑事诉讼中，当事人是为保护自己的合法权益而进行证明；律师是为保护其委托人的合法权益而进行证明；侦查人员是从揭露犯罪和证实犯罪的角度来进行证明；检察人员是从审查起诉和支持公诉的角度来进行证明；审判人员则是从裁断有罪无罪和定罪量刑的角度来进行证明。就审判而言，前四种主体的活动都属于他向证明，唯有审判人员的活动属于自向证明。

第三节 证明的对象

在诉讼活动中，证明对象有两种含义：其一是证明的接受者，即证明活动要说服的对象；其二是证明的承受者，即需要证明的事实，又称为证明的客体。人们通常把证明对象解释为需要证明的事实，但这种解释容易掩盖另外一种证明对象，即作为证明接受者的人，而这也是证明的一个重要问题。

就证明对象的第一种含义来说，自向证明可能没有证明的接受者，或者说证明对象就是证明主体自己。但是，他向证明则肯定有证明对象，即接受证明或者被证明说服的人。从我们在上文谈到的证明例子来看，张三要让别人相信自己的决定是正确的，李四要让别人相信自己是好人，这里说的"别人"就是证明的对象。当然，证明的对象可以是特定的个人，也可以是不特定的人群，但他向证明总包含有让别人相信的含义。换言之，他向证明就是让他人"明"，不是让自己"明"。如果只是让自己"明"，那就不是他向证明，而是自向证明，或者叫"查明"。

在诉讼活动中，他向证明的主体是提出某种事实主张的人；对象是要就争议事实作出裁断或决定的人。在刑事诉讼的不同阶段，证明的主体和对象也会发生一些变化。例如，在审查批捕、起诉阶段，证明的主体是侦查人员，证明的对象是负责批捕和起诉的检察官；在审判阶段，检察官又成了证明的主体，法官则是证明的对象。当然，审判阶段的证明主体还包括案件的当事人及其律师或其他诉讼代理人。

就证明对象的第二种含义来说，司法证明的客体主要是案件事实，而且是未知或争议的案件事实。如果是众所周知或双方认知的事实，当然就无须证明了。但是，这里所说的未知，并不一定是所有人都不知道。对于他向证明来说，这主要是指将要接受证明的人或者作出裁判的人不知道。其实在诉讼过程中，他向证明的主体往往都知道或者以为自己知道要证明的案件事实，正因为别人不知道或不相信，所以才需要证明。本节主要讨论的是第二种含义上的证明对象，即证明的客体。

一、证明对象的界定

在司法活动中，证明的对象或客体主要指需要用证据证明的案件事实。研究证明对象具有非常重要的意义，因为证明对象是证明活动的中心环节。一般来说，证明活动都是从证明对象出发的，是围绕证明对象展开的，也是以证明对象为归宿的。

在理解证明对象的概念时，应该注意考察证明对象的基本特征。首先，证明对象是以诉讼主体的事实主张为基础的，没有主张的事实一般不能成为司法证明的对象。在民事诉讼中，原告方的诉讼请求中都包含有事实主张；在刑事诉讼中，检察官代表国家和人民提出的犯罪指控也包括事实主张。其次，证明对象是与证明责任密切相关的。凡是证明对象，都要有相应的证明责任；所有证明责任，都是针对一定证明对象而言的。再次，证明对象是必须由证据加以证明的案件事实。如果某个案件事实是无须证明的或者不证自明的，那么它就不属于证明的对象。最后，证明对象以实体法律的规定为依据。因为诉讼主体的事实主张都是依据实体法律的规定提出的，所以实体法律规定的具体案件事实的构成要件往往就是证明对象的基本内容。

我国法律对证明对象没有直接作出明确的界定。《刑事诉讼法》第50条规定："审判人员、检察人员、侦查人员必须依照法定程序，收集能够证实犯罪嫌疑人、被告人有罪或者无罪、犯罪情节轻重的各种证据。"根据这条规定的精神，与犯罪嫌疑人、被告人是否有罪及犯罪情节轻重的事实，都属于证明的对象。

2010年施行的《死刑案件证据规定》第5条第2款规定，办理死刑案件，对于以下事实的证明必须达到证据确实、充分：（1）被指控的犯罪事实的发生；（2）被告人实施了犯罪行为与被告人实施犯罪行为的时间、地点、手段、后果以及其他情节；（3）影响被告人定罪的身份情况；（4）被告人有刑事责任能力；（5）被告人的罪过；（6）是否共同犯罪及被告人在共同犯罪中的地位、作用；（7）对被告人从重处罚的事实。

2012年最高人民法院《关于适用〈中华人民共和国刑事诉讼法〉的解释》第64条规定："应当运用证据证明的案件事实包括：（一）被告人、被害人的身份；（二）被指控的犯罪是否存在；（三）被指控的犯罪是否为被告人所实施；（四）被告人有无刑事责任能力，有无罪过，实施犯罪的动机、目的；（五）实施犯罪的时间、地点、手段、后果以及案件起因等；（六）被告人在共同犯罪中的地位、作用；（七）被告人有无从重、从轻、减轻、免除处罚情节；（八）有关附带民事诉讼、涉案财物处理的事实；（九）有关管辖、回避、延期审理等的程序事实；（十）与定罪量刑有关的其他事实。"

上述法律规定和司法解释是研究和确定刑事诉讼证明对象的依据。在此，还有两个问题需要讨论：第一，程序法事实能否成为证明对象的问题；第二，证据事实是否属于证明对象的问题。

所谓程序法事实，是指那些与案件本身没有关系但是对解决某些诉讼程序性问题具有法律意义的事实，包括关于回避的事实、关于耽误诉讼期限的事实、关于不应采用刑事强制措施的事实、关于违反法定诉讼程序的事实、关于变更执行依据的事实等。例如，一方当事人要求法官或者鉴定人回避，那么他应该说明其要求回避的事实理由，如该法官是另一方当事人的亲友，或者该鉴定人与另一方当事人有共同的利害关系。这些事实就是所谓的程序法事实。

在程序法事实应否成为证明对象的问题上，证据法学界有不同的观点。有些学者认为，程序法事实应该属于诉讼中证明的对象，因为这些事实是司法机关作出相应裁定或决定的基础，而且是需要提出请求或主张的一方用证据加以证明的。有的学者则认为程序法事实不属于诉讼中证明的对象，主要理由是诉讼中的证明对象应该仅限于实体法意义上的事实，即对诉讼结果或司法判决有直接意义的事实。我们认为，这种争论并没有太大的实际意义，因为，无论叫不叫证明对象，当事人提出类似回避等程序请求时都要有事实依据，都要用证据加以证明。当然，程序法事实与案件事实具有不同的性质，案件事实是诉讼活动中主要的证明对象。

关于证据事实应否成为证明对象的问题，学者们也有不同的观点。有的学者认为，所有证据事实都应该成为证明的对象，因为任何证据都需要查证属实，也就是说，任何证据都需要由别的证据来加以证明。有的学者认为，直接证据事实不应该成为证明的对象，或者说不必单独列为证明的对象，因为它就是案件的主要事实；但是间接证据事实应该列为证明的对象，因为间接证据必须互相印证、互相连接，才能构成案件证明的完整链条。还有的学者认为，证据事实根本就不是证明的对象，因为所谓的证据事实是用来证明案件事实的，属于证明的手段，人们不应把手段和对象混为一谈。

我们认为，证据事实不属于证明对象。虽然证据也需要印证或佐证，但那属于对证据的审查评断，和对案件事实的证明不一样，不能因为证据需要审查判断就把它说成证明的对象。证据是证明案件事实的根据。如果说证据事实也是证明对象，那么证据就不仅是证明案件事实的根据，也是证明证据事实的根据。于是，这就会导致自我循环的定义，如证据是证明证据的根据；证明对象是由证明对象证明的对象。

其实，"证据事实"的说法本身就值得商榷。关于"证据事实"的概念，学者们有两种解释。一种观点认为，证据事实是指证据本身，因为每一个证据也可以看作一个事实；另一种观点认为，证据事实是指每一个具体证据所表明或说明的、与案件有关的事实。第一种解释把每个证据本身视为一个事实，例如，侦查人员在一起杀人案件的现场发现了一封与案件有关的信。这封信本身也是一个事实，所以叫证据事实。但是，这封信就是证据，再称之为"证据事实"，确有画蛇添足的嫌疑。第二种解释把每个证据所反映的案件事实称为"证据事实"，例如，现场上发现的那封信的内容反映了某人与死者的暧昧关系，这个事实就是证据事实。然而，这很容易与案件事实混淆起来，因为这个事实本身就是案件事实，再称之为"证据事实"，纯属多此一举。

如前所述，证明对象是未知或者有争议的案件事实。如果是已知或者没有争议的案件事实，当然就没有必要进行证明了。这里所说的"已知事实"，包括众所周知的事实、可以推定的事实、已经确认的事实等；这里所说的"没有争议的事实"，主要指一方当事人提出而且对方明确表示承认的事实。在证据法上，这些事实被称为"免证事实"。

最高人民检察院于1999年发布的《人民检察院刑事诉讼规则》第334条规定的免证事实包括：（1）为一般人共同知晓的常识性事实；（2）人民法院生效裁判所确认的并且未依审判监督程序重新审理的事实；（3）法律、法规的内容以及使用均属于审判人员履行职务所应当知晓的事实；（4）在法庭审理中不存在异议的程序事实；（5）法律规定的推定事实。2012年最高人民检察院《人民检察院刑事诉讼规则（试行）》第437条在此基础上又增加了一项免证事实——自然规律或者定律。

最高人民法院于1992年发布的《关于适用〈中华人民共和国民事诉讼法〉若干问题的意见》第75条规定的免证事实包括：（1）一方当事人对另一方当事人陈述的案件事实和提出的诉讼请求，明确表示承认的；（2）众所周知的事实和自然规律及定理；（3）根据法律规定或已知事实，能推定出的另一事实；（4）已为人民法院发生法律效力的裁判所确定的事实；（5）已为有效公证书所证明的事实。

二、证明对象的内容

证明对象的基本内容是由需要证明的案件事实构成的。在刑事案件中，作为证明对象的案件事实，应该包括犯罪嫌疑人、被告人有罪或无罪的事实，罪重或罪轻的事实，以及应否承担刑事责任的事实。虽然案件事实是复杂多样的，但是形形色色的案件都是由一些基本事实要素构成的，而这些事实要素就是证明对象的基本内容。刑事案件的事实要素可以简称为"七何"（英文中的七个"W"），即何事（What matter）、何时（When）、何地（Where）、何情（How）、何故（Why）、何物（What thing）、何人（Who）。

（一）何事

任何案件都是一种事件，因此都有一定的性质。所谓"何事"，即什么性质的事件，而事件的性质往往有多个层次。例如，在某人意外死亡的事件中，首先要判断这是正常死亡还是非正常死亡；如果确定为非正常死亡，则要进一步判断是自杀还是他杀；如果确定为他杀，还要进一步判断是犯罪杀人还是非犯罪杀人（如正当防卫）；如果确定为犯罪杀人，仍要进一步判断是仇杀、财杀、情杀还是流氓杀人或激情杀人等。刑事案件的性质主要是由犯罪行为的性质及其侵害的后果所决定的。因此，证明案件的性质，就要证明犯罪行为的性质及其侵害后果。在案件发生后，虽然对侦查人员和司法人员来说事件的性质可能已然明确，但是就诉讼而言，这些都是需要用证据证明的事实。总之，案件的性质是司法证明的主要对象之一。

（二）何时

任何案件都是在一定时间内发生的，因此时间是案件事实的构成要素之一。所谓"何时"，指的就是案件的这种时间特征。它有三层含义：其一是某案件在客观世界时间进程中的顺序性，或者说该案件是在什么时间发生的，例如，某盗窃案发生于2000年10月20日凌晨2点30分，某交通事故发生于2000年10月25日晚9点21分等；其二是某案件在客观世界时间进程中的连续性，或者说该案件持续了多长时间，例如，该盗窃活动持续了40分钟，该交通事故持续了20秒钟；其三是某案件在客观世界时间进程中的关联性，或者说该案件与其他事件的时间关系，例如，该盗窃案发生在那天下雨之前，该交通事故发生在司机饮酒之后。在司法证明中，有些案件发生的时间是已知的，有些案件发生的时间是可推知的，有些案件发生的时间是需要查知的；而且有些案件是只知时间点不知时间段，有些案件虽不知准确时间却知其与其他事件的先后关系。无论在何种情况下，案件的时间都是司法证明的重要对象。

（三）何地

任何案件都是在一定空间内发生的，因此空间也是案件事实的构成要素之一。所谓"何地"，指的就是案件的这种空间特征。空间表示物体在宇宙中的位置及其与其他物体的相互关系。它具有广延性、三维性、排列性等特征，这是毋庸赘述的。除此之外，案件的空间特征还应包括自然形态特征和社会形态特征。案件空间的自然形态特征主要指案件发生场所的地形、地物、地貌等自然环境和自然因素特征。它对司法证明具有重要意义，因为它往往蕴涵着与案件有关的信息。例如，公安人员在某河中发现一具溺水死亡的尸体，那么该河流及其周围山林的情况就有可能为查明死者系他杀、自杀还是意外死亡提供依据；如果确定为他杀，还有可能为查找罪犯提供线索。案件空间的社会形态特征主要指案件发生场所的社会属性及其周围环境的政治、经济、文化、宗教等社会背景特征。它对司法证明也具有重要意义。一般来说，案件发生的地点或场所在侦查开始时都是比较明确的，因此司法证明的主要任务不是去查找这地点或场所，而是发掘这地点或场所上与案件有关的各种信息。不过，在有些案件中，案件发生在"何地"也会成为司法证明的首要任务，因为办案人员接案时并不知道案件发生的地点或场所，或者那已知的场所并不是案件发生的真正场所或主要场所，杀人抛尸案就是典型的例证。总之，"何地"是案件事实的重要组成部分，是必须用证据证明的对象。

（四）何情

"何情"指的是案件发生时的情况，或者说案件是在何种情况下发生的、是如何发生的，因此又可称为"如何"。它包括案件发生的方式和过程。首先，任何案件都是以一定方式表现出来的，而不同案件的表现方式又有所不同。例如，杀人案件与伤害案件的表现方式不同，强奸案件与抢劫案件的表现方式不同，盗窃案件与诈骗案件的表现方式不同，纵火案件与爆炸案件的表现方式不同，贪污案件与贿赂案件的表现方式也不同。严格地说，每一起案件都有不完全等同于其他案件的表现方式。例如，同为杀人案件，其表现方式又有毒杀、枪杀、勒杀、扼杀、闷杀、溺杀、电杀、刺杀、棒杀等。因此，司法证明的任务之一就是证明具体案件的表现方式。其次，每个案件的发生都有其独立且完整的过程，因为每个案件都是由相关人员的一系列行为或活动所组成。证明案件发生的过程也是司法证明的重要任务，因为只有证明案件过程才能对案件有个完整的认识，才能确保证明结果的准确性。例如，在一起入室盗窃案件中，侦查人员和公诉人员应该从作案分子如何准备行窃、如何进入现场、如何实施盗窃、如何逃离现场、如何销赃灭证的整个过程中去发掘案件信息和收集证据，并在整体上把握它们之间的相互关系，从而对案件事实作出完整的证明。需要特别注意的是，作为证明对象的"何情"，既包括犯罪嫌疑人、被告人有罪或无罪的情节，也包括被告人罪重或罪轻的情节。

（五）何故

"何故"指的是案件发生的原因，或者说案件为何发生，所以又可称为"为何"。它包括案件发生的主观原因和客观原因。前者指案件当事人或行为人的动机和目的，如某人实施贿赂的目的。后者指促使或导致案件当事人或行为人作出某种决定或实施某种行为的外界因素，如促使某人去实施贿赂的外界原因。此外，"何故"还可以指造成案件后果的原因，如造成某人死亡的原因。在诉讼活动中，证明案件发生的原因或造成案件后果的原因，其实质就是要证明案件中的因果关系。案件中的因果关系具有复杂性和多态性的特点。首先，因果关系的形式是多种多样的，既有一因一果，也有多因多果，既有一因多果，也有多因一果；其次，因果关系的性质是多种多样的，既有直接联系，也有间接联系，既有必然联系，也有偶然联系；最后，因果关系的组合也是多种多样的，既有直链式，也有网络式，既有并联式，也有交叉式。证明案件中的因果关系具有非常重要的意义。一方面，案件中的因果关系往往是正确认定案件事实的关键；另一方面，案件中的因果关系还可以作为证明其他案件事实的线索和桥梁。例如，在杀人案件证明中，根据现场情况和证人陈述证明了杀人动机为复仇、图财或奸情，这种因果关系可以作为连接被告人和杀人行为的证明"桥梁"。总之，案件中的因果关系也是司法证明的重要对象之一。

（六）何物

任何案件都发生在客观物质世界之中，因此都会涉及一定物体。所谓"何物"，即与案件有关的是什么物体。根据这些物体与案件的关系或者说在案件中的地位，可以将其分为三类：第一类是案件中的标的物，如诈骗案件中骗取的财物等；第二类是案件中的使用物，如杀人案件中使用的凶器等；第三类是案件中的关联物，如盗窃现场上遗留的作案人衣物及有关痕迹等。由于这些物体都以不同方式记载着与案件有关的信息，所以它们都反映着相应的案件事实。在此，我们必须把这些物体和它们反映的案件事实区分开来。例如，诈骗的财物可以证明被告人诈骗该财物的事实；杀人凶器可以证明被告人使用该凶器杀人的事实；现场遗留物可以证明被告人在现场遗留该物品的事实。在诉讼活动中，这些物体一般都会成为案件中的物证，因此，这些物体本身并不是证明的对象，它们所反映的案件事实才是证明的对象。

（七）何人

刑事案件一般都是以人的行为为中心。离开了人和人的行为，案件便失去了存在的基础和意义。所谓"何人"，即具体案件中实施犯罪行为的人，是构成案件事实的核心部分。在刑事诉讼中，作案人是最主要的证明对象。用各种证据明确了谁是作案人，也就完成了司法证明的中心任务。当然，这里需要证明的不仅是作案人的身份，也包括依法可以排除或减轻作案人刑事责任的有关事实情况，如作案人作案时的年龄、精神状态等。

上述刑事案件事实的构成要素与犯罪的构成要件之间具有密切关系。犯罪的构成要件包括犯罪的主体、犯罪的客体、犯罪的主观方面和犯罪的客观方面。那么，"何人"往往指犯罪的主体；"何事"反映着犯罪的客体；"何故"可以在一定意义上说明犯罪的主观方面；"何时"、"何地"、"何情"、"何物"则从不同角度说明犯罪的客观方面。证明了案件事实的构成要素，也就证明了犯罪的构成要件。因此，这些都是需要用证据加以证明的案件事实，都是证明的对象。当然，不同案件的具体情况不同，证明对象的重点也会有所不同。

第四节 司法证明制度

人类社会的司法证明制度可以分为"自由证明"和"法定证明"两种基本模式。所谓自由证明，就是说，法律对司法证明活动没有限制，司法者在诉讼过程中可以自由地采纳证据并运用证据认定案件事实。所谓法定证明，则是指法律为司法证明活动设计了具体的规则，司法者在采纳证据和运用证据认定案件事实的时候必须遵守这些规则。自由证明模式和法定证明模式各有利弊，而且当前世界各国的司法证明制度多趋向于两种模式的中和，只是侧重不同而已。下面，我们便从历史的角度考察一下两种证明模式的内容和特点。

一、法定证明模式

（一）神明裁判的法定证明内涵

毫无疑问，人类社会最初的司法证明或纠纷裁判活动属于自由证明模式。虽然我们无法在历史文献中找到这方面的直接记载，但是根据人类社会的发展规律以及有关知识，我们可以得出这样的结论。司法证明的法律规则是从无到有的，是随着司法实践经验的积累才产生和发展起来的，因此，人类最初在解决社会成员之间的纠纷或处理案件的时候显然没有什么证据规则，只能由裁判者——一般为部落或氏族的酋长或长老——根据自己的经验和良知来评断当事人提供的证据——主要是当事人和目击人的陈述——并认定案件事实。这当然属于自由证明的范畴。

随着社会生活的扩展，社会成员之间的纠纷增加，需要社会组织作出裁判的案件增多，而且纠纷和案件的情况也越来越复杂。当时，人类的认识能力很低，运用证据认定案件事实或争议事实的经验也很少，因此，错误的判决多有存在。一些受到错误判决影响的社会成员便不顾酋长或长老的权威，对裁判的结论提出了质疑甚至挑战。然而，司法裁判是需要权威的，没有权威的司法是没有生命力的。既然人的权威不足以维持司法裁判的权威，司法者就只能求助于神的权威，于是，各种各样的神明裁判就应运而生了。所谓"神明裁判"，即通过让当事人在神灵面前作出某种行为或接受某种考验，然后根据行为或考验的结果或其过程中表现出来的征象来判定案件事实。神明裁判都是以一定的宗教信仰为基础的，因此，在不同国家的历史上，神明裁判的形式也是各不相同的。

对神宣誓是一种比较简单的神明裁判方法。例如，按照公元5世纪西欧墨洛温王朝《萨利克法典》规定的审判模式，控告人和被告人都必须在法庭上严格地按照规定的形式和姿势对神宣誓并进行陈述。如果一方出现了宣誓形式或姿势的错误，或者在陈述过程中表现出口吃等"有罪征象"，法庭就可以判其败诉。[①] 公元9世纪英国的"盎格鲁—萨克逊法律"还就宣誓用语作出了明确的规定：在索赔被窃财物的案件中，控告人的誓词是"我在上帝面前宣誓指控他就是盗窃我财物的人。这既不是出于仇恨、妒忌或其他非法目的，也不是基于不实传言或信念"；被告人的誓词为"我在上帝面前宣誓，对于他对我的指控，我在行为和意图上都是无罪的"。[②] 这些具体明确的誓词可以提高裁判标准的统一规范性。

在历史上，很多国家都曾经采用过让当事人接受某种肉体折磨或考验的神明裁判方法。一般来说，接受折磨或考验的人都是被指控者，而这种折磨或考验通常都伴随着由牧师或神父等神职人员主持的宗教仪式。以"热铁审"为例，牧师给烧红的铁块洒上一些"圣水"并说道："上帝保佑，圣父、圣子和圣灵，请降临这块铁上，显示上帝的正确裁判吧。"然后他让被告人手持那块热铁走过9英尺的距离。最后，被告人的手被密封包扎起来，三天之后查验。如果有溃烂的脓血，则其被判有罪；否则就被证明是清白无辜的。古代日耳曼人采用的"水审法"具有更为明确的裁判标准。诉讼当事人在膝盖处被绑起来，然后用一根绳子系在腰部，慢慢地放入水中。根据他的头发的长度在绳子上打一个结，如果他的身体沉入水中的深度足以使那个绳结没入水中，则证明他是清白的；否则就证明他是有罪的。其理由是洗礼教派的水是圣洁的，不能

---

① William Andrew Noye: Evidence: Its History and Policies, (1991) p. 3.
② William Andrew Noye: Evidence: Its History and Policies, (1991) p. 5.

容纳提供虚假证言的邪恶之人。欧洲一些地区还曾经采用过一种"圣经裁判法"。牧师在祈祷之后把一本《圣经》挂到一根木棍上,保证其可以自由地左转或者右转。然后,牧师让被考验者站在悬挂的《圣经》面前陈述案情。如果其陈述之后《圣经》按照太阳运行方向旋转,就证明他是清白的;如果相反,就证明他是有罪的。

　　神明裁判是早期人类迷信和崇拜神灵的产物,是非科学非理性的查明案件事实的方法。不过,神明裁判也有其优点——特别是在当时的社会历史条件下。在早期的自由证明模式下,司法裁判是相当混乱的。由于当时的主要证据形式是当事人陈述和证人证言,而这类言词证据的评断和认定本来就很容易受裁判者个人因素的影响,所以在实践中就经常出现相同的证据在不同裁判者面前得到不同认定结果的情况。神明裁判具有统一明确的采信证据和认定事实的标准。无论谁担任裁判者,都必须严格遵守这些规则,都必须按照预定的标准作出判决。裁判者没有采用证据和认定事实的自由,于是那因人而异的裁判混乱状况就得到了有效的控制。尽管神明裁判的标准在现代人的眼中颇有些荒唐甚至滑稽,但是其社会效果可能比现代人所理解的更为明显。在当时的社会中,司法判决的权威性显然比合理性更为重要,何况当时人们对合理和正义等观念的理解往往还会屈从于对神的信仰和崇拜。由此可见,神明裁判对司法活动的规范,不仅有利于提高司法判决的权威性,而且有利于维护社会的稳定。总之,神明裁判是人类在蒙昧时期规范司法证明活动的尝试,也是人类历史上第一次从自由证明走向法定证明的努力。

　　(二) 法定证据制度的缘起

　　在神明裁判退出司法证明的历史舞台之后,以法兰西王国为代表的欧洲大陆国家的证据制度又回归了自由证明模式。法律对法官收集证据和运用证据的活动没有任何限制性规定。然而,自由证明缺乏统一的规则和标准,很容易导致司法实践的混乱,而当时欧洲大陆国家那处于不统一不稳定状态的政治格局则更加重了司法证明活动的混乱。在审判实践中,相同案情和相同证据在不同法官面前得到不同对待的情况绝非罕见。于是,大陆法系国家的司法证明又开始从自由证明走向法定证明,并终于在16世纪达到了法定证明模式的顶峰——建立了法定证据制度。所谓"法定证据"制度,是指法律就诉讼活动中可以采用的各种证据的证明力作出了明确的规定,法官在认定案件事实时必须严格遵守这些规则,没有自由裁量权。法定证据制度的产生有着深刻的社会和文化层面的原因。

　　首先,法定证据制度是当时欧洲大陆国家政治统一和社会稳定的需要。大约从13世纪开始,欧洲大陆国家确立了纠问式诉讼制度。在尔后的二百多年内，欧洲大陆国家的证据制度具有一个基本特征，即法官在诉讼过程中享有运用证据查明案件事实的绝对自由。换言之，法律对法官收集证据和运用证据的活动没有任何限制性规定，法官可以完全根据个人的知识、经验、兴趣、好恶来采信证据和认定案件事实。那时的司法证明属于自由证明的模式。自由证明缺乏统一的规则和标准，很容易导致司法实践的混乱。而那一时期处于不统一不稳定状态的政治格局则更加重了司法证明活动的混乱。在审判实践中，相同案情和相同证据在不同法官面前得到不同对待的情况绝非罕见。因此，欧洲大陆各国的政权在实现统一和稳定之后，首要任务之一就是要改变这种司法混乱的状况，统一各地的司法活动，特别是要规范法官在审判中运用证据认定案件事实的活动。于是，法定证据制度便应运而生了。

其次，当时在欧洲大陆社会中流行的崇拜权威的思潮为法定证据制度提供了理论和文化基础。在十五六世纪欧洲大陆国家的社会生活中，包括学术研究中，权威是特别重要的。人们在评断一个观点或一种学说是否正确的时候，往往不是看其自身是否具有科学性或合理性，而是看其是否具有权威性，是否言出有据。因此，引经据典，言必先哲，就成为当时社会文化的一种时尚。这种时尚也不可避免地影响了人们的司法证明观念，从而促进了以尊重法律权威和否定自由裁量为基本特征的法定证据制度的诞生。

最后，社会等级制度为法定证据制度提供了参照模式。在当时的欧洲大陆国家中，等级制度已经成为社会的基石。无论是世俗的封建等级制度还是教会的僧侣等级制度，都是社会的基本组织形式，因而都在很大程度上影响着人们的思想观念。既然人是可以分成许多等级的，那么司法活动中的证据也是可以分成许多等级的，于是，法律明确规定了各种证据的效力等级。有些国家的法律还明确对不同等级的人提供的证言规定了不同的效力。例如，贵族证言的效力高于平民的证言；僧侣证言的效力高于世俗证人的证言；基督徒证言的效力高于犹太人的证言；男子证言的效力高于女子的证言等。这些都是社会等级制度在司法证明活动中的反映。

从16世纪开始，欧洲大陆国家相继确立了法定证据制度。罗马帝国1532年的《加洛林纳法典》和法兰西王国1670年的《刑事法令》都是这种证据制度的代表。在有些大陆法系国家，这种证据制度一直延续到19世纪。例如，1853年的《奥地利刑事诉讼法》和1857年的《俄罗斯帝国法规全书》中就都保留有法定证据制度的内容。尽管法定证据制度在司法实践中产生了诸多弊端，但是这种带有"定量分析"特征的证据制度确实是人类为了统一规范司法证明活动而作出的一次尝试。

(三) 法定证据制度的基本规则

16世纪在欧洲大陆国家流行的法定证据制度主要是对各种证据的证明力作出了具体的规定，并在此基础上明确规定了法官判决所必须达到的证明标准。以刑事案件为例，其证明规则可以概括如下：

1. 有了完整的证明就必须作出判决，没有完整的证明就不能作出判决；

2. 最好的完整证明是两个可靠的证人，其证言内容的一致性是认定被告人有罪或无罪的结论性证明；

3. 无论多么可靠，一个证人证言只能构成二分之一的证明；

4. 其他可以构成二分之一证明的证据包括被告人的有罪供述、商人的财务记录、专门为一方当事人的诚实性或其主张之事实所作的经过宣誓的辅助证言、能够证实前半个证明的传闻证据或品格证据；

5. 与案件有利害关系或个人信誉有瑕疵的证人证言是四分之一的证明，而受到对方有效质疑的证据的证明力减半；

6. 任何两个二分之一的证明相加都可以构成完整的证明；任何两个四分之一的证明或者四个八分之一的证明相加都可以构成半个证明。

总之，只要法官把起诉方提交的证据加在一起可以构成一个完整的证明，他就必须作出有罪判决；如果不能构成一个完整的证明，他就必须作出无罪判决。无论个人内心对具体证据的确信程度如何，法官在审判中必须严格遵守上述规则。这种制度完全否定了法官在审查证据和认定事实时的自由裁量权，使法官只能机械地按照法定程式和标准判案，因此有人把这种制度下的法官说成是"立法者所设计和建造的机器的操作者"。①

不过，随着司法实践的发展，法官还是找到了一些发挥其自由裁量权的空间，这主要体现在确定那些受到质疑之证据的证明价值问题上。法国证据学家波尼厄尔在其颇具影响的著作《证据论》中，曾具体讲述过17世纪法国一些地区的法官在评价对方质疑对证据价值的影响以及对证据价值进行加减的做法。他指出：如果一个证言受到对方的质疑，那么法官将酌情减低其证明价值。法官不会一笔勾销该证言的价值，而是酌情将其降低为八分之一、四分之一、二分之一或四分之三个证言。这些降低了价值的证言需要其他证据佐证才能构成一个完整的证言。假设在一起案件中，一方当事人的四个证言都受到对方的质疑。根据质疑的情况，其中两个证言的价值减半，一个减为四分之一，一个减为四分之三，那么加在一起，就是两个证言。由于两个良好的证言就可以构成一个完整的证明，所以，尽管这四个证言都在不同程度上受到对方的质

---

① [美] 梅里曼：《大陆法系》，西南政法学院1983年印行，第39页。

疑，但是仍然可以构成一个完整的证明，法官仍然可以据此作出判决。① 在此，证据的价值仍然是定量的，只不过法官在确认受到质疑的证言究竟应该属于八分之一、四分之一、二分之一或是四分之三的证言时，可以"酌情"处理了。这实际上是自由证明对法定证据制度的补充。

（四）法定证据制度的评析

当法定证据制度流行于欧洲大陆的时候，司法证明方法处于以人证为主的历史时期。在当时的审判中，证人证言是最常用、最重要的证据形式，而且以直接证明案件主要事实的证言——直接证据——为主。由此可见，当时法官对证据的审查有两个特点：其一，作为审查对象的证据种类比较少，除证人证言之外还有当事人陈述和某些书证；其二，审查的要点就是证据的真实可靠性，因为直接证据的证明价值是显而易见的。这两个特点为法定证据制度的确立提供了可能性。试想，如果证据的种类很多，包括各种各样的物证，包括各种各样的间接证据，那么要给各种证据分别规定出明确的证明力，则是一件非常困难的事情。下面，我们便以此为前提来对法定证据制度的规则做一些相应的分析。

1. 法定证据制度提出了"完整证明"的概念，作为刑事案件中有罪判决的证明标准。这一标准本身的用语虽然有含义不够明晰之嫌，但是与后面各项规则结合起来，就变得具体明确了，而且它还可以作为对各种证据的证明力进行定量分析的基础。

2. 法定证据制度规定，两个可靠证人的内容一致的证言可以构成完整的证明。实践经验告诉我们，两个没有"串证"而且正直的证人就其直接感知的案件主要事实作出的相互吻合的陈述，可以证明该陈述事实的真实性。此处的关键问题是法官如何判断两个证人都是正直的人而且没有"串证"。根据现有的文献材料，法定证据制度对此没有明确的规定，只能由法官根据案件中证人的具体情况来判断。因此，这一规定符合司法证明的一般规律。

3. 法定证据制度规定，单个证人的证言再可靠也不能构成完整的证明。这一规定体现了"孤证不能定罪"的精神。虽然该规定有些简单机械，但是依据一个证言定罪而发生错案的可能性确实比较大。在司法实践比较混乱的时期，这种谨慎的法律规定还是可以理解的。

4. 法定证据制度列举了其他可以构成"二分之一证明"的证据，包括被告人的有罪供述。这一规定实际上把当时可以采用的证据种类都包括在内了。虽然把传闻证据和品格证据也规定为"二分之一的证明"显得有些勉强，但

---

① Bornier, Traite des Preuves (2ed), p. 243.

是考虑到此类证据一般都会因受到对方的质疑而证明力减半，也就没有太大的不妥了。至于将被告人供述规定为"半个证明"可能导致刑讯逼供泛滥的问题，我们在下面专门讨论。

5. 法定证据制度规定，与案件有利害关系或个人信誉有瑕疵的证人证言的证明力减半，如何评断与案件有利害关系的人的证言是司法实践中一个相当棘手的问题。这些人提供的证言确实多有倾向性甚至虚假性，但是也有真实可信的。笔者认为，法定证据制度将其证明力减半的做法比当前我国有些法院一律不予采信的做法还要合理一些。而受到对方有效质疑的证据的证明力再减半。由于一方证据受到对方质疑是司法活动中屡见不鲜的，而如何评价这些受到质疑之证据的证明力往往是审判中的关键，所以这一规定实际上是法定证据制度中最重要也最有现实意义的规则。尽管"一律减半"的做法有些简单，但是从规定的文字（如"有效质疑"）中我们也可以看出规则制定者的良苦用心。在当时的社会历史条件下，这也算是难能可贵了。而且，如上所述，法律后来也认可了法官在这个问题上享有一定的"酌情"裁量权。

6. 法定证据制度明确了各种证据证明力的加法规则，并重申了作出有罪判决的"完整证明"标准。由于这只是进一步的强调和说明，我们无须再做评述。

法定证据制度是法定证明的一种，而法定证明是与自由证明相对而言的，因此，研究法定证明模式的优点必须以自由证明为对照。司法活动的首要任务是准确认定案件事实。那么，在这两种证明模式中，哪一种更有利于准确认定案件事实呢？一般认为，自由证明有利于准确认定案件事实，因为法律对司法人员运用证据认定案件事实的活动没有任何限制，司法人员可以充分地利用各种证明手段去发现案件的真实情况；而法定证明的规则一般都服务于特定的社会政策和价值取向，都是对司法人员发现案件真实情况的限制。我们认为，法定证明的一些规则（如非法证据排除规则）确实不是服务于查明案情真相的，甚至会妨碍司法人员去查明事实真相，但是，法定证明也有一些规则是为保障准确认定案件事实而确立的，如传闻证据排除规则。在这个问题上，两种证明模式的实质区别在于立法者与司法者的权力划分。自由证明把认定案件事实的权力完全交给了司法者，而法定证明则要把一部分权力保留在立法者的手中。毫无疑问，由司法者掌握该权力有利于在具体案件中准确认定案件事实，但这有一个前提，即司法者在品德、知识、技能、经验等方面都是完全称职的人。法定证明的出发点恰恰是对司法者的不信任，因此，立法者要根据司法活动的一般规律事先制定出能够普遍适用的规则。顺便说一句，法定证明是比自由证明更难建构的一种制度，因为要科学并合理地制定出一套普遍适用的认定案件事实的规则，绝非易事。不过，准确认定案件事实只是建立司法证明制度时要考虑的问题之一，而在其他问题上，法定证明较自由证明则有明显优势。这主要表现在以下三个方面。

第一，法定证明模式有助于提高司法的公正性。司法公正的基本要求之一是相同的案件应该在司法面前得到相同的处理。而要做到司法面前人人平等，司法人员在使用证据和审查证据的时候就要遵守统一的规则，不应该有太多的自由裁量权。西方一些学者也曾经阐述了类似的观点，"司法公正思想的核心就在于相同案件应得到相同对待的原则。司法公正就是要用法制来代替任意专断。而且这一原则不仅适用于实体法问题，也应该适用于程序法问题。如果一种法律制度的目的应该是使司法公正制度化，那么它就应该使'一视同仁'原则成为其各项活动的准则。程序法中的任何随意性或自由，都会给不受规则约束的事实裁判者那无法预见的自由裁量权留下某些特定问题，而这在本质上就和给相似案件中的不同当事人以不同的实体法解释一样是不公正的。因此，解决纠纷所依据的所有规则最好都是法律上的明文规定，因为事实裁判者在法律明文规定的情况下往往会比在各显神通的情况下更容易采取统一而且可以预见的行动。毫无疑问，由于偏见、情绪、遗忘、疏忽或愚钝所造成的事故会更多地侵蚀在法律上毫无约束且无法上诉之裁定的合理性，而较少侵蚀在法律上有约束且可以上诉之裁定的合理性。"① 由此可见，法定证明模式比自由证明模式能够更有效地保障司法公正。

第二，法定证明模式有助于提高司法的可预见性。在一个法治社会中，司法应该具有可预见性。换言之，社会成员应该能够预见司法裁决的结果并据此设定或约束自己的行为。为了满足这一需要，诉讼中的证据规则就应该是具体明确的，是人们可以知晓的，是人们可以事前预见到其适用之结果的。科恩教授在其论文中说道："对争议和指控的裁决必须依照那些既能统一实施又能被公众接受的规则。人们应该能够事前查知他们在将要就其事务进行的裁决中所处的位置。那些所谓的实体法规则只有经由法典、制定法或判例的确认并在相应的教科书中定型，才能达到被公众接受的具体化要求。同样，法院在认定事实问题时所适用的全部规则也应该在程序法中满足这种要求。"② 在自由证明模式下，法官的自由裁量权显然会降低司法的可预见性。

---

① ［美］乔纳森·科恩：《证明的自由》，何家弘译，载《外国法译评》1997年第3期。
② ［美］乔纳森·科恩：《证明的自由》，何家弘译，载《外国法译评》1997年第3期。

第三，法定证明模式有助于提高司法的权威性。按照统一规范的证据规则认定案件事实并在此基础上作出判决，比较容易获得社会公众的接受和认可，从而提升判决的权威性。科恩教授也指出："只有通过作出能被普遍接受的关于争议事实的裁定，一种法律制度才能确保其长期得到有关公众的尊敬。在此，最为关键的并非审判结果的实际准确性，而是人们对其准确性的相信程度，特别是在刑事案件中。而且只有使用有关公众尊重的事实认定程序，一种法律制度才能确保其判决为人们普遍接受。"[1] 在这个问题上，法定证明模式显然比自由证明模式更容易获得公众的尊敬。当然，法定证明的规则要制定得科学合理，才能够为公众所接受。

诚然，法定证据制度也存在着弊端。首先，该制度在评断证据证明力的问题上过于死板，缺少灵活性。法官在运用证据证明案件事实的时候似乎只需机械地根据规则确定每个证据的证明力，然后相加，便可以得出被告人是否有罪的结论。这种做法把复杂的问题简单化，容易在个案中导致错误或者不恰当的判决。其次，法定证据制度容易导致刑讯逼供的泛滥。在法定证据制度下，由于法律规定被告人口供是二分之一的证明，而且法律对司法官员获取口供的方法没有限制，所以刑讯逼供自然就成为司法官员的常规取证手段。实际上，当时的法律规则等于在告诉司法官员：如果你手中的证据已经构成了半个证明，那么你就可以使用刑讯来获得另外半个证明——口供。法定证据制度确实为刑讯逼供在司法活动中的盛行开放了"绿灯"。

不过，刑讯逼供与法定证明模式之间并没有必然的联系。虽然法定证据制度是法定证明模式的一种，虽然法定证据制度与刑讯逼供之间确实存在着历史的联系，但是这并不等于说法定证明模式必然导致刑讯逼供。其实，刑讯逼供在自由证明模式下也可以大行其道。从某种意义上讲，自由证明给司法者收集证据和运用证据的自由，也就等于默许他们采用刑讯逼供的方法。从历史的角度来看，欧洲大陆国家在确立法定证据制度之前就普遍存在着刑讯逼供，在废除法定证据制度并确立自由心证制度之后也仍然存在有刑讯逼供；而世界上其他一些没有确立法定证据制度的国家也都或多或少地存在着刑讯逼供。由此可见，刑讯逼供是野蛮司法的产物，不是法定证据制度的产物，更不是法定证明模式的必然产物。

---

[1] [美] 乔纳森·科恩：《证明的自由》，何家弘译，载《外国法译评》1997 年第 3 期。

二、自由证明模式

(一) 自由心证制度的缘起

17世纪以后,欧洲大陆的资产阶级革命和启蒙运动从政治和文化的层面上推动了司法制度的改革,也包括证据制度的改革。崇尚自由权利和个人认识能力的人道主义者和理性主义者对法定证据制度提出挑战,对以刑讯逼供为特征的法定证据制度进行了猛烈的抨击。法国启蒙思想家孟德斯鸠认为,刑讯逼供适合封建专制国家,因为任何能够引起恐怖的东西都是专制政体的最好动力。意大利刑法学家贝卡利亚指出,关于刑事案件,非法律专业人员依照感觉所作出的判决往往比法律专业人员依照预定的规则所作出的判决更正确。在有些情况下,刑讯逼供会走向查明案情真相的反面,即用肉体折磨来制造冤案。在法国大革命时期,这种抨击达到高潮,并最终导致了诉讼制度的改革。按照法国新的诉讼制度,审判不再是预审调查的附属活动,不再是仅仅依据预审调查的案卷材料作出判决的仪式,而是诉讼过程的实质性阶段,因为法官只有在法庭上对证据进行直接审查之后才能作出判决。换言之,司法活动的中心从预审转移到审判。

与此同时,英国的陪审制度也以两种方式被引入欧洲大陆。一种是法国和意大利采用的"陪审团模式",即陪审团作为专门负责认定案件事实的非专业人员参与审判,法官则只负责适用法律;另一种是以德国为代表的"参审模式",即陪审员在法庭上与法官共同负责认定案件事实和适用法律。后来,法国和意大利都放弃了"陪审团模式",也采用了"参审模式"。虽然欧洲大陆国家的陪审制度与英国的陪审制度有很大差异,但是这种引进毕竟在一定程度上推动了新的证据制度在欧洲大陆国家的建立。

1790年12月26日,法国国会中的资产阶级代表杜波尔向宪法会议提出了一项改革草案。他指出,按照法定证据制度进行判决是荒谬的,对被告人和社会都是有危害的;只有在审判中给予法官自由判断证据的权力,才能保证法官尽最大可能去查明案件事实,从而作出正确的判决。1791年1月18日,法国宪法会议通过了杜波尔议案,并于同年9月29日颁布法令,确立了自由心证制度。这项证据制度改革的成果后来被写进了1808年的法国《刑事诉讼法典》。随后,其他欧洲大陆国家也纷纷效仿法国的改革。例如,德国在1848年革命之后也进行了相应的改革,其结果写进了1877年的《刑事诉讼和法院组织法》;而意大利在法国模式基础上进行的诉讼制度改革是由1865年颁行的《刑法典》推广开来的。

（二）自由心证制度的内容

所谓自由心证，就是说，证据的价值或证明力不再由法律事先作出具体明确的规定，法官和陪审员在审判中可以运用自己具有的"人类普遍认知能力"来自由评断具体案件中各种证据的证明力。从某种意义上讲，这是对法官自由裁量权的肯定。在原来的制度下，任何证据都具有固定的证明价值，法官没有灵活运用证据的余地；在现在的制度下，每一种被采用的证据的证明价值是不固定的，要根据具体案件的情况由陪审团或法官自由评断。

1808年法国《刑事诉讼法典》对自由心证制度就作出了具体而且生动的规定。它以陪审团审判为例，要求法官在陪审团评议案情之前作出如下告知：法律并不要求陪审团讲出他们获得确信的途径方法；法律也不给他们预定的规则，要求他们必须按照这些规则决定证据是否完全和充分；法律所规定的是要求他们集中精神，在自己良心的深处探求对于控方提出的针对被告人的证据和被告人的辩护证据在自己的头脑中形成了什么印象。法律并不对他们说："你们应当把多少证人所证明的每一个事实认定为真实的。"法律也不对他们说："你们不要把那些未经某种口头证言、某种文件、某些证人或其他证据支持的证据视为充分的证明。"法律只是向他们提出一个能够包括他们全部义务的问题："你们是内心确信了吗？"因此，以法国为代表的自由心证制度又称为"内心确信的证据制度"。

（三）自由心证制度的评析

1. 自由心证制度的优点

自由心证制度具有较大的灵活性，可以更好地在个案中实现司法公正。案件的具体情况是纷繁复杂的，证据的内容和形式是多种多样的，社会的环境状态也是不断发展变化的，因此，由法律事先把一切都明文规定下来的做法在理论上是荒谬的，在实践中是不可行的。为了保证具体案件中运用证据的合理性和准确性，司法人员必须在运用证据认定案件事实的问题上享有自由裁量权，以便根据案件的具体情况去自由地审查证据和运用证据，而且，司法人员普遍具备的良知和能力也完全可以胜任这项工作。

2. 自由心证制度的缺点

自由心证制度缺乏统一的认证标准或尺度，容易受司法者个人因素的影响，从而造成司法认证实践中的混乱。由于自由心证制度在很大程度上依赖于法官个人的专业素质和道德修养，所以在一些情况下就会为法官的专断或恣意提供可乘之机。即使都是正直的法官，也会因为个人素质或兴趣的不同而导致认证结果的差异。从另外一个角度说，自由心证制度对法官个人的要求很高，而且要求在社会中有制约法官行为的有效机制，因此推广起来比较困难。

自由心证制度具有灵活和适应个案情况的优点。由于案件的情况纷繁复杂，证据的内容和形式多种多样，社会的环境状态也是不断发展变化的，所以司法人员在运用证据认定案件事实的时候享有自由裁量权，可以保证他们更好地根据案件的具体情况去作出裁判，更好地保障个案中司法公正的实现。但是，自由心证制度缺乏统一的认证标准或尺度，容易受司法者个人因素的影响，从而会导致司法实践中运用证据的混乱。另外，自由心证制度在很大程度上依赖于法官个人的专业素质和道德修养，因此容易为那些不良法官的专断或恣意提供可乘之机。换言之，自由心证制度适用于那些以高尚的法学精英为法官的国度。

三、法定证明与自由证明的结合

法定证据制度是一种极端的法定证明模式，自由心证制度是一种极端的自由证明模式，因此，大陆法系国家从法定证据制度到自由心证制度的演变体现了"物极必反"和"矫枉过正"的规律。但是，英美法系国家的司法证明制度却较早就走上了一条"中庸之道"。

英国在废除神明裁判之后，开始出现了陪审团审判模式。那些早期的陪审团由了解案情的12名当地居民组成，他们在审判中的任务不是审查当事人提交的证据，而是向法庭提供他们了解的案件情况。他们在法官的指导下宣誓并讲出与案件纠纷有关的事实，然后作出判决。如果对案件的某些情况心存疑惑，他们可以在当地进行调查，就像人们处理个人事务时可能进行的调查一样。法律并没有限制他们了解案情的途径。无论是他们直接得知的还是道听途说的，都可以作为判决的依据。法律没有规定他们必须听取证人的陈述，但是也没有规定他们绝对不能听取证人的陈述。他们自己就是证人，而且可以从任何人那里去收集与案件有关的情况。总之，他们在认定案件事实时享有完全的自由。当时，无论是判例法还是国王发布的法令，都没有就司法证明的方法和手段作出任何限制性规定。如何证明案件事实，根据什么去证明案件事实，都属于司法者的自由裁量权。法官和陪审员都可以根据案件的具体情况和本人的知识去认定案件事实并作出裁判。实际上，法官和陪审员使用的证明方法与人们在日常生活中采用的"证明"方法没有太大的区别，都是根据自己的常识、经验和良知去自由地认定有关的事实。一言以蔽之，英国这一时期的司法裁判属于自由证明模式。

大约在15世纪的时候，英国的诉讼制度发生了重要的变化。这主要表现在两个方面：其一是由知情陪审团转变为不知情陪审团；其二是由控告式诉讼转变为抗辩式诉讼。在新的审判方式下，各种证据的使用日益频繁，法官和陪审团在采用证据和审查证据时遇到的问题也越来越多，司法实践中不相一致甚至互相矛盾的做法时有所见。为了规范司法证明活动，统一采纳证据的标准，减少证据运用上的混乱，保障司法公正的实现，法律必须作出明确的规定，于是，一系列证据规则便应运而生了。

从15世纪到17世纪，英国的法律相继确立了传闻证据规则、文书证据规则、证人资格规则、强制作证规则、证言特免权规则等。18世纪，律师在法庭上对证人进行询问和交叉询问的规则逐渐形成。19世纪是英国证据法迅速发展和不断改革的时代。在一系列改革中，影响最大的就是涉及证人资格的规定。例如，19世纪末的证据法明确规定下列人等不具备证人资格：（1）缺少提供可靠证言的智力或精神能力的人，包括有大脑缺陷的人和年龄太小的孩子；（2）缺乏宗教宣誓约束力的人，包括不信仰宗教的人，因为宗教信仰或者其他理由而拒绝宣誓的人，无法理解誓言性质的儿童或其他人；（3）与审判结果有利益关系因而可能产生偏见的人，包括诉讼当事人、当事人的配偶以及其利益会受到审判结果直接影响的其他人。20世纪以来，英国的立法机关颁布了数量众多的关于证据的法律、法规，使英国的证据法从单一的判例法逐渐转变为判例法与制定法的结合。

当代英美法系国家的证据制度是以大量的证据规则为基本内容的。虽然证据规则的制定都是以司法实践经验为基础的，但是它们毕竟都具有"人造"的属性，都是对司法活动中证明自由的人为限制。这些限制反映了人类社会规范司法证明活动的需要，体现了法定证明的基本特征。诚然，英美法系国家的绝大多数证据规则都是关于证据采纳问题的，而在证据采信或证明价值评断问题上，法律还是给法官和陪审团留下了较大的自由裁量权，但是，从15世纪到20世纪，证据规则从少到多从简到繁的发展过程恰恰就是一个从自由证明走向法定证明的过程。目前，英美法系国家的证据制度属于法定证明与自由证明的结合，但是更倾向于法定证明。

自20世纪中期以来，以法国为代表的大陆法系国家的证据制度又发生了一些变化。在基本保持自由证明模式的同时，一些大陆法系国家又开始加强法律对司法证明活动的规范，包括：对刑事诉讼法中收集证据的方法和程序作出了严格的规定；确立了非法证据排除规则和被告人口供补强规则；确立了对法官的自由心证加以限制的"心证公开"规则等。例如，《德国刑事诉讼法典》第267条就规定："对公诉被告人定罪判刑或宣布无罪都要说明判决的理由。"由此可见，大陆法系国家在从法定证明的极端走向自由证明的极端之后，又开始往回走向折中。如果我们说当代英美法系国家的证据制度是一种"相对的法定证明模式"的话，那么大陆法系国家的证据制度则是一种"相对的自由证明模式"。

综观人类社会的历史，司法证明模式的发展似乎在遵循着"否定之否定"的规律，即从自由证明到不自由证明（即法定证明）再到自由证明……如此循环往复，螺旋上升。从表面形式上看，每一次"否定"似乎是在回归旧的模式，但是从实质内容上看，每一次"否定"都是在更高层次上的重复，是包含着新鲜内涵的"复旧"。诚然，在有些国家中，这一规律的体现比较明显；在有些国家中，这一规律的体现则不太明显。为什么司法证明的发展会呈现出这样的轨迹呢？我们认为，这是司法证明活动中查明事实的需要与公正规范的需要之间矛盾运动的结果。查明事实是司法证明活动的基本目标，而它趋向自由证明，这一点毋庸赘述。公正规范也是司法证明活动的基本要求，而它趋向法定证明。换言之，司法证明活动的自身规律和特点要求法定证明。对此，我们可以从以下几个方面进行分析。

首先，司法活动中的事实认定不同于人们在社会生活中一般的事实认定活动。一方面，它直接涉及当事人的生命财产权利，具有重要的利害关系；另一方面，它是政府行使社会管理职能的一个方面，具有公共事务的性质。人们在社会生活中也经常要进行事实认定，例如，父亲要查明两个孩子发生争吵的事实经过以判定谁有理；妻子要查明丈夫究竟有没有外遇等。由于这些事实认定属于私人事务，所以人们可以自由地收集证据并作出判断。但是司法活动不同，司法者不能像处理私人事务那样随心所欲去认定事实，必须接受法律的约束和规范。另外，个人对事实的认识很容易受自身或外界因素的影响而出现误差，司法专业人员也不例外。在涉及重大利益的司法活动中，法律不能袖手旁观，必须用科学合理的规则将个人认识误差的可能性限制到最低点。因此，司法系统需要通过法律规范其证明活动。

其次，司法是人类社会中一种纠纷解决机制，它面对的是社会中各种各样的纠纷甚至冲突。作为这样一种机制，或者说作为解决纠纷或冲突的社会代表，其活动需要权威，而权威又必须建立在公平和正当的基础之上。在一个民主和法治的社会中，权威需要公开的规则来养护，公平和正当也需要合理的规则来保障。因此，通过法律规则来限制司法者运用证据之自由的法定证明符合这种纠纷解决机制的特点，满足了司法对权威和公正的需求。在社会生活的其他领域，人们也经常需要收集证据和认定事实，如历史学和考古学研究，但是那些活动没有解决社会纠纷的功能，因此可以在科学的范围内自由地进行证明，无须用法律规则来保证其结论的公正。

再次，司法证明活动存在着一个内在矛盾，即司法认识的模糊性与司法裁判的明确性之间的矛盾。由于主客观条件的限制，司法人员对案件事实的认识往往处于一种模糊的状态，或者说，案件事实在司法人员的认识中并不是非黑即白的，而是处于一种"灰色地带"。例如，在一起刑事案件中，司法人员根据证据所能达成的认识不是被告人肯定有罪或肯定无罪，而是被告人可能有罪也可能无罪。但是，司法裁判却必须是明确的。法官不能判决被告人"可能有罪"，而只能判决被告人"有罪"或者"无罪"。又如，在一起债务纠纷中，法官根据证据所能达成的认识是被告人可能从原告方借了钱，但是法官却不能判决被告人"可能败诉"，而必须明确判决"被告人败诉"或者"原告方败诉"。如何在模糊的认识状态下作出合理的明确裁判，这就需要法定的规则，如举证责任分配规则和事实推定规则等。没有统一的法定规则，法官的判决就会陷入混乱并导致社会的混乱。

最后，司法活动总要以一定的社会价值观念为基础，总要服务于一定的社会政策。如上所述，准确认定案件事实只是司法活动的价值目标之一。此外，司法活动还要服务于维护社会安定、保护人权等社会价值目标。由于司法的诸多价值目标之间会发生相互冲突，所以法律必须通过制定规则来加以协调，以便达到各种价值目标的平衡。而且，在不同的国家和不同的历史时期，社会的价值取向也会发生变化或需要调整，而这一切都需要通过法律规则来实现。刑事司法活动中的禁止刑讯逼供和非法证据排除规则就是很好的例证。无论从实践的角度还是从统计学的角度来看，通过刑讯逼供等非法手段获得的大多数证据都是有利于查明案件事实的，但是基于保护人权和司法公正的价值考量，法律必须剥夺司法人员使用这些证据的自由。由此可见，司法证明应该是法定的，司法证明应该遵循法定的规则。只要人类能够设计出科学合理的规则，就不应给司法者自由裁量权；只有在人类无法制定出规则的地方，才能给司法者自由裁量权。

在这里，我们看到了司法证明与一般证明的差异，也看到了推动司法证明发展的两种动力之间的矛盾。一般证明倾向于自由证明；但司法证明倾向于法定证明。一般证明只追求科学性；但司法证明既追求科学性，还追求合理性——包括司法公正和社会价值观念的"理"。由于司法证明也是一种证明，所以对科学性的追求推动司法证明向自由证明发展。由于司法证明是一种特殊的证明，所以对合理性的追求又推动司法证明向法定证明发展。正是在这两种动力的交互作用下，人类司法证明的历史才呈现出"否定之否定"的发展态势，人类的司法证明才一次又一次地从自由证明走向法定证明。如果说神明裁判还是人类在蒙昧中朝向法定证明的探索，那么英美法系国家大量证据规则的确立和大陆法系国家法定证据制度的出现则是人类在理性中追求法定证明的努力。今天,我们仍然要努力探索通向法定证明之路,而这应该是一条更加科学更加合理的法定证明之路。

四、中国的司法证明制度

(一) 中国的司法证明制度以自由证明为基调

在数千年的历史时期内,中国的司法证明模式经历了从原始的自由证明到神明裁判的法定证明,再从绝对自由证明到相对自由证明的演变。虽然司法证明模式那"否定之否定"的规律在中国的表现没有像西方国家那样明显,但是我们依然可以看到其沿革的轨迹。根据已知文献的记载,中国古代的神明裁判不太发达,只有"皋陶治狱用神羊"、"商王定罪用占卜"、"周朝狱讼用盟诅"等具有神明裁判的性质,因而也具有法定证明的性质。在这些神明裁判退出司法证明的历史舞台之后,中国的司法证明便又回归了自由证明。在那一时期的审判活动中,司法官员对证据的采信以及对案件事实的认定不受法律的限制,司法者完全根据个人的知识和经验以及案件的具体情况进行自由的裁断。不过,随着司法经验的积累,一些朝代的法律又开始对司法人员的自由裁量权加以限制。例如,唐朝的法律中便有"据众证定罪"的规则。按照《唐律疏议》中的解释:"称众者,三人以上明证其实,始合定罪。"这种定罪需要三个以上证人之明确证言的规定与大陆法系国家的两个可靠证人的证言可以构成完整证明的规定确有相似之处。另外,在刑事审判活动中,被告人承认自己有罪的口供被视为最有力的定罪证据,于是,"断罪必取输服供词"和"无供不录案"就成为封建法律中一条基本的证据原则。当然,也有人反对盲目相信被告人的口供,强调对被告人供述要认真审查判断。例如,南宋时期的胡太初在《昼帘绪论·治狱篇》中就曾经指出:"凡罪囚供款,必须事事着实,方可凭信。"总的来讲,中国古代的司法官员在评断和使用证据时享有很大的自由裁量权,"断罪必取输服供词"和"据众证定罪"等带有法定证明色彩的规则只是个别性规定。换言之,中国古代的司法证明基本上属于自由证明的模式。

从清朝末年到中华民国时期,中国开始学习西方国家的立法和司法经验,包括建立证据制度方面的经验。例如,中华民国时期颁布的刑事诉讼法和民事诉讼法就借鉴西方的法例,规定了无罪推定、自由心证、言词辩论、禁止刑讯逼供等原则,而且对证据种类和证明责任等问题也作出了比较明确的规定。但是由于长期战乱和国民党政府实行的专制统治,立法上的证据制度与司法实践中的证据制度相去甚远,诸如无罪推定和禁止刑讯逼供等规定都不过是一纸空文。由于自由心证制度与中国的司法传统很贴近，而且不会束缚司法官员滥用权力的手脚，所以在接受和施行上没有太大的障碍。尽管中国那一时期的司法证明与大陆法系国家的自由心证制度不可同日而语，但基本上属于自由证明的模式。

中华人民共和国成立之后，人民政府在废除国民党旧法统和总结革命根据地司法工作经验的基础上建立了新的证据制度。20世纪50年代前期颁布的一系列法律法规确立了实事求是、重视调查研究、重证据不轻信口供、严禁刑讯逼供、明确举证责任和要求证据必须确实充分等司法证明活动的原则。但是自50年代后期到"文化大革命"结束，持续的政治运动和社会动乱使中国的司法制度基本上处于瘫痪状态。自70年代后期开始，中国的司法制度又逐步得到恢复和完善。中国现行的证据制度是以刑事诉讼法、民事诉讼法和行政诉讼法为依据的。就司法证明模式而言，虽然法律中也有"严禁刑讯逼供"和"只有被告人口供不能定罪"等限制性规定，但是由于我们多年来一直强调"实事求是"和"具体问题具体分析"等原则，法律中关于证据的规定也非常抽象、空泛，所以司法人员在运用证据认定案件事实时确实享有极大的自由裁量权。一言以蔽之，中国现行的证据制度基本上属于自由证明的范畴。

（二）中国当前的证据制度改革应该走向法定证明

法定证明与自由证明是各有利弊的，但法定证明更符合司法活动的内在规律，也更适应当前中国社会发展的需要。目前在中国的司法制度和司法实践中存在着许多问题，如司法没有权威、司法不能独立、司法人员的素质和水平参差不齐、司法人员滥用职权乃至受贿枉法等现象屡禁不绝。这些问题严重地影响着公正和效率等司法价值目标的实现，也严重地影响着社会的安定和发展。诚然，这些问题的存在有着广泛深刻的社会原因，这些问题的解决也绝非证据制度所能完成之任务。但是，面对这种现状，法定证明显然比自由证明更有利于实现司法的公正与效率，并进而促进社会的安定与发展。

法定证明以统一明确的规则为基础，司法人员在运用证据时只能"按规则做裁判"，没有多少自由裁量权，也没有多少"吹黑哨"的空间，因此，它可以提升司法的公信力，提高司法判决的权威性；也可以帮助司法人员抵制外界的干扰，在一定程度上维护司法独立；还可以弥补司法人员素质水平的不足，防止和减少司法腐败。在中国这样的"关系社会"中，倘若司法人员手中握有很大的自由裁量权，那么当事人就会千方百计去"找门路"、"托关系"，甚至去行贿，以便司法人员在自由裁量时向他那一方倾斜。如果法律规则都是具体明确的，而且是众所周知的，当事人便会知道找谁也没有用，便会减弱去"托关系"和行贿的心理动力。当然，要想把立法层面的法定证明真正落实为司法实践中的法定证明，还需要在社会中——特别是司法系统中建立起保障"按规则做裁判"的有效机制。

在此我们可以看到，法定证明与自由证明的关系在一定程度上反映了法治与人治的关系。诚然，我们这里讲的法治与人治并不涉及治国的大政方针，而是仅就司法活动而言的，但是其中的道理却是相通的。法治与人治也是各有利弊的。法治死板，在保证统一规范的同时却容易出现不适应具体情况的弊端；人治灵活，在保证"具体情况具体分析"的旗帜下却容易出现滥用权力的恶行。从一定意义上讲，法定证明体现了法治的精神；自由证明则体现了人治的精神。其实，如果司法者都是品行高尚而且能力极强的人，那么自由证明绝对是比法定证明更好的司法证明模式。但是，在我们的现实生活中，司法者的品行和能力都难如人意，因此，我们只能选择法定证明。换言之，综合比较，权衡利弊，中国的司法证明活动必须坚持"法治之路"，其要旨就在于不能给行使权力者留下太多的自由裁量空间。顺便说一句，当前中国法治的一大问题就是法律规定不具体、不明确，留有太多的"人治"空间。因此，中国的法治也需要"法定证明"。

（三）准法定证明模式

当前中国证据制度改革的方向是从自由证明走向法定证明，但是，这并不等于说要走向极端或绝对的法定证明。法定证明也要把握一个合理的度，因为法定证明的规则要符合证明的规律，要符合人类认识能力发展的水平——包括制定证明规则的能力水平。从宏观上讲，我们的改革思路应该是根据证明的科学规律和司法实践经验的总结，尽可能地使司法证明活动规范化，只有在那些目前还无法或没有能力制定统一规则的范围内给司法人员保留有限的自由裁量空间。换言之，这是一种以法定证明为主、以自由证明为辅的司法证明模式，可以称之为"准法定证明"或"相对法定证明"。

"准法定证明"模式包括两层含义：第一，在司法证明的大部分环节上都采用法定证明，而在个别环节上以自由证明为补充，不是完全绝对的法定证明。具体来说，司法证明包括取证、举证、质证、认证四个基本环节，而认证又包括证据的采纳和证据的采信两个子环节。其中，取证、举证、质证和证据的采纳都要严格的法定化；只有证据的采信环节可以采用以自由证明为补充的准法定化。换言之，相关的法律应该明确地规定出取证规则、举证规则、质证规则和证据采纳规则；只有在评断具体证据的真实可靠性和证明价值时，法律才给司法人员留有一定的自由裁量空间。第二，规范司法证明的依据以立法机关颁布的法律规则为主，以有关机关颁布的内部规则为辅，后者的约束力具有"准法律"的性质。例如，取证、举证、质证、认证的基本规则都应该在相应的诉讼法律中作出明确的规定；刑事案件中一些具体的取证措施（如现场勘查、搜查等）的实施规则可以由侦查机关制定的内部规则加以规范；具体案件的证明标准和证据的采信标准可以由最高人民法院以指导性审判规则的方式加以规范。2010年颁行的两个"刑事证据规定"在这方面作出了有益的尝试。

在此需要说明，这些审判规则虽然不是严格的法律规范，但是对司法人员具有一定的约束力。这就是说，司法人员在一般情况下都要遵守这些规则。如果司法人员在诉讼活动中要作出违反这些规则的决定，必须给出具体明确的理由。这体现了规范性与灵活性的结合，而且是在强调规范性的前提下保持了一定的灵活性。就当前我国证据制度和司法实践的状况而言，案件证明标准的规范化和证据采信标准的规范化是当务之急。

第二章
证据的法定形式

《刑事诉讼法》第48条规定："证据包括：（一）物证；（二）书证；（三）证人证言；（四）被害人陈述；（五）犯罪嫌疑人、被告人供述和辩解；（六）鉴定意见；（七）勘验、检查、辨认、侦查实验等笔录；（八）视听资料、电子数据。"法律规定这八种证据的基础是证据在诉讼活动中的不同表现形式，因此可以称为证据的八种法定形式。在诉讼活动中使用的证据必须符合法定形式的要求，否则不能采纳。民事诉讼法和行政诉讼法中也有类似的规定，但本章内容以刑事证据为主。

第一节 物 证

一、物证的概念

物证是以其内在属性、外部形态、空间方位等客观存在的特征证明案件事实的物体和痕迹。物证的概念有广义与狭义之分。广义的物证包括书证、视听资料等一切以实物形式表现出来的证据；狭义的物证则不包括书证和视听资料。作为我国法定证据形式之一的物证属于狭义的物证。

物证的证明功能都是通过其客观存在的特征实现的，而物证的特征表现在多个方面，包括内在属性、外部形态、空间方位等。所谓内在属性，是指物证的物理属性、化学成分、内部结构、质量功能等特征；所谓外部形态，是指物证的大小、形状、颜色、光泽、图纹等特征；所谓空间方位，是指物证所处的位置、环境、状态、与其他物体的相互关系等特征。在司法活动中，有些物证只能依据一个方面的特征证明案件事实；有些物证则可以同时依据多个方面的特征实现其证明功能。

物证包括物体和痕迹。这里所说的物体，是指由实体性粒子构成的物质存在形式。在自然界中，实体性粒子是人可以直接感知的物质存在形式。此外，物质还可以电子、光子和场等形式存在，如电磁波和电磁场。一些视听资料的证据功能就是以电磁波和电磁场的变化情况为基础的，但是它们不属于本节所讲的物证的范畴。在刑事案件中，常见的物体证据包括作案的目的物（如盗窃的财物）、使用物（如杀人凶器）、遗留物（如罪犯遗留在现场的烟头、纽扣）等。

所谓痕迹，是指一个物体在一定力的作用下在另一个物体的表面留下的自身反映形象。其实，这种形象痕迹也具有物体的性质，因为它总要依附于一定的物体，而且它也是人可以直接感知的客观存在的实体。但是，痕迹的证明价值主要不是基于它自身的特征，而是基于它所反映的那个客体的特征。另外，客观世界的物体也可以在人的大脑中留下痕迹，但这种"意识痕迹"不属于本节所讲的痕迹。在刑事案件中，常见的痕迹物证包括手印、足迹、工具痕迹、枪弹痕迹、车辆痕迹等。

物证是各类案件中常见的证据。从理论上讲，物证存在于每一个案件之中，因为任何案件都发生在一定的物质环境之中，当事人的行为都会对周围的物质环境产生不同形式的影响并留下与案件事实有某种关联的痕迹或物体。例如，在一起入室盗窃案件中，犯罪分子在进入现场、实施盗窃、逃离现场的过程中都有可能留下足迹、手印、工具痕迹、车辆痕迹等物证，而他使用的作案工具和盗窃的物品也是当然的物证。即使犯罪分子在作案后采取毁灭现场痕迹等物证的反侦查措施，但是他在毁灭物证的同时，往往又会留下新的痕迹。因此，物证是普遍存在的。侦查人员在有些案件中没有发现或提取到物证，并不等于那些案件中就没有物证，只不过是因为技术手段和取证能力等主客观因素的限制而未能发现或提取而已。

二、物证的种类

人们在司法活动中遇到或使用的物证是多种多样的。大到高楼桥梁，小到遗传基因，大千世界的万物都有可能成为案件中的物证。因此，物证是无法列举穷尽的。但是，为了更好地把握证据概念的内涵和外延，可以从不同的角度对物证进行分类。

（一）固体物证、液体物证和气体物证

在自然界中，物体的基本形态包括固态、液态和气态，与此相应，物证可以分为固体物证、液体物证和气体物证。固体物证是司法实践中最常见的物证，几乎存在于各种案件之中。例如，杀人用的刀枪、盗窃用的工具、诈骗的财物、抢劫的车辆、贪污的赃款、受贿的现金等，都是固体形态的物证。液体物证在许多案件中也是多见的证据，如行贿的名酒、投毒的饮料、纵火的汽油、涂改账目的药水等，都属于液体形态的物证。气体物证在司法活动中虽然比较少见，但是也很重要，例如，可以致人伤亡的毒气、煤气、汽车尾气，以及可以由警犬进行气味识别的气体样本等，就都是非常重要的气体物证。把物证划分为固体物证、液体物证和气体物证，有助于准确认识不同物证的特点，以便在司法活动中采用恰当的取证措施和手段。

（二）巨体物证、常体物证和微体物证

根据体积和质量大小不同，可以把物证分为巨体物证、常体物证和微体物证。巨体物证指体积较大、不便于直接提取原物并在法庭上出示的物证，如楼房、桥梁、轮船、火车、飞机等。常体物证指体积一般、可以直接提取原物并在法庭上出示的物证，如衣物、钱币、撬棍、手枪、弹壳等。微体物证又称为微量物证，指体积微小、人的感官难以直接感知、往往需要借助一定的工具或仪器才能发现和提取的物证，如附着在足迹上的金属粉末、沾附在衣服上的射击残留物、散落在现场的纤维等。这种划分的意义在于明确不同物证的特点，以及取证方法和手段的特殊性。

（三）物理物证、化学物证和生物物证

根据检验的科学方法不同，可以把物证分为物理物证、化学物证和生物物证。物理物证即主要以其物理学特征证明案件事实，因此主要使用物理学方法进行检验的物证，如各种痕迹物证。化学物证即主要以其化学特征证明案件事实，因此主要使用化学方法进行检验的物证，如与案件有关的各种微体微量的有机物质和无机物质。生物物证即主要以生物学特征证明案件事实，因此主要使用生物学方法进行检验的物证，包括来源于人体、动物体、植物体的指甲、毛发、皮肉、组织、分泌物、排泄物等。由于一个物证往往同时具有物理、化学等多方面特征，所以这种划分是相对的。

（四）形象特征物证、成分特征物证、习惯特征物证和气味特征物证

根据证明案件事实所依据的特征不同，可以把物证分为形象特征物证、成分特征物证、习惯特征物证和气味特征物证。形象特征指客体的外表结构、形状形态、图像花纹、颜色光泽等特征，手印、足迹、工具痕迹、枪弹痕迹等物证就属于形象特征物证。成分特征指客体物质成分的种类、含量、结构、排

列、比例等方面的特征，血液、精液、毛发、人体组织等可以进行 DNA 图谱分析的物证就是成分特征物证。习惯特征指客体进行某种运动的习惯方式和特点，例如人的书写习惯特征和行走习惯特征等，而反映人的书写习惯特征的笔迹和反映人的行走习惯特征的步法足迹就属于习惯特征物证。气味特征是客体物质所具有的能够刺激人和动物的感官并产生味觉的特征，能够反映人体气味特点或物体气味特点的气体和物品就属于气味特征物证。在司法实践中，有些物证可能同时具有形象特征和习惯特征，有些物证可能同时具有成分特征和气味特征，因此这种划分也是相对的。不过，这种划分有助于全面认识和利用物证的各种特征。

三、物证的特点

（一）物证具有较强的客观性

物证是客观存在的物体和痕迹，是以物质的存在形式证明案件事实的，因此，与其他证据相比较，特别是与各种人证相比较，具有较强的客观性。物证中储存着各种各样与案件事实有关的信息，可以为查明和证明案件事实提供重要的依据。虽然物证也可以造假，但是相对来说伪造的难度比较大，所以物证往往比其他证据更为可靠，具有较高的证明价值。美国著名物证技术学家赫伯特·麦克唐奈曾经形象地指出："物证不怕恫吓。物证不会遗忘。物证不会像人那样受外界影响而情绪激动……在审判过程中，被告人会说谎，证人会说谎，辩护律师和检察官会说谎，甚至法官也会说谎。唯有物证不会说谎。"[①]

（二）物证具有"双联性"

案件事实是由何事、何时、何地、何物、何情、何故、何人等基本要素构成的。任何证据都必须与案件事实具有关联性。物证的关联性一般表现为连接两个事实要素的桥梁，而且往往一方面连接已知案件事实，一方面连接嫌疑客体。这就是物证的"双联性"。例如，侦查人员在一起杀人案件的现场上发现一个血手印，经过专家鉴定，确认它就是嫌疑人李某的手印。在该案的证明活动中，这个血手印一方面连接杀人行为，一方面连接嫌疑人李某。换言之，要想通过这个血手印认定李某就是杀人凶手，必须完成两个环节的证明：第一，在现场留下这个血手印的人就是杀人凶手；第二，李某就是留下这个血手印的人。在司法实践中，人们有时忽略了第一个环节的证明，使物证的证明链条出现断裂，结果往往是错误的证明。

---

① ［美］刘易斯：《血痕弹道指纹探奇》，何家弘译，群众出版社 1991 年版，第 1 页。

（三）物证的证明具有间接性

物证的双联性就决定了物证所反映的案件事实是不完整的片段，是静音状态的画面。正是在这个意义上，有人称物证为"哑巴证据"。物证不会说谎，但是物证也不会说话。物证不能自己直接向法庭证明案件事实，必须与其他证明手段结合起来才能证明案件事实，因此，物证的证明具有间接性。例如，侦查人员在杀人现场发现一把匕首，但是这把匕首本身并不能证明杀人案件的事实，其证明价值需要人的解读。专家通过检验死者身上的伤口和匕首上的附着物质，认定该匕首就是杀人凶器；证人通过辨认，确定这把匕首是嫌疑人赵某的；于是，这把匕首才发挥了证明案件事实的作用。当然，上述证据还不足以证明赵某就是杀人凶手，因为那把匕首属他所有，并不等于他就是杀人凶手。要证明赵某就是杀人凶手，还必须有其他证据。由此可见，物证一般都属于间接证据。

（四）物证具有不可替代性

物证的证明价值通常都属于特定的物体和痕迹。例如，侦查人员在某伤害案件的现场提取到一根带有血迹的木棍。在该案中，只有这根木棍本身具有证明价值，侦查人员不能用其他同类或相似的木棍来代替它。因此，物证通常都具有不可替代性。明确物证的这个特点，就是要强调物证的保全。任何物证在现场提取之后，必须按照法律要求的程序和方式进行保管，形成完整的物证保全链条，以确保在法庭上出示的物体，就是在现场提取的物体，就是与案件事实具有某种关联性的物体。

（五）物证的使用往往要借助一定的科学技术手段

物证的证明价值往往要借助一定的科学技术手段才能实现。一方面，许多物证的发现和提取都需要专门的科学技术手段，如潜在手印的显现技术和粉尘足迹的提取技术；另一方面，很多物证中储存的与案件事实有关的信息也需要一定的科学技术检验来解读，如血痕和精斑中遗传基因的检验。正因为物证中的"科技含量"较高，所以物证应该属于"科学证据"的范畴。人类司法活动的历史证明，物证的开发和使用与科学技术的发展有着非常密切的关系。

第二节 书 证

一、书证的概念

书证是指以文字、符号、图形等方式记载的内容来证明案件事实的文件或其他物品。广义的书证包括照片、录像、计算机证据等以记载的内容证明案件事实的视听资料。由于我国法律明确规定视听资料和电子数据是与书证等并列的证据种类之一，所以本节中讲的书证不包括上述内容。

书证具有书面形式，这是书证在形式上的基本特征。书面形式多种多样，包括手写、打印、印刷的文件、标语、传单、信件和日记；证明身份的各种证件或介绍信；证明学历、资格、婚姻状况等的证书；经济活动中使用的合同、账本、票据；以及各种图形、图表等。书证的载体多为纸张，但也可以是其他物体。例如，在织物、木板、金属、石碑、地面、墙壁上刻画的字迹内容若可以证明案件事实，也属于书证，因为它们也具有书面形式，而其载体分别是织物、木板、金属、石碑、地面和墙壁。

以记载的内容来证明案件事实是书证的内容特征，也是书证与物证的主要区别。具有书面形式的材料可能是书证，也可能是物证。如果一份书面材料以其记载的内容证明案件事实，它就是书证，例如记载着多次行贿的时间、地点、对象、金额等内容的日记；如果一份书面材料不是以其记载的内容证明案件事实，而是以其内在属性、外部形态、空间方位等客观存在的特征证明案件事实，它就是物证，例如在某杀人现场上发现一份打印文件，虽然其内容与该案无关，但是经查是由某嫌疑人专用的电脑打印机印制的，因此其存在的位置和外部形态等特征对案件事实仍然能起一定的证明作用。在该案中，它就属于物证，而不是书证。在有些情况下，一份书面材料可以同时具有书证和物证两种属性。例如贪污案件中的账本，其记载的内容可以证明贪污手段和金额等案件事实，这是书证的属性；而账本中的涂改添加字迹又可以证明是谁改写的事实，这则是物证的属性。又如，某强奸杀人案件的受害人在临死前用血在自己的衣服上写下了案件发生的主要经过及罪犯的有关情况，那么这件血衣就同时具有了物证和书证的属性。

书证中记载的内容可以证明诉讼案件中争议或待证的事实，但是书证一般都不是为特定案件的诉讼活动制作的，而是在诉讼活动开始之前制作的，或者是在与诉讼活动没有联系的情况下制作的。这是书证与当事人、证人、鉴定人等诉讼参与人提供的书面证明材料的主要区别。当事人陈述、证人证言和鉴定意见也可以是书面形式，其内容也可以证明案件事实，但是它们不属于书证的范畴。在有些案件中，上述书面证言或陈述与书证有很多相似之处，司法人员要根据具体书面材料的制作情况来判断其是否属于书证。例如，张三将某件财物赠与李四时写的赠与书就是书证，而张三在诉讼中提供的该财物是他赠与李四的书面材料就是证人证言。

二、书证的种类

（一）文字书证、符号书证和图形书证

根据内容的表现形式不同，可以把书证分为文字书证、符号书证和图形书证。所谓文字书证，就是以文字形式记载与案件有关联之内容的书证。这是最为常见的书证，如信函、传单、合同、账簿、票据等。所谓符号书证，就是以符号形式记载与案件有关联之内容的书证。符号的种类很多，如标记、标识、音符、记号、路标等。有些符号是通用的，常人都可以理解其含义；有些符号是在某个特殊行业或专业领域内使用的，有专门知识的人才明白其含义；还有些符号是个人之间约定和使用的，外人很难解读。所谓图形书证，就是以图案、图画等形式记载与案件有关联之内容的书证，如侮辱他人的漫画、作案人自制的现场地形图以及产品说明图、房屋设计图、建设规划图等。有些书证只有一种形式的内容，有些书证可能同时具有两种或三种形式的内容，因此，这种划分是相对的。

（二）公文书和私文书

根据是否由国家机关或公共职能机构依其职权而制作，可以把书证分为公文书和私文书。公文书指国家机关或公共职能机构在其职权范围内制作的证书、通告、决议、命令等文书，如民政机关制作的结婚证书、公安机关制作的身份证件、房管部门制作的房产证等。私文书指公民、企业、社会团体等非公共职能主体在社会生活和交往中制作的各种文书，以及国家机关或公共职能机构制作的与其职能无关的文书，如私人写的借据、公司签订的合同、国家机关发出的与其职能无关的信函等。由于公文书是依据有关的法律授权、由享有相应职权的特定工作人员按照法定程序或方式制作的，具有较强的规范性，所以其证明价值一般高于私文书。

（三）一般书证和特别书证

根据形式、格式、制作程序等要件是否必须符合法律的专门规定，可以把书证分为一般书证和特别书证。凡是法律没有就其形式、规格、制作程序等要件作出专门规定的书证，就是一般书证，如公民之间的借据、收条；犯罪嫌疑人写的诽谤文书和往来信函等。特别书证是必须按照法律规定的形式、格式、程序制作的文书，如工商行政管理机关颁发的营业执照、公安机关制作的行政处罚决定书、民政机关制作的离婚证书以及法律规定必须经过公证或认证的合同书等。一般书证的审查要点在于其意思表示是否真实；而特别书证的审查要点则在于其是否具备法律规定的形式要件。

（四）处分性书证和记录性书证

根据内容的性质和功能不同，可以把书证分为处分性书证和记录性书证，后者又可以称为"报道性书证"。如果书证的内容具有处分法律关系的性质并可导致一定的法律后果，或者说制作书证的目的是要设定、变更或消灭一定的法律关系，那么这种书证就属于处分性书证，如公民就个人财产设立的遗嘱书、公司就商务活动签订的合同书、法院就诉讼纠纷作出的判决书等。如果制作书证的目的不是要处分某种法律关系，而是要记录、描述或报道某种具有法律意义的事实，那么这种书证就属于记录性书证，如医院的病历、公司的账簿、会议或谈判的纪要等。处分性书证一般能够确定地证明其设立、变更或消灭的法律关系存在与否的事实；而记录性书证对相关事实的证明则具有一定的不确定性或间接性。

（五）原生书证和派生书证

根据制作方法和内容来源不同，可以把书证分为原生书证和派生书证。所谓原生书证，就是制作人以书写、描绘、打印等方法直接把相关内容记录到纸张等载体上而形成的书证。这种书证是制作人就文书内容所制作的初始文本，反映的是文书内容的原始状态，因此又称为原始书证，包括文书的原件、原本或底本。所谓派生书证，就是制作人在原生书证的基础上以复印、描写、抄录、誊写等方法制作的文书，包括文书的副本、抄本、节录本、复印件、影印件等。区分原生书证和派生书证时不能只看制作的方法，还要看书证内容与案件事实的形成关系。例如，商店售货员用复写纸开具发票的第二联和第三联，虽然是以复写方式制作的，但应属于原生书证。对于这个问题，我们将在第三章中进一步讨论。

三、书证的特点

（一）书证可以作为证明待证事实的直接证据

书证作为证明案件事实的依据，具有直接性的特点。如前所述，物证一般不能自己直接证明案件事实，必须与鉴定意见等证据共同证明案件事实，因此物证一般都属于间接证据。书证则不然，书证的内容一般都可以直接证明待证的案件事实。只有在少数情况下，司法人员才需要专家的协助来解读书证的内容。至于具体案件中的书证究竟属于直接证据还是间接证据，则要分析该书证与案件主要事实的关系，而这也是我们在第三章中要详细讨论的问题。

（二）书证所证明的事实内容一般比较明确

书证的证明价值是通过文字、符号、图形等直观形式来实现的，而且这些文字、符号、图形一般都在一定社会中有着通行而且固定的含义，因此书证所能证明的事实内容往往是比较明确的，例如，一份房产证中的文字和图形可以明确地说明该房产的特征和所有权关系；一份医院病例中的文字和符号可以明确地说明该病人的诊断和治疗情况。另外，书证的明确性还表现在书证一般能比较全面也比较详细地证明相关的案件事实。例如，一份合同可以比较全面地解说当事人之间相应的权利义务关系；一本账簿在正常情况下能够比较详细地反映一个公司在一定时期内的经营活动情况。当然，书证的明确性并不等于说书证中就没有虚假的内容。换言之，明确性并不等于真实性。

（三）书证具有较强的稳定性

书证的内容一经用文字、符号、图形等方式固定下来，就具有了较强的稳定性，而不像证人证言和当事人陈述等证据那样容易发生变化。即使书证的内容被人以某种方式改变，一般也可以查到改变的蛛丝马迹。而且这些改变的内容在形成之后，也具有稳定性，也可以从另外的角度证明相应的案件事实。因此，稳定性或固定性是书证的特点之一，也是其作为证据的优点之一。

第三节　证人证言

一、证人证言的概念

证人证言，是指证人就自己所知道的案件事实情况向司法机关所作的陈述。本节所说的"司法机关"为广义，包括侦查机关、公诉机关和审判机关。广义的证人指一切向司法机关陈述与案件有关之情况的人，包括诉讼当事人、鉴定人和勘验、检查人；狭义的证人则仅指了解案件事实情况的第三人，不包括诉讼当事人、鉴定人和勘验、检查人。英美法系国家多采用广义的证人概念；大陆法系国家多采用狭义的证人概念。本节所说的证人属于狭义的证人。

证人证言有口头和书面两种形式。口头证言即证人以口头叙述的方式向司法机关提供的证言。书面证言即证人以书面陈述的方式向司法机关提供的证言。书面证言一般都应该由证人自己书写。司法机关在询问证人时应该制作笔录，或者进行录音、录像。证言笔录虽然具有书面形式，但是从证言的性质上说，仍然属于口头证言。记录证人陈述的录音、录像也不属于视听资料，还是证人证言。

证人资格是证人证言的基本构成要件。依据我国法律的有关规定，证人资格包括两个方面：第一，证人必须是了解案件情况的人。这是证人的基本特证，不了解案件情况的人不能成为证人。第二，证人必须是能够辨别是非、能够正确表达意思的人。因此，我国法律明确规定：生理上精神上有缺陷，或者年幼，不能辨别是非、不能正确表达的人，不能做证人。

这一规定包含两个条件：其一是生理上、精神上有缺陷或者年幼；其二是不能辨别是非、不能正确表达。这两个条件必须同时存在。那些虽然生理上、精神上有缺陷或者年幼，但仍能辨别是非、正确表达的人，法律并不禁止他们作证。例如，盲人可以提供耳闻事实的证言；聋哑人可以提供目睹事实的证言；间歇性精神病患者在神志正常期间也可以提供证言；年幼的人如果对某些事实具备了辨识能力并能正确表达，也可以提供证言。

证人必须是自然人。单位或法人不属于证人的范畴，因为它们不具备证人资格。诚然，自然人可以代表单位或法人提供证言，但是在这种情况下，作为证人的是单位或法人的代表，不是单位或法人。如果以单位或法人的名义出具证明文件，那么，这些证明文件属于书证，不属于书面证言。

二、证人的种类

（一）普通证人和特殊证人

根据证人的身份、职业等情况，可以把证人分为普通证人和特殊证人。普通证人很好理解。所谓特殊证人，即因为身份或职业特殊而需要享受特殊待遇或规定的证人。这主要有两种情况：一种是特殊身份的证人，例如，有些国家的法律规定国家元首或者政府首脑属于特殊证人，可以享受出庭豁免，或者可以用特殊方式提供证言；另一种是特殊职业的证人，如律师、医生、心理咨询人员、神职人员等，有些国家的法律对这些人的作证问题适用特殊规定。这种分类主要是证据立法时应该考虑的问题。

（二）健康证人和残障证人

根据证人的身体健康状况，可以把证人分为健康证人和残障证人。在此，健康与残障是针对作证而言的，不是一般意义上的健康与否。所谓健康证人，即没有影响其正常作证的生理或心理缺陷或疾患的证人。所谓残障证人，即有影响其正常作证的生理或心理缺陷的证人。常见的残障证人包括聋哑人、盲人、弱智人、精神病人等。这种分类的主要作用在于明确对不同证人应该采取不同的询问方法和手段。

（三）关系证人和无关证人

根据证人与案件或诉讼当事人的关系，可以把证人分为关系证人和无关证人。所谓关系证人，即与案件有某种利害关系或者与当事人有某种亲友关系的证人，如刑事案件中受害人或被告人的亲友。所谓无关证人，即与案件没有利害关系、与当事人也没有亲友关系的证人。这种分类有助于司法人员对不同证人证言的审查判断。

（四）清白证人和"污点"证人

根据证人本身有无罪错或犯罪嫌疑，可以把证人分为清白证人和"污点"证人。所谓清白证人，指本身没有罪错也没有犯罪嫌疑的证人。所谓"污点"证人，指本身有罪错或犯罪嫌疑的证人，即本身也有污点的证人，如犯罪团伙的一般成员、有一般违法行为或轻微犯罪行为的人等。这是有些国家和地区在刑事案件中使用的一种证人分类。这种分类有助于司法人员对不同证人的使用和保护。

（五）目击证人和传闻证人

根据证人了解案件事实的信息来源或途径不同，可以把证人分为目击证人和传闻证人。所谓目击证人，即自己直接或亲身感知案件事实的证人；所谓传闻证人，即通过他人的陈述了解案件事实的证人。目击证人是一种"代称"，因为直接或亲身感知案件事实的途径不只"目击"，还可以通过"耳击"、"鼻击"、"舌击"、"触击"等。

三、证人证言的特点

（一）证人证言具有较强的主观性

与物证、书证相比，证人证言具有较强的主观性，即比较容易受人的主观因素的影响。证人证言的形成过程包括感知、记忆、表述三个阶段。在这三个阶段中，证人的主观因素都会对证言的内容产生一定的影响。这表现在两个方面：其一，证人在具体案件中的主观倾向会影响证言的内容，甚至使证人故意提供虚假的证言；其二，证人的主观能力会影响证言的内容，使证人形成某种认知误差，包括感知误差、记忆误差和表述误差。明确证人证言的这个特点，有助于司法人员对证言真实可靠性的评断。

（二）证人证言容易发生变化

证人证言的另一个特点是变化性或不稳定性。这主要是由证人的记忆能力和机理所决定的。证人在感知了特定案件事实之后，有关信号便经过一定的分类组合，以暂时神经联系的方式储存在大脑皮层的神经元内。这些储存的感知信号并非一成不变。随着时间的推移，这些信号会淡化、模糊化，甚至完全消失。在其他感知信号的干扰下，原来的信号也会发生变异。于是，证人证言的内容就出现了变化，甚至彻底地遗忘。理解证人证言的变化性，可以更科学地认识证言的证明功能，可以更准确地把握证言的证明价值。

此外，证人证言也具有证明方式的直接性和证明内容的明确性等特点。由于这些特点与书证的特点相似，便不再赘述。

第四节　被害人陈述

一、被害人陈述的概念

被害人陈述，是指刑事案件的被害人就自己所知道的案件情况向司法机关所作的陈述。被害人陈述在内容、形式、功能等方面都与证人证言有相似之处，但是，因为被害人在刑事诉讼中具有特殊的身份和地位，所以我国法律将其单独规定为证据形式的一种。

被害人即刑事被害人，指合法权益直接遭受犯罪行为侵害的人。这里所说的合法权益包括人身权利、财产权利、民主权利，以及受到法律保护的相关利益。只有其合法权益直接受到犯罪行为侵害的人才是被害人，间接受到侵害的人不属于被害人的范畴，例如，杀人案件中死者亲属的合法权益当然也受到了犯罪行为的侵害，但这种侵害是间接的，因此他们不属于被害人。被害人一般为自然人，但是也可以是法人。

被害人在刑事诉讼中的身份可以有三种表现形式，即公诉案件中的被害人、自诉案件中的自诉人、附带民事诉讼中的原告人。然而，无论是在公诉案件中还是在自诉案件中，无论其在诉讼活动中的身份是自诉人还是附带民事诉讼的原告人，其陈述都属于被害人陈述。在诉讼活动中，被害人既有陈述案件情况的权利，也有提出诉讼请求的权利，但是只有就案件情况所作的陈述，才属于证据意义上的被害人陈述。

被害人陈述多采用口头陈述的方式，但是也可以采用书面陈述的方式。对于被害人的口头陈述，司法机关应该制作笔录，或者用录音、录像的方式记录。书面陈述一般都应该由被害人亲笔书写。被害人不具备书写能力的，应该提供口头陈述。只有在被害人不具备书写能力，而且确实无法或不适宜口头陈述的特殊情况下，才可以由他人代笔。

二、被害人的种类

（一）未成年被害人、青壮年被害人和老年被害人

根据年龄不同，可以把被害人分为未成年被害人、青壮年被害人和老年被

害人。关于未成年人的年龄界限，世界各国的法律规定不尽相同。多数国家规定 18 岁为成年人，但是也有的国家规定为 19 岁或 21 岁。关于老年人的年龄界限，各国法律一般不作明文规定，而社会习惯多以 60 岁为界限，而且男女略有差异。不同年龄的被害人陈述各有特点，因此，这种分类有助于研究各自的规律，特别是未成年人和老年被害人陈述的规律和特点。

（二）男性被害人和女性被害人

根据性别不同，可以把被害人分为男性被害人和女性被害人。男性和女性在不同种类犯罪中成为被害人的概率有较大差异，男性和女性被害人在向司法机关陈述案件情况时也有不同的习惯和特点，因此，这种分类有助于研究男性和女性被害人的陈述规律，特别是后者。

（三）人身权利受害人、财产权利受害人和民主权利受害人

根据遭受犯罪行为侵害的权利不同，可以把被害人分为人身权利受害人、财产权利受害人和民主权利受害人。遭受侵害的权利不同，被害人在向司法机关陈述案件情况时的心理状态也不同，因此，这种分类有助于研究不同权利被害人陈述的规律和特点。

（四）无过错被害人和有过错被害人

根据被害人在犯罪形成的过程中有无过错或责任，可以把被害人分为无过错被害人和有过错被害人。无过错被害人，是指那些在侵害自己的犯罪行为发生过程中自己没有过错，或者没有任何道义或法律上责任的被害人，又称为无责任被害人。有过错被害人，是指那些在侵害自己的犯罪行为发生过程中自己也有过错，或者在道义或法律上也有一定责任的被害人，又称为有责任被害人。根据过错或责任的大小，有过错被害人又可以分为责任小于加害者的被害人即无知型被害人、责任等同于加害者的被害人即自发型被害人、责任大于加害者的被害人即诱发型被害人。这些不同类型的被害人在向司法机关陈述案件情况时有不同的规律和特点。

（五）不相识被害人、相识被害人和搭识被害人

根据被害人在犯罪发生前与加害人是否相识及相识的情况，可以把被害人分为不相识被害人、相识被害人、搭识被害人。所谓不相识被害人，是指那些在犯罪发生之前与加害人素不相识、没有任何关系的被害人。所谓相识被害人，是指那些在犯罪发生之前就与加害人互相认识或有某种关系的被害人。所谓搭识被害人，是指那些与加害人原本不相识，但是在犯罪发生前临时认识的被害人。搭识往往是加害人接近被害人的一种手段。这些不同种类的被害人在向司法机关陈述案件情况时也有不同的规律和特点。

三、被害人陈述的特点

（一）被害人陈述具有不可替代性

这是由被害人在诉讼中的地位所决定的。在任何一起刑事案件中，被害人都是特定的，都是不能由他人替代的。因此，向司法机关提供被害人陈述的必须是被害人本人，不能由其亲属或家长来代替。即使被害人是法人，也是特定的。诚然，代表法人进行陈述的个人是不特定的，可以有多个人，也可以互相替代，但他们不是代表个人陈述，而是代表法人陈述。因此作为被害人的法人来说，仍然是特定的，是不可替代的。与此相应，被害人的陈述也具有不可替代性。

（二）被害人陈述可以直接证明案件事实

被害人是直接遭受犯罪行为侵害的人，他们一般都清楚地了解犯罪行为侵害的后果乃至侵害过程和作案人的情况，因此其陈述往往可以直接证明有关的案件事实。在有些案件中，被害人与作案人有过正面接触，或者亲身遭受或经历了犯罪的侵害过程，因此其陈述就是证明案件事实的直接证据。在有些案件中，虽然被害人没有与作案人正面接触，也不知道作案人的身份，但是其了解的犯罪侵害事实仍然对案件具有直接的证明作用。与物证、书证等其他证据相比，被害人陈述的直接证明性是最显著的特点，换言之，在司法实践中，被害人陈述多属于直接证据。

（三）被害人陈述经常带有倾向性

被害人对案件事实的认识是直接的，因此其陈述是查明和证明案件事实的重要依据。但是，由于被害人是直接受犯罪行为侵害的人，与诉讼结果有着直接的利害关系，所以其陈述往往容易受情感、情绪等主观因素的影响，带有较强的倾向性。例如，有些被害人可能在陈述中夸大犯罪行为的侵害程度或侵害后果的严重程度；有些被害人可能在陈述中隐瞒犯罪侵害过程的某些情节；还有些被害人可能在陈述中提供部分编造，甚至全部编造的"案件事实"。司法人员在审查和运用被害人陈述的时候，必须考虑到被害人陈述的这一特点。

（四）被害人陈述往往带有综合性

被害人陈述的内容往往带有综合性的特点，即其陈述的内容不仅是对犯罪侵害事实的叙述与说明，还可能包括对作案人的指责、对犯罪的控诉、对社会或有关人员的抱怨、对司法机关的要求等。而且，这些内容往往是交织混杂在一起的。如前所述，其中与犯罪事实无关的内容并不具有证据的作用，但是司法人员也要认真听取并记录下来，然后综合评断和识别。

第五节　犯罪嫌疑人、被告人的供述和辩解

一、口供的概念

犯罪嫌疑人、被告人的供述和辩解，是指犯罪嫌疑人、被告人就有关案件的事实情况向司法机关所作的陈述，可以简称为"口供"。

口供的主体有两种情况，即犯罪嫌疑人和刑事被告人。犯罪嫌疑人，是被指控或发现犯有罪行并由公安机关或检察机关立案侦查的人。刑事被告人，是指被检察机关提起公诉或者被个人提起自诉并受到人民法院审判的人。在公诉案件中，犯罪嫌疑人和被告人的区分以检察机关提起公诉为界限，之前属于犯罪嫌疑人，之后属于被告人。在自诉案件中，一般没有犯罪嫌疑人，只有被告人。不论是犯罪嫌疑人，还是被告人，也不论是公诉案件的被告人，还是自诉案件的被告人，他们向司法机关就案件情况所作的陈述，都称为口供。

口供的内容主要有三种情况：第一种是承认自己有犯罪行为的陈述，即供述；第二种是否认自己有犯罪行为或说明自己罪行较轻的陈述，即辩解；第三种是检举揭发他人犯罪行为的陈述，即攀供。攀供应该属于口供还是证言，学界有不同观点。我们认为对此问题应该具体分析，不可一概而论。如果攀供是检举揭发同案犯在本案中的共同犯罪行为，应该属于口供；如果攀供是检举揭发同案犯或其他人在其他案件中的犯罪行为，而且攀供者本人不是那起案件的犯罪嫌疑人或被告人，则应属于证言。

二、口供的种类

口供可以有多种分类。根据形式不同，可以把口供分为口头供词和书面供词；根据内容不同，可以把口供分为供述、辩解和攀供；根据主体是初犯还是累犯，可以把口供分为初犯口供和累犯口供等。这些分类对于研究和认识不同口供的性质和特点，都有一定意义。此外，还有一种分类对司法实践有重要意义，但是一直没有得到人们的重视，那就是嫌疑人口供和被告人口供。

根据主体不同，可以把口供分为嫌疑人口供和被告人口供。这种划分有助于明确两种口供在证明作用和价值上的差异。一般来说，嫌疑人口供只能作为侦查机关审查犯罪嫌疑和查明案件事实的依据，其价值主要表现为收集获取其他证据的线索和审查印证其他证据的依据。被告人口供则是审判中的证据，是

法院认定被告人是否有罪的依据之一。简言之，嫌疑人口供是侦查阶段查明案件事实的依据；被告人口供是审判阶段证明案件事实的根据。就整个刑事诉讼过程来说，嫌疑人的口供当然具有证据的性质，但是就审判阶段而言，嫌疑人口供则必须转化为被告人口供才能作为定案的根据。如果嫌疑人口供和被告人口供的内容是一致的，那么前者可以自然转化为后者。如果嫌疑人口供和被告人口供在内容上有差别，审判时则应该以被告人口供为准。只有在无法获得被告人口供的情况下，嫌疑人在侦查阶段作出的书面供词和侦查机关的审讯笔录才可以直接作为审判的证据。

明确区分嫌疑人口供和被告人口供，有助于在司法实践中消除"口供情结"，遏制刑讯逼供。理由很简单，嫌疑人口供对于审判已经无关紧要，关键还得看被告人在法庭上如何陈述。因此，侦查人员不能以为只要拿到了嫌疑人的有罪供述，就算大功告成。他们必须考虑嫌疑人在转化为被告人之后会怎么说，必须认真地收集其他能够支持嫌疑人口供的证据。不过，我们也不应该完全否定嫌疑人口供的证据价值，因为那些口供至少还可以提供查明案件事实和寻找其他证据的线索。

三、口供的特点

（一）口供可以直接证明案件事实

犯罪嫌疑人、被告人是最了解案件情况的人，他是否实施了被指控的犯罪行为，如何实施的犯罪行为，只有他自己最清楚。因此，无论是犯罪嫌疑人、被告人的供述还是辩解，对于查明案件事实往往都具有直接的证明意义。换言之，口供一般都属于直接证据的范畴。

（二）口供中多有虚假的成分

犯罪嫌疑人、被告人的供述和辩解是一种虚假可能性很大的证据。为了逃避法律的制裁，有的犯罪嫌疑人、被告人极力掩盖犯罪事实，避实就虚，避重就轻，作虚假陈述；也有的出于哥们儿义气或为了争取好的态度，把不是自己的罪行揽到自己身上。因此，有真有假，虚虚实实，这是口供的一个重要特征。司法人员对口供必须采取正确的态度，既要看到它的证据价值，又不能盲目轻信，只有在认真审查的基础之上，才能用做定案的根据。

（三）口供很容易出现反复

犯罪嫌疑人和被告人在面对司法机关和执法机关的调查和指控时，心理活动非常复杂，而且经常随着讯问人员和环境的变化而发生变化。一会以恐慌心理为主，一会以侥幸心理为主；一会以悔过心理为主，一会以抗拒心理为主。

受这些不同心理活动和状态的影响，犯罪嫌疑人和被告人翻供就成为司法实践中一种常见的现象，而且往往是供了又翻，翻了又供，多次反复，令人难辨真假。这种反复性也是口供复杂性的表现。

第六节　鉴定意见

一、鉴定意见的概念

鉴定意见，是指有鉴定资格的专业人员就案件中的专门问题向司法机关提供的结论、看法、解释或说明。鉴定意见都与案件事实有关，是司法机关查明案件事实的重要依据。但是，鉴定意见不是对案件事实的客观记录或描述，而是鉴定人在观察、检验、分析等科学技术活动的基础上得出的主观性认识结论。这也是鉴定意见与证人证言及勘验、检查等笔录的重要区别。证人讲述的是自己以看、听等方式感知的案件事实；勘验、检查人员记录的是自己观察到的案件事实；而鉴定人提供的是自己关于案件事实的意见。由于鉴定人一般都是相关领域的专家，所以鉴定意见又称为专家意见。

鉴定是为司法证明服务的一种特殊的科学认识活动。鉴定的任务是解答案件中的专门问题。案件中的专门问题多种多样，涉及众多学科领域。因此，鉴定的主体必须是在相关学科领域内具有鉴定资格的专业人员。这有两层含义：其一，他必须是在某个科学技术领域内具有专门知识、能够解答案件中专门问题的人；其二，他必须是具有相关领域的鉴定资格的人，或者是官方鉴定机构中的专业人员，或者是经司法行政部门批准建立的非官方鉴定机构中的专业人员。鉴定意见是法定的证据形式之一，必须按照法律规定办理鉴定的委托或聘请手续。没有司法机关或其他办案单位的委托或聘请，鉴定意见就不能采纳为证据。

二、鉴定意见的种类

（一）同一认定型鉴定意见、种属认定型鉴定意见和性质状态型鉴定意见

根据鉴定所解决的问题性质不同，可以把鉴定意见分为同一认定型鉴定意见、种属认定型鉴定意见和性质状态型鉴定意见。同一认定型鉴定意见就是以解决物体或人身是否同一问题为目的的鉴定意见，如认定某撬压痕迹是否某嫌疑工具所留的工具痕迹鉴定意见；认定某指印是否某人手指所留的指纹鉴定意见；认定某字迹是否某人所写的笔迹鉴定意见等。种属认定型鉴定意见就是以

解决物体或物质的种类所属为目的的鉴定意见，如确定某纸张物质成分的鉴定意见；确定某射击残留物成分的鉴定意见；确定某微量附着物物质属性的鉴定意见；确定两处发现的物质是否种类相同的鉴定意见等。性质状态型鉴定意见就是以确定人或物的性质或状态为目的的鉴定意见，如确定人体损伤程度的鉴定意见；确定行为人精神状态的鉴定意见；确定文书的书写或制作时间的鉴定意见；确定货币、票据、文件是否伪造的鉴定意见；确定枪支机件的功能是否正常的鉴定意见等。

（二）痕迹物证鉴定意见、文书物证鉴定意见、化学物证鉴定意见、生物物证鉴定意见和音像物证鉴定意见等

根据鉴定对象的物质特征不同，可以把鉴定意见分为痕迹物证鉴定意见、文书物证鉴定意见、化学物证鉴定意见、生物物证鉴定意见、音像物证鉴定意见等。痕迹物证鉴定，简称为痕迹鉴定，其对象通常是人或物在一定物质载体上留下的印痕。根据印痕的种类不同，痕迹鉴定又可以分为：指纹鉴定、足迹鉴定、工具痕迹鉴定、枪弹痕迹鉴定、牙齿痕迹鉴定、车辆痕迹鉴定、整体分离痕迹鉴定等。文书物证鉴定，又称为可疑文书鉴定或文件鉴定。它包括：笔迹鉴定、伪造和变造文书鉴定、打印和复印文书鉴定、被涂字迹和压痕字迹的鉴定、文字书写时间鉴定、文书物质材料鉴定等。化学物证鉴定，是指需要采用化学检验方法和仪器分析方法进行检验的各种微量有机物质和无机物质的鉴定。它包括：爆炸物证鉴定、纵火物证鉴定、微量纤维纺织物鉴定、油脂漆片鉴定、泥土玻璃鉴定、金属焊渣鉴定、塑料橡胶鉴定、毒品毒物鉴定等。生物物证鉴定，是指需要采用生物学检验方法进行检验的各种生物物质的鉴定。它包括：血痕鉴定、精斑鉴定、唾液斑鉴定、毛发鉴定、人体组织鉴定、动物组织鉴定、植物物证鉴定等。音像物证鉴定，是指运用电子等现代科学技术来检验、鉴别和辨识可疑的音像物证或视听资料的鉴定。它包括：可疑照片鉴定、可疑录音带鉴定、可疑录像带鉴定等。

（三）确定性鉴定意见和非确定性鉴定意见

根据结论的确定性程度不同，可以把鉴定意见分为确定性鉴定意见和非确定性鉴定意见。确定性与非确定性是人类认识活动中普遍存在的一对矛盾。这一方面是由客观事物的类属边界和状态差异的模糊性所决定的，另一方面是由人类认识能力的局限性所决定的。所谓确定性鉴定意见，就是说这种鉴定意见对于所要解答的案件专门问题来说具有唯一或排他的性质。所谓非确定性鉴定意见，则是说这种鉴定意见对于所要解答的案件专门问题来说不具有唯一或排他的性质。究竟哪些鉴定意见属于确定性，哪些鉴定意见属于非确定性，要根据鉴定对象、方法、条件等具体情况来定。一般来说，如果鉴定对象的特征具有较强的特定性

和稳定性，鉴定方法具有较高的科学性和精确度，那么这种鉴定意见就属于确定性鉴定意见的范畴，但是也还要看具体的鉴定条件。例如，指纹鉴定意见一般都属于确定性鉴定意见。但是，如果现场手印条件不好，只有一小块，而且纹线不太清晰，那么就只能得出非确定性的鉴定意见了。这种划分很有实际意义，因为它可以帮助司法人员更加科学准确地评断和使用鉴定意见。

（四）化学鉴定意见、物理学鉴定意见等

根据鉴定所依据的科学知识和技术不同，可以按照有关学科的分类把鉴定分为化学鉴定、物理学鉴定、生物学鉴定、遗传学鉴定、人类学鉴定、医学鉴定、精神病学鉴定、心理学鉴定、会计学鉴定、工程学鉴定、考古学鉴定等。与此相应，我们也可以对鉴定意见做相同的划分，即化学鉴定意见、物理学鉴定意见等。因为这里讲的鉴定意见都是为司法证明活动服务的，所以在这种语言环境下没有必要再在这些学科的前面统统加上"司法"或"法"的字样，如法化学鉴定、司法物理学鉴定等。当然，有些学科因经常服务于司法证明活动而形成了相对独立的法科学学科，如法医学、司法精神病学等，又当别论。在司法实践中，有些学科的鉴定方法是相互独立的，有些学科的鉴定方法是相互交叉的，因此在同一个鉴定意见中，可能既包含化学鉴定和物理学鉴定的内容，也包括生物学鉴定和遗传学鉴定的内容。

三、鉴定意见的特点

（一）鉴定意见属于"科学证据"

鉴定意见是鉴定人运用一定科学知识、采用一定科学方法对案件专门问题进行分析、检验后得出的结论，具有较强的科学性。诚然，鉴定的对象和方法是多种多样的，科学技术的含量也是各不相同的，有的鉴定使用尖端的仪器设备，自动化程度很高；有的鉴定凭手工操作，主观经验性很强。但是，任何鉴定意见都必须以一定的科学技术为基础，因此，鉴定意见属于"科学证据"的范畴。不过，鉴定意见的科学性并不等于说所有鉴定意见都是科学可靠的。任何科学仪器都是由人操作的，任何鉴定意见最终都是由人作出的，因此鉴定活动不可避免地还要受到鉴定人的职业道德、业务水平、专业经验等主观因素的影响。

（二）鉴定意见属于可以采纳的"意见证据"

鉴定意见属于"意见证据"。这有两层含义。第一，鉴定意见是鉴定人对案件中的专门性问题提出的理性意见，不是感性认识。鉴定的目的是解决案件中凭借普通常识无法判明的专门性问题，因此鉴定人不能只报告鉴定中观察到的事实，必须在观察或检验的基础上作出理性的分析判断，即形成意见。第二，鉴定意见是鉴定人就案件中的事实问题提供的意见，只解答事实认定问题，不解答法律争议问题，因为后者属于司法人员的职能范围。例如，在刑事案件中，鉴定人不应就行为人的杀人行为究竟是故意还是过失，是正当防卫还是防卫过当等问题提供意见，尽管鉴定人对相关事实的鉴定意见很可能作为司法人员回答上述问题的依据。在刑事诉讼中，普通证人的意见证据一般是不可采纳的，但是鉴定人或专家证人的意见是可以采纳的。

第七节　勘验等笔录

一、勘验等笔录的概念

勘验、检查、辨认、侦查实验等笔录是指侦查人员和司法人员对可能与犯罪有关的场所、物品、人身、尸体进行勘验、检查，或者组织辨认、侦查实验时所作的记录。《刑事诉讼法》第48条规定勘验、检查、辨认、侦查实验等笔录是证据的法定形式。我国民事诉讼法和行政诉讼法中的规定略有不同。民事诉讼法只规定了勘验笔录；行政诉讼法则在勘验笔录之外还规定了现场笔录。

在刑事诉讼中，勘验、检查的对象包括可能与犯罪有关的场所、物品、人身、尸体。这里所说的"场所"主要指犯罪现场，即犯罪人实施具体犯罪行为的地点，也包括其他可能与犯罪行为有关的场所，如掩藏作案工具或赃物等物证的场所。"物品"是一个广义的概念，包括各种可能与犯罪行为有关的物体和痕迹。"尸体"作为勘验、检查的对象，主要指非正常死亡的尸体，而且一般都是与一定场所相联系的，即发现可疑尸体的现场，但是对尸体的检验不一定都在现场进行，也可以在实验室完成。"人身"作为检查的对象，指的是活人的身体，检查内容包括身体上的各种特征，以及生理状态和损伤、变化等情况，但是不包括人的思想、观念、知识等主观意识的内容。

勘验、检查、辨认、侦查实验等笔录的主要形式是"笔录"，即文字记录，但是也包括绘图、照相、录音、录像等方式。随着科学技术的发展，以音像方式记录勘验、检查活动的过程和结果，越来越成为司法实践中普遍的做法，因此把"笔录"改称为"记录"更为准确。从形式上看，以音像方式制作的勘验、检查笔录和视听资料有很多相似之处，但是就内容而言，二者还是不同的，因此不应混为一谈。另外，侦查人员和司法人员在进行询问、辨认、讯问等活动时也要制作笔录，但是不属于勘验、检查笔录的范畴，而应分别属于证人证言、被害人陈述和口供等。

二、勘验等笔录的种类

勘验等笔录可以有多种分类。最主要也是最基本的分类是根据勘验等活动的性质和方法不同，把勘验等笔录分为场所勘验笔录、物证检查笔录、尸体检验笔录、人身检查笔录、辨认笔录、侦查实验笔录、搜查笔录等。

场所勘验笔录是对犯罪现场及其他与犯罪有关的场所进行勘验时制作的记录。由于最常见的场所勘验对象是现场，所以又称为现场勘验笔录。这种记录的内容包括勘验的人员、过程和发现的证据等情况。记录的形式包括勘验的文字记录、绘图、照相、录音、录像等。

物证检验笔录是对单个物证进行检查时制作的笔录。记录的内容包括对物证进行检验的过程以及发现物证的位置和物证的性质、特征等情况。记录的形式包括文字记录、绘图、照相、录像等。由于物证检验往往是在现场勘验等活动中进行的，所以物证检验笔录常作为场所勘验笔录的附件出现。

尸体检验笔录是对尸体进行外表检验或解剖检验时制作的笔录。记录的内容包括检验的过程和发现的情况，如尸体的外表特征和伤口，以及尸斑、尸温等尸体变化情况。记录的形式包括文字记录、照相和录像等。

人身检查笔录是对活人的身体进行检查时制作的笔录。记录的内容包括检查的人员、过程和发现的各种情况，如人体特征、生理状态和损伤情况等。记录的形式包括文字记录、照相和录像等。

辨认是侦查机关或司法机关为查明案件事实而组织安排熟悉或了解辨认对象特征的人（被害人、证人等）对与案件有关的人、物、场所进行的辨识和再认。辨认笔录即记录辨认过程及结果的文字材料。

侦查实验是侦查人员或司法人员为了验证案件中某些事实或情节是否存在或可能发生而进行的模拟实验或其他实验。由于这种实验在传统上主要是为犯罪侦查服务的，所以称为侦查实验。侦查实验笔录即进行这类实验时制作的记录。记录的内容包括实验的参加人员、过程和结果。记录的形式包括文字记录、照相、录音和录像等。

搜查是侦查人员对可能隐藏有证据或案犯的场所和人身进行搜索和检查的一种强制性侦查措施。搜查笔录即侦查人员对上述场所或人身进行搜查时制作的记录。记录的内容包括搜查的人员、对象、过程，以及搜查中发现和提取的证据等情况。记录的形式包括文字记录、照相、录像等。搜查笔录应否属于勘验类笔录，学界有不同观点。有人认为，搜查笔录只是记录证据取得方式和过程的依据，其本身并不是证据，所以不属于勘验类笔录。但也有人认为，搜查笔录和场所勘验笔录有许多相似之处，二者都包含对有关场所的查看，二者都要记录发现和提取证据的位置和过程，而且这些记录对于案件事实来说都有一定的证明作用，因为物证的价值不仅在于其自身的特征，而且在于其存在的位置。例如，在犯罪现场上勘查到的手套可以证明该手套和犯罪行为的联系；在嫌疑人家中或嫌疑人身上搜查到的手套可以证明该手套和嫌疑人的联系。由此可见，搜查笔录也可以在诉讼活动中作为证据，而在8种法定证据形式中，只有勘验类笔录最符合搜查笔录的特征。

三、勘验等笔录的特点

（一）勘验等笔录属于客观记录

刑事诉讼中的勘验、检查、辨认、侦查实验等笔录都是对有关人、物、场所的状况及其勘验、检查、辨认、侦查实验等活动的客观记载，具有"实况"记录的性质。因此与其他形式的证据相比较，这些笔录更具有客观性。这主要表现在两个方面：第一，这些笔录的内容都是与客观存在的案件事实有关的情况，不包括有关人的主观意识活动的情况；第二，这些笔录的基本要求就是客观记录，勘验、检查等人员只能记录自己看到、听到或以其他方式感知到的事实情况，不能记录自己的分析、推测和判断。当然，勘验等笔录毕竟是由人制作的，是以个人的观察和检验活动为基础的，因此这里所说的"客观性"并不意味着这些笔录的内容都一定符合客观实际情况。任何人的观察和检验都可能出现误差，任何人的记录都可能出现漏记和误记，即使采用照相和录像的方法，也会因思维习惯和技术能力等主观因素的影响而使图像和画面出现变形等不完全真实的情况。

（二）勘验等笔录具有综合性

勘验、检查、辨认、侦查实验等笔录的综合性表现在三个方面：第一，这些笔录所反映的往往不是客体的单方面特征，而是多方面的综合性特征；第二，这些笔录可以综合反映有关场所上多种证据的组合情况，以及有关活动的综合情况；第三，这些笔录可以通过文字记录、现场绘图、现场照片或现场录像等多种形式反映有关客体的情况，因而具有综合证明的功能。

（三）勘验等笔录的证明多具有间接性

勘验、检查、侦查实验等笔录对案件事实的证明具有间接性的特点。如前所述，勘验、检查笔录是对可能与犯罪有关的人、物、场所的状况的记录。虽然这些状况往往是犯罪行为的结果，但是这些记录本身并不能直接证明曾经发生之案件的主要事实。因此，勘验、检查笔录一般都不能单独作为认定案件事实的根据，必须与物证和鉴定意见等其他证据结合起来共同证明案件事实。换言之，勘验、检查笔录一般都属于间接证据的范畴。侦查实验笔录记录的是侦查人员或司法人员进行的模拟实验或其他实验，一般也不能直接证明犯罪案件的主要事实。只有辨认结论有可能直接证明谁是作案人这一主要事实。

（四）勘验等笔录具有规范性

勘验、检查、辨认、侦查实验等笔录具有规范性的特点。这既体现了诉讼活动对这种证据的严格要求，也体现了这种证据在司法实践中运用的客观规律。这类笔录的规范性表现在三个方面：第一是笔录格式的规范性，包括使用格式化的表格或专门的笔录纸；第二是笔录用语的规范性，包括名称用语和描述用语等；第三是笔录签名的规范性，这是笔录具有证明效力的重要保证。

第八节 视听资料和电子数据

一、视听资料和电子数据的概念

（一）视听资料的概念

视听资料，是指以录音、录像等方式储存的信息证明案件事实的证据。由于此类证据反映的是有关客体的声音特征和形象特征，所以又称为音像证据。虽然"视听资料"一词并不能准确概括此类证据的特征，但是我国的三大诉讼法都采用了这一概念，已属约定俗成，遂无改变之必要。

视听资料属于广义物证的范畴，因为它与其他物证一样，也是客观存在的、能够证明案件事实的物品。不过，它是一种特殊形式的物证，与其他物证有所不同。一般物证都是通过其形状、形态、色泽、颜色、图纹、成分、结构、规格等特征来证明案件事实，而视听资料则主要是通过其记录和储存的与客体的声音和图像有关的信息来证明案件事实的。

视听资料记录的是有关客体的特征，因此也可以看作一种"痕迹"，或者以特殊形式记录客体特征的"特征反映体"。所谓特征反映体，是指能以一定方式反映客体特征并能被人感知和认识的实体，如手印、足迹、笔迹、工具痕迹等。视听资料与上述特征反映体不同，它不是以物体接触和微量物质转换的方式记载和反映客体特征的，而是以录音、录像等声、光、电、磁转换的方式记载和反映客体特征的。视听资料所反映的主要是客体的声音特征和形象特征。

在此需要指出，在法庭审判中用多媒体方式出示证据时提供的计算机音像资料不等于视听资料，因为那只是出示证据的方式，本身并不是证据，而视听资料本身就是一种证据。多媒体出示的证据属于哪种法定证据形式，取决于证据本身。如果出示的是物体或痕迹，就属于物证；如果出示的是现场照片，就属于勘验、检查笔录；如果出示的是证人陈述，就属于证言；如果出示的是被告人供述，就属于口供。如前所述，具有书面文字形式的证据不一定都是书证，如书面证言和书面供词，同样，具有电磁视听信息形式的证据也不一定都是视听资料，还需要具体分析证据的性质和内容。

（二）电子数据的概念

随着电子计算机和网络技术的发展及其在社会生活中应用的增长，以电子方式存储的数据信息在司法活动中的运用日趋频繁，因此有必要加以单独的研究和规定。目前，这种证据的名称很不统一。在中文中，人们使用的名称包括"电子证据"、"电子数据"、"电子数据证据"、"数字证据"、"数码证据"、"计算机证据"、"计算机数据证据"、"数据电文证据"、"电子文件证据"、"网络证据"等。《刑事诉讼法》第48条使用了"电子数据"的概念。

所谓"电子数据"，是指由介质、磁性物、光学设备、计算机内存条或类似设备生成、发送、接收、存储的数据信息。作为证据，电子数据属于科学证据的范畴，是现代信息技术的产物。离开了现代通信技术、计算机技术、网络技术以及其他信息技术的应用，司法裁判中就不会出现电子数据这种证据。从这个意义上讲，我们可以说电子数据就是借助现代信息技术或电子设备而形成的证据。

从字面来看，电子数据证据似乎就是以数码形式表现出来的证据，或者说，是借助数字电子技术而形成的证据。但是，现代电子技术既包括数字电子技术，也包括模拟电子技术，而在司法实践中使用的电子技术证据既包括数字制式的证据也包括模拟制式的证据。由此可见，刑事诉讼法在规定证据法定形式时使用"电子数据"的概念似有外延偏窄之嫌。

二、视听资料和电子数据的种类

（一）文字证据、声音证据、图像证据和音像混合证据

视听资料和电子数据可以根据记录储存的客体特征不同而分为文字证据、声音证据、图像证据和音像混合证据。文字证据是指单独记录客体文字特征的证据，如计算机文字；声音证据，是指单独记录客体声音特征的证据，如录音带；图像证据，是指单独记录客体形象特征的证据，如计算机图像；混合证据，是指同时记录着客体的文字特征、声音特征和形象特征的证据，如录像带。这种分类可以帮助我们准确地把握各种视听资料和电子数据的证明特点。

（二）录音证据、录像证据和其他电磁音像证据

视听资料可以根据记录储存客体特征的载体不同而分为录音证据、录像证

据、其他电磁音像证据等。后者包括无线电波记载的声音或图像、电子扫描图像、雷达扫描图像、X光图像等。这是对视听资料的基本分类，可以作为建立视听资料档案的依据。电子数据则可以根据所用信息技术的不同而分为电子通信数据、计算机数据、互联网数据、手机网数据等。

（三）原始资料数据和复制资料数据

视听资料和电子数据可以根据信息来源不同而分为原始资料数据和复制资料数据。前者指直接依据客体的声音或图像制作的视听资料或电子数据，如原声带和原像带等；后者指依据原始载体制作的视听资料或电子数据，如复制的录音带和复制的录像带等。这种分类可以帮助我们正确地评断各种视听资料的证明价值。但是，计算机和网络技术的发展也给这种分类提出了新的问题，例如，电子邮件和电子商务文件究竟应该属于原始证据还是属于复制证据的问题。

（四）公开制作的视听资料和秘密制作的视听资料

视听资料可以根据制作方式不同而分为公开制作的视听资料和秘密制作的视听资料。前者是在被录音或录像者知晓或应该知晓的情况下制作的视听资料，如合同签字仪式上公开拍摄的录像；后者是在被录音或录像者不知晓的情况下制作的视听资料，如一方当事人在另一方当事人不知晓的情况下制作的谈话录音，以及侦查人员运用秘密手段获得的录音、录像等。但是，机场、海关、银行等机构在特定场所面对不特定人设置的监视仪器所制作的视听资料应该属于公开的视听资料，尽管有些被记录者可能并不知晓他们已经成了监视的对象。这种分类可以帮助我们分析视听资料的合法性。一般来说，秘密制作的视听资料在作为证据使用时要受到一定的限制。

（五）作为案件事实要素的视听资料和作为案件证明手段的视听资料

视听资料还可以根据其与案件事实之间的关系而分为作为案件事实要素的视听资料和作为案件证明手段的视听资料。前者是说，视听资料本身就是案件事实的构成要素，如音像制品侵权案件中的盗版录音带和盗版录像带；贩卖淫秽物品案件中的黄色录像带和黄色影碟等。后者是说，视听资料只是证明某些案件事实的手段，如记录某公司制作盗版录音带或录像带的照片；记录某人推销淫秽录像带或影碟的录像带等。这种分类可以帮助我们准确地认识各种视听资料在案件调查和审判中的性质和作用。

三、视听资料和电子数据的特点

（一）视听资料和电子数据属于"高科技证据"

视听资料和电子数据都是科学技术发展到较高水平的产物，而且它对科学技术手段有很强的依赖性。例如，虽然客体的声音特征和形象特征一般是人们可以直接感知的，但是要想把这些信息记录并储存在有形的物质载体上，就必须依靠一定的科学技术手段，如录音、摄像等。另外，大多数视听资料的证明价值也只有通过一定的科学技术设备才能表现出来。例如，离开了录音设备和录像设备，人们在审判中就无法了解录音带和录像带中储存的与案件事实有关的信息内容。虽然其他许多物证在司法活动中的运用也与科学技术手段有关，但那些科学技术手段主要是用于对物证的检验之中。对某类物证进行检验的科学技术性并不等于该类物证就具有了科学技术性。例如，对毛发和血液等生物物证进行检验可以采用很先进的科学技术手段，但是这并不等于说毛发和血液等生物物证本身就具有了科学技术性。然而，视听资料和电子数据本身就具有很高的科学技术性。正因为如此，所以才称其为"高科技证据"。对司法工作来说，视听资料和电子数据的这一特点是利弊参半。一方面，此类证据具有较高的价值；另一方面，对此类证据进行检验具有较大的难度。

（二）视听资料和电子数据具有较强的直观性

视听资料和电子数据一般都可以直观地展示与案件有关客体的特征，如声音特征和形象特征，可以生动地再现与案件有关的事件或活动的过程，使人们能够直观地认识有关案件事实的情况和有关客体的情况。例如，录音证据可以使人亲耳听到某人的声音；录像证据可以使人亲身感受到某个场所的情景或某个事件的过程。在描述客体的声音特征和形象特征时，人类语言具有很大的局限性。即使是训练有素的专业人员提供的规范性语言描述也难以把客体的声音特征和形象特征全面准确地表现出来。而视听资料在这一方面恰恰有很大的优势，它可以通过生动直观的形式使人产生亲闻其声、亲见其人、亲观其事、亲临其境的感觉，从而强化了证据的证明作用。

（三）视听资料和电子数据具有便利、高效的特点

视听资料和电子数据具有本身体积小、储存信息量大、便于保存、便于检索、便于使用等特点。同其他证据相比，它具有明显的便利性和高效性。例如，一盒小小的录像带就可以记录成千上万个画面，而且可以长期保存反复使用；而利用计算机储存的音像资料在查阅和使用上更是快捷方便，可以大大节约办案人员的工作时间。

此外，视听资料作为证据还具有直接性、综合性、准确性、稳定性等特点，电子数据作为证据还具有虚拟性、系统性、稳定性、多元性等特点。

第三章
证据的学理分类

证据的学理分类是学者按照一定的标准对证据进行的划分。虽然各国法律一般都没有对这些分类作出明确规定，但是这些分类对司法实践有重要的指导意义，因此往往得到司法人员的普遍认同。常见的学理分类包括言词证据与实物证据、原生证据与派生证据、直接证据与间接证据、本证与反证等。

第一节 言词证据与实物证据

一、言词证据与实物证据的概念

言词证据和实物证据是很多国家在法律上或学理上采用的一种基本的证据分类。不过，各国法律或学者使用的概念并不完全相同。有的称为人证与物证；有的称为证言与证物；有的称为口头证据与实物证据；还有的称为有形证据和无形证据。在我国大陆地区，学者多采用言词证据和实物证据的术语。

所谓言词证据，即以人类语言为内容和表现形式的证据。在刑事案件中，言词证据包括被害人陈述、嫌疑人或被告人的口供、证人证言等。言词证据的本质是无形的语言陈述。但是，语言陈述作为证据的具体形式可以是口头，也可以是书面或录音、录像。根据我国刑事诉讼法的有关规定，证人可以提供书面证词，犯罪嫌疑人也可以提供书面供词；在有条件的情况下，侦查人员还可以使用录音、录像等方法记录证人的证言和嫌疑人、被告人的口供。这些以书面、录音、录像等方式记录下来的证言与口供,仍然属于言词证据。

所谓实物证据,即以实物为内容和表现形式的证据,包括我国诉讼法中规定的物证、书证、视听资料、电子数据等。实物证据都是客观存在的有形物品,都是看得见摸得着的东西,但是具体形式多种多样,既包括固体物,也包括液体物和气体物;既包括物体本身,也包括物体的痕迹及其模型;既包括文书材料,也包括录音带和录像带等音像材料。美国学者把实物证据分为两大类:一类是实在证据(real evidence),即案件中实际存在的东西,如犯罪现场上的手枪和足迹,犯罪人作案时使用的电话和车辆等;另一类是示意证据(demonstrative evidence),即具有示意或说明功能的实物材料,如现场的绘图、手枪的照片、足迹的模型、汽车的录像等。示意证据虽然不是案件中实际存在的物品,但也是看得见摸得着的东西,因而在本质上也属于实物证据。①

在司法实践中,言词证据经常表现为各种侦查活动的笔录,如对犯罪嫌疑人、被告人的讯问笔录,对被害人、证人的询问笔录等。虽然这些笔录也属于言词证据,虽然这些笔录的内容都是被害人、证人、嫌疑人、被告人关于案件事实的陈述,但是我们不能把笔录和这些人的陈述混为一谈,因为二者证明的主体、对象、方式和价值并不完全一样。

无论是口头陈述还是书面陈述,证明的主体都是作出陈述的被害人、证人、嫌疑人或被告人,而笔录的证明主体不是作出陈述的被害人、证人、嫌疑人或被告人,而是制作笔录的侦查人员。如果在审判中关于笔录的真实性问题产生了争议,或者说出现了所谓的"翻证"或"翻供"现象,那么制作笔录的侦查人员就应该出庭作证,证明该笔录的真实性。诚然,被害人、证人、嫌疑人、被告人曾经在笔录上签字认可的事实是证明笔录真实性的重要证据,询问或讯问时的录音或录像也是证明陈述真实性的有力证据,但是,我们不应把笔录和陈述等同起来。

即使是书面陈述也不能等同于笔录。书面陈述是被害人、证人、嫌疑人或被告人自己书写的;笔录则是别人记录的。诚然,被害人、证人、嫌疑人、被告人在特殊情况下也可以委托他人"代笔",但是"代笔"与笔录仍有很大区别。"代笔"是陈述人自主委托的行为,"代笔"的内容也是由陈述人决定的。笔录则不一定是陈述人的自主行为,笔录的内容也不以或者不完全以陈述人的意志为转移,尽管陈述人在笔录的后面注明了"属实"并签上了自己的姓名。

---

① 参见[美]乔恩·华尔兹:《刑事证据大全》(第2版),何家弘等译,中国人民公安大学出版社2004年版,第17页。

总之，侦查人员制作的笔录不能等同于有关当事人或证人的陈述。

有人认为，与当事人或证人后来的陈述比较，询问或讯问笔录是最早记录在案的文字，是证明案件事实的原始证据，最为可靠。这种观点也值得商榷。严格地说，询问或讯问笔录所直接证明的并不是案件事实，而是某被害人、证人、嫌疑人、被告人曾经做过关于案件事实的陈述。用通俗的话说，询问笔录不能直接证明某证人看到了什么，只能证明该证人曾经说过他看到了什么；讯问笔录也不能直接证明某被告人干了什么，只能证明他曾经说过他干了什么。由此可见，在证明具体案件事实的问题上，笔录应该属于传闻证据。诚然，在证明该证人或被告人是否曾经做过该陈述的问题上，笔录具有原始证据的性质。

毫无疑问，大多数笔录都具有证据性质，或者都与证据有密切关系。但是，我国目前的司法实践过分依赖笔录，形成了以"笔录中心"的诉讼模式。笔录固然可以称为证据，但是案件中的证据绝不仅仅是笔录。另外，笔录都是办案人员制作的，无论其记录的是人的陈述还是物的状态，都有"人证"的痕迹。过分依赖笔录，说明办案人员的思想还停留在以"人证"为主的司法证明阶段。

笔录的发达是我国司法活动中职权主义和书面证据中心主义的产物。大量使用笔录，固然可以提高司法的效率，但是却容易导致司法的偏差，容易导致权力对权利的侵犯。因此，我们的诉讼模式应该从"笔录中心"向"言词中心"转化。明确这一点，有利于司法人员更准确地审查判断各种言词证据的真实可靠性，有利于解决司法实践中的"翻证"和"翻供"问题，有利于加强对陈述人的权利保护，有利于实现公正司法的目标。

很多学者都把勘验、检查笔录归入实物证据的范畴，理由是勘验、检查笔录在形式上通常表现为书面文字材料或照片、绘图、录像等实物，在内容上则是对有关场所、物品、人身、尸体等实物情况的客观记载，而非司法和执法人员的意见或判断。然而，这些理由不足以把勘验、检查笔录从言词证据中区分出来，因为其他言词证据也可以具有这些特征。例如，证人证言的形式也可以是书面文字材料或录音、录像，而且其内容也是对案件事实的客观记载，并不是证人的意见或判断。因此，我们不能简单地将勘验、检查笔录都归为实物证据，而应该具体分析其内容的性质。勘验、检查笔录中的文字部分虽然也具有文书的实物形式，但是从内容性质上看，仍然属于言词证据，是勘验、检查人员用书面形式记录的关于其在勘验、检查中所闻所见之事实的陈述。正因为如此，勘验、检查人员在必要时应该出庭，像证人那样用语言证明自己所做笔录的真实性，或者对笔录内容作出必要的解释和说明。至于勘验、检查笔录中以照相、录像等方式制作的有关物品或痕迹的记录，因为这些记录内容本身不具有言词的性质，所以应该归入实物证据的范畴。

鉴定意见也属于言词证据。诚然，鉴定意见与被害人陈述和证人证言等言词证据有所不同，其内容不是对案件事实的直接或间接感知，而是对案件中专门性问题的意见和判断。但是，这并不能否定鉴定意见的言词性质。无论从内容还是从形式上看，鉴定意见都具有语言陈述的性质，鉴定意见就是鉴定人以口头或书面陈述的形式对案件中的专门性问题发表的意见或看法。在英美法系国家中，鉴定意见就属于证人证言的一种，称为"专家证言"或"专家意见"。在法庭审判中，鉴定人一般都要出庭陈述其鉴定意见或意见，并接受诉辩双方律师的询问。明确鉴定意见的言词证据属性，有利于提高我国司法实践中鉴定人出庭的比例。

二、划分言词证据与实物证据的标准

虽然言词证据和实物证据是一种普遍采用的分类，但是在划分言词证据和实物证据的标准问题上，国内外学者却有不同的观点。第一种观点是"来源说"，即以证据的信息来源作为划分的标准。只要证据中与案件事实有关的信息来源是人，就是言词证据或人证；只要证据中与案件事实有关的信息来源是物，就是实物证据或物证。按照这种标准，记录证人陈述的录音带属于言词证据；而有关物证的鉴定意见和勘验笔录则属于实物证据。第二种观点是"形式说"，即以证据的形式作为划分的标准。只要证据的形式是言词，就是言词证据；只要证据的形式是实物，就是实物证据。按照这种标准，口头陈述的证言是言词证据，而记录证人证言的录音带或录像带就是实物证据。第三种观点是"内容说"，即以证据的内容作为划分的标准。只要证据的内容是言词，就是言词证据；只要证据的内容是实物，就是实物证据。按照这种标准，记录作案人谈话内容的录音带也属于言词证据；而物证鉴定意见则应属于实物证据。

我们认为，划分言词证据与实物证据，既要考察证据的内容，也要考察证据的形式，而且关键是要考察每个证据证明案件事实的实质内容和形式是否具有言词的性质。如果证明案件事实的实质内容和形式是言词，就属于言词证据；如果证明案件事实的实质内容和形式是实物，就是实物证据。例如，视听资料本身的表现形式是实物，但是作为证据来说，它可以是实物证据，也可以是言词证据。如果录音带或录像带记录的内容本身就是案件事实，换言之，这些实物就是直接证明案件事实的证据，那么这些录音带和录像带就是实物证据，如绑架分子要求被绑架人家属交付赎金的电话录音；银行里记录抢劫犯罪令银行职员交出现金或保险柜钥匙的录像。如果录音带或录像带记录的内容本身不是案件事实,而是证明案件事实的其他证据,则要看那个证据是言词还是实物。例如,记录证人证言的录音带或录像带就是言词证据;记录被告人口供的录音带或录像带也是言词证据;但是,如果录像带记录的是犯罪现场上的物体和痕迹,那么就属于实物证据了。

再以书面文字形式的证据为例,如果某书面材料记录的内容本身就是案件事实,如合同、遗嘱、病历等,那么该书面材料就属于书证,即实物证据;如果某书面材料记录的内容本身不是案件事实,而是证明案件事实的证言或口供,那么该书面材料就属于言词证据。由此可见,这种划分的标准也可以表述为证明功能究竟是"以人为本"还是"以物为本"。鉴定意见的证明功能必须由人来完成,是"以人为本",所以是言词证据;书证的证明不需要由人完成,是"以物为本",所以是实物证据。当然,这里所说的"以人为本"是指人的言词,而不是人的身体。在案件中,被害人身体上的伤口或肢体组织如果作为证据,也属于实物证据。

三、划分言词证据与实物证据的意义

(一)有利于揭示两类证据的特点

1. 言词证据的特点

(1) 言词证据能够系统全面地证明案件事实。言词证据是当事人、证人等对其直接或间接感知的案件事实的陈述,往往能够较为形象生动、详细具体地反映案件事实的过程和结果,甚至包括案件发生的前因后果和来龙去脉。这是言词证据一个突出的优点。

(2) 言词证据的证据源不易灭失。言词证据是人的陈述,陈述的内容是其所感知的案件事实。当人直接或间接感知案件事实后,感知到的内容便被输入大脑的记忆神经中枢储存起来。由人的记忆生理规律所决定,记忆的内容往往能够保存相当长的时间,而且感知时刺激越强烈,印象越深刻,记忆的时间就越长。在有些案件中,侦查人员在案发之后很久才找到证人,但证人仍能较为清晰地讲述案件情况。

(3) 言词证据容易受各种主客观因素的影响而出现虚假或失真的情况。从主观方面来看,陈述人与案件的利害关系可能使陈述人故意作出虚假的陈述。刑事诉讼中的被害人、嫌疑人、被告人都与诉讼结果有直接的利害关系,这种利害关系就可能促使他们作虚假陈述。证人虽然一般与案件没有直接的利害关系,但也会由于个人的认识能力、道德品质或心理倾向而作出失真的陈述，或者因为受到威胁、利诱而不如实陈述。从客观方面来看，言词证据的形成是一个相当复杂的过程，一般要经过感知、记忆、陈述三个阶段，在这三个阶段都可能因各种客观因素的影响而出现失真，使言词证据在反映案件事实时出现偏差。

2. 实物证据的特点

（1）实物证据具有较强的客观性和稳定性。实物证据都是客观存在的物，且往往是伴随着案件的发生而形成，不像言词证据那样易受人的主观因素的影响而出现虚假或失真；而且实物证据往往是经司法人员和执法人员勘验或搜查、扣押而到案的，一经收集保全后，就可以长期保持其原有形态，成为证明案件事实的有力证据。这是实物证据的突出优点。

（2）实物证据本身容易灭失。实物证据是客观存在之物，其存在离不开一定的外界条件，一旦外界条件发生变化，实物证据就可能灭失，再也无法收集；实物证据也会因人为的毁弃而灭失。这是实物证据在司法证明中的弱点。

（3）实物证据与案件事实的关联具有隐蔽性。首先，实物证据一般不能自己表明它与案件事实的联系，需要通过检验、鉴定等方法揭示或解释其证明价值。其次，实物证据与案件事实的联系往往是间接的，需要与其他证据构成证据链条才能完成证明的任务。

（4）实物证据对案件事实的证明具有片段性。实物证据一般只能证明案件事实的一个片段、一个情节，而不能像言词证据那样比较全面地反映案件的经过和结果。例如，在入室杀人案件现场的屋门上提取的一枚嫌疑手印经过指纹同一认定后，也只能证明某嫌疑人曾经到过犯罪现场，不能证明该嫌疑人是否实施了杀人行为；合同诈骗案的当事人提供的合同书经过鉴定确认有涂改的字迹，这只能证明有人涂改合同的事实，但这是何人、在何时何种场合下、出于何种目的涂改的，还需要其他证据来证明。

（二）有利于指导司法人员针对不同证据的特点，采用不同的方法收集、保全、审查和运用证据

1. 收集证据

言词证据的基本收集方法是讯问或询问。讯问和询问应当按照法律规定的程序进行，以保证陈述人能够如实陈述，保证证据收集的合法性。虽然言词证据的来源具有相对持久的特点，但是对言词证据的收集也要强调迅速及时，因为人的记忆也会随着时间的推移而逐渐模糊以至淡忘。实物证据的收集，主要是通过勘验、搜查、扣押、查封、冻结、调取、当事人提供等方式进行的。采取上述措施收集实物证据，也必须依照法定的程序进行；对实物证据的取得，要履行必要的交接手续，如扣押物品清单、调取证据清单等。因为实物证据具

有容易灭失和关联性不明显等特点，所以收集实物证据必须迅速及时，必须深入细致，以保证及时发现和获取各种有证明价值的信息。

2. 保全证据

证据的保全必须根据言词证据与实物证据的不同特点采用不同的方法和手段。言词证据可以用文字、录音、录像等方式加以固定和保全。笔录应当按照规范化的要求制作；笔录和证词、供词等应按要求装订入卷，以防散失；录音带、录像带应注明案别、陈述人、时间等，妥善保管。实物证据的保全应该以不损毁、不变形、不丢失为原则，尤其是要注意分案别保管，以防不同案件的证据相互混淆。

3. 审查证据

对言词证据和实物证据的审查，也应各有侧重。由于言词证据具有虚假偏差的弱点，所以司法人员对言词证据的审查重点是内容的真实可靠性，例如，陈述人感知的事实是否准确；是否存在影响陈述人如实陈述的因素；陈述人是否有意做虚假陈述等。由于实物证据具有关联隐蔽的特点，所以司法人员对实物证据的审查重点是证据与案件事实的关联形式和性质，既要查明该实物证据是否来源可靠、出处确切、确与本案有关；也要查明该实物证据与本案有何种关联，能够证明案件事实的什么情节等。

4. 运用证据

司法人员在运用证据认定案件事实时，应当注意把言词证据与实物证据结合起来，相互印证，相互补充，扬长避短，取长补短。言词证据往往能够比较全面地证明案件主要事实，但是容易出现虚假或失真；实物证据具有客观性和稳定性较强的优点，但是往往需要解释和推断。因此，司法人员要注意用实物证据印证言词证据，也要注意运用言词证据解释、说明实物证据的证明力。总之，在证据的运用中，要综合兼顾，充分发挥两种证据各自的优势，克服各自的弱点，利用证据互补，构成案件中完整可靠的证明体系。

第二节 原生证据与派生证据

一、原生证据与派生证据的概念

根据证据内容与案件事实或信息来源之间的关系不同，可以把证据分为原生证据和派生证据。前者又可称为原始证据；后者亦可称为复制证据、传来证据或传转证据。另外，传闻证据也是与派生证据词义相近的概念，尽管这两个概念的内涵和外延并不完全等同。

原生证据，是指直接产生于案件事实或直接来源于原始出处的证据。所谓直接产生于案件事实，就是说证据是在案件中有关行为或活动的直接作用或影响下形成的；所谓直接来源于原始出处，是指证据包含的信息直接来源于该信息生成的原始物场和环境。例如，侦查人员在犯罪现场发现并提取的与案件有关联的各种痕迹和物品；侦查人员在搜查中找到并扣押的作案工具和赃物；直接感知案件事实的证人和当事人的陈述等，都属于原生证据。

派生证据，是指在原生证据的基础上经过复制、复印、传转、转述等方式生成的证据。派生证据不是直接产生于案件事实的，不是直接来源于信息原始出处的，而是经过某种中介从原生证据派生出来的。例如，现场痕迹的模型，书证的复印件和影印件，转述他人感知事实的证言等，都属于派生证据。

在我国的证据学理论中，原生证据和原始证据是同义概念，派生证据与复制证据、传转证据或传来证据的含义也基本相同，只是表述的角度略有不同。但是，派生证据或传来证据不能与传闻证据混为一谈。严格地说，传闻证据仅指言词证据，而派生证据或传来证据的范围则比较广泛，不仅包括言词证据，也包括实物证据。例如，一个足迹的模型和一个文件的复本都是派生证据或传来证据，但是不属于传闻证据。传闻证据可以说是派生证据或传来证据的一种。

传闻证据是世界各国普遍使用的一个概念，但是不同国家的法律或学者对传闻证据的概念有不同的界定。例如，按照英美法系国家的有关法律规定，无论证言内容是否直接来自案件事实，只要不是在法庭上作出的陈述，就都属于传闻证据。因此，一位目击证人在法庭之外提供的书面证言也属于传闻证据。但是在大陆法系国家，传闻证据的界定主要看证言的内容是自己直接感知的还是从别人那里得知的。按照这种定义，目击证人在法庭之外提供的书面证言就不属于传闻证据。

原生证据和派生证据不完全等于人们平常所说的"第一手证据"和"第二手证据"。在有些情况下，第一手证据的含义和原生证据差不多，第二手证据的含义也略同于派生证据。但是在有些情况下，第一手证据指自己亲自收集来的证据；而第二手证据则指别人代为收集来的证据。在这种情况下，第一手证据可能是原生证据，也可能是派生证据；第二手证据可能是派生证据，也可能是原生证据。例如，办案人员亲自收集来的与案件事实有关的合同复印件属于第一手证据，但却是派生证据。相反，办案人员让有关单位代为提取的合同原件属于第二手证据，但却是原生证据。因此，我们不能简单地把原生证据和第一手证据等同起来，也不能简单地把派生证据和第二手证据等同起来。

二、划分原生证据与派生证据的标准

划分原生证据与派生证据的基本标准是证据的出处或信息的来源,即证据是否直接生成于案件中有关的行为或活动,是否与案件事实之间存在原始性关联,是否直接反映案件中人、物、事的属性或特征。至于证据本身是否表现为复制的形式,对于区别原生证据和派生证据虽有一定意义,但不是绝对的标准。在有些情况下,证据虽然具有复制品的形式,但却属于原生证据。例如,在诽谤案件中,作案人将手写或打印的诽谤信复印多份广为散发,那些复印的诽谤信虽为复制品,但是属于原生证据,因为那些信都是作案人实施诽谤行为的"原件"。如果司法机关对作案人复印的诽谤信再行复印,得来的复制件才是派生证据。在制作、贩卖、传播淫秽物品案件中,淫秽录像带的制作方法通常是先制成母带,然后用母带成批复制后销售。在此类案件中,母带固然是原生证据,但复制带也是原生证据,因为它们都是该犯罪行为的直接产物。

随着电子技术、计算机技术和网络技术的发展和普及,随着各种电子证据在社会经济生活和司法实践中越来越多的应用,划分原生证据和派生证据的标准也遇到了新的问题。例如,传真信件、电子邮件、电子文书等作为证据来说,应该如何区分原生证据和派生证据。从形式上看,传真信件显然具有复制的性质,电子邮件和电子文书也很难说它们属于原件,而且它们的内容和特征也很难保证不被改变。但是在实践中,传真信件和电子邮件往往就是作为原件使用的。而且在有些情况下,传统意义上的原件是不存在的。例如,电子邮件可能根本就没有打印成文字的原件。因此,在这些领域内区分原生证据和派生证据,也要具体分析证据是否直接生成于案件中有关的行为或活动,是否与案件事实之间存在原始性关联。犹如上文提到的复制的诽谤信和淫秽录像带,只要传真信件和电子邮件是案件中相关行为的直接产物,它们就属于原生证据。

区分原生证据和派生证据还要看具体证据内容所要证明的案件事实是什么。证明的对象或目的不同,证据的原生或派生属性也会有所不同。例如,某证人在法庭上说,张三在2001年3月8日的晚上对她说他买了一支手枪。如果这里的目的是要证明张三有没有买手枪,那么该证言就是派生证据或传闻证据;如果目的是要证明张三在2001年3月8日晚上有没有对该证人说那句话或者张三那天晚上有没有和该证人在一起,那么该证言就是原生证据了。

由此可见,一个证据可能同时具有双重属性,既是原生证据又是派生证据。例如,复制的诽谤信件在认定诽谤行为时属于原生证据,但是在认定那些信件是由哪个人书写或者由哪台打印机打印的时候,又属于派生证据了,因为它们对书写人或打印机的字迹特征的反映不是原始的，而是通过中介传转的。

三、划分原生证据与派生证据的意义

划分原生证据与派生证据的主要意义在于揭示这两种证据在可靠程度上的差异，从而为各种证据的收集和运用提供理论依据。

影响证据可靠性的因素很多，证据来源是其中重要的一个。原生证据都是伴随着案件事实形成的，是案件中某种行为或活动的产物，因而都会以不同方式储存着与案件事实相关的信息。这些信息是查明和证明案件事实的依据。派生证据是在原生证据的基础上通过各种方式传转形成的。在传转过程中，与案件事实有关的信息都会在不同程度上受到损耗或发生变异。传转的次数越多，信息的损失就越多，变异就越大。因此，原生证据较派生证据更为可靠；而传转环节较少的派生证据比传转环节较多的派生证据更为可靠。

明确了原生证据与派生证据在可靠性问题上的区别，就为指导侦查人员和司法人员正确地收集和运用这两类证据提供了理论依据和原则。在司法实践中，侦查人员和司法人员应该尽可能去收集和使用原生证据；在不能取得原生证据的情况下，也应尽可能收集和使用最接近案件事实的派生证据。在英美法系国家的证据法中，有一条主要适用于书面证据的"最佳证据规则"，即要求书证的提供者尽量提供原件，如果提供副本、抄本、影印本等非原始材料，则必须提供充足理由加以说明。这一规则明确规定原始文字材料优先于它的复制品或根据回忆其内容所作的口头陈述。这一规则虽然是英美证据法中的规则，而且主要适用于书面证据，但它所确立的"最佳证据"观念却可以为我们所借鉴。

总之，人们在办案的时候，只要有原生证据，就不要使用派生证据。但是我们也不能一概否定派生证据的价值，不能简单地说派生证据都没有用。虽然派生证据在可靠性方面不及原生证据，但是我国法律并未禁止在审判中使用派生证据，而且在司法实践中派生证据有时也确实可以发挥重要的作用。例如，在有些案件中，原生证据已经灭失或无法找到、无法提取，司法人员只能使用派生证据。当然，在这种情况下，司法人员也应该尽可能提取和使用最接近案件事实的派生证据，即"次佳证据"。换言之，没有"最佳证据"，还可以用"次佳证据"；如果连"次佳证据"也没有，那就只能有什么证据用什么证据了，因为有证据就比没证据强。另外，派生证据是从原生证据派生而来的，那么收集到派生证据还可以寻根溯源，找到原生证据。即使在收集到原生证据的情况下，派生证据也并非毫无价值，因为司法人员可以对原生证据和派生证据进行互相比对和印证，派生证据还可以增强原生证据的证明力。总之，派生证据也是证据，司法人员不应对其视而不见，也不应在发现后未经审查就轻言放弃。

使用派生证据证明案件事实必须格外慎重，必须认真审查。对派生证据进行审查的要点在于信息来源和传转方式。司法人员首先要认真审查派生证据的信息来源，查明其是否有确切的出处；然后要认真审查其在复制、复印、传抄、转述过程中有无失真和误差。如果派生证据来源可靠，确实与案件事实有联系，而且内容基本属实，也可以作为认定案件事实的根据；如果派生证据没有确切来源，或者无法判明其是否可靠，如纯属道听途说、街谈巷议等，则不得用作定案的根据。

第三节　直接证据与间接证据

一、直接证据与间接证据的概念

根据与案件主要事实之间的关联方式不同，可以把证据划分为直接证据和间接证据。所谓直接证据，就是以直接方式与案件主要事实相关联的证据，即能够直接证明案件主要事实的证据。所谓间接证据，就是以间接方式与案件主要事实相关联的证据，也就是必须与其他证据连接起来才能证明案件主要事实的证据，也称作旁证。

在司法实践中，常见的直接证据主要有以下几种情况：第一，当事人的陈述，在刑事案件中，包括被害人的陈述，犯罪嫌疑人、被告人的供述和辩解。由于当事人一般都是案件的直接参与者或经历者，所以其陈述大多能直接证明案件的主要事实，是最常见的直接证据。当然，并非所有当事人的陈述都属于直接证据，只有那些能够单独直接证明案件主要事实的当事人陈述，才是直接证据。例如，盗窃案件的被害人在陈述中只讲出了被窃财物的特征和数量等情况，并没有讲出其财物是如何被人盗窃的，那么该陈述就不属于直接证据。第二，能够证明案件主要事实的证人证言。证人证言不一定都是直接证据。如果证人证言能够直接证明案件的主要事实，就属于直接证据。例如，亲眼目睹一起抢劫案件发生过程的证人的证言，就是直接证据。第三，能够证明案件主要事实的书证。书证是以其记载的内容证明案件事实的，如果其记载的内容能直接证明案件的主要事实，就可以成为直接证据。例如，虐待案件的被害人记有遭受某人虐待经过的日记；共同犯罪案件中犯罪分子互相通报作案准备和实施情况的信件等。第四，能够证明案件主要事实的视听资料。在有些情况下，视听资料记载的内容可以反映案件发生的主要过程，例如，银行大厅里安装的监控录像把某人盗窃储户现金的过程记录下来，那么，该录像就可以成为该盗窃案件中的直接证据。

在司法实践中，间接证据的种类和数量都是非常多的。如果把案件中的证据比作大海上漂浮的冰山，那么直接证据只相当于露出水面的山尖部分，而间接证据则是藏在水下的巨大山体。这有两个方面的原因：一方面，案件事实包括的内容非常广泛，案件事实的构成要素也有很多种类。许多证据虽然不能直接证明案件的主要事实，但是可以证明案件的一些相关情节或事实要素，如案件发生的时间、地点；作案人使用的工具、手段；犯罪行为的前因、后果；作案人的目的、动机等。这些证据都属于间接证据。另一方面，案件中的证据也是多种多样的。有些种类的证据可以直接甚至全面地证明案件的主要事实或基本事实，但是有些种类的证据只能证明案件事实的部分或片段。例如，物证、勘验笔录、鉴定意见等证据通常都不能单独直接地证明案件的主要事实，因此一般都属于间接证据。

二、划分直接证据与间接证据的标准

划分直接证据与间接证据的标准是证据与案件主要事实之间的关联方式，或者说证据与案件主要事实之间的证明性质。凡证据都具有关联性，但是关联的方式有所不同。直接证据与案件主要事实的关联是直接的，是没有中间环节的。间接证据与案件主要事实的关联则是间接的，是通过其他证据连接的。凡证据都具有证明功能，但是证明的性质有所不同。直接证据对案件主要事实的证明具有直接性，即可以不依赖于其他证据，"一步到位"地直接证明案件的主要事实。间接证据的证明则具有间接性，即必须与其他证据连接起来，而且往往要以某种推论为中介才能证明案件的主要事实。

间接证据不能单独、直接地证明案件的主要事实，但是可以单独、直接地证明案件事实中的某个情节或片断。换言之，间接证据对案件主要事实的证明具有间接性，但是对于案件事实中某个情节或片段的证明则可能具有直接性。例如，某盗窃案件中的证人说她曾经看见被告人在案件发生前半小时在现场外观望，或者说该被告人曾经向她炫耀一枚钻石戒指，而后来经辨认那就是该盗窃案中的赃物。对于该被告人案发前曾到过现场的事实或者曾向人炫耀那只钻石戒指的事实来说，那位证人的证言可以直接证明，既不需要与其他证据连接，也不需要推论作为中间桥梁。但是，这两个事实并不是该盗窃案中的主要事实，证明了这两个事实并不能证明该被告人就是实施该盗窃行为的人。由此可见，区分直接证据和间接证据的关键问题是要明确什么是案件的主要事实。

所谓案件的主要事实，就是对确定案件争议或解决诉讼纠纷具有关键意义的事实。在不同种类的诉讼中，案件主要事实亦有所不同。民事案件的主要事实是民事当事人之间争议的民事法律关系发生、变更、消灭的事实；行政诉讼案件的主要事实是行政机关具体行政行为是否存在及是否合法的事实；在刑事诉讼中，案件主要事实则是指嫌疑人或被告人是否实施了被指控的那个犯罪行为，如杀人、抢劫、盗窃、强奸等。

刑事案件的主要事实是由人和事共同构成的，即某个人是否干了某件事。司法证明的最终目标也就是要确认被告人与犯罪案件之间的关联是否存在，即被告人是否就是实施了该犯罪行为的那个人。在这个意义上讲，案件的主要事实不仅包括事，也包括人，不仅包括发生了什么案件，而且包括作案人的身份。如果一个证据只能明确发生了什么案件，但是不能明确作案人身份，那么该证据就不是直接证据。例如，被害人只能说出被人抢劫或强奸的经过，但是不能说出谁是作案人，那么其陈述就不是直接证据，因为该证言必须与其他证据结合起来才能证明该案的被告人是不是对她实施抢劫或强奸行为的那个人。

案情是复杂多样的，证据也是复杂多样的，因此在司法实践中区分直接证据和间接证据，必须具体问题具体分析。下面便以一起"自杀还是他杀"的案件为例。

甲经理在乙经理的办公室里中弹身亡。乙经理说他亲眼看见甲经理开枪自杀。乙的这个证言显然属于直接证据，因为它可以直接证明案件的主要事实，即甲经理是自杀。另外，乙经理的秘书说她看见甲和乙一起走进了乙的办公室，然后听见屋里一声枪响，等她和别人一起冲进屋去，看见甲倒在地上，头部有一个流血的伤口，手边有一支手枪，屋子里只有甲、乙二人。这位秘书的证言是间接证据，因为它不能直接证明甲经理究竟是自杀还是他杀的事实。

该案现场上还有不少物证，如死者手边的手枪、死者头部伤口内的子弹头和伤口周围的射击残留物等。经过检验，人们发现那支手枪的枪把上留有甲的手印，而且认定导致甲死亡的那颗子弹就是从这支手枪里射出的，但是它们都不能直接证明甲是自杀还是他杀的事实，因此它们都不是直接证据。不过，射击残留物的情况比较复杂。

根据对伤口周围射击残留物分布形状的检验，物证技术专家推断出枪口到伤口的射击距离在80厘米以上。受胳膊长度的限制，一个人很难在这种射击距离下完成自杀行为，因此可以排除甲开枪自杀的可能性。但是，这个射击残留物并不是直接证据。首先，这个排除自杀的结论不是射击残留物自己"讲"出来的，而是专家通过检验"推断"出来的，因此，该射击残留物对是否自杀的证明也不是直接的，而是通过专家的推断来间接地完成的。其次，虽然自杀还是他杀是本案中需要证明的主要事实，但是排除自杀并不能直接完成对该主要事实的证明。在这个问题上，肯定和否定具有不完全等同的意义。如果某证据证明甲经理是自杀，那么这个主要事实就得到了直接的证明；如果某证据只是否定了甲经理的自杀，那么这个主要事实还没有得到直接的或完全的证明，因为就该案作出判决来说，还必须证明究竟是谁杀死了甲经理。诚然，该案的现场环境情况和有关人员讲述的情况可以证明甲经理被子弹打死时现场只有乙经理一人，而且没有窗外开枪杀人的可能性，因此开枪打死甲经理的人只能是乙经理。但是，这些情况并非不证自明的事实，也是需要其他证据来证明的。简言之，要想证明甲经理是被乙经理开枪打死的事实，只有射击残留物及其鉴定意见还不够，还必须有其他的证据。

区分直接证据和间接证据的标准是证据与案件主要事实之间的关系，不是证据内容或信息的来源，因此不能与原生证据和派生证据的划分混淆起来。仍以上面的案件为例。乙经理的秘书在讲述了进入办公室看到的情况之后又说，听乙经理讲，甲经理是开枪自杀的。她的这段证言就属于直接证据。尽管这个证言的内容不是直接来源于案件事实的，尽管该秘书并没有亲眼看见甲经理开枪自杀，但是该证言的内容仍然可以直接证明案件的主要事实，假如其属实的话。诚然，该秘书的证言内容很可能不属实，但内容是否属实不是划分直接证据和间接证据的标准。按照上一节讲的内容，该秘书的证言不是原生证据，属于派生证据，但这不是划分直接证据和间接证据所要解决的问题。

再如，该案的侦查人员找到了乙经理的妻子，让她对现场那支手枪进行辨认。她对甲经理死亡之事一无所知，但是她认出那是她丈夫数月前买的手枪。那么，她的证言属于间接证据，因为不能直接证明本案的主要事实；但同时它又属于原生证据，因为就手枪归属的事实而言，她是直接感知的人，其证言内容直接来源于案件事实。

三、划分直接证据和间接证据的意义

（一）有利于研究和把握直接证据与间接证据的不同特点

1. 直接证据的特点

（1）直接证据是能够单独直接证明案件主要事实的证据，因此，其最显著的特点是它对案件主要事实的证明关系是直接的，是无须借助于其他证据

的。直接证据的这一特点使得直接证据运用起来比较简单便捷，一经查证属实便可用作定案的主要依据。

（2）直接证据的另一个特点是收集和审查比较困难。由于直接证据来源较窄，数量较少，所以在一般案件中收集和提取都比较困难，有时甚至是无法提取的。例如，很多刑事案件都没有目击证人，犯罪行为是谁实施的，是如何实施的，只有犯罪人自己知晓。如果犯罪嫌疑人或被告人拒绝供述，那么侦查人员就没有办法获得直接证据，司法人员也只能依据间接证据认定案件事实了。在审查证据的问题上，由于直接证据大多表现为有关人员的言词证据，容易受主客观因素的影响而出现虚假或失真的现象，所以审查起来也比较复杂，难度较大。在证据的运用中，必须正确认识直接证据的这些特点，既不能盲目轻信，也不能简单否定，只有经过认真审查判断后确认属实的，才能作为定案的根据。

2. 间接证据的特点

（1）证明关系的间接性。间接证据与案件主要事实的证明关系是间接的。任何间接证据都只能从某个侧面证明案件事实的情节或片段，而不能直接证明案件主要事实。间接证据对案件主要事实的证明，必须以证明案件的某一事实或情节为基础，然后从这一事实或情节出发，通过其他证据以及相应的推理，才能完成。

（2）证明过程的依赖性。间接证据对案件主要事实的证明，有赖于若干间接证据相互组合，形成一个相互依赖、相互连接的证据锁链。这条证据锁链必须环环相扣，如果缺少其中的一环，对案件主要事实的证明便无法实现。换言之，每个间接证据的证明作用都依赖于其他证据。

（3）证明方式的推理性。间接证据对案件主要事实的证明是以推理的方式进行的，或者说是通过推理实现的。由于间接证据不能直接证明案件的主要事实，所以它在案件的证明过程中往往存在一定的空间，而这些证明空间就需要一定的推理来填充，或者以一定的推理作为桥梁，连接事件的原因与结果、行为与动机、现象与现象。这些由推理连接起来的间接证据构成一个完整的证明体系，并排除其他可能性结论，才能最终证明案件事实。

此外，间接证据还有范围广、种类多、数量大等特点。任何案件的发生，都离不开一定的时间、空间，都会在客观世界或有关人员的大脑中留下一定的痕迹或信息。如前所述，在证明案件事实的证据中，只有少数属于直接证据，大多数都属于各种形式、各种性质、各种作用的间接证据。随着科学技术的发展，以物证为主的间接证据在司法证明活动中的作用和地位将越来越重要。

（二）有利于正确运用直接证据和间接证据

区分直接证据和间接证据的根本目的在于明确前者的证据力或证明价值高于后者，但这并不等于说前者的可靠程度也一定高于后者。证据的证明价值或证据力是由该证据与案件主要事实之间的关联形式和性质所决定的。抽象地说，证据价值的高低与其关联的远近成反比。有关联就有价值，无关联则无价值；关联近就价值高，关联远则价值低。因此，直接证据的证明价值高于间接证据的证明价值；与案件主要事实间隔一个环节的间接证据的证明价值就高于间隔两个环节的间接证据的证明价值。

然而，上述比较的前提是假定这些证据都是真实可靠的。在可靠性的问题上，直接证据和间接证据之间并没有这种差异。这就是说，直接证据并不一定就比间接证据更为可靠。例如，在上文讨论的案例中，乙经理关于甲经理系自杀的陈述是直接证据，而射击残留物及其鉴定意见是间接证据，但是这并不意味着前者就比后者可靠。实际上，考虑到人证与物证的差异和案件中的具体情况，乙经理的陈述肯定不如射击残留物及其鉴定意见可靠。

直接证据与间接证据各有特点，在证明过程中的价值和作用也有所不同。在司法实践中，要善于把两类证据结合起来，发挥各自的优势，克服各自的弱点，使其优势互补，相互印证，构成确实充分的证明体系。

1. 直接证据的运用

直接证据对案件主要事实的证明关系是直接的，一旦收集到直接证据，案件的主要事实便可得到证明。因此，在司法和执法实践中，要重视直接证据的收集和运用，充分发挥其对案件主要事实的直接证明作用，以便迅速、及时地查明案件事实，提高诉讼的效率。然而，对于直接证据而言，运用中所要着重解决的问题，是如何保证直接证据的真实可靠性。直接证据多表现为言词证据，容易受主客观因素的影响出现虚假或失真现象。司法经验证明，很多错案都是由于直接证据运用上的错误而造成的。因此，对直接证据的运用必须十分慎重，必须对其真实性认真审查，以防出现误差。

为了保证直接证据的真实可靠，达到确实充分的证明要求，在司法实践中即使掌握了直接证据，也要尽可能地收集更多的间接证据，使直接证据与间接证据相互组合、相互印证、相互补充，形成完整、严密的证明体系。在既收集到大量间接证据，又收集到直接证据的情况下，证据体系的组成一般是以直接证据为主干，以间接证据为补充。作为主干的直接证据的真实性必须得到确认，这是保证证据体系不出现错误的决定性环节；同时要运用大量的间接证据对直接证据进行印证核实，对案件的各事实要素和情节逐一进行证明，最终达到确证的程度。

2. 间接证据的运用

间接证据虽然不能直接证明案件的主要事实,只能证明案件的局部事实或个别情节,但它具有范围广、数量多等优点,是司法实践中不容忽视的一类证据。间接证据的作用主要表现在以下几个方面。

(1) 间接证据可用来证明案件的非主要事实及各种情节。在证明活动中,案件主要事实只是案件中需要证明的一系列事实的核心部分。案件主要事实得到证明,不等于全案事实都得到证明。司法人员不仅要查明和证明案件的主要事实,还要证明案件的其他事实和相关情节。在证明案件各事实要素及各种情节上,间接证据仍有其不可替代的作用。

(2) 间接证据是发现和获取直接证据的媒介。由于直接证据数量少,在很多案件中都难以直接获取,往往是先收集到间接证据,再以间接证据为媒介,发现并获取直接证据。间接证据的这一作用在侦查过程中尤为明显,如通过证明某人发案时在场的证言寻找到目击者;通过指印的比对确定犯罪嫌疑人,再通过讯问取得嫌疑人的供述,等等。

(3) 间接证据可以印证直接证据是否真实,增强直接证据的证明效果。直接证据虽然能够直接证明案件的主要事实,但直接证据以言词证据居多,很可能出现虚假或失真,因此需要间接证据的印证或补强。间接证据与直接证据的合理组合,可以构成完整的证明体系。

(4) 在无法收集到直接证据的情况下,依据大量的间接证据组成的证明体系,也可以认定案件事实。司法实践的经验证明,正确恰当地运用间接证据组合认定案件事实,与依靠直接证据和间接证据的组合一样,同样可以达到确实充分的证明程度。不过,运用间接证据证明案件事实是一个比较复杂的过程,也是司法实践中运用证据的一个难点。

第四节 本证和反证

一、本证和反证的概念

根据证据对事实主张的证明功能和作用不同,可以把证据分为本证与反证。顾名思义,本证就是本方的证据,反证就是反方的证据。在司法证明活动中,凡是支持一方的事实主张能够成立,证明该主张之事实存在的证据,就是本证;凡是证明一方的事实主张不能成立,证明该主张之事实不存在的证据,就是反证。

在不同的诉讼活动中，本证和反证的表现形式略有不同。例如，刑事诉讼中公诉方指控被告人有罪或罪重的证据，就是本证；被告人及其辩护人提出的反驳控诉主张的证据，即证明被告人无罪或罪轻的证据，则是反证。在民事诉讼中，双方当事人提出的支持各自事实主张的证据，都属于本证；而反驳对方事实主张的证据，就是反证。在行政诉讼中，由于诉讼争议是行政机关的具体行政行为是否合法，所以一般而言，凡是证明具体行政行为合法的证据就属于本证；而证明具体行政行为违法的证据则属于反证。

在有些情况下，由于同一个证据在证明诉辩双方事实主张中所起的作用不同，可以同时具有本证和反证的属性。换言之，一个证据对这方的事实主张来说是本证，对另一方的事实主张来说则属于反证。例如，某刑事自诉案件中，自诉人指控被告人侵占了他遗忘在某处的手机，构成侵占罪，被侵占的手机是控方的本证。而被告人辩解时提出，手机已使用多年，其价值不够定罪的数额，因而自己的行为不构成犯罪，手机又成为被告人证明自己无罪的反证。再如某民事案件中，原告为证明被告借款未还的事实而提出的借据，是支持原告事实主张的本证。而被告则提出该借据是伪造的，并要求对借据进行笔迹鉴定，则该借据连同笔迹鉴定书均为被告反驳原告事实主张的反证。

有些学者把本证与反证的划分局限在民事诉讼，在刑事诉讼中则使用控诉证据与辩护证据、攻击证据与防御证据、有罪证据与无罪证据、有利于被告人的证据与不利于被告人的证据等分类。这几种分类和本证与反证的分类有相似之处，但是其划分的角度和标准又有所不同，划分的意义和侧重也有所不同。综合分析，还是本证与反证的划分方法比较科学，而且可以适用于各种诉讼活动，有利于证据理论的统一，也有利于诉讼制度的改革和发展。

二、划分本证和反证的标准

关于划分本证和反证的标准，主要有以下四种观点。

第一种观点是"提出说"。持这种观点的人认为，因为本证和反证是就诉讼活动而言的，所以划分的标准应该是提出证据者的诉讼身份。用通俗的话说，就看这证据是哪一方提出来的。无论是刑事诉讼还是民事诉讼，只要是起诉一方提出的证据就是本证；只要是被告一方提出的证据就是反证。这种划分标准的优点是简便易行。

第二种观点是"有利说"。持这种观点的人认为，划分本证和反证的标准不能单纯地看是哪一方提出的，而应该看该证据究竟对哪一方有利。2012年《刑事诉讼法》第50条规定，审判人员、检察人员、侦查人员必须依照法定程序，收集能够证实犯罪嫌疑人、被告人有罪或者无罪、犯罪情节轻重的各种证据。按照这一规定，公诉方收集的证据中既有对被告人不利的证据，也应该有对被告人有利的证据。而法官在必要时自行收集的证据就更无法说是由哪一方提出的了。因此，不管是谁收集或提出来的证据，只要是有利于原告方主张之事实的，就是本证；只要是有利于被告方主张之事实的，就是反证。这种划分标准也比较简便易行。

第三种观点是"责任说"。持这种观点的人认为，本证和反证的区别在于证明案件事实的功能不同，而证明案件事实的功能与举证责任有密切关系，因此划分本证和反证的标准也应该以举证责任为基础。具体来说，划分本证和反证时不能笼统地谈案件事实主张，而应该具体分析某一案件事实的举证责任。凡是能够证明有举证责任一方主张之案件事实存在的证据就是本证；凡是能够证明该事实不存在的证据就是反证。如果原告方负有举证责任，那么证明原告方主张之事实存在的证据就是本证，证明其不存在的证据就是反证；如果是被告方负有举证责任，那么证明被告方主张之事实存在的证据就是本证，证明其不存在的证据就是反证。这就是说，本证总是跟着举证责任走的。

第四种观点是"相对说"。持这种观点的人认为，本证和反证是相对而言的。对于原告方来说，那些能够证明原告方主张之事实存在的证据是本证，那些能够证明原告方主张之事实不存在的证据是反证；对于被告方来说，那些能够证明被告方主张之事实存在的证据是本证，那些能够证明被告方主张之事实不存在的证据是反证。这就是说，原告方的本证往往就是被告方的反证；而被告方的本证，往往又是原告方的反证。

以上，第一种观点和第二种观点都过于简单，难以准确地反映复杂多样的案件情况。本证与反证的划分和证据提出者的诉讼身份虽有联系，但不能把此作为划分的标准，不能简单地规定原告方提出的证据都是本证，被告方提出的证据都是反证。虽然本证经常是由原告方提出的，反证也经常是由被告方提出的，但是例外的情况也很多。例如，民事诉讼中的被告方在未提出反诉的情况下也可以提出自己的事实主张，因而也会提出本证；诉讼第三人也可以提出自己的事实主张，而这事实主张可能既不同于原告方的事实主张，也不同于被告方的事实主张，因此第三人也会提出自己的本证或反证；在行政诉讼中，举证责任经常处于倒置的状态，更不能说原告方提出的或者对原告方有利的证据就是本证，反之就是反证。由此可见，以诉讼身份作为划分本证与反证的标准，容易在司法实践中造成混乱。

第三种观点和第四种观点在本质上大同小异，但是第四种观点似乎更全面一些。一般来说，案件中诉讼双方所主张的事实都是互相对立的，因此根据事实主张来区分本证和反证可以更好地反映诉讼双方的对立关系，可以更好地分析证据的性质和作用。而且，证据的功能往往具有两重性，即在肯定某一事实主张的同时又可以否定与之对立的另一个事实主张。

在上文讨论过的那起案件中，公诉方指控乙经理开枪杀死了甲经理。乙经理答辩说他没有开枪杀死甲，甲是开枪自杀的。在这里，公诉方和辩护方所主张的事实是相互对立的，因此证明公诉方主张之事实为真的证据同时也具有证明辩护方主张之事实为假的作用。反之亦然。因此，一个证据同时既是本证又是反证。例如，辩护方提出证据证明甲因负债累累而早有自杀念头；又提出证据证明甲在案件发生前一天从乙的手中借走了那支手枪，并且约好第二天到乙的办公室去还枪。辩护方据此证明甲是蓄意自杀，同时要陷害乙。对于辩护方主张的自杀事实来说，这些证据是本证；但是对于公诉方所主张的他杀事实来说，这些证据又是反证。这就是本证与反证的相对性。

三、划分本证和反证的意义

本证与反证的划分，是从证据作用的角度对证据进行的分类，它可以揭示证据在支持或反驳诉讼双方事实主张问题上的不同作用，对于完善我国的举证制度，指导司法人员科学地分析证据的作用并恰当地运用不同的证据，具有重要的意义。

（一）将证据划分为本证与反证，有利于调动诉讼双方举证的积极性，增强诉讼的抗辩性

根据举证规则，主张某项事实的一方负有举证责任，有义务对自己的事实主张提出证据加以支持，并应达到法律所要求的证明程度。如果不能提出充分的证据证明自己的事实主张，则要承担败诉的风险。反驳指控的一方，也有权利提出证据，其所提出的反证如经审查属实，法庭应该采纳。诉辩双方积极取证和举证，可以使案件争议的事实在本证与反证的对抗中得到澄清，从而保证司法判决的客观公正。

（二）将证据划分为本证与反证，有利于审判人员全面了解诉辩双方的事实主张和证据情况

在诉辩双方积极取证和举证情况下，证据来源大为拓宽，审判人员根据双方提供的本证和反证，可以迅速全面地了解双方的事实主张，并通过对双方证据的审查，及时查明案件的真实情况。这一方面可以做到兼听则明，防止偏听偏信和主观擅断；另一方面也可以提高诉讼的效率。

(三) 将证据划分为本证与反证, 有利于审判人员客观全面地审查评断证据

诉辩双方在诉讼中提出的事实主张具有对抗的性质, 双方提出的本证和反证也具有对抗的性质。然而, 案件的真实情况只有一个, 反证与本证作为完全对立的证据, 也不能同时为真。因此, 当对同一事实存在着肯定或否定两种证据时, 司法人员运用反证审查本证, 或者通过本证审查反证, 容易得出确定的结论。总之, 本证与反证之间的这种相互否定、相互对立的性质, 有利于查清证据的真伪和事实的真相。

(四) 将证据划分为本证与反证, 有利于司法人员和诉讼各方有效地运用证据

在各种诉讼中, 原告方一方面要构筑完整的本证证据体系, 另一方面也要对对方提出的反证予以反驳。原告方通常是事实的主张者, 因此应当提供充分的本证, 并且达到法定的证明标准。我国刑事诉讼法、民事诉讼法和行政诉讼法都规定了"事实清楚, 证据确实、充分"的证明标准。如果原告方的证据达不到这样的证明标准, 便不能胜诉。因此, 原告方应当积极取证和举证, 用本证对其主张的案件事实要素予以充分的证明。同时, 原告方对对方提出的反证也应采取积极的态度进行反驳。

被告方为反驳原告的起诉也要积极取证和举证, 要用反证去反驳对方的本证。由于反证不是积极地主张某一事实的存在, 而是从否定的角度起证明作用, 所以法律对反证没有证明程度的要求。反证只要查证属实, 就可以成立。案件中关键事实或情节的反证, 有时甚至可以彻底推翻对方的事实主张。因此, 被告方要善于针对对方证据链中的薄弱环节收集和使用反证, 还要善于发现对方证据中互相矛盾或自相矛盾之处, 从而使对方的本证变为己方的反证。当然, 在被告方提出己方的事实主张时, 也应当提供充分的本证予以支持。

对于在刑事案件中行使侦查权和公诉权的公安机关、检察机关来说, 正确区分和运用本证与反证还有利于保障无罪者不受刑事追究, 防止各种错案的发生。侦查人员和公诉人员是代表国家追究犯罪行为的, 应该全面收集证明犯罪嫌疑人、被告人有罪或无罪、犯罪情节轻或重的各种证据, 因此对于犯罪嫌疑人、被告人说明自己无罪或罪轻的辩解以及提出的反证, 都应当认真地审查核实。如果反证属实, 证明犯罪嫌疑人无罪, 应当及时作出撤销案件或不起诉的决定; 如果反证能证明犯罪嫌疑人具有从轻、减轻或免除处罚的情节, 也应在起诉意见书或起诉书中注明, 以保证对案件的公正处理。

审判人员在运用证据时对本证和反证都应重视, 都要认真地审查核实。经查证属实, 不论本证反证, 也不论是哪一方提出的, 都应该用作认定案件事实的根据; 经审查不属实的, 一律不得用作定案的根据。

第四章
司法证明的基本原则

司法证明的原则，是指在司法活动中有关证据的收集与运用的基本原理和一般准则。它具有抽象性和概括性，是确立具体证明规则的前提和基础。从这个意义上讲，证明原则就是"证明规则的规则"。证明原则可以分为两种，即公理性原则和政策性原则。前者指反映司法证明一般规律的原则，往往也是各国证据立法中普遍采用的原则，如司法公正原则、证据裁判原则、直接言词原则等。后者指反映特定国家和社会的价值取向的原则，是不同国家根据其文化传统、价值观念和社会需要而确立的原则，如刑事诉讼中的无罪推定原则、程序法定原则等。在本章中，我们根据中国司法实践的情况和证据立法的趋势，重点介绍了五项基本原则。

检察人员在收集、审查、运用证据的工作中，了解司法证明的基本原则是十分重要的，但是确立和养成正确的执法观念也是非常重要的。一些检察人员在具体案件中运用证据时出现错误，并非因为他们不知道相关的原则或规则，而是因为某些陈旧或错误的执法观念在作祟。在这个问题上，那些令人震惊的冤假错案已经为我们提供了极有说服力的前车之鉴。因此，我们在本章中介绍司法证明基本原则的同时，也探讨了与之相应的司法观念的转变。

第一节 实事求是原则

一、实事求是原则的内容

所谓实事求是，就是要从客观实际情况出发去调查研究和分析问题，从而得出正确的认识结论。从本质上讲，在司法活动中运用证据查明和证明案件事实就是一种"实事求是的活动"，或者说实事求是原则高度地概括了司法证明活动的本质属性。无论是发现提取证据还是评断使用证据，其基本宗旨都是要从案件的客观实际情况出发去对案件中争议的事实问题作出正确的认定。然而，司法证明活动的这种内在要求并不能自动地转化为司法人员和执法人员的自觉行动。只有司法人员和执法人员严格按照实事求是的原则办事，才能使这种内在的要求转化为现实的行动。

要在司法证明活动中坚持实事求是的原则，首先就要明确司法的实体公正与程序公正的关系。所谓司法的实体公正，即要求司法机关在审判裁决的结果中体现公平正义的精神。所谓司法的程序公正，即要求司法机关在审判活动的过程中坚持正当平等的原则。前者的要旨在于司法证明结果的正确性；后者的要旨在于司法证明过程的正当性。由此可见，司法的实体公正与程序公正是两个既有联系又有区别的概念。一方面，二者统一于司法公正，是相辅相成的；另一方面，二者又有着不同的价值标准。虽然坚持程序公正在一般情况下就能够保证实体公正，但是程序公正毕竟不等于实体公正，而且坚持程序公正并不必然导致实体公正，程序公正也不是实现实体公正的唯一途径。在有些情况下，实体公正和程序公正甚至是相互对立、相互冲突的，片面追求实体公正可能伤害程序公正，而片面强调程序公正又可能牺牲实体公正。

要实现司法的实体公正，就必须坚持实事求是的原则。司法人员在诉讼过程中发现收集证据和审查运用证据的时候，应该努力去查明并证明案件的真实情况，应该努力去追求案件的客观真实，这样才能保证司法的实体公正。具体来讲，在司法证明活动中坚持实事求是的原则，就不能凭想当然，不能主观臆断；就不能先入为主，不能偏听偏信。只有坚持实事求是的原则，才能准确地查明和证明案件事实，为正确处理案件奠定基础。总之，司法人员在收集证据和运用证据的时候，必须从案件的客观实际情况出发，努力去认识案件的事实真相。

二、从偏重实体的公正观转向实体和程序并重的公正观

司法的实体公正是至关重要的，但是司法的程序公正也是不能忽视的。程序公正具有两个基本功能：其一是保护执法对象的平等权利和正当权利；其二是保障在司法活动中实现实体公正。程序公正的第一个功能是显而易见的，但是第二个功能也是非常重要的。如果我们只看到程序公正的第一种功能，如果我们只强调程序公正的保护权利功能，而忽视程序公正保障实体公正实现的功

能，那就很容易步入将程序公正与实体公正完全对立起来的误区。从某种意义上讲，程序公正正是围绕着实体公正展开的，程序公正以实体公正的实现为前提和最终归宿，但程序公正也有它自身的价值。总之，如果不能正确认识和处理实体公正和程序公正的关系，就很有可能会在司法公正的道路上南辕北辙。

在相当长的历史时期内，中国的司法证明制度在程序虚无主义或程序工具主义的影响下，片面强调实体公正或查明案件事实真相的重要性，对程序的正当性则关注不够。在一些刑事案件中，办案人员为了"查明案件事实"，甚至不惜使用刑讯逼供等野蛮方法去获取犯罪证据。近年来，随着中国法制的进步，人们的司法公正观念也在发生变化，程序公正的价值观逐渐得到了人们的重视。但是由于司法文化传统的影响，"重实体，轻程序"的思想观念至今在我国的检察机关仍有存在的空间，仍然对我国的检察人员有着广泛的影响，并因此导致执法实践中违反程序的事件时有发生。因此在检察机关的工作中，我们必须树立重视程序公正的司法观念。

不过，在强调程序公正的同时，我国的法学界又出现了另外一种倾向，即片面追求程序公正、否定实体公正价值的"实体虚无主义"的倾向。在这种思潮的影响下，有人甚至认为，实事求是的原则已经过时，司法活动不必再提实事求是原则。我们认为，司法活动中运用证据查明或证明案件事实还应该以实事求是为指导原则。诚然，不顾程序公正去追求事实真相的态度是一种偏颇；但是，不顾客观事实去追求程序公正的态度也是一种偏颇。以前缺乏或者忽视的东西现在应该加强，但是也不能矫枉过正，否则也会付出沉重的代价。总之，检察机关在司法活动中改变偏重实体的公正观时，不能转为忽视实体公正，而应当对实体公正和程序公正给予同等的重视。换言之，应当从偏重实体的公正观转向实体与程序并重的公正观。

第二节 程序法定原则

一、程序法定原则的内容

建设现代法治国家是当今世界的潮流。中国要与时俱进、与世俱进，也必须走"依法治国"的道路。法治的基本目标是要以法的精神为基础，建立一种稳定且良性运转的社会秩序。法治的基本内涵包括两个重心和一个基本点。所谓"两个重心"，包括立法即法律的制定和施法即法律的实施。所谓"一个基本点"，就是治官限权，即"为官者不得违法"。

法治的基础是立法，没有制定出来并向社会颁布的法律，法治就是一句空话。诚然，法治的基本原则在于"有法必依"，但是"有法必依"的前提是"有法可依"。而且，现代意义上的法治应该是良法之治，恶法之治不是真正的法治。因此，制定符合法之精神的良法是法治的第一个"重心"。然而，徒有好的立法而没有好的施法，没有严格的守法、执法和司法，仍然不会实现真正的法治。"有法不依"等于无法，更谈不上法治。因此，法律的实施是法治的第二个"重心"。另外，无论就立法环节还是施法环节来说，法治所要治理的主要对象都是官而不是民，法治所要限制的主要对象都是权力而不是权利。在现代法治国家中，所有社会成员都必须严格遵守法律，特别是那些手中掌握权力的政府官员。老百姓固然要守法，但为官者更要守法。因此，法治的"基本点"在于限制官员手中的权力，在于坚持"为官者不得违法"的原则。

程序法定原则是法治精神在司法活动中的具体体现，其在刑事司法活动中具有特别重要的意义。刑事司法是打击犯罪的活动，是为维护社会秩序服务的，因此便具有了实施的正当性。然而，在现代法治国家中，具有正当性的活动也需要法律的规范，服务于公众利益的活动也不可随意实施。其实，刑事司法犹如一把双刃剑：一方面，它可以打击犯罪；另一方面，它也会侵犯公民的合法权利。因此，刑事司法活动必须严格按照法律的规定进行。与刑事司法活动的"双刃性"相应，规范刑事司法活动的法律也具有"双刃性"：一方面，它授予刑事司法人员进行特定活动和采取强制措施的权力，具有授权的功能；另一方面，它又限制刑事司法人员对这些权力的行使，具有限权的作用。诚然，程序法定原则适用于所有参与刑事司法活动的人，包括刑事诉讼的当事人及其律师，但是其最主要的约束对象是在刑事司法过程中行使国家职权的官员，包括法官、检察官和侦查员。这些官员在办理刑事案件的过程中必须严格遵守法律的有关规定，必须严格地"依法办案"。

程序法定原则既是我国在进行刑事证据立法时要确立的重要原则，更是我国司法人员和执法人员在刑事诉讼活动中必须认真贯彻的重要原则。一方面，我们要通过立法和制定规章的形式明确并规范我国刑事诉讼过程中取证、举证、质证、认证的法律程序；另一方面，我们要确立严格依法办案的保障机制，有效地约束司法人员和执法人员的行为。司法者不能用违法的方式去司法，不能在打击违法犯罪行为的同时自己又去违法甚至犯罪。如果用违法的手段去打击犯罪，那既有悖于司法活动的宗旨，也有害于国家的法治。因此，刑事司法人员在办理刑事案件的过程中必须严格遵守法律的有关规定，特别是有关刑事司法程序的规定。从这个意义上讲，"依法办案"之要旨就在于依照法定的程序办案。

在刑事司法活动中坚持程序法定原则，首先就要求犯罪侦查人员必须严格按照法定的程序和规则去收集和提取证据，既不能允许任何人在法律面前享有特权，也不能非法侵犯公民的人身权利和民主权利。侦查人员决不能滥用手中的权力去非法提取证据、刑讯逼供。一言以蔽之，侦查人员必须依法取证。就司法证明的四个基本环节而言，取证是举证、质证和认证的基础，取证工作的质量在很大程度上决定着举证、质证、认证工作的质量。同时，取证又是一种自主性或随意性很强的行为，而且往往表现为权力与权利的冲突，很容易出现违法乱纪和侵犯人权的情况。目前，中国社会的法治环境尚不健全，刑事司法活动中存在着许多不遵守法制的现象，因此强调依法取证具有特别重要的意义。《刑事诉讼法》第50条规定："审判人员、检察人员、侦查人员必须依照法定程序，收集能够证实犯罪嫌疑人、被告人有罪或者无罪、犯罪情节轻重的各种证据。"其次，检察官的举证、质证活动以及法官的认证活动也必须严格遵守法律的有关规定。《死刑案件证据规定》第3条明确规定："侦查人员、检察人员、审判人员应当严格遵守法定程序，全面、客观地收集、审查、核实和认定证据。"

二、从长官至上的执法观转向法律至上的执法观

在执法活动中，到底是长官至上还是法律至上，这是古今中外的执法人员都不得不面对的问题，也是坚持"人治"还是坚持"法治"的根本问题。所谓长官至上，顾名思义，就是在执法活动中，唯长官的指令或者意思行事，特别是在长官的指令或者意思违背或者与法律相冲突时，执法者不能或者不敢违背长官的意志。从人类长达两千多年的执法活动的历史来看，长官至上的现象无论在东方还是在西方，都曾长期存在。其中，又以封建社会为甚。不过，我们应当注意到的是，长官至上只是一种表面现象，其根源还在于对于权力的崇拜和恐惧。长官至上，不是长官个人的人格魅力至上，而是长官手中的权力至上。长官至上具有很大的危害性。执法人员如果在执法活动中顶不住长官的压力，唯长官意志是从，那么执法活动就不是以事实为依据，以法律为准绳了，执法也就很难保证公正了。法律至上是指法律具有至高无上的地位与权威，其强调法律在整个社会规范体系中具有至高无上的地位，其他任何社会规范或个人的指示都不能否定法律的效力或与法律相冲突。由此可见，法律至上是法治的基本原则。

在社会主义中国，共产党领导广大人民掌握和行使权力，制定及实施法律，本不应该存在长官至上的问题。但是，由于在中国漫长的封建社会里，司

法行政不分，行政长官一直兼任司法官员，而且权大于法、人大于法的现象普遍存在，所以长官至上的观念至今仍然困扰着我国的司法实践。长官干涉司法活动的现象时有发生，执法人员按照长官意志办案的情况也屡见不鲜。然而，长官至上很容易导致司法程序的不正当和司法结果的不公正，很容易破坏法律的权威性。为了维护执法的公正，为了维护法律的尊严，检察机关在执法活动中应当改变长官至上的执法观，树立法律至上的执法观。

我国《宪法》第131条和《人民检察院组织法》第9条规定，人民检察院依照法律规定独立行使检察权，不受行政机关、社会团体和个人的干涉。只有真正使检察机关独立行使检察权，才能在执法活动中排除一切干扰，做到以事实为根据，以法律为准绳，对一切公民在适用法律上一律平等。检察机关承担着保障法律实施的神圣使命，检察人员在执法活动中应该养成只遵从法律的职业思维习惯，这也是独立行使检察权的要求。中国要建成现代法治国家，必须改变"人治"的行为习惯，特别是在司法和执法活动中。从长官至上的执法观转向法律至上的执法观，就要求检察人员在执法活动中坚决抵制以言代法和长官命令的干扰，维护法律至高无上的权威，明确执法为公和执法为民的观念，树立以身护法、为法治献身的崇高精神。

第三节 人权保障原则

一、人权保障原则的内容

尊重人权、保障人权是人类社会文明进步的标志，也是刑事司法制度文明进步的标志。在刑事司法活动中确立人权保障原则具有特别重要的意义。在任何一个国家中，刑事司法都处于多种利益或需要的冲突之中，例如，个人利益与社会利益的冲突，被告人利益与被害人利益的冲突，打击犯罪需要与保护人权需要的冲突，等等。这些冲突是客观存在的，是不以人的意志为转移的。任何一个国家的刑事司法制度都不得不在这错综复杂的冲突关系中寻找自己的定位，而且随着社会的发展，这种价值定位也会发生变化。从社会初始分工的角度看，刑事司法制度的本源功能就是打击犯罪，因此，世界各国在相当长的历史时期内都把打击犯罪作为刑事司法制度的基本价值定位。然而，随着社会的发展和人类文明的进步，保护人权的观念越来越受到各国人民的重视，并相继在一些国家被确立为刑事司法活动的基本价值目标之一。《刑事诉讼法》第2条明确地把"尊重和保障人权"规定为刑事诉讼法的任务之一。

在刑事司法活动中坚持人权保障原则，首先就要正确认识权力与权利的关系。在汉语中，"权利"和"权力"发音一样，如果仅听其声不见其形，二者很容易混淆。但是在英文中，权利为"right"，权力为"power"，二者很容易分辨。就二者的含义而言，权力主要指国家权力，也可指国家权力带来的威势。而权利则是与义务相对应的一个范畴，主要指民众个人或群体的权利，即由道德、法律或习俗所认定为正当的利益、主张、资格、力量或自由。① 所谓"本位"，其实就是重心、中心、基础、根源、立足点、出发点的意思。如果坚持"权力本位"，那么刑事司法活动的立足点或者说重心就在于权力。如果坚持"权利本位"，那么刑事司法活动的立足点或者说重心则在于权利。

在人类社会的发展进程中，权力在很长时期内都处于强大和支配的地位，而权利则处于弱小和被支配的地位。在那种社会制度下，刑事司法自然是以权力为本位的，是为维护国家权力服务的，被视为国家的专政工具。然而，根据现代法治的精神，权利是权力的本源，权利应该优于或高于权力；而权力应该是权利的后盾和保障。而且，在社会生活中，权力很容易膨胀和滥用，并成为权利的侵害者，因此，为了保障权利，必须制约权力。总之，以权利为本位是现代法治的基本精神和原则。按照这种精神和原则，刑事司法的最终目标就应该是维护公民的权利，而不是维护国家权力并作为统治人民的工具。

在刑事司法活动中，人权保护的重点当然是犯罪嫌疑人和被告人，因为他们是刑事司法系统的打击对象，其人权很容易成为打击犯罪的牺牲品。但是被害人的权利保护也不应被置于"被遗忘的角落"。诚然，在有些情况下，保护被害人的权利与打击犯罪的社会目标是一致的，或者说被害人的利益可以涵盖在打击犯罪的社会整体利益之中，但是在有些情况下，二者也会出现分歧，因为在具体案件中某个被害人所强烈追求的未必都是社会全体成员对打击犯罪的需要。从这个意义上讲，刑事司法系统所面对的是一种三角形利益关系，即社会利益、犯罪嫌疑人和被告人的利益、被害人及其家属的利益。刑事司法的发展方向就要在这种三角形利益关系中寻求平衡，全面合理地保护人权。

二、从一元片面的价值观转向多元平衡的价值观

在检察机关的执法活动中，无论是行使诉讼职能、法律监督职能、还是职务犯罪侦查职能，无论是刑事执法活动、民事执法活动、还是行政执法活动，各级检察人员在研究、制定、执行各种规则、原则、制度、政策的时候，一个

---

① 李步云主编：《法理学》，经济科学出版社2000年版，第156页。

最根本的问题就是价值观问题。检察机关的执法活动处于多种利益和价值观念的冲突之中,例如检察机关与执法对象之间的利益冲突,执法对象之间的利益冲突,个人利益与社会利益的冲突,打击犯罪与保障人权的冲突,执法的实体公正与程序公正的冲突,在执法活动中追求真实与降低成本的冲突,等等。这些冲突是客观存在的,是不以人的意志为转移的,检察机关的执法活动,不得不在这错综复杂的冲突关系中寻找自己的定位。但必须注意的是,检察机关的价值定位受到历史文化传统、民族心理模式、政治经济制度、社会道德意识等多方面因素的影响,并且会随着时代的进步和社会的发展而发生变化。

在刑事司法领域内,各种利益冲突集中表现为打击犯罪和保护人权的冲突。根据选择定位的不同,我们可以把世界上不同国家的刑事司法系统分为三类:第一类是打击犯罪型,即把打击犯罪视为刑事执法活动的基本目标甚至唯一目标,其他利益和价值都必须服从于打击犯罪的需要。其极端形式表现为:为了打击犯罪,可以不择手段,不计成本,甚至不惜践踏人权。第二类是保护人权型,即把保护人权——特别是犯罪嫌疑人和被告人的权利——看作刑事司法活动的基本目标或最高目标,其他利益和价值都必须让位于保护人权的需要。其极端形式表现为:为了保护人权,不惜牺牲司法效率,甚至不惜放纵罪犯。毫无疑问,过分强调对犯罪嫌疑人或被告人的权利保护,必然会影响到打击犯罪的效率。第三类可以称为折中型,即认为片面地强调打击犯罪不可取,有其弊端;片面地强调保护人权,也不可取,也有其弊端,因此主张在不同的价值取向中寻求一种平衡,既兼顾打击犯罪的需要,又兼顾保护人权的需要。

毋庸讳言,受"大公无私"等强调社会利益的传统价值观念的影响,受"敌我矛盾"等阶级斗争的思维习惯的制约,我国的刑事司法活动一直偏重于打击犯罪的需要,而对犯罪嫌疑人和被告人权利的保护重视不够。然而,现代社会的执法活动应该崇尚公正与文明,人类社会的进步应该表现为对人权的尊重,不仅是对社会中守法公民之权利的尊重,而且包括对那些违法或者可能违法的人的权利的尊重。从某种意义上讲,对"坏人"权利的尊重比对"好人"权利的尊重更能体现社会文明的进步。因此,检察机关在刑事司法活动中要加强对犯罪嫌疑人和被告人权利的保护。

在刑事执法活动中重视人权保护的价值,就要求检察人员改变过去那些带有偏见的办案思路和习惯,不要再用对待"阶级敌人"的态度和手段去对待犯罪嫌疑人和被告人。即使抛开无罪推定的原则,仅从实际情况出发,犯罪嫌疑人和被告人也并不一定都是有罪的人。就刑事司法的证明过程而言,犯罪嫌疑人和被告人只是可能的犯罪者,他们应该在诉讼过程中享受公平的待遇。即使是被法院判定有罪的人,也仍然属于"人民内部矛盾",检察机关和其他司法机关代表国家行使权力，也应该尊重其基本权利。

但是我们也应当看到，检察机关不是超然的仲裁机构，还肩负着维护社会秩序和保护公众的生命财产安全的职能，还具有打击犯罪和预防犯罪的功能。当我们纠正过去那种"只讲打击不讲人权"的执法态度时，也不能只片面强调保护被告人权利的重要性。换言之，我们应该追求执法的文明，也应该重视在刑事司法活动中保护犯罪嫌疑人、被告人乃至法院判决有罪的犯人的合法权利，但是不能因此就忘记了检察机关刑事执法活动的根本任务还是打击犯罪和保护人民。综上所述，检察人员应该从一元片面的价值观转向多元平衡的价值观，既要考虑到犯罪嫌疑人、被告人权利的保护，也要考虑到被害人及其亲属的权利，以及社会整体的利益；既要考虑打击犯罪的需要，也要考虑保护人权的需要。

第四节　证据裁判原则

一、证据裁判原则的内容

所谓证据裁判，就是说司法人员在就案件事实作出裁判时必须以证据为本源，必须建立在证据的基础之上，因此又称为"证据为本原则"。这是人类社会在摈弃了神明裁判和主观断案的司法证明方法之后确立的一项司法原则。它既符合司法证明的客观规律，也符合现代法治国家在诉讼活动中的价值定位。我国《死刑案件证据规定》第2条就明确规定："认定案件事实，必须以证据为根据。"

司法证明的基本任务是认定案件事实。对于司法人员来说，案件事实一般都是发生在过去的事件，无论是一年以前还是一天以前。由于时间具有一维性，是一去不复返的，所以司法人员在审理案件的时候，无法看见发生在过去的事实。他们所能看到和听到的，只是各种各样的证据。尽管现代科学技术非常发达，但是人类目前还没有办法回到过去。法官在审理案件的时候，根本无法看见发生在过去的案件事实，包括比较遥远的过去和并不遥远的过去。他们所能看到和听到的，只是各种各样的证据。司法人员的任务就是要通过这些证据去查明和认定案件事实。

坚持证据裁判原则，就要求检察人员在办案过程中，必须从客观存在的证据出发去认定案件事实，不能以主观的臆断或猜测作为认定案件事实的基础。在当前的司法实践中，强调这一原则具有特别重要的意义，因为它可以帮助我们有效地反对司法专横和司法恣意,遏制刑讯逼供,防止"逼供信",树立文明、科学的现代司法观念。在这种观念指导下,检察人员在办案过程中就应该认真地按照法律的要求和标准去收集并保管能够充分证明案件事实的证据,取证工作的质量也就会有很大的提高。总之,坚持证据裁判原则,就要求检察人员提高证据意识和证明意识。

二、从查明事实的办案观转向证明事实的办案观

对于从事各种检察工作的人员来说,从传统的"查明事实"的办案观转向"证明事实"的办案观具有重要的现实意义。在这里,我们首先要明确"查明"与"证明"这两个概念之间的关系。所谓查明,就是通过调查研究,明确有关事实的真伪。所谓证明,就是用证据来明确或表明。查明与证明的关系是既有联系,又有区别。查明是证明的基础,证明是查明的目的;但是证明并不等于查明,查明也不能代替证明。用通俗的话讲,查明是让自己明白,证明是让他人明白;自己明白才能让他人明白,但自己明白并不等于他人也明白。二者不可混淆,二者的关系也不能颠倒。虽然这两个概念只有一字之差,但是这个差别是非常重要的,对它们加以区分也是非常必要的。就执法活动来说,在很多情况下,让自己明白并不难,最难的是让别人明白。例如,自侦部门的检察人员已经查清了案件事实,但是他们若想让公诉部门的检察人员相信这确实是事实,就要靠法律所认可的证据来证明;又如,检察机关公诉部门的检察人员已经查清了案件事实,但是他们若想让法院的审判人员相信这确实是事实,也要靠法律所认可的证据来证明。

检察机关从查明事实的办案观转向证明事实的办案观,其实质就是要遵循证据裁判原则。当然,不同的执法活动对于检察人员的要求并不完全一样。就自侦部门来说,检察人员在侦查贪污贿赂案件和渎职侵权案件的过程中应该认真地按照法律的要求和标准去收集并保管能够充分证明案件事实的证据。就侦查监督部门或公诉部门来说,负责批准逮捕、决定逮捕或审查起诉、提起公诉的检察人员对公安机关提请批准逮捕或者移送审查起诉的案件,以及检察机关自侦部门移送审查逮捕或者审查起诉的案件,应当认真审查公安机关或者检察机关自侦部门移送的案卷材料,判断已有证据的证据能力和证明效力及其是否达到了"有证据证明有犯罪事实"或者"证据确实充分"的标准。由此可见,在犯罪侦查实践中将办案重心从"查明"转移到"证明",有利于提高侦查人员的证据意识和依法办案意识。侦查监督部门负责批准逮捕、决定逮捕的检察人员和公诉部门的检察人员将办案重心从"查明"转移到"证明",严格适用

逮捕的标准和提起公诉的标准，也能够督促侦查人员依法办案，加强证据意识，同时能够保证办案质量，降低错捕率和人民法院判决无罪的比率，客观上起到维护司法公正、保障人权的效果。

第五节 直接言词原则

一、直接言词原则的内容

直接言词原则是直接原则和言词原则的合称。直接原则又称为"直接审理原则"，是与间接审理原则相对而言的，其要旨在于对案件作出裁判的法官必须直接对证据进行审查，认定案件事实。法官是案件的裁判者，法官对证据的审查必须具有"亲历性"，即法官在审判中必须亲自审查证据，因此任何证据都必须经过法庭上的直接质证和认证，才能使审判者对证据的真实性和证明价值形成内心确信，并在此基础上认定案件事实，作出判决。

言词原则又称为言词审理原则，是与书面审理原则相对而言的，其要旨在于庭审调查过程中的举证和认证都必须以言词（即口头陈述）的方式进行。虽然审判之前获得的书面证言和笔录也有证明价值，但是其是否真实、准确、完整地表达了陈述人的意思，还是要通过直接询问陈述人来确定。总之，对书面证言和笔录进行的质疑和反驳属于间接审查，只能作为审查证据的辅助和替代方式。

直接言词原则是大陆法系国家普遍采用的一项原则。由于其出发点在于保障法官对证据的直接审查和采信，所以又称为直接采证原则。英美法系国家虽然不使用直接言词原则的概念，但是其传闻证据排除规则实际上具有同样的效果。按照传闻证据规则，证人证言必须以口头言词的方式在法庭上直接提出，并接受对方律师的交叉询问，以便法官和陪审团审查判断证据。证人在法庭之外所做的陈述笔录或者在审判之前提供的书面证言都属于传闻，一般来说应该排除。坚持这一原则，就必须要求并保证证人出庭作证。由此可见，大陆法系的直接言词原则和英美法系的传闻证据排除规则具有异曲同工之处。

在司法活动中坚持直接言词原则的主要理由如下：首先，直接言词原则是以审判为中心的司法模式的要求，体现了法官或陪审团直接审查证据和认定证据的需要。其次，该原则也符合司法证明的客观规律，特别是对证人证言的审查判断的规律。如果法官只对证人证言进行间接的审查，就很难作出科学的判断。最后，该原则也是司法程序公正的要求和保障。这种直接举证、直接质证、直接认证的做法,既可以防止司法人员在审查评断证据时产生预断和偏见,提高审判的透明度,也可以保障诉讼当事人的合法权利,特别是获得公平审判的权利。

在刑事诉讼过程中,庭审本应是中心环节,是决定诉讼结果的环节,因为刑事诉讼的基本任务就是要确定被告人是否有罪,而这项任务就应该在庭审环节完成。但是在当下中国,刑事诉讼是"以笔录为中心"的模式,证人出庭率很低,于是刑事庭审就"被虚化"了。所谓"庭审虚化",就是说,法官对证据的认定和对案件事实的认定主要不是通过法庭上的举证和质证来完成的,而是通过庭审之前或之后对案卷的审查来完成的。① 这显然不符合直接言词原则的要求。《死刑案件证据规定》在一定程度上吸纳了直接言词原则的精神。其第4条规定:"经过当庭出示、辨认、质证等法庭调查程序查证属实的证据,才能作为定罪量刑的根据。"2012年刑事诉讼法也就证人出庭作证的情况作出了较为具体明确的规定。

二、从侦查中心的程序观转向审判中心的程序观

在司法制度的历史发展进程中,犯罪侦查职能是逐渐从审判职能中分离出来的。在人类社会的早期,无论是东方国家还是西方国家,侦查职能都是附属于审判职能的。换言之,查明案情的职能都是由法官行使的,而且一般都是在法庭上通过讯问当事人和证人的方式进行的。例如,中国历史上著名的"法官"狄仁杰和包拯等就都同时担负着侦查破案的职责,而且他们也确实是侦查破案的"专家"。随着社会的发展,特别是随着社会专业分工的细化,犯罪侦查职能逐渐从审判职能中分离出来,由专门的国家官员负责,而法官则专职于审判。侦查和审判成了刑事司法活动的两个基本阶段,于是就产生了一个问题:哪个阶段更为重要,或者说,哪个阶段应该是刑事司法过程的中心。

综观西方国家特别是大陆法系国家刑事诉讼制度的历史沿革,我们可以看到,大陆法系国家的刑事诉讼制度具有"以侦查为中心"的传统;而英美法系国家的刑事诉讼制度具有"以审判为中心"的传统。在前一种制度下,侦查官员是刑事诉讼的关键人物,他们办完的案子就算定案了,法官的审判不过是一种没有多少实际意义的程序。在后一种制度下,法官是刑事诉讼的中心人物,只有经过他们审判的案件才算定案。然而,随着社会的发展和司法理念的变化,大陆法系国家的刑事诉讼中心也逐渐由侦查转向审判。以法国为例。大

---

① 参见何家弘:《刑事庭审虚化的实证研究》,载《法学家》2011年第6期。

约从 17 世纪开始，检察官逐渐在刑事案件的调查中扮演主要的角色。到了 19 世纪，具有现代警察特征的司法警察又成为了犯罪侦查的主要力量。在侦查权、起诉权、审判权相对分立的体制下，虽然检察官可以监督和指导警察的侦查活动，虽然预审法官在审判前也要对侦查人员收集的证据进行审查，但是调查取证的工作主要是由警察完成的，而审判法官在法庭上对证据的审查也就越来越具有了实质意义。20 世纪中期以来，在司法公正理念和人权保护观念的影响下，"审判中心"的思想逐渐被人们所接受。

对"侦查中心"和"审判中心"进行比较，我们可以发现，在以侦查为中心的诉讼模式下，法官在审判中对证据的审查并不具有实质意义，因此没有必要强调法官的直接审查，也没有必要排除侦查人员在审判前提取的书面证言。但是在以审判为中心的诉讼模式下，由于对案件事实的认定都要在法庭审判过程中完成，所以证据是否直接在法庭上提出，是否直接接受法官的审查，就具有了重要的意义。另外，在现代司法制度下，被告人是否有罪的裁决只能由法官作出，不能由警察或检察官作出。由此可见，从"侦查中心"到"审判中心"的变化，符合人类社会司法制度的发展趋势。

在中华人民共和国成立以后的一段历史时期内，我国的刑事司法制度也是以侦查为中心的。特别是在"法律虚无主义"思潮的影响下，在"以阶级斗争为纲"的方针指引下，审判自然成了侦查的附庸。但是在现代法治国家中，刑事诉讼的核心应该是审判，刑事司法权应该属于法官。因此，我国刑事司法制度的改革方向应该是从"侦查中心"转变为"审判中心"。顺应这一改革，作为检察机关，执法观念应当从侦查中心的程序观转向审判中心的程序观。

就我国当前的司法体制和机构设置而言，法院是审判机关，负责民事、行政和刑事案件的审理和裁判工作；检察机关是法律监督机关，负责刑事追诉、刑事诉讼监督、民事审判行政诉讼监督以及犯罪预防等工作；公安机关则负责绝大多数犯罪案件的侦查工作。在检察机关的执法活动中，对犯罪的追诉占有很大一块，其中公诉和职务犯罪案件侦查又是检察机关承担的主要诉讼职能。就整个刑事诉讼程序来讲，侦查、公诉、审判和执行是依次进行的四个阶段。在检察机关行使公诉职能时，前承侦查，后启审判，处于中间环节；在检察机关行使职务犯罪案件侦查职能时，最后也要将案件移送审判机关审判，只不过对于职务犯罪案件，侦查和公诉的职能分别由检察机关的自侦部门和公诉部门行使而已。又因为检察机关对职务犯罪案件的侦查只占整体犯罪案件侦查的很小一部分，所以检察机关在对犯罪的追诉活动中承担的主要是公诉职能。因此，检察机关在刑事诉讼程序中的地位非常重要，也非常特殊，检察机关在行使公诉职能时在刑事诉讼过程中处于承上启下的中间环节。

目前在我国的司法实践中,"以审判为中心"的观念已经在一定程度上被检察人员所接受,但是有些检察人员仍然保留着"以侦查为中心"的思维习惯。例如,就职务犯罪案件侦查而言,自侦部门的一些侦查人员认为,只要抓到犯罪嫌疑人并拿下口供,就算破案了,侦查工作就万事大吉了;公诉部门的一些审查起诉人员对侦查机关或者自侦部门侦查终结移送的案件材料过分依赖,丧失起诉审查的独立性,对侦查过程缺少必要的监督,对侦查终结移送的证据不进行认真审查,也不认真听取犯罪嫌疑人的辩解和申诉意见。实践证明,侦查终结或被移送起诉的案件未必都能在法院得到有罪判决,其中相当数量的案件是因为侦查人员的取证工作存在失误造成的。

无论自侦部门的检察人员,还是公诉部门的检察人员,以及批捕部门的检察人员,都应当在刑事诉讼过程中转变观念,从侦查中心的程序观转向审判中心的程序观。反贪部门和渎职侵权犯罪侦查部门的检察人员在侦查职务犯罪案件时,应当确立审判中心的执法观念,要明确案件办理的质量最后是要拿到法庭上去检验的,要确立文明办案、按程序办案的意识和证据意识。坚持以审判为中心的程序观可以促使检察人员依法办案,提高职务犯罪侦查、批准逮捕和审查起诉工作的质量。综上,各级检察机关和检察人员必须适应"以审判为中心"的现代诉讼制度的要求,明确自己的定位,在执法观念上从侦查中心的程序观转向审判中心的程序观,做好本职工作。

第五章
司法证明的方法

司法证明方法，即在司法活动中运用证据证明案件事实的方法。司法证明的方法包括很多层面，如认识方法、思维方法、操作方法等。在本章中，我们在分析了司法证明方法的特点并介绍了司法证明方法的种类之后，重点讨论了司法证明活动中的同一认定方法以及推理和推定的方法。

第一节 司法证明方法的特点和种类

一、司法证明方法的特点

在各个层次的司法证明方法中，思维方法占有非常重要的地位。例如，检察人员在办案过程中对收集到的各种证据都要进行去粗取精和去伪存真的思维加工；各种证明结论的推导是否严谨更是在很大程度上取决于司法人员的思维。当然，检察人员的思维活动不能离开实践。离开了具体的调查取证活动，检察人员的思维也就成了无本之木和无源之水。

思维是人类大脑的一种基本功能，也是人们在日常生活中无时无处不在进行的一种活动。司法证明的思维方法以抽象思维为主，但是也包括形象思维。抽象思维又称为逻辑思维，是以抽象的概念、判断、推理等为内容的思维。其思维焦点主要集中在事物的性质上。它要遵守一定的逻辑规律，如同一律、不矛盾律、排中律、充足理由律等。形象思维是以具体的直观的形象特征为内容的思维，其思维焦点主要集中在事物的形象上。在司法证明的过程中，抽象思维和形象思维是相互渗透和相互结合的。司法证明中思维的特殊性主要表现在以下三个方面：其一是思维的逆向性或溯源性；其二是思维的对抗性或博弈性；其三是思维的时限性或时效性。

（一）逆向性

司法证明中思维的逆向性是指主体的思维方向与客观事物的发展方向相反，不是从事物的原因去探索结果及结果的结果，而是从结果去探索原因及原因的原因。例如，在犯罪侦查的过程中，逆向思维是侦查人员的基本思维模式。从整个案件来说，侦查人员在开始调查时接触的往往都是犯罪行为的结果，如某人被杀和某财物被盗等，而侦查思维就是要从这些结果出发去查明其产生的原因，即通过溯源推理去查明案件事实。从案件中的具体情节来说，侦查人员也经常要从结果出发去推断原因。例如，现场上的保险柜门被人打开了，侦查人员要分析其打开的原因；现场上发现一块痰迹，侦查人员要研究其形成的原因；现场上某些物品被烧毁了，侦查人员要推断其烧毁的原因等。总之，根据现在去认识过去是犯罪侦查思维的一个重要特征。批捕、公诉等检察人员对案件事实的认识当然也属于逆向思维的范畴。

逆向思维要求主体具备广博的知识，而且要熟悉溯源推理的方法。在司法证明过程中，由于案件情况错综复杂，所有不习惯于逆向思维的人往往会感到束手无策，但是优秀的检察人员却能够很快找出其中的因果关系并准确选择溯源推理的途径。研究逆向思维的规律和方法，对于司法证明具有重要意义。

（二）对抗性

司法证明活动中思维的对抗性是指主体的思维活动经常表现为两方对抗的形式，其中一方的思维正确与否往往要取决于另一方的思维活动。它又称为对抗思维。仍以犯罪侦查中的思维活动为例：侦查犹如弈棋，双方对阵布局，力争擒敌制胜。然而，双方都想取胜，思维自然形成对抗。一方要想获胜，必须准确地掌握对方的思维动态和路径。因此，思维的对抗性又称为博弈性。俗话说，"道高一尺，魔高一丈"，讲的也是这个道理。

在犯罪侦查中，思维的对抗性表现为两种形式：一种是同时间的对抗思维，如侦查人员在追缉案犯时要分析对方可能逃跑的方向和路线，而案犯则要分析侦查人员可能追缉的方向和路线；另一种是不同时间的对抗思维，如作案分子在实施犯罪行为时会考虑到侦查人员日后可能采用的侦查方法或手段而事先采取一些反侦查措施，侦查人员在现场勘查时也必须分析作案分子在作案时可能采取了哪些反侦查措施以确定相应的侦查策略。在诉讼过程中，公诉方和辩护方的思维也具有对抗的性质，这是不言而喻的。

(三) 时限性

司法证明中思维的时限性或时效性有两层含义：其一是说思维的过程要受案件中时间条件的限制；其二是说思维的结果也要受案件中时间条件的限制。例如，雪地上的脚印会融化；露天现场上的痕迹会被雨水冲掉等。案件审理有时间限制，因此收集证据也有时间限制。取证和举证有时限，质证和认证也有时限。该取证时就要取证，事过境迁就无法取证；举证也要有时间限制，案件审判已经结束，再行举证就失去了效力；质证应该在举证后进行，如果法庭已经认证，再想质证就为时晚矣；法庭的认证也有时限问题，因为审判本身就是有时限的。总之，司法证明的思维活动必须在一定时间内完成，才具有法律效力。

二、司法证明方法的种类

司法证明的方法是多种多样的。根据证明的方式不同，可以分为直接证明法和间接证明法；根据证明中推理的形式不同，可以分为演绎证明法和归纳证明法；根据证明的过程形态不同，可以分为要素证明法和系统证明法。

(一) 直接证明法和间接证明法

直接证明法和间接证明法与第三章中讲述的直接证据和间接证据不同。这种分类不是以证据与案件主要事实之间的联系为基础。直接证明法，指的是直接用证据的真实性来证明案件事实的真实性。这是司法实践中常用的证明方法，包括演绎证明法和归纳证明法。间接证明法，是通过证明与案件事实相反或相斥之事实为假来证明案件事实为真的方法。它不是用证据来直接证明案件事实本身，而是去否定与之相反或相斥的假设事实，然后再间接地证明案件事实的真实性。间接证明法包括反证法和排除法。

运用反证法证明案件事实，首先要假设一个与该案件事实相反的事实，然后再否定该假设事实的真实性，从而肯定该案件事实的真实性。例如，在第三章中谈到的那起甲经理和乙经理的案件中，侦查人员手中没有能够直接证明他杀的证据，于是先假设甲经理为自杀。但是根据死者头部伤口周围的射击残留物痕迹，枪弹检验专家推断射击距离在80公分以上，而甲经理不可能在这么远的距离完成自杀行为。通过证明甲经理自己开枪打死自己的假设事实为假，侦查人员便证明了他人开枪打死甲经理的真实性。这就是反证法的运用。

运用排除法证明案件事实，首先要提出关于该案件事实的全部可能性假设，而且这些假设都处于相互排斥的状态，然后逐个进行排除，直至剩下唯一一种可能的事实，从而证明其真实性。前面这个案例中的开枪人有三种可能性：甲经理、乙经理、第三人。根据案件发生时现场外面的人的证言和现场的环境情况，第三者开枪的可能性可以排除；根据射击残留物的检验结论，又可以排除甲经理开枪的可能性；至此，剩下的唯一可能性就是乙经理开的枪。于是，侦查人员运用排除法证明了乙经理是真正的开枪人。

（二）演绎证明法和归纳证明法

如上所述，演绎证明法和归纳证明法都属于直接证明法，只不过其证明中使用的推理形式有所不同。演绎证明法就是运用演绎的形式来从证据的真实性直接推导出案件事实的真实性。演绎证明通常要运用两种论据：一种是一般的原理或规则，即大前提；另一种是案件中的具体证据，即小前提。演绎证明就是通过把一般原理或规则适用于具体案件情况，从而证明某案件事实的真实性。在杀人案件中，法医在证明被害人的死亡时间这一案件事实时就可以运用演绎证明法。法医使用的大前提是法医学关于尸体在不同死亡时间内会呈现不同反应的一般原理；小前提是本案中尸温、尸僵、尸斑等具体的尸体现象；结论是死亡时间。

归纳证明法是运用归纳的形式来从证据的真实性直接推导出案件事实的真实性。然而，这里所说的"归纳"不是严格的逻辑学意义上的"归纳推理"。归纳推理是从个别事实推导出一般性结论的思维方法。如果说演绎推理是从一般到个别的思维方法；归纳推理则是从个别到一般的思维方法。在侦查破案的认识过程中，这两种方法都会得到运用。例如，在分析某尸体的死亡原因时，侦查人员可以运用演绎法思维，即根据死亡原因的一般知识来推断本案的具体死亡原因；在并案侦查中，侦查人员可以运用归纳法思维，即根据这些具体案件中反映出来的共同特点确定它们为同一个人或同一伙人所为的结论。

归纳证明法不完全等同于归纳推理。归纳证明要通过一系列具体事实或一组证据来证明案件事实的真实性。在甲经理被杀案中，侦查人员根据现场上的手枪和致命弹头上的射击痕迹、死者头部的枪伤和周围的射击残留物痕迹、有关的鉴定结论以及甲经理和乙经理之间有债务纠纷等证据，通过归纳与综合，最终证明了乙经理就是杀害甲经理的凶手。

由于演绎证明中前提的正确与否比较容易判断，而归纳证明中的归纳往往是不完全的，所以演绎证明的可靠性较高。但是演绎证明的前提比较抽象，而归纳证明的依据都是具体事实，因此归纳证明的说服力较强。在运用证据证明案件事实时，演绎证明和归纳证明往往要结合起来使用。

（三）要素证明法和系统证明法

要素证明法即通过运用证据证明构成案件事实的每一项要素来证明全案事实的方法。由于其证明过程是从部分到整体，所以有人称其为"自下而上"

的证明方法。系统证明法与之相反，它是先从整体上证明案件事实的基本结构，然后再证明具体的构成要素。由于其证明过程是从整体到部分，所以又被称为"自上而下"的证明方法。

虽然这两种方法的区别表现为证明的过程形态不同，但是其实质在于证明的重心不同。在有些情况下，证明了每一个要素就等于证明了整体事实；但是在有些情况下，证明每一个要素与证明整体事实并不能简单地等同起来；另外，在某些案件中，证明某个要素几乎是不可能的，但证明包括该要素在内的整体事实却还是完全可能的。在第一种情况下，采用"自下而上"的证明方法还是采用"自上而下"的证明方法并无太大的差异；但是在后两种情况下，采用何种证明方法却有可能带来大相径庭的结果。由此可见，要素证明法和系统证明法应该适用于不同的案件情况。

其实，这两种证明方法的区别并不局限在司法和执法活动之中。医生诊断病情实际上也可以视为一种证明过程。一般来说，医生在诊断病情或者说"查明病情真相"时采用的是要素证明法。医生通过"望闻问切"或使用各种技术手段，逐个查证病人的各种症状，如脉搏、舌象、体温、血压、血象等。随着已查明的症状数量的增加，整体病情的性质也就逐渐明确了。或者说，随着已知"要素"的增加，病人可能得的病的种类数量就减少了，直到剩下最后一种可能性的时候，病就查清了，整个病情也就得到了证明。当然，有些医生也会采用系统证明法来查明病情。他们先凭直觉或第一印象推断病人得的是肺炎或感冒，然后再根据这一病情的"系统"要求去查验一个个症状。

历史学家在证明历史事件时往往采用系统证明法。他们一般先就某历史事件或历史进程设立一个符合历史规律和逻辑规律的命题，然后再到纷乱复杂的"历史材料"中去查找，用细节构建起该命题所需的完整系统，而且在构建过程中公开或含蓄地加入自己关于历史的哲理或者自己对历史的解释。

要素证明法和系统证明法的适用对象有所不同。这表现在两个方面：其一，要查明的问题可否用简单的"是"或"不是"来回答；其二，要查明的问题可否用再现法检验。在医生诊断病情的过程中，要查明的问题往往是可以用"是"或"不是"来回答的，而且一般都可以用再现法检验。例如，病人的体温是否高于37℃；病人血液中的白血球数是否超过了1万。因此，医生诊断病情的活动比较适宜采用要素证明法。

然而，在历史学家的证明过程中，要查明的问题往往比较复杂，而且也不可能用再现法检验。例如，法国"巴黎公社"失败的原因是什么？华盛顿在美国独立战争中的作用是什么？即使我们把这两个问题改成"一般疑问句"，恐怕历史学家们也很难用"是"或"不是"来回答。例如，法国"巴黎公社"失败的原因是不是当时无产阶级的力量还不够强大？华盛顿在美国独立战争中是不是起了决定性的作用？医生在诊断病情时可以用再现法检验，如反复检验体温及其与病症的关系。但是历史学家却不能用再现法去检验在无产阶级力量强大的情况下"巴黎公社"还会不会失败；也无法用再现法去检验没有华盛顿的美国独立战争还会不会胜利。

简单地把司法活动中的证明等同于医生的证明或历史学家的证明都不无偏颇。实际上，不同的案件往往适用于不同的证明方法。例如，在产品责任案和医疗事故案中，要素证明法可能比较适用，因为案件中的问题可以用"是"或"不是"来回答，而且在必要时也可以用再现法检验。但是在诈骗案、杀人案等大多数涉及行为人主观状态的案件中，系统证明法往往更为合适，因为回答这些案件中的问题既需要系统的框架结构，也需要证明者的注释。

从实践的角度来讲，系统证明法有着十分广泛的用途，因为任何司法人员在使用证据证明案件事实时，往往都已经有了一定的"符合历史规律和逻辑规律的命题"。在这种情况下，运用系统证明法既可以加强证明的条理化又可以简化复杂的证明过程。此外，这也比较符合人们在日常生活中形成的思维习惯，因为人们会自然而然地对生活中的认识活动进行条理化和简化处理。例如，一个人会记住自己昨天下午去了一趟商店，而不一定记住出门、锁门、下楼、掏钥匙、打开自行车锁、骑上车等一系列具体动作；当人们看到一辆汽车从身旁驶过时，会毫不犹豫地推定那汽车具有车身、轮胎、发动机、车灯等一系列构成要件，而不必一一核查这些要件之后才断定这是一辆汽车。诚然，证明案件事实绝不像上述事例那么简单，但其中有些道理是相通的。在运用系统证明法证明案件事实的时候，最重要的是准确把握系统的结构和系统证明的规则。

第二节 同一认定的方法

同一认定是司法证明的基本认识方法。在刑事案件中，司法证明的任务就是要证明被告人是不是实施了被指控的犯罪行为的人，而这就是一个同一认定的问题。另外，在每一个案件的证明活动中往往还包含着许多具体的同一认定，例如，通过被害人辨认来确认某个嫌疑人是否为实施强奸的人；通过血迹鉴定来确认在嫌疑人家里查获的刀子是否为杀人凶器；通过笔迹鉴定来确认账本上的涂改字迹是否为被告人所写等。检察人员在各个环节的工作中都经常要运用同一认定的方法来认识案件事实，因此，掌握同一认定的基本理论和一般方法是非常重要的。

一、同一认定的概念

同一认定是犯罪侦查学和物证技术学中的专门术语,指依据客体特征判断两次或多次出现的客体是否为同一个客体的认识活动。例如,某地发生一起入室盗窃案,侦查人员在现场上发现了作案人留下的鞋印和撬门痕迹,后来在犯罪嫌疑人处提取到一双鞋和一根撬棍,经过检验和比对二者的特征,认定该嫌疑人的鞋和撬棍就是在盗窃现场留下鞋印和撬痕的鞋和撬棍。这就是同一认定。

作为一种理论,同一认定是在千百年的司法实践中产生和发展起来的。[①]但是作为人类认识客观事物的基本方法,同一认定则普遍地存在于人们的日常生活之中。例如,一个人到飞机场接朋友后开车回家。在这一过程中,他在机场出口处认出朋友是同一认定;到停车场找到自己的汽车也是同一认定;开车找到自己的家门还是同一认定。每个人在自己一天的生活中,都可以发现许许多多的同一认定。

从一定意义上讲,同一认定是人类生活的需要,特别是社会生活的需要。在自然界中,离开同一认定这种认识方法,人们就无法把握具体认识对象的特定属性,就无法把某个客体从某类客体中区分出来,就无法区分这棵桃树和那棵桃树,这只黄羊和那只黄羊。在社会生活中,离开这种认识方法,人们的交往对象就都变成了没有个体性的种类人,即不分张三李四的女人和男人。诚然,万事万物既有个体属性也有种类属性。如果说在自然界中物的种类属性比个体属性更为重要,人们在吃桃和羊肉的时候可以不去过问其来自于哪棵桃树或哪只黄羊,那么在社会生活中个体属性就变得非常重要了,因为没有个体性的社会生活是不可思议的,人们恋爱、结婚、养育以及作为社会成员交往的对象都是特定的人,不是只有性别差异的男人和女人。

理解同一认定的概念,首先要准确把握"同一"这两个字的含义。从哲学上讲,同一是表示事物或现象同其自身相等同的范畴。同一并不等于相似,但是同一和相似之间又有密切的联系,因为认识同一往往是从相似开始的,同一认定也必须以客体特征的相似性为基础。同时,客观事物的同一性与差异性也有密切关系。正如恩格斯在《自然辩证法》中所指出的,"同一性自身包含着差异性……与自身的同一,从一开始就必须有与一切别的东西的差异作为补

---

① 参见何家弘:《同一认定——犯罪侦查方法的奥秘》,中国人民大学出版社1989年版,第90~107页。

充,这是不言而喻的"。① 由此可见,同一认定既要考虑事物自身的差异和变化,也要考虑此物与彼物的差异。

众所周知,客观世界的万事万物之间既存在着差异性,也存在着相似性。而且在不同客体之间,差异和相似的程度亦有所不同。例如,双胞胎之间的差异一般要小于其他人之间的差异;同类案件之间的相似程度要大于不同类案件之间的相似程度。但是,无论两个案件多么相似,依然是两个案件。一对孪生姊妹可以相似得让亲友难以分辨,但她们终有差异,终究不是同一个人。由此可见,同一的对象只能是客体自身,张三只能和张三同一,某杀人案件也只能和该杀人案件同一。诚然,任何事物的自身同一都不是僵死和丝毫不变的,而是包含有自身差异和变化的同一。

其次,同一认定的客体必须在人们的认识过程中出现过两次或者两次以上。世界上的事物都具有自身同一性。这支枪就是这支枪,跟其他任何枪支都有差异;这个案件就是这个案件,跟其他案件都不能同一。但是,客观事物固有的同一性何必要我们去加以认定?或者说,究竟在什么情况下才会产生判断客体是否为同一的问题?对这个问题的回答是:客体必须在主体的认识过程中出现过两次或者两次以上。例如,某地发生一起盗窃案,该案的作案人就是第一次出现的客体;后来侦查人员找到嫌疑人,这嫌疑人就是第二次出现的客体;同一认定就是要判定这两次出现的客体是否为同一个人。而且,客体第一次出现时必须留下可供人们识别的特征反映体,如手印、足迹、字迹、血痕、毛发等。这些特征反映体也就是案件中的证据。

如果某客体仅在人们的认识过程中出现一次,那就不会产生认定是否同一的问题。例如,侦查人员在一起入室盗窃案件的现场上发现了一个工具撬压痕迹,这说明在他们的认识过程中已经出现了一个客体,即在现场留下撬压痕迹的工具。但是侦查人员一直没有找到嫌疑工具,也就是说那客体没有第二次出现,因此就不会产生同一认定的需要。又如,某地发生一起盗窃案,但是当事人没有报案,公安机关也没有发现,该案件根本没有进入司法程序,因此也就不会产生认定是否同一的问题。

二、同一认定的对象

在司法证明活动中,同一认定的对象包括人、物、场所和事件。前三种对象的同一认定及其客体的两次出现都比较好理解,例如,通过手印或足迹认定

① 《马克思恩格斯选集》,人民出版社1972年版,第537~538页。

某嫌疑人就是曾经到过犯罪现场的人；通过交通事故现场的轮胎痕迹认定某轿车就是把人撞伤后逃逸的肇事车辆；通过当事人的辨认认定某场所就是其曾被绑架关押的地点等。事件作为同一认定的对象，具有较大的特殊性。

就同一认定的认识活动而言，事件必须出现过两次以上。不过，其第一次出现一般都是在客观世界或现实世界中，即曾经发生的案件，如某时某地发生的杀人案；第二次出现则是在人们的主观世界或虚拟世界中，即当事人所主张的事件或者用证据表明的案件，如公诉方用证据在法庭上"描绘"或"演示"出来的杀人案。明确这一点，对于研究事件同一认定的规律和方法具有重要意义。

对司法人员来说，刑事案件都是发生在过去的事件。由于时间具有一维性，一去不复返，所以过去的事件不可再现，也不能再被人们直接感知。公诉方和辩护方在法庭上运用各种证据手段"重建"案件事实，那只是一种虚拟性再现。而刑事案件中的司法证明活动就是要通过全部证据认定当事人"虚拟"的案件是否确实是曾经真实发生过的那个事件。由此可见，作为同一认定对象的事件在时间上具有"过去性"，在空间上具有"虚拟性"。这两性就决定了事件同一认定的思维过程不仅是逆向的，而且是抽象的，其难度是超乎寻常的。至于在有些案件中，当事人主张的事件根本没有发生过，纯属假案或虚拟事件，那么，同一认定也就成了无本之木，自当别论。

虽然刑事案件多种多样，但是司法证明所要解决的问题归根结底只有两个：其一是公诉方指控的犯罪是否确实发生；其二是被指控者是否为该作案人。前者属于事件同一认定，即判断所控犯罪事实是否确实发生过的犯罪事实。后者属于人身同一认定，即判断被告人是否为实施那个特定犯罪行为的人。由此可见，刑事诉讼证明的核心内容是人身同一认定和事件同一认定，可以简称为"人和事的同一认定"。

运用证据证明案件事实是一个同一认定的过程。在这一过程中，司法证明活动的核心是"人和事的同一"。无论这个证明过程多么漫长，多么复杂，其最终目标都是要证明被告人是不是实施了特定犯罪行为的人。当然，在不同案件中，司法人员实现这一目标的过程和途径有所不同。概括而言，刑事案件中的司法证明有两种基本途径或基本形式：其一是从事到人的证明过程；其二是从人到事的证明过程。

所谓从事到人的证明过程，就是说司法人员先得知有一个"事"，即案件，然后再去寻找并认定"人"，即作案人。在这种情况下，证明活动主要围绕谁是作案人的问题进行。例如，侦查人员在某地发现一具女尸，经法医检验确定为他杀，于是，侦查工作便要查明究竟谁是杀死该女人的凶手，证明活动也以此为基本线路。

所谓从人到事的证明过程，就是说司法人员先得知有一个"人"，即嫌疑人，然后再核实是否确有其"事"，即犯罪事实。例如，侦查机关接到某人贪污公款或收受贿赂的举报之后，调查工作便主要围绕是否确有贪污或受贿的事实来进行。在这种情况下，侦查工作主要围绕"事"展开，但证明活动最终仍然要达到"人和事的同一"。

同一认定贯穿于每个刑事案件的证明过程之中。其中，既有对整个案件和作案人的大同一认定，也有对某个案件事实要素的小同一认定和种属认定。而且案件中的大同一认定往往就是由多个小同一认定和种类认定组成的。例如，在一起杀人案件中，侦查人员在现场上提取了足迹、弹壳、血痕、毛发、纤维等物证，鉴定人员对现场足迹和嫌疑人的鞋进行了同一认定；对现场弹壳和嫌疑枪支进行了同一认定；对现场血痕、毛发和纤维则进行了种属认定，即认定了现场血痕与嫌疑人的血型相同，现场毛发与嫌疑人的毛发相似，现场纤维与嫌疑人所穿毛衣的纤维种类相同。此外，某证人在案件发生前曾在现场附近看到一辆汽车，经过辨认，他确认嫌疑人的汽车就是那辆汽车。这也是同一认定。根据这些同一认定和种属认定的结论，司法人员最终得出该嫌疑人就是杀人凶手的大同一认定结论。

在有些案件中，大同一认定可以直接由某些证据完成，而这些证据一般都属于直接证据。小同一认定和种属认定则一般都属于间接证据。作为直接证据的同一认定虽然价值较高，但是也不一定就能保证定案结论的可靠性。例如，被告人的供述也属于直接证据，也需要同一认定，即判断其陈述的案件是否与确实发生的案件同一。即使是有罪供述，也要与通过其他证据查知的案件事实相比较，看是否吻合。由此可见，一个刑事案件的司法证明往往要由多个同一认定和种属认定来完成。这些同一认定和种类认定，或衔接，或并列，或辅佐，或印证，共同构成整个案件的"人和事的同一认定"。明确"人和事的同一"在刑事诉讼证明中的地位和作用，可以提高司法证明活动的科学性。

三、同一认定的依据

同一认定的依据是客体特征，主要有五大类，即客体的形象特征、物质成分特征、运动习惯特征、时空位置特征和气味特征。据此，我们可以将同一认定分为：依据形象特征的同一认定，如指纹同一认定、足迹同一认定、工具痕迹同一认定、枪弹痕迹同一认定、车辆痕迹同一认定等；依据物质成分特征的同一认定，如依据遗传基因的化学成分和结构对人体的血液、精斑等进行的同一认定；依据运动习惯特征的同一认定，如笔迹同一认定和声纹同一认定等；依据时空位置特征的同一认定，如场所同一认定和不在犯罪现场的证明等；依据气味特征的同一认定，如警犬辨认等。诚然，这种分类不是绝对的，因为具体案件的同一认定所依据的可能同时包括上述两种甚至三种特征。

以上五种特征主要适用于具体的小同一认定，如人身同一认定、物体同一认定和场所同一认定等。而以作案人和事件为核心内容的大同一认定则具有特殊性，其依据是案件的事实特征及反映这些特征的证据。

司法证明的根本任务是识别案件特征，认定案件事实。而案件的事实特征都必须通过各种各样的证据才能反映到主体的认识活动之中。"人和事的同一认定"就是要通过审查这些证据，看其是否正确、准确地反映了案件特征，然后再对这些特征的价值进行评断，看其能否达成"人和事的同一"。由于"人和事的同一认定"必须以案件的事实特征为基础，而认识这些特征的中介是各种证据，所以"人和事的同一认定"的依据就是案件中的证据。

四、同一认定的科学基础

事物之间的个体差异是同一认定的客观基础，如果没有这种差异性，同一认定便无从谈起。刑事案件都是各不相同的，世界上没有完全相同的两个案件，因此每个案件都是特定的，都是仅与自身同一的。但是，就司法证明而言，案件的特定性必须通过具体特征表现出来，同一认定必须通过对客体特征的识别才能实现。而且，任何同一认定所实际依据的都不是客体的全部特征，只是一部分特征的组合。换言之，司法人员在刑事诉讼中使用的只是案件事实的部分证据，不是全部证据。有些潜在证据没有被发现或提供；有些证据则由于某种"瑕疵"而未准进入诉讼程序。因此，我们在研究同一认定问题时，必须具体考察这些经法律认可的证据或特征组合是否具备了同一认定所要求的条件，包括特征组合的特定性、稳定性和反映性。

（一）特征组合的特定性，即证据组合的唯一性或排他性

由于同一认定要对客体进行个体识别，要把某个客体与所有其他客体区分开来，所以其依据的特征组合只能出现在一个客体上。换言之，每个同一认定所依据的特征组合必须具有特定性。由于案件的特征是通过证据来识别和认定的，证据组合可以代表特征组合，所以就刑事案件的"人和事的同一认定"而言，这种特定性则表现为证据组合的唯一性或排他性。具体来说，特征组合的特定性是由以下三个方面的因素所决定的。

1. 特征的数量

理论和实践都已证明，特征的数量越多，特征组合的特定性就越强，该特征组合出现重复的可能性也就越小。当特征达到一定数量时，该特征组合就不可能出现重复，于是该特征组合就具备了同一认定所要求的特定性。由此可以得出特定性的第一条定律：

特征的数量与该特征组合的特定性成正比，或者说，与该特征组合出现重复的可能性成反比。

在考察特征数量时，我们既要考察该类客体所具有的特征种类数量，也要考察具体特征反映体上出现的特征数量，例如，指纹一共有多少种特征，以及作为鉴定对象的手印上一共出现了多少个纹线特征。

2. 特征的质量

任何特征都有一定的质的规定性。这种特殊的规定性正是一个特征得以区别于其他特征的依据。但是对不同特征来说，这种质的特殊性也有所不同，有的特殊性表现突出，有的则表现不太突出。这就形成了特征质量的高低不同。例如，同样是指纹特征，"小勾"、"小桥"、"小眼"等细节特征的质量就高于"起点"和"终点"等细节特征的质量。

对同一认定来说，不同质量的特征在特征组合中的特定性价值也有所不同。当特征组合的特定性表现为一个不变的定量时，该组合中每个特征的质量越高，该组合所要求的特征数量就越低。特征的特定性价值是由该种特征在客体上的出现率所决定的。一般来说，出现率越高，价值就越低；出现率越低，价值就越高。"物以稀为贵"的原则在这里也适用。例如，斗型纹在我国人口中的出现率约为50%，而弓型纹的出现率仅为2.5%。作为一个指纹特征来说，弓型纹的特定性价值就高于斗型纹。由此我们可以总结出特定性的第二条定律：

特征的质量与其特定性价值成正比；在特征组合的特定性不变的情况下，特征的质量与特定性所要求的特征数量成反比；特征的特定性价值是由其出现率决定的，而且与其出现率成反比。

3. 同类客体的数量

所谓同类客体的数量，就是指该特征组合可能出现重复的客体范围。例如，指纹特征组合可能出现重复的范围就是人类的总数；某种鞋底花纹特征组合可能出现重复的范围就是那种鞋的生产总量；某类案件特征组合可能重复的范围则是该类案件的发生数量。同一认定所要求的特定性与特征组合可能出现重复的范围大小有密切关系。一般来说，范围越大，同一认定对特定性的要求就越高，对特征的数量和质量的要求也就越高。换言之，同样的特征组合，在较大的客体范围内无法使客体特定化，但是在较小的范围内就可以使客体特定化。当然，从另一个角度来说，范围的缩小往往也就意味着特征的增加，只不过是该特征组合之外的特征而已。由此我们可以得出特定性的第三条定律：

特征组合出现重复的范围大小，与同一认定所要求的特征数量和质量成正比。

（二）特征的稳定性，即证据内容的一致性

辩证唯物主义认为，运动和物质是不可分割的，世界上既没有无物质的运动，也没有不运动的物质。不过，千变万化的物质世界中也存在着各种形式的静止状态，或者说，客观事物在其发展变化的过程中也具有一定的稳定性。当然，运动和变化是绝对的，静止和稳定是相对的。不同客体的稳定性有所不同，不同特征的稳定性也有所不同。就刑事诉讼而言，案件中的各种证据都会随着时间的推移而发生或大或小的变化，因此在同一认定时必须考察证据的稳定性，或者证据内容的一致性。

同一认定所要求的特征稳定性是指客体特征在进行同一认定的必要时间内保持基本不变的属性。同一认定的"必要时间"是由具体案件中被寻找客体留下特征反映体到证据调查人员发现嫌疑客体并进行鉴定的时间长短所决定的。例如，某犯罪分子在盗窃现场留下鞋印到侦查人员发现嫌疑人并提取其鞋或鞋印作为比对样本的时间，就是该同一认定所要求的"必要时间"。如果那只在现场留下鞋印的鞋的特征在这段时间内保持了基本不变，它就具备了同一认定所要求的稳定性；如果在这段时间内那只鞋上的特征因自然原因或人为原因而发生了质的变化，那它就不具备进行同一认定的条件了。由此可见，司法人员应该尽量缩短需要进行同一认定的"必要时间"。

同一认定所要求的特征"基本不变"有两层含义：第一，对一个特征组合来说，是指其中的主要特征都保持不变，换言之，虽然该组合中的个别特征发生了较大的变化，但是这种变化并没有改变整个特征组合的基本特性。例如，某当事人在书写了与案件有关的文书到后来需要对其进行笔迹鉴定这段时间内，因学习而改变了他原来对某个字的错别写法，但是从其字迹特征的整体来说，仍然保持了原有的基本特性，那么其字迹特征组合就是保持了"基本不变"。第二，对一个具体的特征来说，是指保持该特征的质基本不变，或者说，该特征虽然发生了一些变化，但是它得以区别于其他特征的那些特殊的规定性仍然保持未变。例如，某作案分子在现场留下鞋印之后，由于他继续穿用，该鞋底的花纹特征因磨损而发生了一定的变化，但是由于磨损的方式与原来相同，所以每个特征的变化并没有影响到使之区别于其他特征的质，因此它仍然保持了"基本不变"。当然，量变超过一定限度，就会引起质变。

(三) 特征的反映性，即证据内容的可靠性

客体特征的反映性是指客体的特征能够在其他客体上得到反映的一种属性。我们知道，物体在运动过程中经常会以某种方式与其他物体相接触，并且会在对方身上留下自己的"痕迹"，或某种形式的"反映"。对于同一认定来说，重要的不是这种反映的可能性，而是这种反映的容易程度和清晰程度。就证据来说，则指证据内容的可靠性。

首先，同一认定要求客体特征比较容易在其他客体上得到反映。例如，人的指纹具有"触物留痕"的特点，所以指纹就具备了同一认定所要求的"反映性"。人的"眼纹"虽然也具有特定性和稳定性，但是很难在其他客体上留下"痕迹"，所以不具备同一认定的条件。其次，同一认定要求客体特征的反映具有较高的清晰度。虽然指纹能"触物留痕"，但是如果指纹留下的痕迹很模糊，那么它也不具备同一认定的条件。能够影响客体特征反映清晰度的因素包括客体特征本身的清晰度、反映客体特征的那个物体的性质和形成反映的方式和力量等情况。

客体特征的反映性与人类的认识能力和特征识别能力之间有着密切的关系。一般来说，客体特征的反映是客观存在的，但是这种反映能否在同一认定中加以利用则取决于人的认识能力和水平。例如，随着人类所掌握的科学技术的发展和认识能力的提高，人们在同一认定中不仅可以利用人体的外貌特征和骨骼结构特征，而且可以利用书写习惯特征、指纹特征、掌纹特征、足纹特征、牙齿特征、唇纹特征、声纹特征、遗传基因特征等。在这一发展过程中，客体特征本身并没有发生什么变化，并不是人体在不断地增生出一些新的特征来供人们识别，而是随着人类认识能力的提高，那些原来无法识别的特征不断转化为可以识别的了。毫无疑问，数千年以前的人也有声纹特征和 DNA 特征，只不过当时人类的认识能力还无法识别这些特征而已。从这个意义上讲，人的认识能力和水平也是同一认定的一个条件，即主观条件。

五、同一认定的一般方法

同一认定实际上是一个通过不断排除相似客体并最终认定同一的过程。当然，这是指肯定结论的同一认定，因为否定的同一认定结论就意味着这一排除过程的中止。同一认定所选用的每一个特征都意味着把不具备这一特征的客体排除在外；而每增加一个特征又都标志着有更多的客体被排除在外。例如，当我们认定某指印为斗型纹时，就等于把所有非斗型纹排除在外；当我们进一步认定其为环形斗时，又等于把其他的斗型纹给排除在外；如果我们又发现该指

印的左三角部位有一个"小眼"特征，那又等于把该部位没有"小眼"特征的环形斗给排除在外。正是通过这一步步的排除，使我们所限定的客体范围不断缩小，直至该范围内只剩有一个客体时，其他客体就都被排除在外，因而也就认定了客体的同一。

就一个案件来说，司法人员根据现场情况，首先确定是一起非正常死亡案件，即把正常死亡事件排除在外；然后随着收集到的证据增多，又确定这是一起他杀案件，一起故意杀人案件，一起因爱情关系破裂而实施的杀人案件，即相应地把自杀案件、非故意杀人案件和因爱情以外因素而实施的杀人案件排除在外；最后，当所有证据能证明这是由某个特定人实施的杀人案件时，就把其他杀人案件统统排除在外，同一认定的任务也就完成了。

既然是排除法，就离不开一定的范围，因为任何排除都必须在一定的范围内进行。在同一认定实践中，这个范围往往比较大，且常带有一定的模糊性。同一认定是通过一步一步的排除来实现的，那么就每一步排除来说，它既是在一定范围内进行的，又等于为下一步排除限定了范围。例如，在指纹同一认定中，进行排除的初始范围一般应表现为人类的总数；而认定为斗形纹既是在这初始范围内的排除，又等于把下一步的排除限定在斗形纹的范围之内。把同一认定的连续排除过程分解开来进行考察是很有意义的，因为在有些同一认定中，某阶段所限定的范围大小往往就是能否认定同一的关键。

同一认定的初始范围一般是由客体的属性所决定的，或者说，是由客体的自然种属范围所决定的。因此，同一认定的客体不同，进行排除的范围也不同。有的范围大些，有的范围小些；有的范围界限明确，有的范围界限模糊。例如，人的总数有几十亿，所以其种属范围较大；而某一种鞋的总数可能只有上千双或数百双，所以其种属范围较小。对同一认定来说，范围越大，排除所需的特征就越多；范围越小，排除所需的特征就越少。由此可见，范围大小对同一认定来说很有意义。

同一认定中进行排除的方法有两种，一种是间接排除法，一种是直接排除法。所谓间接排除法，是指根据特征组合的重复概率来排除其他相似客体，又可称为"概率排除法"。所谓直接排除法，是指根据客体的某些特征直接比较该范围内的每个对象，逐个进行排除，直至最后一个客体。

在大多数同一认定中，由于客体的种属范围太大，客体数量太多，人们不可能把这些客体全部收集起来进行比较和排除，只得以特征组合的重复概率为依据，来推断能否依据该特征组合将其他客体排除在外。例如，对指纹进行同一认定时，我们能把全人类的指印全部取来一一进行比较和排除吗？当然不能，因为这是不切实际的。在这种情况下，我们只能根据统计数据和经验来评价特征组合的重复概率。如果这一概率低得足以保证该特征组合不可能在其他指纹上出现，则等于间接地把其他指纹都排除在外，因而便可以据此认定同一了。

由于间接排除法的基础是特征组合的重复概率，所以我们在运用这种方法进行同一认定时，必须认真研究该特征组合的特征数量与质量，以及该特征组合可能重复的客体范围，并认真计算该特征组合的重复概率，以判断它能否保证认定客体同一所要求的完全排除。

在司法实践中，有时被寻找客体已被限定在很小的范围之内，而且该范围内的每一个客体都是已知的，都具备直接比较的可能性，于是，直接排除法便可以发挥作用了。在这种情况下，人们通过观察或检验被寻找客体的特征反映体来找出被寻找客体的主要特征，然后依据这些特征对该范围内客体进行逐个的比较和排除。如果在一次比较后就排除了某个客体以外的其他客体，便可以认定同一；如果经首次排除后仍剩下多个客体，则可进一步选定被寻找客体的其他特征，作为再次排除的依据，直到只剩下一个客体为止；倘若被寻找客体没有其他特征可以利用，而且排除后剩下的仍为多个客体，那么该排除过程就只能以种类相同的结论告终。

1980年6月25日，在山西省大同县许堡公社浅井大队发生了一起耸人听闻的案件：一个1岁女婴被人用力踩踏头部致死。侦查人员调查后得知，当时只有两人在现场，一人为女婴之父肖某，一人为生产队长王某。肖、王二人素有不和，案件发生时二人正在争吵，事后二人又互告该女婴为对方所踩死。由于没有旁证，所以一时难以判定究竟谁是踩死女婴的凶手。不过，人们多以为罪在王某，因为根据该案的情况分析，绝无误伤之可能，而肖某故意踩死亲生女儿又有悖于常理。

为了寻找定案的根据，侦查人员对女婴尸体进行了风干处理。之后，尸体脸上显现出边缘整齐且有点状特征的鞋底痕迹。于是，他们把王、肖二人的鞋拿来进行比较。王某的鞋是解放鞋，鞋底花纹呈波浪形，前掌中部和后跟右侧磨损严重，呈光面，与死者脸上的点状痕迹明显不同，故予以排除。肖某的鞋是条绒面胶底布鞋，右脚鞋底表面胶皮已基本磨完，因而在前掌部露出线绳的横断面，呈点状排列，与死者脸上的痕迹相似。由于王某已经排除，遂认定肖某为踩死女婴的凶手。在证据面前，肖某只好承认了自己一因不喜欢女孩，二想诬陷王某，而踩死亲生女儿的罪行。肖某本想来个"一石二鸟"，没想到却搬起石头砸了自己的脚。

一般来说，像该女婴尸体脸上的这种鞋印是不能作为同一认定之依据的。因为该鞋印中的反映特征不太清晰，无法把留下该鞋印的鞋与其他同类的鞋区分开来，所以依据该鞋印上的特征，只能认定鞋的种类，不能认定个体。但是在本案这种特殊的情况下，因为范围很小而且对象明确，可以逐一进行特征比较，所以可运用直接排除法进行同一认定。直接排除与间接排除的方法虽然有所不同，但它们都可以达到使客体特定化的目的，因此都是同一认定的方法。

运用直接排除法进行的同一认定对于所确定的客体范围具有很大的依赖性。一方面，只有当所确定的客体范围小且明确的情况下才能运用直接排除法；另一方面，所确定范围的准确与否直接决定着同一认定结论的正确与否。不过，对范围的这种依赖性并不能否定直接排除法是同一认定的认识方法。如果在实践中某客体范围确定得不准确，结果导致了错误的同一认定结论，那只能说明该同一认定缺乏科学基础，并不能说明所有这种同一认定都缺乏科学基础。

从一定意义上讲，同一认定可以看做多个种属认定的组合。那么，直接排除法的同一认定也可以看做多层次特征的组合。在上述案例中，仅有鞋印特征不能使客体特定化，但是加上确定客体范围的时空位置特征就可以使客体特定化。换言之，该同一认定的依据有两组特征：其一，呈点状的鞋印特征；其二，案件发生时在现场的时空位置特征。正是这两组特征的结合实现了对客体的同一认定。生活经验告诉我们，仅仅根据"张三"这个姓名是不能识别人身的，因为重名者很多。但是，如果在"张三"前面加上一个限定范围的特征，如"中国人民大学法学院99级硕士研究生"，那就可以使人身特定化，只要通过直接排除法得知该范围内只有一个名叫"张三"的人。由此可见，限定客体范围的特征与直接排除法所依据的特征结合在一起，就能构成使客体特定化的特征组合。就刑事诉讼中的"人事同一认定"而言，作为定案依据的证据组合应该具有排他性，得出的结论应该具有唯一性。一言以蔽之，同一认定方法就是刑事诉讼证明的基本方法。

六、同一认定的基本步骤

在物证技术鉴定中，同一认定的基本步骤包括分别检验、比较检验和综合评断。分别检验的任务是通过分别考察研究被寻找客体和受审查客体的特征反映体，从而认识它们各自的基本特征。比较检验的任务是通过比较被寻找客体和受审查客体的特征，找出二者的特征符合点和差异点，为认定同一与否提供依据。综合评断的任务是在分析比较检验中找出的特征符合点和差异点的基础上，深入研究差异点的性质和符合点的价值，并作出客体是否同一的结论。对于"人和事的同一认定"来说，这一过程则表现为对案件证据的审查判断。

对案件证据的认识活动也应该由浅入深、从个别到整体，循序渐进地进行。一般来说，这一过程包括三个阶段：

（一）单独审查

单独审查是对每个证据的分别审查，即单独地审查判断每个证据的来源、内容及其与案件事实的联系，看其是否真实可靠，看其有多大的证明价值。对于那些明显虚假和毫无证明价值的证据，经单独审查即可筛除。

对证据的单独审查可以按两种顺序来进行。一种是按时间顺序进行，即按照证据所证明之案件事实发生的先后来逐个审查证据。这适用于证据的时间顺序比较明确的案件。另一种是按主次顺序进行，即按照证据所证明之案件事实的主次关系和证据本身的主次关系来逐个审查证据。这适用于核心事实与核心证据比较明确的案件。

（二）比较审查

比较审查是对案件中证明同一案件事实的两个或两个以上证据的比较和对照，看其内容和反映的情况是否一致，看其能否合理地共同证明该案件事实。一般来说，经比对研究认为相互一致的证据往往比较可靠，而相互矛盾的证据则可能其中之一有问题或者都有问题。当然，对于相互一致的证据也不能盲目相信，因为串供、伪证、刑讯逼供等因素也可能造成虚假的一致。如前所述，比较检验中发现的特征差异点未必说明客体不同一。例如，同一个手指在不同载体上以不同方式留下的手印也会有差异，但不是本质差异。同样，对于相互矛盾或有差异的证据也不能一概否定，还应认真分析矛盾或差异的形成原因和性质，因为不同证据之间有时会出现一些并不影响其真实可靠性的差异。例如，不同证人对同一案件事实的陈述很难完全相同，因为他们的感知能力、记忆能力和表达能力并不相同，他们感知案件事实时的主客观条件也不完全相同。一般来说，不同证人对同一案件事实的陈述之间存在某些差异是正常的，如果连细节都丝毫不差那反倒不正常了。因此，比较审查的关键不在于找出不同证据之间的相同点和差异点，而在于分析这些相同点和差异点，看其是否合理，是否符合客观规律。

比较审查有两种基本形式：其一是纵向比较；其二是横向比较。纵向比较就是对一个人就同一案件事实提供的多次陈述作前后比对，看其陈述的内容是否前后一致，有无矛盾之处。横向比较是对证明同一案件事实的不同证据或不同人提供的证据作并列比对，看其内容是否协调一致，有无矛盾之处。

（三）综合审查

综合审查是对案件中所有证据的综合分析与评断，看其内容和反映的情况是否协调一致，能否相互印证和吻合，能否确实充分地证明案件的真实情况。

综合审查的关键是发现矛盾和分析矛盾。审查证据的人员要善于对各种证据进行交叉的逻辑分析,善于从细微之处发现不同证据之间的矛盾,然后认真分析这些矛盾的性质和形成的原因,以便对案件中的证据作出整体性评价。

综合审查不仅要注意审查证据的真实可靠性,而且要注意审查证据的证明价值。换言之,综合审查不仅要认真判断证据是否确实,而且要认真判断证据是否充分。从某种意义上讲,单独审查和比较审查的主要任务是查明证据是否确实,而综合审查不仅要进一步查明证据是否确实,而且要重点查明证据是否充分。所谓充分证明,即所收集的证据足以证明所要证明的案件事实。这种证明应具备三个特征:其一是完备性,即所有需要证明的案件事实要素或情节都应该有证据证明,而且这些证据能构成一个完整的证明系统;其二是一致性,即所有证据证明的案件情况都相互一致,没有无法作出合理解释的差异和矛盾;其三是排他性,即所有证据证明的案件情况是依据这些证据所能得出的唯一合理结论,没有其他的可能性。特别是在完全依靠间接证据的案件中,审查证据的人员必须认真分析证据的质量、数量和相互关系,必须使全案证据形成一个完整的证明链,而且能毫无疑点地对"人和事"作合理的排他性同一认定。由此可见,"人和事的同一认定"的中心内容是对各种证据的审查和判断,要点是审查证据的"证明力"。这也正是同一认定原理的精髓之所在。

第三节 推理和推定的方法

推理和推定也是司法证明的重要方法。在刑事案件的诉讼过程中,从侦查到批捕,从起诉到审判,有关办案人员都会经常使用推理和推定的方法来认识案件事实和证明案件事实。特别是在运用间接证据证明案件事实的时候,推理和推定是不可缺少的,堪称办案人员通过证据认定案件事实的桥梁。从职业思维习惯的角度来说,检察人员应该掌握推理的方法,熟悉推定的规则。

一、推理和推定的概念

推理和推定是司法证明领域内使用比较混乱的一对概念。有人把二者混为一谈;有人把它们和推论、拟制等概念混淆起来。概念上的混乱容易导致实践中的混乱,因此,明确这几个概念之间的关系和异同是非常重要的。诚然,推理、推论、推定、拟制的方法和功能确有相似之处,它们都属于从已知事实推导出未知事实的逻辑思维活动。但是,它们的侧重和适用范围有所不同。就司法证明活动而言,推理强调的是发现,属于查明案件事实的范畴;推论强调的是论证，属于证明案件事实的范畴；推定和拟制强调的是确定，属于认定案件事实的范畴。当然，它们又是相互联系、相互依存的。

（一）推理

推理是从已知的事实或判断出发，按照一定的逻辑规律和规则，推导出新的认识或判断。推理是司法证明中常用的思维方法，也是人类的思维能量和智慧魅力的重要表现。推理是与查明案件事实相联系的。在刑事案件的诉讼过程中，凡是有查明案情职责的人，就都有可能进行推理。按照我国有关法律的规定，侦查人员有责任去查明案件事实，所以要进行推理；检察人员有责任查明案件事实，所以要进行推理；审判人员也有责任查明案件事实，所以也要进行推理。此外，辩护律师也有责任查明案情，所以也有可能要进行推理。

推论是与推理密切联系的一个概念。《汉语大词典》对推论的解释是：推论是用语言形式表达出来的推理。这就是说，推论是以推理为基础的，先有推理，才有推论；推理是推论的前奏，推论是推理的延续；推理是推论的实质内容，推论是推理的表现形式。

从司法证明的种类来看，推理一般属于自向证明的方法，推论一般属于他向证明的手段。或者说，推理属于自己查明案件事实的活动，推论属于向他人证明案件事实的活动。只有自己先查明案件事实，才能向他人证明案件事实。总之，推论就是要用充分的证据和严谨的论述来说明推论者所查明的案件事实，或者推论者所主张的案件事实。

在刑事案件中，他向证明活动主要由公诉人和辩护律师进行，因此他们是推论的主要使用者。法官虽然在诉讼中不承担证明责任，但是在判决时也要用推论的形式向当事人乃至社会公众说明其认定的案件事实，所以也要进行推论。就司法证明本身而言，法官没有进行他向证明的义务，但是就证明结果的社会化需要，法官也需要进行他向证明。法律要求司法公开，不仅是庭审调查过程的公开，而且是判决理由的公开，因此法官也要进行推论。正是在这个意义上，法官的证明也具有了他向证明的性质。但是，目前我国法官的判决书过于简单，几乎没有什么推论，这是一种很不正常的现象。其实，司法判决中最重要的组成部分就应该是推论。

（二）推定

推定的语词含义就是根据推断来进行判定。它不是对事实的直接认定，而是以推测性判断为桥梁的间接认定。在法律上，推定是一个专门术语。它是指根据两个事实之间的一般联系规律或者"常态联系"，当一个事实存在的时候便可以认定另外一个事实的存在。例如，很多国家的法律都规定，当一个人已经失踪若干年（4年、5年或7年）之后，法院便可以推定那个人已经死亡，因为在一般情况下，这么多年一直音讯杳然、下落不明的人，往往已经死亡了。

推定和推论一样，也是以推理为基础的。由于推定的大前提往往都是或然真实性判断，所以推定的事实并不一定是客观事实。例如，一个人离家外出，4年、5年，甚至7年，法院宣布其死亡之后，却又突然活着回来了。虽然这种情况比较少见，但毕竟也是存在的。由此可见，法院依法推定的死亡，不一定是客观存在的事实，只是法律上推定的事实，具有假定的性质。

拟制是与推定密切关联的一个法律术语。所谓拟制，即法律在特定情况下把某种事实视为另一种事实并发生相同的法律效果。例如，我国《刑法》第67条第2款规定："被采取强制措施的犯罪嫌疑人、被告人和正在服刑的罪犯，如实供述司法机关还未掌握的本人其他罪行的，以自首论。"这就是把如实供述行为在法律上"视为"自首行为。

拟制与推定都具有假定的性质，但二者仍有区别。拟制的含义是明知为A，视其为B。推定则是不知其是否为B，推定为B。虽然法律规定中可能都使用"视为"的字眼，但是可以根据具体含义加以区别。例如，《民法通则》第15条规定："公民经常居住地与住所不一致的，经常居住地视为住所。"这就是法律上的拟制，因为经常居住地实际上并不是住所，只是法律规定可以将其视为住所而已。另外，《民法通则》第66条关于"表见代理"的规定称，"本人知道他人以本人名义实施民事行为而不作否定表示的，视为同意"。这就属于法律上的推定，因为"表见代理"的内容可能是"本人"实际上同意的，也可能是本人实际上不同意的，但是依法律可以推定为同意。

综上所述，司法证明中的推定是指由法律规定并由法官作出的带有假定性质的事实判断。推定必须以一定的事实为基础，然后根据客观事物之间联系的规律推导出另一事实的存在。在此，前一个事实称为"基础事实"或"前提事实"；后一个事实称为"推定事实"或"结果事实"，二者不可混淆。

在司法活动中，推定的主要作用是减少不必要的证明和避免难以完成的证明。推定的后果主要是举证责任的免除或转移。在适用推定的情况下，本来对案件事实负有举证责任的一方就可以不必举证，或者由法官直接认定，或者要求对方举出反证。由此可见，推定具有降低诉讼成本，提高诉讼效率，维护社会法律关系的稳定等功能，是司法活动中一种不可或缺的证明方法。

二、推理的方法

推理可以有多种分类。首先，根据推理前提的数目，可以分为直接推理和间接推理。从一个前提推出结论的是直接推理；从两个以上前提推出结论的是间接推理。其次，根据推理过程的方向，可以分为演绎推理、归纳推理和类比推理。从一般推向特殊的是演绎推理；从特殊推向一般的归纳推理；从特殊推向特殊的是类比推理。再次，根据推理结论的确定程度，可以分为必然性推理和或然性推理。只要前提为真而且推理形式正确则结论必真的推理是必然性推理；如果在前提为真而且推理形式正确的情况下结论可真的推理则属于或然性推理。

在司法证明活动中最常运用的推理是演绎推理。所谓演绎推理，就是根据一般性的知识去推导出特殊性的知识，或者说，运用事物的一般属性或规律去认识具体的个别事物。例如，某杀人案件的侦查人员在犯罪现场发现了一枚血指纹印，经过指纹比对，确定是张三所留，因此得出结论：张三曾经到过犯罪现场并且有重大犯罪嫌疑。这个认识过程就包含着演绎推理，其形式如下：

大前提：凡是在杀人现场留下血指纹印的人都是到过现场并且有重大犯罪嫌疑的人；

小前提：张三在杀人现场留下了血指纹印；

结论：张三曾经到过现场并且有重大犯罪嫌疑。

演绎推理一般由大前提、小前提和结论组成。演绎推理的结论是否正确，主要取决于两个方面的因素：其一是推理的前提是否真实；其二是推理的形式是否正确。所谓前提是否真实，就是作为推理前提的判断是否符合客观实际情况。这里所说的前提，既包括大前提，也包括小前提。所谓形式是否正确，就是说推理的形式是否符合逻辑推理的有关规则，如三段论推理中不能出现四个不同的概念，作为中项的概念在两个前提中使用时至少要周延一次，两个前提不能都是否定性判断，两个前提不能都是特称判断等。

在司法证明实践中，演绎推理使用的大前提主要有两种情况：一种是必然真实的大前提；一种是或然真实的大前提。第一种前提是客观真理或者必然发生的事情，例如，一个人吃了超过致死量的毒药而且没有及时抢救的话，就会导致死亡。无论是什么人，只要符合上述条件，就必死无疑。这就是必然真实的大前提。第二种前提是可能发生的事情，或者是只在某些情况下才会发生的事情。例如，一个人在受到他人侵害之后会采取相应的报复行动。这就是或然真实的大前提，因为有人在受到他人侵害之后并不会采取报复行动。

大前提的真实性决定结论的可靠性。由于以必然真实性判断为大前提的结论比较可靠，所以司法证明中的推理最好使用必然真实的判断为大前提。但是在司法实践中，受各种条件的限制，人们有时只能使用或然真实的判断为大前提。然而，以或然真实性判断作为大前提的推理结论虽然不太可靠，但并不等于说这些结论都是错误的。它们可能是正确的,也可能是错误的。换言之,大前提是或然性的,结论也是或然性的。当然,这种结论并非没有价值。例如,一个男子被人杀死了,侦查人员通过调查得知该男子的妻子与他人通奸。于是他们作出如下推理:通奸的妻子往往会与奸夫合谋杀害亲夫;这个妻子与他人通奸;所以她很可能与奸夫合谋杀害亲夫。毫无疑问,这个大前提属于或然性判断,其推理结论也属于或然真实的认识,但是,侦查人员最终就是根据这个推理查获了罪犯。

三、推定的方法

推定是关于推断性事实认定的法律规定。而作为法律规定,推定规则散在于各个部门法中。其中,既有实体法规则,也有程序法规则;既有刑事法律规则,也有民事法律规则;既有一般性普遍适用的规则,如民法通则中的有关规定,也有具体适用于某些法律领域的规则,如合同法、继承法、环境法、著作权法、专利法等法律中的有关规定。

(一)推定规则的两种模式

作为一种法律规定,推定规则是人造的,但又不完全是人造的。作为推定之基础的原理和规律是客观存在的,人类以法律的形式设立推定规则不过是在发现这些原理和规律的基础上进行的"制造"。从这个意义上讲,任何参与这些活动的人员都可以去发现这些原理和规律,也都可以去"制造"这种规则。然而,法律规则是要以国家强制力保障实施的普遍适用的行为准则,因此必须具有统一性和权威性。虽然推定的原理和规律是客观存在的,但是不同人在具体情况下对这些原理和规律的"发现"结果却可能并不相同。为了防止法律准则的混乱,推定规则必须由某些人按照统一的要求和程序进行"制造"。具体来说,这有两种基本模式,其一是由立法者设立推定规则;其二是由司法者设立推定规则。前者可以简称为"立法推定";后者可以简称为"司法推定"。

所谓立法推定,是指由立法机关在有关法律中明确规定的推定规则;所谓司法推定,则是由司法机关通过解释法律和创设判例等方式确立的推定规则。立法推定可以更好地保障规则的普遍适用性和相对稳定性;司法推定则可以更好地兼顾规则的个案适用性和灵活适用性。毫无疑问,法律规则应该具有普遍适用性和相对稳定性,但这是有限度的。一方面,从横向来说,社会状况是复杂多样的,立法推定要保持其普遍适用性,就要有一定的抽象性和模糊性,就不可能规定得非常具体,不可能为每一种具体情况或每一个具体案件制定规则。另一方面，从纵向来看，社会是要不断发展变化的，立法推定要保持其相对稳定性，也不可能设计得非常详细，而要留有一定的容许发展变化的空间。另外，人类对推定原理和规律的发现往往是一个渐进的过程，而且要随着社会的发展变化去不断完善。换言之，立法推定既可能存在滞后性和局限性，也可能存在漏洞或空白，因此需要司法推定的具体性和灵活性作为补充。

立法推定和司法推定的认识过程或思维形式都表现为：只要有事实 A 存在，就可以推定事实 B 存在。但是，二者的效力有所不同。立法推定一般具有较强的效力；而司法推定的效力则比较宽松。由于推定是以基础事实与推定事实之间的常态联系或盖然性伴生关系为依据的，所以在基础事实与推定事实之间的伴生关系比较稳定或盖然性很高的情况下，就可以采用立法推定的模式；而在基础事实与推定事实之间的伴生关系不太稳定或盖然性较低的情况下，则可以采用司法推定的模式。此外，有些推定的设立理由不仅是认识论的考量，还有价值论或政策性的考量，如司法公正的要求，诉讼效率的要求、稳定社会关系的要求等。在这类推定中，立法推定与司法推定的区别可能就不在于伴生关系的盖然性高低了。但无论如何，明确这两种模式的区别，对于推定规则的设立和适用都很有裨益。

（二）推定规则的八类范式

在各类法律和司法解释中，有关推定的规则是众多且繁杂的。为了便于分析和掌握，我们可以根据推定事项所属的主题进行分类，并在此基础上描述各个种类的推定范式。概括而言，推定事项可以分为两大类：一类是客观事实，如某事物存在的状态，某行为的性质等；一类是主观事实，如主观过错、是否明知等。根据推定事项主题的不同，我们可以把推定规则划分为八类范式，即事态推定范式、权利推定范式、行为推定范式、原因推定范式、过错推定范式、意思推定范式、明知推定范式和目的推定范式。下面，我们便以中国现行法律和司法解释中的有关规定为例来说明这些范式。

1. 事态推定范式

所谓事态推定，即在人、物、事等认识客体的内容、性质、特征或状态不够明确的情况下，根据一定的基础事实对上述事态作出的推定。例如，我国《民法通则》第 23 条规定："公民有下列情形之一的，利害关系人可以向人民法院申请宣告他死亡：（一）下落不明满四年的；（二）因意外事故下落不明，从事故发生之日起满二年的。战争期间下落不明的，下落不明的时间从战争结束之日起计算。"这就是关于人的生命状态的立法推定。《刑法》第 395 条规定："国家工作人员的财产、支出明显超过合法收入，差额巨大的，可以责令该国家工作人员说明来源，不能说明来源的，差额部分以非法所得论……"

这是关于财产性质的立法推定。有的学者把"巨额财产来源不明罪"归入"持有型犯罪",并因此认为《刑法》第 395 条的规定是属于"明知"的推定。① 但笔者以为,这里推定的事项是财产的性质,即非法所得,并非被告人是否明知。最高人民法院《关于贯彻执行〈中华人民共和国继承法〉若干问题的意见》第 2 条规定:"相互有继承关系的几个人在同一事件中死亡,如不能确定死亡先后时间的,推定没有继承人的人先死亡。死亡人各自都有继承人的,如几个死亡人辈份不同,推定长辈先死亡;几个死亡人辈份相同,推定同时死亡,彼此不发生继承,由他们各自的继承人分别继承。"这是关于生命状态或者说生命进入死亡状态之时间顺序的司法推定。最高人民法院《关于民事诉讼证据的若干规定》第 75 条规定:"有证据证明一方当事人持有证据无正当理由拒不提供,如果对方当事人主张该证据的内容不利于证据持有人,可以推定该主张成立。"这是关于证据内容的司法推定。

2. 权利推定范式

所谓权利推定,即在某种权利之归属不够明确的情况下,根据一定的基础事实对该权利之归属作出的推定。例如,《合同法》第 250 条规定:"出租人和承租人可以约定租赁期间届满租赁物的归属。对租赁物的归属没有约定或者约定不明确,依照本法第六十一条的规定仍不能确定的,租赁物的所有权归出租人。"这是关于租赁物所有权归属的立法推定。《著作权法》第 11 条第 4 款规定:"如无相反证明,在作品上署名的公民、法人或者其他组织为作者。"这是关于著作权归属的立法推定。

3. 行为推定范式

所谓行为推定,即在某行为是否存在以及行为的对象、性质或特征不够明确的情况下,根据一定的基础事实对上述事项作出的推定。例如,《继承法》第 25 条规定:"继承开始后,继承人放弃继承的,应当在遗产处理前,作出放弃继承的表示。没有表示的,视为接受继承。受遗赠人应当在知道受遗赠后两个月内,作出接受或者放弃受遗赠的表示。到期没有表示的,视为放弃受遗赠。"这是关于接受继承行为和放弃受遗赠行为的立法推定。最高人民法院《关于适用〈中华人民共和国婚姻法〉若干问题的解释(二)》第 22 条规定:"当事人结婚前,父母为双方购置房屋出资的,该出资应当认定为对自己子女的个人赠与,但父母明确表示赠与双方的除外。当事人结婚后,父母为双方购置房屋出资的,该出资应当认定为对夫妻双方的赠与,但父母明确表示赠与一方的除外。"这是关于赠与行为对象的司法推定。最高人民法院《关于适用

---

① 参见龙宗智:《推定的界限及适用》,载《法学研究》2008 年第 1 期。

《中华人民共和国担保法》若干问题的解释》第119条规定:"实际交付的定金数额多于或者少于约定数额,视为变更定金合同。"这是关于合同变更行为的司法推定。

4. 原因推定范式

所谓原因推定,即在某结果事实产生之原因不够明确的情况下,根据因果关系来确认某事实为原因的推定。正是由于这种推定要以两个事实之间的因果关系为依据,所以又被人们习惯地称为"因果关系推定"。[①]例如,最高人民法院《关于民事诉讼证据的若干规定》第4条第1款第3项规定,"因环境污染引起的损害赔偿诉讼,由加害人就法律规定的免责事由及其行为与损害结果之间不存在因果关系承担举证责任"。虽然该规定没有使用"推定"或"视为"等字样,但是其关于举证责任的规定实际上隐含了关于环境污染损害原因的司法推定,即只要有证据证明环境污染的事实和相关损害的事实,就推定前者是造成后者的原因,或者说二者之间存在因果关系,因此要由加害人承担"不存在因果关系"的举证责任。此外,最高人民法院《关于民事诉讼证据的若干规定》第4条第1款第7项规定,"因共同危险行为致人损害的侵权诉讼,由实施危险行为的人就其行为与损害结果之间不存在因果关系承担举证责任";第8项规定,"因医疗行为引起的侵权诉讼,由医疗机构就医疗行为与损害结果之间不存在因果关系及不存在医疗过错承担举证责任"。这些也是关于民事侵权损害之原因的司法推定。最高人民法院《关于审理证券市场因虚假陈述引发的民事赔偿案件的若干规定》第18条规定:"投资人具有以下情形的,人民法院应当认定虚假陈述与损害结果之间存在因果关系:(一)投资人所投资的是与虚假陈述直接关联的证券;(二)投资人在虚假陈述实施日及以后,至揭露日或者更正日之前买入该证券;(三)投资人在虚假陈述揭露日或者更正日及以后,因卖出该证券发生亏损,或者因持续持有该证券而产生亏损。"这是关于上市公司的虚假陈述与投资者损失之间存在因果关系的司法推定。换言之,只要存在上述规定的基础事实,就应该推定上市公司的虚假陈述是造成投资者损失的原因事实。

5. 过错推定范式

所谓过错推定,即在侵权责任人是否存在主观过错的情况不够明确的时候,根据一定的基础事实确认其具有主观过错的推定。例如,《民法通则》第

[①] 由于推定的基本范式是根据事实A和事实B之间的联系或关系,当事实A存在时便推定事实B存在,而因果关系是一种事实之间的关系,并不是一个事实,它可以作为推定原因事实的根据,但是不能成为推定事实,所以,"因果关系推定"的表述并不严谨。

126条规定:"建筑物或者其他设施以及建筑物上的搁置物、悬挂物发生倒塌、脱落、坠落造成他人损害的,它的所有人或者管理人应当承担民事责任,但能够证明自己没有过错的除外。"这是关于建筑物所有人或管理人对上述损害的发生具有主观过错的立法推定。最高人民法院《关于审理人身损害赔偿案件适用法律若干问题的解释》第16条规定:"下列情形,适用民法通则第一百二十六条的规定,由所有人或者管理人承担赔偿责任,但能够证明自己没有过错的除外:(一)道路、桥梁、隧道等人工建造的构筑物因维护、管理瑕疵致人损害的;(二)堆放物品滚落、滑落或者堆放物倒塌致人损害的;(三)树木倾倒、折断或者果实坠落致人损害的。前款第(一)项情形,因设计、施工缺陷造成损害的,由所有人、管理人与设计、施工者承担连带责任。"这是对上述立法推定进行补充和细化的司法推定。

6. 意思推定范式

所谓意思推定,即在行为人意思表示不够明确的情况下,根据一定的基础事实确认其意思表示的推定。例如,《民法通则》第66条规定:"……本人知道他人以本人名义实施民事行为而不作否认表示的,视为同意。"这是关于代理意思表示的立法推定。《合同法》第211条规定:"自然人之间的借款合同对支付利息没有约定或者约定不明确的,视为不支付利息。"这是关于借款利息之意思表示的立法推定。最高人民法院《关于适用〈中华人民共和国担保法〉若干问题的解释》第54条规定:"共同共有人以其共有财产设定抵押,未经其他共有人的同意,抵押无效。但是,其他共有人知道或者应当知道而未提出异议的视为同意,抵押有效。"这是关于抵押之意思表示的司法推定。

7. 明知推定范式

所谓明知推定,主要是指在刑事诉讼被告人对某些犯罪构成要件的主观认知状态不够明确的情况下,根据一定的基础事实来确认其明知的推定。例如,最高人民法院《关于审理破坏森林资源刑事案件具体应用法律若干问题的解释》第10条规定:"刑法第三百四十五条规定的'非法收购明知是盗伐、滥伐的林木'中的'明知',是指知道或者应当知道。具有下列情形之一的,可以视为应当知道,但是有证据证明确属被蒙骗的除外:(一)在非法的木材交易场所或者销售单位收购木材的;(二)收购以明显低于市场价格出售的木材的;(三)收购违反规定出售的木材的。"这就是关于"明知是盗伐、滥伐林木"的司法推定。最高人民法院、最高人民检察院《关于办理侵犯知识产权刑事案件具体应用法律若干问题的解释》第9条规定:"具有下列情形之一的,应当认定为属于刑法第二百一十四条规定的'明知':(一)知道自己销售的商品上的注册商标被涂改、调换或者覆盖的；（二）因销售假冒注册商标的商品受到过行政处罚或者承担过民事责任、又销售同一种假冒注册商标的商品的；（三）伪造、涂改商标注册人授权文件或者知道该文件被伪造、涂改的；（四）其他知道或者应当知道是假冒注册商标的商品的情形。"这是关于销售假冒注册商标的商品之"明知"的司法推定。不过，该规定第4项不属于推定的范畴，因为推定规则中关于基础事实的描述语言应该是具体明确的。这种俗称的"兜底性规定"是把允许司法人员酌情推断的规定混同到推定规则中了。最高人民法院、最高人民检察院《关于办理与盗窃、抢劫、诈骗、抢夺机动车相关刑事案件具体应用法律若干问题的解释》第6条规定："行为人实施本解释第一条、第三条第三款规定的行为，涉及的机动车有下列情形之一的，应当认定行为人主观上属于上述条款所称'明知'：（一）没有合法有效的来历凭证；（二）发动机号、车辆识别代号有明显更改痕迹，没有合法证明的。"这是关于购买赃车之"明知"的司法推定。

8. 目的推定范式

所谓目的推定，主要是指在刑事诉讼被告人是否具有"非法占有目的"的情况不够明确的时候，根据一定的基础事实来确认其有此目的的推定。例如，最高人民法院《关于审理诈骗案件具体应用法律的若干问题的解释》第2条第3款规定："行为人具有下列情形之一的，应认定其行为属于以非法占有为目的，利用经济合同进行诈骗：（一）明知没有履行合同的能力或者有效的担保，采取下列欺骗手段与他人签订合同，骗取财物数额较大并造成较大损失的：1. 虚构主体；2. 冒用他人名义；3. 使用伪造、变造或者无效的单据、介绍信、印章或者其他证明文件的；4. 隐瞒真相，使用明知不能兑现的票据或者其他结算凭证作为合同履行担保的；5. 隐瞒真相，使用明知不符合担保条件的抵押物、债权文书等作为合同履行担保的；6. 使用其他欺骗手段使对方交付款、物的。（二）合同签订后携带对方当事人交付的货物、货款、预付款或者定金、保证金等担保合同履行的财产逃跑的；（三）挥霍对方当事人交付的货物、货款、预付款或者定金、保证金等担保合同履行的财产，致使上述款物无法返还的；（四）使用对方当事人交付的货物、货款、预付款或者定金、保证金等担保合同履行的财产进行违法犯罪活动，致使上述款物无法返还的；（五）隐匿合同货物、货款、预付款或者定金、保证金等担保合同履行的财产，拒不返还的；（六）合同签订后，以支付部分货款，开始履行合同为诱饵，骗取全部货物后，在合同规定的期限内或者双方另行约定的付款期限内，无正当理由拒不支付其余货款的。"该《解释》第3条规定："具有下列情形之一的,应当认定其行为属于'以非法占有为目的,使用诈骗方法非法集资':(1)携带集资款逃跑的;(2)挥霍集资款,致使集资款无法返还的;(3)使用集资款进行违法犯罪活动,致使集资款无法返还的;(4)具有其他欺诈行为,拒不返还集资款,或者致使集资款无法返还的。"在这两条规定中,前者是关于合同诈骗罪中被告人具有"非法占有目的"的司法推定;后者是关于集资诈骗罪中被告人具有"非法占有目的"的司法推定。不过,在这两条推定规则中都有对基础事实描述不明确的"兜底性规定"。而这也恰恰表明我国现行法律和司法解释中有关推定的规定还比较混乱,急需统一和规范。

(三)推定规则的规范化

目前,我国法律和司法解释中推定规则的混乱主要表现在应该设立推定规则的事项不明确,推定规则使用的语言表述不统一,以及"兜底性规定"的滥用等方面。因此,研究推定规则设立的规范化就要认真回答三个层面的问题:第一,哪些事项具备设立推定规则的必要性和可能性?第二,设立推定规则应该遵守哪些逻辑和语言规范?第三,社会生活和司法实践是否已经为设立该推定规则提供了充分的经验积累?

我们首先讨论第一个问题。法律意义上的推定是司法人员认定案件事实或争议事实的一种便捷方法。在司法活动中需要司法人员认定的事项很多,但是并非所有事项都具备设立推定规则的必要性和可能性。笔者认为,需要且能够设立推定规则的事项应该具备以下条件:第一,该事项无法通过证据或者没有证据来直接证明。推定是根据事实 A 与事实 B 之间的关系而对事实 B 的间接认定,因此,只有在无法直接证明事实 B 的情况下才需要推定。如果事实 B 能够通过证据来直接证明,那就没有必要设立推定规则。例如,就故意杀人案件来说,在已经有被告人自愿作出的认罪供述等证据来直接证明被告人具有杀人故意的情况下,就没有必要设立推定杀人故意的规则。第二,司法人员容易就该事项作出不相同的认定结论。推定是以推理为基础的认识活动,而且其基本功能是要规范司法人员的事实认定活动,因此,只有在推理具有一定的模糊性或不确定性的情况下才需要设立推定规则。如果认定某事项的推理很明确,无论哪个法官进行都会得出同样的结论,那就无须设立推定规则。例如,虽然没有直接证据证明被告人有杀人故意,但是有证据证明被告人在近距离向被害人的头部开枪且非开玩笑时走火,法官在此种情况下一般都会认定被告人具有杀人故意,因此也没有必要设立推定杀人故意的规则。第三,该事项具备推定规则所要求的稳态联系或伴生关系,而且这些联系或关系可以得到客观规律或经验法则的支持。如果作为推理基础的事实与待证事实之间的伴生关系并不稳定或者只具有较低的盖然性，那就不具备设立推定规则的可能性。例如，某人开车撞人并造成后者死亡，但是他不承认自己有杀人的故意。虽然这样的事项符合设立推定规则的前两个条件，但是开车撞人和故意杀人这两个事实之间的伴生关系并不稳定，换言之，开车人可能有也可能没有杀人的故意，因此法律不能就该事项设立推定规则，而只能由司法人员根据案件中的具体情况进行推断。诚然，立法者和司法者在设立推定规则的时候可以增加价值考量或政策考量，而且这些考量会降低推定规则对基础事实与待证事实之间关系的稳定性或盖然性的要求，但是在本例中看不到这种考量的需要，除非法律要以严惩来坚决遏制这种开车撞人的行为。

接下来，我们再讨论第二个问题，即设立推定规则应该遵守哪些逻辑和语言规范。细心的读者肯定已经发现，在上述法律和司法解释的推定规则表述中，使用的关键词极不统一。有的用"推定"；有的用"视为"或"可以视为"；有的用"应当认定"；有的用"以……论"；还有的根本没有使用带有推定含义的关键词。另外，有些推定规则不仅语言表述不够严谨，内容的逻辑关系也不够清晰，包括把"兜底性规定"混同在推定规则之中。这种状况不仅会造成对推定概念的理解混乱，而且会造成对推定规则的适用混乱。目前，我国法律学者和司法实务人员对现有法律和司法解释中推定规则的认识很不统一。因此，要实现推定规则设立的规范化，就要在明确推定事项的基础上统一推定规则的文本范式。这应该包括以下几个方面的要求：第一，对基础事实要有准确的描述；第二，对推定事实要有明确的表述；第三，对二者之间的关系要有适当的说明；第四，要遵守推理的逻辑规则，如同一律、不矛盾律、排中律等；第五，最好统一使用"推定"作为关键词，确实由于语境原因而不便使用"推定"一词的，可以使用"视为"作替代语。

最后，我们再讨论第三个问题，即社会生活和司法实践是否已经为设立该推定规则提供了充分的经验积累。毫无疑问，推定规则的设立不能草率。在经验积累不足的情况下，法律最好不做规定，而把问题留给司法人员去酌情认定。不过，推定规则的设立也不能过于滞后。在经验积累已经足够的情况下，法律最好尽快作出规定，以便发挥其作用。在总结和归纳司法实践经验的问题上，专家学者可以也应该发挥更为积极主动的作用。例如，在持有型犯罪中认定被告人是否"明知"的问题上，就需要熟悉相关问题的专家学者加快经验总结，以便尽快设计出合理的推定规则来满足司法实践的需要。另外，在研究考察现有经验积累的时候，我们既要认真总结本国的司法实践经验，也要认真学习借鉴外国的立法经验。例如，在环境污染侵权诉讼中，很多国家的法律都确立了比较完善的损害原因推定规则，值得我国在制定和修改有关法律时借鉴。

中篇　证明规则

第六章
司法证明规则概述

没有规矩，不成方圆；没有规则，无法证明。任何证明活动都必须遵循一定的规则，否则便不能保障证明结果的正确性，这是不言而喻的。司法证明活动直接影响人们的生命财产权利，更要遵循一定的规则，这也是显而易见的。在本章中，我们阐述了司法证明的概念和种类，简要介绍了外国一些主要的证据规则，并对中国司法证明规则体系的完善进行了探讨。

第一节 司法证明规则的概念和种类

一、司法证明规则的概念

由于司法证明活动的基本内容就是运用证据证明案件事实，所以司法证明规则（以下简称证明规则）也可以称为证据规则，即运用证据的规则或关于证据的规则。"证据规则"是外来语，其英文是"rules of evidence"。在20世纪90年代以前，中国大陆的证据学者比较习惯使用"证明原则"和"证据制度"等概念，一般仅在介绍外国证据制度的时候才使用"证据规则"一词。后来，"证据规则"的概念逐渐流行起来，成为时尚用语。这不仅是语言习惯的变化，而且是法律观念的变化，反映着我国的证据法学在由充满理想色彩的抽象的理念证据法学向具有现实品格的具体的实用证据法学的转化。

司法证明规则就是在司法活动过程中收集和运用证据的

规范与准则。由于通常所说的司法证明规则主要是就诉讼活动而言的，不包括仲裁、公证、行政执法中运用证据的规则，所以我们可以根据诉讼活动中司法证明的基本环节，将证明规则划分为取证规则、举证规则、质证规则和认证规则。

由此可见，诉讼法意义上的证明规则应该具有以下基本特征：第一是规范性，证明规则的目的就在于规范诉讼过程中的取证、举证、质证和认证活动，以保证正确认定案件事实；第二是程序性，证明规则的基本内容是有关在诉讼过程中如何取证、举证、质证和认证的规范和准则，具有程序的属性；第三是具体性，证明规则不同于抽象概括的证明原则，是能够指导具体证明活动的规范和准则，应该具有具体的可操作性；第四是系统性，证明规则并非各不相关的法律规范，而是由一系列具有内在逻辑联系的法律规范组成的有机整体。

证明规则属于法律规则的范畴，是以法律形式规范司法证明行为的准则。由于不同国家的法律传统和制度不同，所以在不同国家中，证明规则的立法形式和内容也有所不同。有的国家是在专门的证据法中统一规定的；有的国家是在诉讼法中分别规定的；还有的国家是在司法行为规则或司法解释中规定的。另外，在很多国家中，一些证明规则是由刑事或民事的实体法加以规定的。由此可见，对证明规则的研究必须从一个国家的具体情况出发，必须以一个国家的法律规定和司法实践为基础。我们不仅要研究各种证明规则的内容和要求，也要研究其在具体社会环境中的功能、利弊、合理性；不仅要对现有的证明规则进行解读和注释，也要为修改完善这些证明规则提供建议、思路、理论依据。

二、证明规则的性质

证明规则的性质，是指证明规则的内容所具有的法律属性，以及证明规则在整个法律体系中的地位。由于证明规则的内容很多，证明规则的立法形式也很多，所以很难按照传统标准简单地将其划入实体法或程序法的范畴。关于证明规则的性质问题，学界主要有三种观点：第一种观点认为，证明规则属于程序法范畴，因为从立法上看，证明规则一般都是程序法的组成部分，而证据法本身与程序法也有着不可分割的天然联系。第二种观点认为，证明规则既有程序法的属性，也有实体法的属性。一方面，证明规则的基本内容都与诉讼程序有关，都是在司法活动中如何运用证据证明案件事实的规则；另一方面，证据是认定案件事实的依据，证明规则中也有关于当事人和证人权利义务的规定，具有实体法的性质，而且一些关于推定和举证责任的证明规则就是在实体法中规定的。第三种观点认为，证明规则是与实体法和程序法并立的独立法律部门。由于证据法的内容与传统意义上的实体法和程序法都有一定差异，所以它既不属于程序法，也不属于实体法，而是与程序法和实体法并列的独立法律部门。

我们认为，证明规则应该基本上属于程序法的范畴。实体法和程序法是法律的基本分类，在此之外再并列一种证据法，会造成划分标准与逻辑关系的混乱。划分实体法与程序法的依据是法律内容的不同。简言之，实体法一般是规定权利义务关系的，程序法一般是规定保证权利和义务得以实现之程序的。但是这种划分并不是绝对的，二者也会出现交叉。例如，程序法也规定诉讼主体在诉讼活动中的权利和义务关系。证明规则主要是关于在诉讼过程中如何取证、举证、质证和认证的规范和准则。这种规范和准则的基本功能是为诉讼过程中正确运用证据和准确认定案件事实提供保障。虽然证明规则中也有关于权利义务的规定，但这些权利义务本身就具有程序性。例如，证人的权利义务并不是一种实体性权利和义务，而是为确保在诉讼过程中正确运用证人证言的程序性规定。由此可见，证明规则的基本属性是程序性，在法律体系中应该属于程序法的范畴。

三、证明规则的种类

根据不同的标准，我们可以对证明规则进行多种分类。

（一）权利性规则和义务性规则

根据内容不同，证明规则可以分为权利性规则和义务性规则。前者是人们可以作出或要求他人作出一定行为的规则，如证据展示规则、证据保全规则等。后者指法律直接要求人们作出或不作出某种行为的规则，如举证责任规则、传闻证据排除规则、非法证据排除规则等。

（二）规范性规则和标准性规则

根据形式不同，证明规则可以分为规范性规则和标准性规则。前者是行为和后果都很明确的规定，如举证责任规则、证据展示规则等。后者是衡量尺度性的规则，而且往往有一定的宽容度，如证明标准规则等。

（三）调整性规则和构成性规则

根据功能不同，证明规则可以分为调整性规则和构成性规则。前者的功能是调控人们的行为，如推定规则、司法认知规则等。后者的功能是组织人们按照规则进行证据活动，如鉴定规则、勘验规则等。

（四）刚性规则和柔性规则

根据严格程度不同，证明规则可以分为刚性规则和柔性规则。前者指没有灵活余地的规则，如未经质证的证据不得作为定案依据的规则。后者指具有一定灵活性的规则，如证人在一般情况下必须出庭作证但是在特殊情况下许可不出庭的规则。

（五）公理性规则和政策性规则

根据制定的依据或理由不同，证明规则可以分为公理性规则和政策性规则。前者指根据司法证明规律制定的规则，如关联性规则、传闻证据排除规则等。后者指根据一定的社会政策或价值取向制定的规则，如无罪推定规则、非法证据排除规则等。

第二节　外国司法证明规则简介

西方国家的证据立法比较发达，其证明规则体系也比较完善。以美国和英国为代表的英美法系国家素有注重程序法规则的传统，其证明规则之丰富自不待言。以法国、德国为代表的大陆法系国家虽然在传统上更重视实体法规范，但是20世纪中期以来也制定了不少证明规则。总之，两大法系国家的证明规则的发展呈现出相互借鉴和吸纳的趋势。我们应该认真研究，以便借鉴。下面便介绍一些较有代表性的证明规则。

一、关于取证的规则

（一）强制取证规则

强制取证包括两层含义：其一是司法机关基于自身调查工作的需要而采取一定的强制措施，提取证据；其二是诉讼当事人通过法院的命令、要求或强制对方当事人或第三人提供其掌握的与案件有关的证据。强制取证规则主要指第二种情况。例如，《美国联邦民事诉讼规则》第34条第3款规定，当事人可以申请法院向非当事人发出传票，责令其按照要求提供与案件有关的文件或物品，如果对方无正当理由而拒绝提供，则构成藐视法庭罪。大陆法系国家的证据法对无正当理由拒绝提供证据的当事人和第三人也规定了强制取证措施。例如，《法国民事诉讼法》第138条规定，如在诉讼过程中，一方当事人拟使用他人的公文书或私文书，或者拟使用由第三人持有的文书、字据，可以向法官提出请求，由法院命令对方提交该文书、字据或其副本。第139条第2款又规定，法官如认为此项请求的理由能够成立，可以命令对方提交该文书或字据的原本、副本。

(二) 证人资格规则

证人资格规则的基本内容在于明确什么人可以担任证人，什么人不能担任证人。英美法系国家的证据法规定，任何人只要具有明确表达自己意思并使法官和陪审团理解的能力，就具备了证人资格，但是主持审判本案的法官或参加审判的陪审员除外。例如，《美国联邦证明规则》第605条、第606条则分别规定，法官和陪审员不得担任证人。大陆法系国家的证据法规定，任何人都有资格作证，除非法律有特殊的例外规定。例如，《法国民事诉讼法》第205条第1款规定："除无出庭作证能力的人以外，每一个人均可作为证人，以听取其证言。"

(三) 证言特免权规则

证言特免权规则是英美法系国家的一项传统的证明规则。按照该规则，某人虽然了解案件事实并具备证人资格，但可以依据某种特免权拒绝提供证言，或可阻止他人对同一事项提供证言。这种证言特免权是以某种身份关系或职业关系为基础的，如夫妻关系、律师与当事人的关系、医生与病人的关系、神职人员与教徒之间的关系等。例如，在英美法影响下制定的《以色列证据法（司法部法案）》第110条规定，律师或医师就其委托人或病人交谈之事项，认为属于业务上之秘密者，除经委托人或病人明示或默示放弃该秘密外，法院不应强迫其作证。第113条第1款规定，配偶之一方，对于他方所言所书之任何事项，或配偶间所发生之任何事件，法院不得强迫其作证。证言特免权规则的设立主要是基于政策性的考虑，目的在于维护特定的社会关系或价值观念。一些大陆法系国家也在证据法中作了类似的规定。

(四) 自愿供述规则

这是专属于刑事诉讼的证明规则。按照该规则的要求，提取被告人的供述必须遵循自愿性原则，凡是违反被告人自由意志而获得的供述都应当排除。例如，《日本刑事诉讼法》第329条第1款规定，经强制、拷问或者胁迫而获得的供述，在经过不适当的长期扣留或者拘禁后获得的供述，以及其他可以怀疑为并非出于自由意志的供述，都不得作为证据。制定自愿供述规则的理由主要在于反对强迫性自我归罪的价值观念和鼓励执法人员依法取证的政策考虑。这一规则与沉默权制度有密切关系。

二、关于举证的规则

（一）举证责任规则

举证责任规则是诉讼活动中规定应该由哪一方当事人负责向法庭提出证据并进行证明的规则。一般的规则是"谁主张，谁举证"，但是各国法律对刑事诉讼和民事诉讼中的举证责任分配往往有不同的规定。美国《加州证据法典》第5编对举证责任的分配作了专门的规定。该法第500条规定，除法律另有规定者外，当事人对其主张之事实有证明责任。该法还规定了举证责任倒置或转移的特殊情况。刑事诉讼中的举证责任一般由公诉方承担，但是被告方对否认其有罪的基本事实负有举证责任。例如，当被告方提出不在犯罪现场或精神不正常等辩护理由时，被告方对相关的基本事实负有举证责任。

（二）举证时限规则

举证时限规则是指负有举证责任的当事人应当在法律规定或法院指定的期间内提出证明其事实主张的证据，逾期不举证则承担举证失效的法律后果。大陆法系国家的民事诉讼法中大多对举证时限作了规定。例如《法国民事诉讼法》第134条规定，法官可以确定当事人相互交付文书、字据等证据的期限；如有必要，还可以确定交付文书、字据的方式，以及对未能按时交付者的处罚。

（三）推定规则

由于推定可以影响举证责任的分配，所以推定规则也是与举证有关的证明规则。《法国民法典》第1349条规定，推定是指法律或司法官依据已知之事实推断未知之事实所得到的结果。第1350条规定，法律上的推定是指法律特别规定的对某些行为或某些事实的推定。第1352条规定，法律上的推定免除受此利益的当事人的举证责任。第1353条规定，非法律上的推定，由司法官依其学识和经验审慎地进行。推定规则的主要功能在于减轻或转移当事人的举证责任，降低诉讼成本，提高诉讼效率。

（四）自认规则

自认规则是专属于民事诉讼的一项证明规则。所谓"自认"，是指当事人一方对他方所主张的不利于己的事实为真实或者对他方的诉讼请求加以认可的意思表示。自认可以分为裁判上的自认和裁判外的自认。根据自认规则，对于当事人一方裁判上自认的事项，他方得免除证明责任，法院在作出裁判时必须受其约束。但裁判外的自认则仅是一种证据，其证明力如何，应由法院结合本案其他证据，酌情加以判定。《法国民法典》第1356条规定，裁判上的自认系指当事人或经当事人专门委托授权的人在法庭上所作的声明。裁判上的自认，对作出自认的人具有完全的效力；而且一般不得撤回，除非能证明此种自认系事实错误而为；误解法律不能作为撤回自认的理由。自认规则的主要功能在于提高诉讼效率。

三、关于质证的规则

（一）强制出庭作证规则

强制证人出庭作证是一项重要的证明规则，很多国家的法律都有明确的规定。例如《法国刑事诉讼法》第109条规定：任何被传唤到庭作证的人，均应当出庭、宣誓并作证。预审法官可以对拒绝出庭的证人采取传讯措施，通过警察强制其到庭。《法国民事诉讼法》第207条第1、2款规定：对于不出庭作证的证人，如果其证言很重要，法庭必须听取，则可以传票传唤其到庭，费用由其自负。对于不出庭作证的人以及无合法理由拒绝作证或拒绝宣誓的人，得处以100法郎以上1万法郎以下的罚款。

（二）宣誓作证规则

在很多国家的证据法中，宣誓作证规则都是证人作证规则的组成部分。该规则要求每一个证人在作证前均应郑重宣誓说他将如实作证。《美国联邦证明规则》第603条规定，证人作证前要声明自己将如实提供证言，这种声明可以通过宣誓或某种旨在唤醒证人良知和加深证人责任感的郑重方式来进行。《法国刑事诉讼法》第331条规定，证人在陈述之前，应当宣誓无私无畏地讲出全部真相，而且只讲真相。

（三）交叉询问规则

交叉询问规则是重要的质证规则。所谓交叉询问，即由对方律师对证人进行的盘诘式询问。英美法系国家的证据法一般都规定证人证言必须经交叉询问之后才得采用。交叉询问是诉讼对方的权利。如果某证人在对方进行交叉询问时拒绝回答问题，法官可以排除该证人的证言。交叉询问被视为审查证据真实可靠性的最有效办法，是抗辩式诉讼的关键环节。

四、关于认证的规则

（一）可采性规则

可采性规则是英美法系国家证据法中处于核心地位的证明规则。证据的可采性指证据具备了法定的证据资格，可以被采用为证明案件事实的依据。证据是否具有可采性，一般由法官在法庭上进行裁决。可采性规则是贯穿整个证明规则体系的一项基本原则，其意义在于排除不具有可采性的证据。许多证明规则都是这一规则的派生或延伸。

（二）关联性规则

关联性规则，是指只有与诉讼中的待证事实有关联性的证据才可以采纳，一切没有关联性的证据均不予采纳。所谓"关联性"，是指证据与待证事实之间的可以提供证明的关系，以及证据所说明的事实问题与实体法律之间的"实质性"或"因果性"关系。例如，《美国联邦证明规则》第401条规定，证据的关联性，是指证据具有某种倾向，使某项事实存在的盖然性要远比缺乏该项证据时更大或更小，而这一事实的存在能对裁判结果产生影响。第402条规定，具有关联性的证据一般可以采纳，没有关联性的证据不得采纳。关联性规则也是贯穿整个证明规则体系的一项基本原则，其意义在于确定一个证据能否被采用诉讼中的证据。它是可采性规则的主要内容和基础。

（三）非法证据排除规则

非法证据排除规则，是指对于那些通过非法程序或手段取得的证据，包括以刑讯逼供手段取得的口供和非法搜查扣押取得的实物证据等，均应予以排除。美国联邦宪法第四修正案规定，公民人身、住宅、文件及财产不受任何无理的搜查和扣押。因此，违反这一规定获得的证据，不得在审判中采用。排除规则的宗旨在于限制、防止国家滥用权力，保护公民个人权利不受侵犯。它体现了强调程序公正的价值观念。但是，20世纪80年代以来，由于犯罪浪潮的冲击，美国联邦最高法院开始对排除规则设立若干例外。例如，按照"最终或必然发现的例外"规则，如果公诉方能够证明，即使在没有执法人员违法取证的情况下，这些证据最终或必然也会被发现，那么该证据就可采用。

（四）传闻证据规则

传闻证据规则是英美法系国家的重要证明规则。按照该规则，如果某人的证言属于传闻，那么就应该排除，除非它属于法律规定的例外情形。《美国联邦证明规则》第801条c项规定，传闻是指陈述者在审判或听证之外所作的陈述，将其作为证据提出用以证明主张事实的真实性。第802条规定，传闻证据不得采纳，除非本规则或最高法院根据制定法制定的规则或国会立法另有规定外。第803条对传闻规则的例外情形作出了多达24种的详细规定。

（五）直接审查规则

这是大陆法系国家的一种证明规则，其具有与英美法系国家的传闻证据规则相似的意义。按照该规则，证人证言只有经过法庭上的直接审查之后才能被采纳为证据，未经法庭直接审查的证言都不具有可采性。例如，《德国刑事诉讼法典》第 250 条规定："对事实的证明如果是建立在一个人的感觉之上的时候，要在审判中对他询问。询问不允许以宣读以前的询问笔录或者书面证言来代替。"

（六）意见证据规则

意见证据，是指证人根据其感知的事实作出的推断性证言，包括普通证人证言（或称"非专家证言"）和专家证言。对于普通证人证言，意见证据规则的原则是一般不能采纳，除非法律另有规定；对于专家证言，一般则可以采纳。《美国联邦证明规则》第 701 条规定，如果证人并非作为专家作证，那么他以意见或推理结论形式作出的证言仅限于以下情况：（1）合理建立在证人感知的基础上；（2）有助于正确理解该证人的证言或确定争议事实。第 702 条规定，如果科学的、技术的或其他专门知识能帮助事实审理者理解证据或确定争议事实，凭其知识、技能、经验、训练或经教育具备专家资格的证人可以意见或其他形式作证。

（七）最佳证据规则

最佳证据规则是英美法系最古老的证明规则，主要适用于书证。该规则要求，在证明书证内容的真实性时，必须提供书面材料的原件，只有在原件被证明已灭失时才能提供副件。《美国联邦证明规则》第 1002 条规定，文书、录音或照相，应该提交原件，除非本法或国会立法另有规定。第 1004 条规定，在下列情况下，可以不提交文书、录音或照片的原件：（1）原件遗失或毁坏；（2）原件无法获得；（3）原件在对方掌握中；（4）文书、录音、照片与案件中主要争议问题之间没有密切关系。

（八）司法认知规则

司法认知是一项重要的证明规则，英美法系国家的证据法多对此作出了详尽的规定。例如，英国证据法将司法认知分为四类：第一，众所周知的事实，如 12 月 25 日是圣诞节，猫是动物等；第二，经过调查后在审判中知悉的事实，法官可以通过查阅历史著作、档案等，寻找与争执点有关的历史信息；第三，英国法、欧盟法、英国国会的立法程序等事实，法官应知悉这些成文法的内容，不必证明它们曾经获得通过，而知悉国会的立法程序则属于职务上的必要，也无须进行证明；第四，法律中关于文书的规定，这些规定主要涉及文书的签名和蜡封的盖印，为防止诉讼中出现冗长的困扰，法律规定除非一方提起伪造文书的指控，法院在审判中可以知悉这些签名是真实的。司法认知规则的主要功能在于节省证明的时间、人力和费用，提高诉讼效率。

（九）品格证据规则

品格证据，是指证明某些诉讼参与人的品格或品格特性的证据。对于品格证据的可采性有两条不同的规则：其一，品格证据本身就是犯罪、主张和辩护的要件之一的，原则上可以采用；其二，用于推断某人在特定情况下的行为与其品格相一致性的品格证据，原则上不可采用，但法律另有规定的除外。《美国联邦证明规则》第404条（a）项规定了三种例外情形：一是被告人提供的能够证明其品格良好的证据；二是被告人提供的关于被害人品格的证据；三是证明证人诚实与否的证据。

（十）预防规则

预防规则规定，在提出特定形式的证据时必须以某种保证方式作为附加措施，否则就不能采纳该证据；或者，如果在提出某种证据时存在可能影响证据真实性的因素，则应采取一定的预防措施。《德国刑事诉讼法典》第247条规定，在讯问共同被告人或者证人时，如果因为某被告人在场而使其他人有不据实陈述之虞的，法院可以命令该被告人在讯问或询问期间退出法庭。预防规则的主要作用在于防范伪证，保障证据的真实可靠性。

第三节 中国司法证明规则体系的完善

一、司法证明规则体系的现状与问题

目前，我国的司法证明规则体系很不完善。这主要表现在以下几个方面：首先，在立法形式上缺乏统一性，证明规则散见于三大诉讼法及其他有关的法律法规和司法解释之中，相互之间难免存在不一致和不协调之处；其次，在法律效力上缺乏权威性，因为现行的证明规则中多数是最高人民法院、最高人民检察院在有关的司法解释中规定的，这种规定的法律效力等级较低，难以在司法实践中确保统一的贯彻执行，公、检、法三家之间相互扯皮的现象屡见不鲜；再次，在规则内容上缺乏可操作性，因为多数规则只是从正面就证据效力作出原则性规定，缺少具体的可采性或排除性的规定；最后，在规则体系上缺乏完整性，例如，在强制证人出庭作证和证人免证权等司法证明的重要环节上缺少相应的规则，致使证明规则体系中出现不应有的空白。总之，我国的证明规则体系是以粗线条的方式在大框架范围内制定的，条文稀少，内容粗疏，很难对司法证明活动发挥应有的指导、调整和规范作用。

二、完善司法证明规则体系的思路和构想

（一）司法公正需要具体明确的证据规则

完善司法证明规则体系的根本目标是保障司法公正。司法公正有两层含义：其一是要求司法机关在司法活动的过程中坚持正当平等的原则；其二是要求司法机关在司法裁决的结果中体现公平正义的精神。前者称为"程序公正"；后者称为"实体公正"。实体公正必须建立在正确认定案件事实的基础之上，而要保证认定案件事实的正确性就必须建立一套科学合理的证明规则。程序公正具有两个基本功能：其一是保障司法活动的当事人或参与者的正当权利得到平等的保护；其二是保障在司法活动中尽可能实现实体公正，因此，程序公正和实体公正是相辅相成、不可偏废的。要实现程序公正，就必须有一系列的规则，而证据规则就是其中不可或缺的组成部分。由此可见，无论是实现司法的实体公正还是程序公正，都要求我们制定一套具体明确而且切实可行的证据规则。

（二）以法定证明为主、以自由证明为辅是完善我国司法证明规则体系的基本思路

正如我们在本书的第一章中所指出的，法定证明与自由证明的结合代表了当今世界各国证据制度的发展趋势。目前，我国的司法证明制度基本上属于自由证明的范畴。尽管我国的刑事诉讼法中也有"严禁刑讯逼供"以及关于讯问、搜查、扣押等取证措施的程序性规定，但是司法人员在运用证据认定案件事实时确实享有很大的自由裁量权。考虑到目前我国司法人员的总体素质比较低和审判实践中证据采信混乱无序等情况，我们认为，完善我国的证明规则体系应该坚持以法定证明为主、以自由证明模式为辅的基本思路。这包括以下两层含义：

第一，在司法证明的大部分环节上都采用法定证明，而在个别环节上以自由证明为补充，不是完全绝对的法定证明。具体来说，司法证明包括取证、举证、质证、认证四个基本环节，而认证又包括证据的采纳和证据的采信两个子环节。其中，取证、举证、质证和证据的采纳都要严格的法定化；只有证据的采信环节可以采用以自由证明为补充的准法定化。换言之，相关的法律应该明确地规定出取证规则、举证规则、质证规则和证据采纳规则；只有在评断具体证据的真实可靠性和证明价值时，法律才给司法人员留有一定的自由裁量空间。

第二，规范司法证明的依据以立法机关颁布的法律规则为主，以有关机关

颁布的内部规则为辅,后者的约束力具有"准法律"的性质。例如,取证、举证、质证、认证的基本规则都应该在相应的诉讼法律中作出明确的规定;刑事案件中一些具体的取证措施(如现场勘查、搜查等)的实施规则可以由侦查机关制定的内部规则加以规范;具体案件的证明标准和证据的采信标准可以由最高人民法院以指导性审判规则的方式加以规范。

具体明确的证明规则有利于司法证明活动的统一规范,也便于司法实践中操作,但是可能会在某些个案中影响事实认定的效率。不过,综合权衡,我们认为它还是利大于弊的。其实,由于案件的复杂多样和证据的复杂多样,任何具体明确的证明规则都不可能保证在所有案件中绝对适用,或者说,不可能在所有案件中都百分之百地保证准确高效地认定案件事实,但是,科学合理的证明规则应该能够保证在绝大多数案件中实现司法公正。至于那些无法适用的个案,应该是我们在追求整体司法公正和效率时所能承受的代价。

(三)司法证明规则体系的基本结构

虽然证明规则的内容很多甚至很杂,但是各项规则之间也有着内在的逻辑联系。因此,作为一个完整的体系,证明规则之间应该互相协调、衔接、配套,应该具有内在的统一性。如果证明规则之间存在冲突或矛盾之处,那必然会影响规则的效力;如果证明规则之间缺乏衔接与配套,或者存在空缺,那也会影响整套规则的效力,甚至使有些规则名存实亡,失去实际意义。

制定证明规则的根本目的在于为诉讼中的证明活动提供规范和指导,因此,证明规则体系的构建应当以证明活动的环节为基础,以诉讼进程的阶段为依据。如前所述,诉讼中的证明活动由取证、举证、质证、认证四个环节或阶段所组成,与此相应,证明规则的体系也应该由这四个方面的内容所组成,即取证规则、举证规则、质证规则、认证规则。

我们在构建中国的司法证明规则体系时应该学习外国的优点和经验,但是也不能简单地强调"与国际接轨",也不能盲目地照搬外国的一切做法。诚然,完善司法证明规则体系需要我们调整价值定位并转变司法观念,但是,当我们改变过去的司法价值取向和摈弃陈旧的司法观念时,也应当避免从一个极端走向另外一个极端。我们还应当努力去发现并弘扬中华传统文化中优秀的、积极的部分,建立符合中国实际情况的司法证明规则体系。

2010年颁行的《死刑案件证据规定》和《非法证据规定》以及2012年刑事诉讼法中的有关规定使我国刑事证明规则体系趋向完善。对此,我们将在以下各章中进行介绍和讨论。

第七章
取证规则

取证是指有关人员为了查明案件事实或证明事实主张而进行的发现、提取、收集、固定各种证据的专门活动。取证活动往往与案件调查结合在一起,它或者是案件调查的组成部分,或者是案件调查的后续活动。在刑事案件中,取证的主体主要是公安机关和检察机关的侦查人员,负责批捕、公诉的检察官,负责辩护的律师以及负责审判的法官也可以成为取证的主体。刑事诉讼中的取证措施很多,包括询问、讯问、辨认、勘验、检查、搜查、扣押、证据保全、侦查实验、委托鉴定等。其中,询问、讯问、辨认、勘验、检查、搜查、扣押等属于直接获取与案件有关的言词证据或实物证据的措施;证据保全是上述取证措施的必要延伸和保障,也属于取证的范畴;侦查实验和鉴定虽然不是直接收集证据的措施,但它们一方面是在上述取证活动的基础上进行的,另一方面也产生新的证据,即实验笔录和鉴定意见,因此也应该属于取证的范畴。下面,我们就分别介绍各种取证措施的规则。

第一节 询问规则

一、询问的概念

询问是人们通过谈话或问话的方式了解情况的一种活动,它存在于人们日常生活的各个领域之中。在司法活动中,询问是办案人员通过与案件有关人员进行谈话,了解案件情况的专门活动。在刑事诉讼中，询问的对象主要是案件中的证人和被害人。询问是收集言词证据的主要方法。尽管现代科学技术的发展促进了司法证明方法的科学化，使科学证据取代人证成为司法证明的主要手段，但是询问作为常规性取证方法，仍然在司法活动中发挥着重要的作用。在司法实践中，询问不仅可以为查明案件事实提供证人证言和被害人陈述，而且可以为收集其他证据提供线索和依据。

二、询问的种类

（一）正式询问和非正式询问

正式询问，是指询问人员依照法律规定所进行的具有法律效力的询问。正式询问一般都应该制作笔录，其笔录可以作为诉讼中的证据。非正式询问，是指询问人员为了解案情而与有关人员进行的一般性谈话，它不具有法律效力，一般也不宜制作笔录。

（二）走访询问和传唤询问

走访询问，是指询问人员前往被询问者的家中或工作单位进行的询问。它既可以是正式询问，也可以是非正式询问。传唤询问，是指询问人员根据法律规定，依照法定程序把被询问者传唤到特定地点进行的询问。它属于正式询问，一般由有权传唤的司法机关或执法机关进行。

（三）公开询问和秘密询问

公开询问，又称正面询问，是指询问者以侦查人员或司法人员的身份出现，公开就某些与案件有关的问题进行询问。它既可以是正式询问，也可以是非正式询问。秘密询问，又称侧面询问，是指询问者不以侦查人员或司法人员的身份出现，在不暴露其真实意图的情况下，就某些与案件有关的问题进行询问。它只能是非正式询问。秘密询问通常有两种方式：其一是由侦查人员化装成某种角色接近询问对象并进行谈话；其二是由侦查人员挑选既具备接近询问对象的条件又安全可靠的人，代替自己与询问对象就案件有关问题进行谈话。

三、询问的规则

（一）询问的主体

在刑事案件的侦查阶段，询问证人和被害人应当由侦查机关或司法机关指定的办案人员进行。正式询问应当由2名以上办案人员共同进行。辩护律师在得到有关个人或单位同意的情况下可以询问证人，在得到司法机关同意的情况下也可以询问被害人。

（二）询问的时间地点

询问证人和被害人应当根据对象的具体情况选择适当的时间和地点，这种选择既要照顾到询问对象在工作生活上的便利，也要考虑到保证询问对象能够客观全面进行陈述的需要。

（三）证人作证的义务

证人接到公安机关、人民检察院和人民法院的作证通知后，应当按时到指定场所接受询问。如果因故不能到场，证人应当事先向发出通知的机关说明情况。在询问中，证人应当如实向询问人员陈述自己所了解的案件事实情况。如果案件情况涉及国家机密，证人可以要求询问在保密情况下进行，但不得借故拒绝提供证词。证人对询问中涉及的国家机密负有保密的义务。

（四）个别询问

询问证人应当个别进行。如果一个案件中有数名证人，应当分别单独地询问每一个证人，而且在询问之前或询问过程中避免让证人相互接触或交流。多名证人的询问顺序应当根据案件情况和询问对象的情况来确定。

（五）问前告知

询问人员在进行正式询问之前，应当向被询问者出示有关的证明文件，并告知被询问者在参与诉讼的过程中所依法享有的各项权利和承担的如实陈述义务，以及有意提供伪证或者隐匿罪证所要承担的法律责任。

（六）询问方法

询问证人的方法可以多种多样，但必须是合法的。询问人不得以暴力、威胁、引诱、欺骗等非法手段进行询问。询问人在实施询问的过程中，应当尊重被询问人的人格、尊严与权利。

（七）特殊询问对象

1. 询问未成年证人，应当根据具体情况，选择他们所熟悉的环境或地点进行询问。必要时，可以通知其家长、老师或其他法定代理人参加，以消除其紧张情绪和恐惧心理，帮助他们如实地陈述自己所了解的案件事实情况。

2. 询问聋、哑证人，应当有通晓聋、哑手语的人参加担任翻译，并将这一情况记入笔录。翻译人员应当在询问笔录上签名或盖章。

3. 询问不通晓当地语言的证人，应当有翻译参加，并将这一情况记入笔录。翻译人员应当在询问笔录上签名或盖章。

（八）询问的保密

询问人员在询问过程中要严守工作秘密，不得向询问对象泄露其不应知晓的案件情况和侦查工作的情况。对于询问中涉及的个人隐私，询问人员也应当保守秘密。

(九) 询问的记录

询问证人应当制作笔录。询问笔录应当客观、准确、全面、清晰地反映询问对象的陈述。在必要而且条件允许的情况下，可以同时进行录音。询问人员和询问对象都应当在笔录上签名或盖章。

(十) 询问笔录的审核

询问笔录是固定证人证言和被害人陈述的主要形式，也是认定案件事实的重要依据，因此，询问人员必须按照法律的有关规定，仔细审核笔录的内容。询问结束时，询问人员应当向询问对象说明笔录的法律意义，然后将笔录交给询问对象查阅或向其宣读，并经其核对无误之后再签名或盖章。如果询问对象在以阅读或听读方式核对笔录时发现了不准确的地方，询问人员应当对笔录进行相应的修改、补充或说明。

第二节 讯问规则

一、讯问的概念

讯问是指侦查人员、公诉人员和审判人员为了查明和证明案件事实，依法对犯罪嫌疑人或被告人进行的审查和盘问。在刑事诉讼的侦查取证阶段，讯问的对象是犯罪嫌疑人，包括依法被逮捕的犯罪嫌疑人，依法被拘留的现行犯和重大嫌疑分子，以及不需要逮捕、拘留的犯罪嫌疑人。讯问是侦查人员的一种职务行为。作为人民检察院和公安机关所实施的一种诉讼活动，侦查人员必须严格依法进行讯问。这里所说的"依法"，既包括程序法的规定，也包括实体法的规范。讯问活动只有严格依法进行，才能保证办案质量，准确地打击犯罪，保障无罪的人不受刑事追究。

二、讯问的任务

(一) 查明案情

讯问的主要任务是全面查清讯问对象被指控的犯罪事实。这既包括查清有罪的事实，也包括查清无罪的事实；既包括罪重的事实，也包括罪轻的事实。在被讯问者有罪的情况下，讯问人员应该全面、详尽地查问其作案的时间、地点、手段、过程、结果等具体情况，以及作案的动机和目的等主观情况。在共同犯罪案件中,讯问人员不仅要查明讯问对象自身是否犯罪的事实,还要查明其他同案犯罪嫌疑人是否犯罪的事实,并查明各犯罪嫌疑人在共同犯罪中的地位和作用。

(二) 核实证据

侦查人员在讯问犯罪嫌疑人的时候一般都已经掌握了一定数量的证据。其中,有些证据是比较明确的,有些证据则不甚明确。无论是哪一种证据,都需要审查核实。因此在讯问过程中,侦查人员要通过犯罪嫌疑人的供述和辩解,对已经收集或调取的各种证据进行审查与核实。就刑事诉讼过程来说,讯问犯罪嫌疑人是核实证据的重要途径之一,核实证据是讯问犯罪嫌疑人的重要任务之一。

(三) 提取口供

犯罪嫌疑人的供述和辩解是法定的证据形式之一,也是侦查人员讯问犯罪嫌疑人所直接取得的证据。一般而言,犯罪嫌疑人对自己是否实施了犯罪行为以及如何实施的犯罪行为,比其他任何人都更为清楚,因此,犯罪嫌疑人的陈述对于查明案件事实具有重要意义。但是,犯罪嫌疑人的身份决定了其陈述中往往带有虚假的成分,侦查人员不可过分倚重口供。换言之,提取口供只是讯问的任务之一,不是唯一的任务,甚至也不是主要的任务。

(四) 发现线索

讯问的另一项重要任务是发现新的线索,以便全面查清案情并收集新的证据。这里所说的"新线索",既包括本案的新线索,也包括其他案件的新线索。因此,侦查人员在讯问中还应该查问犯罪嫌疑人知晓的本案以外的犯罪线索,以便通过这些线索破获其他刑事案件,查缉其他案件的犯罪嫌疑人。

三、讯问的规则

(一) 讯问的主体

在侦查阶段讯问犯罪嫌疑人的主体只能是公安机关、国家安全机关和检察机关的侦查人员,其他单位的人员不得讯问。在审查批捕、起诉阶段,讯问犯罪嫌疑人的主体是检察机关的有关人员。讯问犯罪嫌疑人的时候,侦查人员不得少于2人,以便互相协助、互相监督,保证讯问手段、程序的合法性,以及有关人员的安全。

(二) 讯问的时限

对于不需要逮捕、拘留的犯罪嫌疑人,可以传唤、拘传的方式对其进行讯问,传唤、拘传持续的时间一般不得超过12个小时;案情特别重大、复杂的,持续的时间不得超过 24 小时。不得以连续传唤、拘传的形式变相拘禁犯罪嫌疑人。对于拘留或逮捕的犯罪嫌疑人，侦查人员应当在拘留或逮捕后的 24 小时之内进行讯问。一次讯问的时间应当有所限制，应当保证犯罪嫌疑人的饮食和必要的休息时间。

（三）讯问的场所

讯问的地点或场所应该有利于犯罪嫌疑人如实供述。讯问人员有意识地选择适当的讯问场所是十分必要的。对于被关押的犯罪嫌疑人，讯问应该在专设的讯问室中进行。对于未被关押的犯罪嫌疑人，可以将其传唤到指定地点进行讯问，也可以到其住所进行讯问，但是讯问的场所应能保证讯问不受外界干扰。犯罪嫌疑人被送交看守所羁押以后，侦查人员对其进行讯问，应当在看守所内进行。

（四）个别讯问

讯问犯罪嫌疑人一般应当个别进行，防止相互影响或串供。但是，在必要时也可以让犯罪嫌疑人互相质证。

（五）问前告知

在正式讯问犯罪嫌疑人之前，讯问人员应当告知犯罪嫌疑人依法享有的各项权利和承担的义务，包括拒绝回答与本案无关问题的权利，在讯问后聘请律师为其提供法律帮助的权利，以及如实供述自己罪行可以从宽处理的法律规定等。

（六）初次讯问

初次讯问犯罪嫌疑人时，讯问人员应当首先问明犯罪嫌疑人的姓名、职业等基本情况，然后讯问犯罪嫌疑人是否犯有被指控的罪行，让其供述犯罪事实及其情节或者进行无罪的辩解，之后再按照事先拟定的讯问计划和提纲向犯罪嫌疑人提出问题。

（七）讯问的方法

讯问人员在全面熟悉案情及了解犯罪嫌疑人心理的基础上，应制订出切实可行的讯问计划，以保证讯问工作有计划、有步骤地进行，防止讯问活动的随意性和盲目性。讯问嫌疑人可以使用各种策略和方法，但必须是合法的。讯问人员必须依照法定程序进行讯问，严禁刑讯逼供和以威胁、引诱、欺骗等非法的方法获取犯罪嫌疑人的口供，不得强迫任何人证实自己有罪。

（八）特殊讯问对象

1. 讯问不满 18 周岁的未成年犯罪嫌疑人时，为保证讯问的正常进行，必要时，可以通知其法定代理人到场。法定代理人是否到场，由其自己决定，不能使用强制手段。对于到场的法定代理人，讯问人员应当告知其有关的权利和义务。如果发现其有干扰讯问的行为，讯问人员可以令其退场。

2. 讯问聋、哑的犯罪嫌疑人，应当有通晓聋、哑手语的人担任翻译，并将这一情况记入笔录。翻译人员应当在讯问笔录上签名或盖章。

3. 讯问不通晓当地语言的犯罪嫌疑人，应当有翻译参加，并将这一情况记入笔录。翻译人员应当在讯问笔录上签名或盖章。

（九）讯问的记录

讯问犯罪嫌疑人应当制作笔录。讯问人员应当将问话及犯罪嫌疑人的供述或辩解如实地记录下来，不得改变原意，不得随便取舍。制作讯问笔录，应当使用钢笔、毛笔和专用纸张，以便附卷保存。在一般案件中，侦查人员可以对讯问过程进行录音或者录像；对于可能判处无期徒刑、死刑的案件或者其他重大犯罪案件，侦查人员应当对讯问过程进行录音或者录像。录音或者录像应当全程进行，并保持完整性。录音或者录像一般应同时制作两份，一份在侦查起诉中使用，一份密封保存，以备查核。有关录音或者录像的情况应当在笔录中注明，并由有关人员签名。犯罪嫌疑人要求自己书写供词的，讯问人员应当准许，并提供有关的条件。

（十）讯问笔录的审核

讯问笔录应该交给犯罪嫌疑人查阅核对。如果犯罪嫌疑人没有阅读能力，应当向其宣读。如果犯罪嫌疑人在以阅读或听读方式核对笔录时发现了不准确的地方，讯问人员应当对笔录进行相应的修改、补充或说明。犯罪嫌疑人承认笔录准确无误的，讯问人员应当让其在笔录末页紧接最后一行处写上"以上笔录我看过（或向我宣读过），记录无误"的字样，并签名。笔录中补充、更正的地方要由犯罪嫌疑人捺指印，作为证明。如果犯罪嫌疑人拒绝捺指印或签名，讯问人员应当在讯问笔录中说明。讯问人员也应当在笔录上签名。

四、关于沉默权的规则

现代西方国家采用的沉默权制度主要起源于近代英国法律制度中的"反对强迫性自证其罪"的证言特免权规则。根据有关的法律规定，如果证人的证言有可能使他自己受到刑事追诉或者被没收财产，那么他就有权拒绝回答司法官员的问题。后来，这一规则写进了1789年通过的美国宪法第五修正案，即"任何人……不得被强迫在任何刑事案件中作为反对自己的证人"。1966年，美国联邦最高法院在"米兰达诉亚利桑那州"一案的裁决中明确规定，执法人员在讯问嫌疑人之前必须告知其依法享有"沉默权"和"会见律师权"，并被人们简称为"米兰达告知"规则。

在中国应否确立"沉默权"制度的问题上,国内的专家学者众说纷纭。有人大力支持;有人坚决反对;有人主张建立"明示"的即"米兰达告知"模式的沉默权制度;有人主张建立"默示"的即"反对强迫性自证其罪"的沉默权制度。沉默权制度是一把"双刃剑",因为它一方面可以遏制刑讯逼供等违法审讯行为,另一方面也会影响或降低犯罪侦查的效率。在研究这个问题的时候,我们要改变过去那种片面强调打击犯罪的价值取向,但是也要防止从一个极端走向另外一个极端。因此,我们认为,中国应该确立沉默权制度,但是不应该简单地照搬美国的"米兰达告知规则",而应该确立"反对强迫性自证其罪"的沉默权制度。2012年《刑事诉讼法》第50条明确规定"不得强迫任何人证实自己有罪",体现了"反对强迫性自证其罪"的精神。

第三节 辨认规则

一、辨认的概念

辨认是侦查机关或司法机关为查明案件事实而组织安排熟悉或了解辨认对象特征的人对与案件有关的人、物、场所进行的辨识和再认。辨认属于具有同一认定性质的认识活动。当辨认人看到辨认对象时,立即将有关信号输入自己的大脑,在储存的记忆表象中进行查找和比对,并作出是否同一的结论。辨认既可以对已经获取的证据进行审查,如对作案工具的辨认;也可以产生新的证据,即辨认人的证言和辨认的笔录;而且在某些情况下还可以协助侦查人员发现新的证据或线索。辨认是一种有效的查明案件事实的手段,但也是一种很容易发生错误的证明手段。

二、辨认的种类

(一)证人辨认、被害人辨认和犯罪嫌疑人或被告人辨认

根据主体在诉讼活动中的身份不同,辨认可以分为证人辨认、被害人辨认和犯罪嫌疑人或被告人辨认。在诉讼活动中,其结果相应地表现为证人证言、被害人陈述、犯罪嫌疑人或被告人的供述和辩解。在诉讼活动中的身份不同,辨认主体与案件的关系就不同,与审判结果的利害关系也就不同,因此,这些辨认结果的审查和运用也应该有所不同。

(二)人身辨认、物体辨认和场所辨认

根据客体或对象的不同,辨认可以分为人身辨认、物体辨认和场所辨认。

人身辨认包括对活体的辨认和对尸体的辨认,其目的主要是解决人身是否同一的问题,如确认犯罪嫌疑人是否为实施犯罪行为的人;某无名尸体是否为某失踪人。物体辨认的对象包括与案件有关的各种物品,如作案工具、现场遗留物、作案标的物等,其目的一般是解决物体是否同一的问题,如确认某物品是否属于某人所有;某物体是否曾由某人加工或使用。场所辨认的对象包括案件现场和相关场所,其目的是解决场所是否同一的问题。

(三) 公开辨认和秘密辨认

根据组织辨认的方式不同,辨认可以分为公开辨认和秘密辨认。公开辨认,是指由侦查人员组织辨认人在被辨认人或被辨认物的持有人知晓的情况下进行的辨认。常见的公开辨认对象包括:犯罪嫌疑人、逃犯、无名尸体、无主物品、现场遗留物等。秘密辨认,是指由侦查人员组织辨认人在被辨认人或被辨认物的持有人不知晓的情况下进行的辨认。秘密辨认的对象多为犯罪嫌疑人、赃物等。秘密辨认的结果只能作为破案的线索,供侦查人员参考。

(四) 直接辨认和间接辨认

根据进行辨认的途径或方法不同,辨认可以分为直接辨认和间接辨认。直接辨认,是指辨认人通过对辨认对象的直接观察或感知而进行的辨认。间接辨认,是指辨认人通过某种中介了解辨认对象的特征,并以此为基础进行的辨认。常见的辨认中介有照片、模拟画像、录音、录像等。间接辨认结论的可靠性不如直接辨认,但比较简便。

三、辨认的规则

(一) 辨认前询问

组织辨认者在辨认之前应该详细询问辨认人,让其讲述其认识或接触辨认对象的时间、地点、方式等情况,并让其描述辨认对象的具体特征,从而了解辨认人进行辨认的依据或基础,并掌握辨认人的感知、记忆和表达能力,为正确组织辨认和评断辨认结果提供客观的依据。

(二) 辨认前告知

组织辨认者在询问辨认人时应根据辨认人的具体情况作必要的解释和说明,帮助其消除紧张情绪和畏惧心理,并明确告知其依法享有的权利和承担的义务,然后向其宣布辨认的规则和纪律。

(三) 单独辨认

这有两层含义:其一,当案件有两个以上辨认人对同一辨认对象进行辨认时,要让其分别单独进行,以免互相影响,使辨认结果失去客观性;其二,当案件中有两个以上辨认对象需要同一个辨认者进行辨认时，也应当让辨认者分别进行，以免辨认对象的不同形象干扰辨认者感知的专一性，导致辨认结果的误差。

（四）混杂辨认

在对人或物进行辨认时，应当将辨认对象混杂在若干与其具有基本相似性的人或物中间，以保证辨认的客观性。实人辨认的对象一般不少于7人。照片辨认的对象一般不少于9张。组织辨认者不得把辨认对象单独提供给辨认者进行辨认。当辨认对象是人时，混杂客体的性别、年龄、身高和体态等应与辨认对象相似；当被辨认对象是物体时，混杂客体的种类、形状、型号和颜色等应与被辨认对象相似；利用照片、录像、录音辨认时也应当尽量遵守混杂辨认的规则。对犯罪嫌疑人的秘密辨认，由于将辨认地点安排在辨认对象日常工作、生活和活动的场所，所以辨认对象实际上已处于自然混杂的状态。如果辨认的目的只是要求辨认人判断其是否见过辨认对象，如某件杀人凶器，从而作为调查辨认对象来源的线索，则不一定采用对象混杂的方法。此外，对无名尸体和犯罪场所的辨认，可能因条件限制也无法安排混杂辨认。

（五）独立辨认

任何辨认都必须保证辨认人独立自主地进行辨认。在辨认前或辨认过程中，组织辨认者不得用任何方式向辨认人暗示或诱使辨认人按照自己的意图进行指认。例如，组织辨认者不得在辨认前让辨认人单独看到辨认对象。在辨认过程中，组织者可以帮助辨认人全面、细致地观察客体的特征，也可以进行必要的解释，但必须保持客观的态度。

（六）辨认的记录

在组织秘密辨认之后，侦查人员应当写出辨认报告；在组织公开辨认的时候，侦查人员应当制作正式的辨认笔录。在必要而且条件许可的情况下，也可以在辨认的同时进行录音或录像，并且将有关情况在笔录中注明。

（七）辨认笔录的核实

辨认笔录制作之后，组织者应当交给辨认人阅读，或者向他们宣读。辨认人和见证人核实无误之后，应当在笔录上签名或盖章。组织者也应当在笔录上签名或盖章。

第四节　勘验、检查规则

一、勘验、检查的概念和种类

勘验是指侦查人员、司法人员为了查明案件情况、发现和收集证据，对与案件有关的场所、物品、尸体进行的勘查和检验。检查是指侦查人员、司法人员为了查明案件情况、确定犯罪嫌疑人或被害人的人体特征、生理状态、损伤情况等，而对犯罪嫌疑人或被害人的身体进行的检验和查看。勘验、检查属于侦查措施，因此，勘验、检查的主体一般为公安机关、国家安全机关、检察机关的侦查人员。但是在审查批捕、起诉阶段和审判阶段，有关的检察人员和审判人员为了调查核实证据，也可以进行勘验和检查。在各类案件的调查过程中，勘验和检查是发现和提取证据的重要方法和途径。

根据对象不同，勘验和检查可以分为现场勘验、物品检验、尸体检验和人体检查。

二、勘验、检查的规则

（一）现场勘验规则

1. 侦查机关或司法机关在发现需要勘验的现场时，应当及时派人采取妥善的措施进行保护，以防止现场由于自然力或人为的因素而被破坏或发生影响勘验的变化。

2. 侦查人员、司法人员进行现场勘验时，应当持有侦查机关或司法机关的证明文件。

3. 现场勘验应当由侦查人员或司法人员主持，但是在必要时可以请专门技术人员参加。

4. 组织现场勘验时，侦查人员、司法人员应当请两名与案件无利害关系而且为人公正的公民担任见证人。

5. 侦查人员、司法人员应当对现场勘验的情况进行客观、全面、准确的记录。记录一般由三部分组成，即现场勘验笔录、现场照相、现场绘图。在必要而且条件允许的情况下，也可以同时进行录像。现场勘验人员和见证人应当在勘验笔录上签名或盖章。

（二）物品检验规则

1. 物品检验应当由侦查人员或司法人员指派或聘请的专门技术人员进行。物品检验可以在提取物品的现场进行，也可以在实验室进行。如果在实验室进行，应当有专人负责物证的保管和移送。

2. 物品检验人员在进行检验之前应当仔细检查物品的提取、保管、移送等情况。如果发现物品可能有被调换、损坏、污染等情况，应当立即与负责提取该物品的侦查人员进行核实，并告知有关情况。

3. 物品检验的方法应当在有关学科领域内具有公认的科学性。必要时，检验人员应该提供其检验方法科学性的证明。

4. 检验人员应当对物品检验情况进行客观、全面、准确的记录，必要时，可以使用照片、绘图等方式对检验情况予以说明。检验人员应当在检验笔录上签名或盖章。

（三）尸体检验规则

1. 尸体检验应当由侦查人员或司法人员指派或聘请的法医或医师进行。尸体外表检验一般在发现尸体的现场进行；尸体解剖检验一般应该在专门的解剖室或实验室进行。确因特殊情况而需要在现场进行尸体解剖的，应当采取适当的隔离、遮挡措施。

2. 移动现场尸体之前，应当先对尸体的原始位置、状况，以及周围的痕迹、物品进行详细的记录并拍照。

3. 尸体解剖检验应该根据侦查机关或司法机关的不同要求，进行全面解剖检验或局部解剖检验。

4. 对于死因不明的尸体，侦查机关有权决定进行解剖检验。侦查机关决定解剖检验的，应当通知死者家属并请其到场，但是死者家属对解剖的态度和是否到场，不影响解剖的正常进行。

5. 如果死者是少数民族成员，侦查机关在进行解剖检验时应当尊重少数民族的风俗习惯。

6. 检验人员应当对尸体检验的情况进行客观、全面、准确的记录，并且在尸体检验笔录上签名或盖章。

（四）人体检查规则

1. 人体检查一般由侦查人员进行，必要时可以请医师参加。

2. 除紧急情况外，进行人体检查须经侦查机关的负责人批准。

3. 人体检查一般应得到被检查人的同意。但是，在犯罪嫌疑人拒绝接受检查的情况下，如果侦查人员认为有必要进行检查，经侦查机关负责人批准，可以强制进行检查。

4. 人体检查不得损害被检查人的身体健康，不得有侮辱人格或有伤风化的行为。

5. 检查妇女的身体，应当由女工作人员或医师进行。

6. 检查人员应当对人体检查的情况进行客观、全面、准确的记录，并且在检查笔录上签名或盖章。

第五节　搜查规则

一、搜查的概念

搜查是指侦查人员为了收集犯罪证据、查获犯罪嫌疑人，依法对犯罪嫌疑人以及可能隐藏犯罪嫌疑人或者犯罪证据的人身、物品、住处和其他场所进行搜索、检查的一种侦查活动。搜查是刑事案件中一种重要的侦查措施和取证方法，又是一种直接关系到公民的人身权利和住宅权利的侦查行为，所以其实施必须履行严格的审批手续，必须严格遵守法律的有关规定。在犯罪侦查过程中，侦查人员在拘留、逮捕犯罪嫌疑人的同时，一般都要对其人身、住处及其他可能隐藏证据的场所进行搜查。另外，当侦查人员通过询问、讯问或其他途径获得与藏匿的犯罪嫌疑人或证据有关的线索之后，也应该对有关的场所进行搜查。

二、搜查的种类

根据不同搜查对象的特点和相应的搜查方法的特点，可以把搜查分为四种，即人身搜查、物品搜查、室内场所搜查和室外场所搜查。

（一）人身搜查

人身搜查即以人的身体为对象的搜查。在犯罪侦查中，人身搜查的对象多为犯罪嫌疑人，但是也包括其他可能在身体上藏匿证据的人。人身搜查可以与场所搜查同时进行，也可以单独进行。

（二）物品搜查

物品搜查即以物品为对象的搜查。在犯罪侦查中，物品搜查的对象多为具有一定空间的物体，如汽车、火车、船只、飞机等。物品搜查可以与场所搜查、人身搜查同时进行，也可以单独进行。

（三）室内场所搜查

室内场所搜查即以室内场所为对象的搜查，又称为住所搜查。这里所说的"室内场所"，包括住宅、宿舍、办公室、旅馆、饭店、车间、仓库等。室内场所搜查是一种难度较大的场所搜查。

（四）室外场所搜查

室外场所搜查即以室外场所为对象的搜查，又称为露天场所搜查。作为搜查对象来说，室外场所通常是与搜查对象的住宅相毗连的庭院、菜园、花园等场所，因此，室外场所搜查往往是室内场所搜查的延续。当然，在有些情况下也可能单独进行。

三、搜查的规则

（一）搜查的主体

搜查的主体只能是公安机关、国家安全机关、人民检察院负责案件侦查的人员，其他任何机关、单位和个人均不得以任何原因、任何理由对公民的身体及其住宅实施搜查。实施搜查时，参加搜查的侦查人员不得少于2人。

（二）搜查证

侦查人员搜查时，必须持有侦查机关签发的搜查证。搜查证由县级以上公安机关、检察机关的负责人签发。执行搜查时，侦查人员必须向被搜查人或被搜查物、住所的所有人或看管人出示搜查证。在执行拘留、逮捕时，遇紧急情况，侦查人员凭拘留证、逮捕证可以实施搜查。这里所说的"紧急情况"，主要是指在执行拘留、逮捕时，犯罪嫌疑人身上可能带有凶器、自杀器具，可能隐藏爆炸、剧毒等危险品，以及可能毁弃、转移犯罪证据等情况。

（三）搜查的见证人

侦查人员进行搜查时，应该有见证人在场，以保证搜查的客观性和搜查结果的有效性。在条件许可的情况下，侦查人员应当尽量邀请与案件无关的人担任见证人，也可以邀请被搜查人的家属或邻居担任见证人。

（四）人身搜查

侦查人员对犯罪嫌疑人的身体进行搜查时，不得使用侮辱性的语言和动作，不得造成人体的伤害或健康的损害，必要时可以请医生参加和指导。搜查妇女的身体时，应当选择有遮蔽的非开放性场所，而且必须由女侦查人员进行，见证人也应当是女性。

（五）搜查中的保密

在搜查中发现的与案件无关的个人隐私，侦查人员应该保密，不得泄露。在搜查中发现的涉及国家机密的文件，侦查人员应该立即加以保护，防止包括见证人和被搜查人家属在内的无关人员接触，防止以任何方式泄密。

（六）搜查中的查封和扣押

侦查人员在搜查中发现的可以证明犯罪嫌疑人有罪或无罪的物品和文件，应当依法查封或扣押。对于需要查封或扣押的物品和文件，侦查人员应当尽量先在原地拍照，然后会同该物品或文件的所有人或持有人以及搜查的见证人，当场进行清点并开列清单,三方分别在清单上签名或盖章。如果所有人或持有人拒绝签名盖章,侦查人员应在搜查笔录中注明,并应将扣押物品或文件与所有人或持有人一起拍成照片,附卷备查。查封或扣押的物品或文件应当妥善保管,不得遗失或损坏。

(七)搜查的记录

无论哪一种搜查,侦查人员都应该当场制作笔录。笔录的内容应当包括搜查的起止时间、范围、过程、有关人员的情况,搜查中发现的情况、扣押的物品或文件的情况等。执行搜查的侦查人员、被搜查人或者家属、见证人都应当在笔录上签名或盖章。如果被搜查人在逃,或者被搜查人或其家属拒绝签名,侦查人员应当在笔录上注明。

(八)善后处理

搜查结束之后,侦查人员应当及时做好有关人员、场所、物品的善后处理工作。需要暂时封存的场所或物品,应当落实封存的具体方法和责任人员。

第六节 证据保全规则

一、证据保全的概念

证据保全包括证据的固定和保管,是指用适当的方式和手段将已经发现或提取的证据固定下来,妥善保管,以便侦查人员、公诉人员、审判人员和律师在诉讼活动中证明、认定案件事实时使用。证据保全的概念有狭义与广义之分。狭义的证据保全仅指人民法院在民事案件、行政诉讼案件和刑事自诉案件的诉讼过程中,根据诉讼参与人的请求或者依照职权采取的证据保全措施。广义的证据保全则包括公安机关、检察机关、审判机关、公证机关以及律师在诉讼前和诉讼中采取的各种证据保全措施。我们在本书中使用的是广义的证据保全概念,不过,本节中讨论的主要内容是刑事诉讼取证阶段的证据保全。证据保全是取证活动的重要环节,是收集证据工作中不可分割的组成部分。提取证据的目的是使用这些证据证明案件事实。但是,无论在时间上还是空间上,提取证据与使用证据之间都有一定的距离。如果因保全措施不当而使提取到的证据受到损坏甚至灭失,那么收集证据的任务等于没有完成,而且很可能再也无法完成了。因此,要实现收集证据的目的,必须重视证据保全工作。

二、证据保全的功能

证据保全的目的在于对已经发现或提取的证据加以妥善固定和保管,防止其毁坏或灭失,以确保证据的客观性,保全证据的证明价值。具体来说,证据保全的功能表现在三个方面:

（一）保全证据的特定价值

证据一般都具有特定性或不可替代性。例如,某杀人案件中罪犯使用的是一支"五四"式手枪。虽然"五四"式手枪成千上万,但是只有这一支手枪能够作为本案中的证据。某盗窃案件的作案人在现场上留下了一枚手印。虽然该作案人在其他场所也留下了很多相同的手印,但是只有现场上提取到的这枚手印可以作为该案的证据。这就是证据的特定价值,也就是不能由其他东西替代的证明价值。要保全证据的特定价值,就要用有效的措施防止证据的遗失和替换。

（二）保全证据的证明价值

证据的证明价值依赖于证据的特征、内容、状态等属性。例如,某现场上提取的手印之所以能够证明某嫌疑人曾经到过现场,就是因为该手印所反映的指纹特征能够证明该手印就是该嫌疑人的手指留下的。由此可见,仅仅保全证据的特定价值,或者说,仅仅保证证据没有遗失也没有被替换,还不足以完成证据保全的任务。如果某证据的特征、内容、状态已经发生了变化,即使其没有遗失也没有被替换,其证明案件事实的价值显然也无法实现。因此,进行证据保全,必须使用恰当的科学方法和必要的技术手段,保证证据的特征、内容、状态等属性不会发生影响其证明价值的变化。

（三）保全证据的法律价值

证据的法律价值,是指证据在法律上得到认可的证明效力。一个证据具备了特定价值和证明价值,并不等于其具备了法律价值。换言之,一个证据没有丢失,没有被替换,也没有发生变质、污染、损坏,但是它不一定能够成为法律所认可的证据,不一定能够成为被法庭采用的证据。要保全证据的法律价值,就必须用法律认可的方式证明审判中使用的证据确实是案件中原来提取的证据,而且审判中使用的证据确实保持了原来的特征、内容或状态。健全的证据移交手续,完整的证据保管链,应该是法律认可的证据保全方式的基本内容。

三、证据保全的种类

（一）实物证据的保全和言词证据的保全

根据对象不同，证据保全可以分为实物证据的保全和言词证据的保全。前者包括我国刑事诉讼法中列举的物证、书证、视听资料等证据的保全；后者则包括证人证言、被害人陈述、犯罪嫌疑人或被告人的供述和辩解等证据的保全。这是研究证据保全规则的一种基本分类。

（二）原物保全、复制保全、笔录保全、照相保全、录音保全、录像保全和封存保全

根据方法不同，证据保全可以分为原物保全、复制保全、笔录保全、照相保全、录音保全、录像保全、封存保全等。所谓原物保全，即采用提取和保管原物的方法保全证据的证明价值，主要适用于体积不大的物证、书证、视听资料等证据。所谓复制保全，即采用复印、转录、制作模型等方法保全证据的证明价值，主要适用于各种痕迹物证、书证、视听资料等证据。所谓笔录保全，即采用制作笔录的方法保全证据的证明价值，主要适用于证人证言、被害人陈述、犯罪嫌疑人和被告人的供述和辩解等证据。所谓照相保全，即采用照相的方法保全证据的证明价值，主要适用于各种不宜提取原物的物证和不易长期保存的书证等证据。所谓录音保全，即采用录音的方法保全证据的证明价值，主要适用于证人证言、被害人陈述、犯罪嫌疑人和被告人的供述和辩解等言词证据。所谓录像保全，即采用录像的方法保全证据的证明价值，主要适用于犯罪嫌疑人和被告人的供述和辩解等言词证据，以及现场勘验、搜查等综合取证的活动和过程。所谓封存保全，即采用封存财物和冻结银行账户等方法保全证据的证明价值，主要适用于容易转移、灭失的大宗物证和与案件有关的金钱等证据。

（三）侦查机关的证据保全、审判机关的证据保全和公证机关的证据保全

根据主体不同，可以分为侦查机关的证据保全、审判机关的证据保全、公证机关的证据保全。侦查机关的证据保全，是指公安机关或检察机关的侦查人员对侦查过程中发现或提取的证据采取的保全措施。审判机关的证据保全，是指在诉讼过程中，法院根据诉讼参与人的申请，对那些可能灭失或者以后难以取得的证据采取的保全措施；或者由法院主动采取的证据保全措施。公证机关的证据保全，是指公证机关根据当事人的申请而对某些证据进行的保全。公证保全一般都发生在诉讼活动开始之前，是当事人为日后可能发生的诉讼而事前采取的一种预备行动。

四、证据保全的规则

（一）实物证据保全规则

1. 原物优先

对于各种实物证据，应当尽量采用提取原物的方法进行保全。只有在确实无法或不便提取原物时，才可以使用其他方法进行保全。

2. 原地拍照

对于各种实物证据，无论使用何种方法进行保全，都应当先在发现或提取该实物证据的地点进行拍照，客观地记录该实物证据的原始状态和特征，以及与案件事实的原始性联系。

3. 物证标签

侦查人员在提取每件实物证据的时候，都应当为其制作"物证标签"。标签上一般应当写明下列情况：（1）案件的名称或编号；（2）提取的日期和场所；（3）物证的编号；（4）提取人的姓名；（5）物证的基本特征或主要特征。标签应当以恰当的、不会损坏证据证明价值的方式固定在物证上。

4. 物证保管链

实物证据的每个保管环节都应当有专人负责，而且每次移交都应当有完备的手续。每个保管人都应当把自己的姓名和接管该物证的日期写在物证标签上，并且在有关的移交文书上签名或盖章。每件实物证据的所有保管环节应当构成一个完整的链条，不应有间断或短缺。

5. 内容保密

如果书证、视听资料等实物证据的内容涉及国家机密、个人隐私或其他不宜公开的情况，取证人应当在物证标签上注明，每个保管人都应当严格为其保密。未经案件负责人许可，保管人自己也不得看阅。

（二）言词证据保全规则

1. 笔录保全

对于证人证言、被害人陈述、犯罪嫌疑人和被告人的供述和辩解等言词证据，一般都应当采用笔录的方式进行保全。笔录的制作应当遵守询问、讯问等取证措施的有关规定。笔录应当复制一份或多份，原件和复制件应分别附在有关的案卷中保存。笔录的每个保管环节都应有专人负责，防止笔录的遗失或损坏，防止有人改动笔录的内容。保管和移交笔录的情况应当记录在案卷中，并有保管移交人员的签名或盖章。

2. 录音保全

对于证人证言、被害人陈述、犯罪嫌疑人和被告人的供述和辩解等言词证据，也可以采用录音的方式进行保全。录音的制作应当遵守询问、讯问等取证措施的有关规定，并且采用必要的技术手段保证录音的质量。录音带应当复制一份或多份，原带和复制带应分别附在有关的案卷中保存。录音带的每个保管环节都应有专人负责，防止录音带的遗失或损坏，防止有人修改变更录音的内容。保管和移交录音带的情况应当记录在案卷中，并有保管移交人员的签名或盖章。

3. 录像保全

对于证人证言、被害人陈述、犯罪嫌疑人和被告人的供述和辩解等言词证据，还可以采用录像的方式进行保全。录像的制作应当遵守询问、讯问等取证措施的有关规定，并且采用必要的技术手段保证录像的质量。录像带应当复制一份或多份，原带和复制带应分别附在有关的案卷中保存。录像带的每个保管环节都应有专人负责，防止录像带的遗失或损坏，防止有人修改、变更录像的内容。保管和移交录像带的情况应当记录在案卷中，并有保管移交人员的签名或盖章。

第七节 侦查实验规则

一、侦查实验的概念

侦查实验，是指在犯罪侦查过程中，侦查人员为了查明或验证某个案件事实或情节，按照案件发生时的条件，对该事实或情节进行的模拟演示。侦查实验对于刑事案件的调查取证具有重要意义。首先，侦查实验可以用来审查案件中的证据。例如，某个证人说他在案件发生的那天晚上亲眼看见一辆蓝色而不是黑色的轿车停在现场的外面。侦查人员可以让该证人按其所说的时间和距离对停在现场外面的车辆的颜色进行分辨，以判断其证言是否可靠。其次，侦查实验可以用来验证有关案件情节的推断。例如，侦查人员根据某盗窃现场的痕迹和物证推断作案人是从屋门上方的窗户进入现场的，但是该窗口却布满了蛛网。侦查实验证明窗户上的蜘蛛完全能够在作案人离开现场到现场勘验这段时间内再次在洞口织上蛛网，从而证明该推断是正确的。最后，侦查实验可以帮助侦查人员发现新的案情线索和证据。由于侦查实验是在侦查人员密切观察下模拟再现案件发生的情况，所以实验者有可能在实验过程中发现一些以前没有注意到的情况或问题,从而为查明案件事实提供了新的线索和证据。

二、侦查实验的种类

(一)有关人的实验、有关动物的实验和有关物体的实验

根据对象不同,侦查实验可以分为有关人的实验、有关动物的实验和有关物体的实验。有关人的实验,即以某个人的行为能力或感知能力等为对象的实验;有关动物的实验,即以某种动物的特征、属性、能力等为对象的实验;有关物品的实验,即以某种物品的特征、属性等为对象的实验。

(二)有关感知能力的实验、有关行为能力的实验和有关物质属性的实验

根据解决的问题不同,侦查实验可以分为有关感知能力的实验、有关行为能力的实验、有关物质属性的实验。有关感知能力的实验,即测试人的感觉或知觉能力的实验,它可以确定实验对象能否在一定条件下感知某一现象或事实的存在或发生,如某证人能否在下着大雨的路边听清20米外两个人的对话。有关行为能力的实验,即测试人的行为能力的实验,它可以确定实验对象在特定情况下能否完成某一行为,如某人能否搬动某一重物,是否能熟练地使用电钻等。有关物质属性的实验,即测试某一物品是否具有某种属性或者在某些条件下是否会发生某一结果的实验。如某种草堆在一定温度条件下是否会自燃等。

(三)单一实验和对照实验

根据是否采用对照方式,侦查实验可以分为单一实验和对照实验。所谓单一实验,即仅就单一对象进行的实验。例如,为了查明某打火机能否自己爆炸,仅以该种打火机为实验对象,有步骤地改变环境温度、使用力量等实验条件,看其是否会自行爆炸。所谓对照实验,即就两个或两组对象同时在不同条件下进行的实验。例如,为了查明某种有毒物质对鱼类的影响,可以同时把鱼放在两个水池中进行实验,其中一个池中是普通的水,另一个池中是掺有该种物质的水,然后对照观察两组实验的结果。

三、侦查实验的规则

1. 侦查人员组织侦查实验,必须经公安机关的负责人批准。

2. 侦查人员组织侦查实验,必须请两名与案件没有利害关系而且为人公正的公民担任见证人。

3. 侦查人员应尽可能在案件发生的原地点和相同时段,使用相同的器物

和方法进行实验；如果已不具备这样做的可能性，则应使模拟实验的条件尽可能近似于案件发生时的条件。

4. 侦查实验的对象可以是证人、被害人、犯罪嫌疑人和被告人。侦查人员可以根据需要要求上述人员参加实验，但不能强迫其参加。如果对方不同意参加实验，侦查人员可以安排与其条件相似，而且与案件没有利害关系的公民作为替代人参加实验。

5. 侦查人员可以根据情况需要，就同一事实或情节在相同或不同条件下多次进行实验，以保证实验结论的科学性和客观性。

6. 侦查人员在组织侦查实验的过程中，不得有任何有伤风化、侮辱人格或可能造成生命、财产危险的行为。

7. 侦查实验应该秘密进行。除司法活动需要外，侦查实验的参加者都不得公开实验的过程和结果。

8. 侦查人员应当客观、全面、准确地记录侦查实验的情况。记录的方式一般包括笔录、照相和绘图，必要时还可以进行录音和录像。侦查人员、实验人员和见证人都应当在实验笔录上签名或盖章。

第八节　鉴定规则

一、鉴定的概念和种类

鉴定是指具有专门知识的人，接受公安机关、检察机关、审判机关、诉讼当事人及其律师的委托，对案件中的专门性问题进行检验、分析、鉴别、判断的活动。鉴定是查明案件事实的重要方法，鉴定意见是证明案件事实的重要证据。

在司法实践中，鉴定的案源主要有两种情况：其一是鉴定人对亲自勘查现场所发现并提取的物品、痕迹等客体进行的鉴定；其二是鉴定人接受其他机关或单位的委托，对其送检的物品、痕迹等客体进行的鉴定。司法实践中的鉴定有很多种，如物证技术学鉴定、法医学鉴定、司法精神病学鉴定、司法会计学鉴定等。由于本书第二章中对此已有介绍，所以不再赘述。

二、鉴定的规则

（一）了解案情

鉴定的目的和要求必须具体明确。必要时，鉴定人可以向案件的侦查人员或其他送检人员了解与鉴定对象有关的情况，以明确鉴定的具体目的和要求，但是所了解的情况不能影响鉴定的客观性，不能使鉴定人对鉴定问题形成先入为主的认识。

（二）鉴定机构

我国在司法活动中实行鉴定权制度，即鉴定机构必须经过国家有关机关的批准或认可才能够从事与司法活动有关的鉴定活动。鉴定机构有两种：一种是常规性鉴定机构，即专门为司法活动而建立的或者经常为司法活动提供服务的鉴定机构，如公安机关的刑事技术鉴定机构和经由司法部门批准建立的民间性质的物证技术鉴定机构等；另一种是非常规性鉴定机构，即并非专门为司法活动而建立的而且只是偶尔为司法活动提供服务的鉴定机构，如农业、制造业、建筑业等专业或学科领域内的研究机构。任何鉴定机构都必须在其获得批准或认可的专门领域内行使鉴定权。只有由依法享有鉴定权的鉴定机构所作出的鉴定意见，才具有法律效力。

（三）鉴定人

鉴定权属于鉴定机构，但是鉴定权在具体案件中的行使要由鉴定人来完成。换言之，鉴定的主体应该是鉴定人，而不是鉴定机构。因此，鉴定书或鉴定意见书上不能仅有鉴定机构的公章，还必须有鉴定人的签名或盖章。司法活动中与鉴定人有关的规则如下：

1. 鉴定人必须在鉴定所涉及的专门领域内具有鉴定资格。鉴定人的鉴定资格由其所在鉴定机构进行审查、考核后授予，或者由司法机关在个案中审查确认。

2. 与本案有利害关系，可能影响公正鉴定的人，不能担任本案的鉴定人。属于下列情况的鉴定人应当回避：

（1）本人是本案的当事人或者是当事人的近亲属。当事人，是指被害人、自诉人、犯罪嫌疑人、被告人、附带民事诉讼的原告人及被告人。近亲属，是指夫、妻、父、母、子、女、同胞兄弟姊妹。

（2）本人或者他的近亲属和本案有利害关系。有利害关系，是指他们同案件的事实、案件的当事人或其近亲属有某种牵连，案件的处理结果会对他们的权益产生某种影响。

（3）担任过本案的证人、辩护人或者诉讼代理人。由于证人、辩护人或者诉讼代理人在诉讼中往往处于倾向于某一方当事人的地位，所以他们担任鉴定人难保客观公正。

（4）与本案当事人有其他利害关系并可能影响其作出客观、公正鉴定的情况。

属于上述四种情况的鉴定人应当自行回避。如果鉴定人没有自行回避,案件当事人及其法定代理人有权要求他们回避。鉴定人自行回避的,或者当事人及其法定代理人要求回避的,都必须提出回避的理由。鉴定人的回避,由有关机关的负责人决定。在侦查阶段,由公安机关或人民检察院负责人决定;在审查起诉阶段,由人民检察院负责人决定;在审判阶段,由法院负责人决定。但是在侦查阶段,如果情况紧急,在决定鉴定人回避以前,鉴定人不应停止自己的鉴定工作。

3. 鉴定人必须遵守职业道德规范,在鉴定过程中不得私下会见案件当事人及其委托人,不得接受请客送礼,不得有任何违反科学公正鉴定原则的行为。

4. 鉴定人在鉴定中处于独立的地位,不受包括委托人在内的其他人员的干扰,只忠实于案件事实,根据鉴定材料科学地给出鉴定意见。任何人不得要求鉴定人按照其意愿进行鉴定,也不得要求鉴定人在鉴定中,对诸如是否犯罪、罪责轻重等有关法律问题进行评论。鉴定人只能就案件中涉及的需要用专门的科学知识或技术来解决的问题,进行鉴定并给出鉴定意见,对案件中涉及的法律问题不应发表意见。

(四) 鉴定程序

1. 在刑事诉讼的侦查起诉阶段,公安机关、检察机关、当事人及其辩护人、提供法律帮助的律师或诉讼代理人,都有权委托鉴定人进行鉴定;在审判阶段,法庭认为仍有必要进行鉴定时,也可以委托鉴定人进行鉴定。

2. 鉴定人接受委托时,要填写受理鉴定登记表,并查验送检材料能否满足鉴定的要求。如果鉴定材料不充分,可以要求补送。鉴定人要向送检人详细了解鉴定材料的来源,以及提取、保管、运送的方式和方法。如果刑事诉讼中辩护方委托鉴定的检材或对象处于公安机关或检察机关的控制之下,后者应该为鉴定人提供必要的检材或其他条件。

3. 鉴定人接受委托后,要及时进行鉴定,以免错失侦查时机或者导致对犯罪嫌疑人或被告人的超时羁押。一般的鉴定应该在受理之日起的 20 天内完成;如确因技术原因或其他客观原因而需要延长的,经委托鉴定机关的同意,可以延长到 30 天;司法精神病鉴定的时间一般可以延长至 50 天。

4. 鉴定一般应当由两名鉴定人进行,其中一人鉴定,一人复核。复核人应当是具有高级专业技术职称的鉴定人。如果复核人与鉴定人的意见不一致,鉴定机构应该组织"会同鉴定"。会同鉴定小组可以由本机构的专家组成,也可以聘请外面的专家组成,但是原鉴定人和复核人不应参加。当会同鉴定的专家意见不一致时,不能采用少数服从多数的办法得出鉴定意见,而应当客观地记录各位专家的意见。

5. 委托鉴定的机关或者使用鉴定意见的机关对鉴定意见有异议时，可以要求原鉴定机关进行补充鉴定，也可以委托原鉴定机关同一系统的上级鉴定机关进行复核鉴定，或者委托其他鉴定机关进行重新鉴定。无论是复核鉴定还是重新鉴定，委托人都需要向鉴定人提出复核鉴定或重新鉴定的理由，并提供原鉴定书及有关材料。

6. 在鉴定过程中，鉴定人应当妥善保管和恰当使用委托人提供的鉴定材料，并承担相应的保密义务。鉴定结束后，鉴定人应当将无须附卷的鉴定材料全部返还委托人。对于确有研究价值需要留作标本的材料，鉴定人可以征得委托人同意后留存。

（五）鉴定文书

1. 鉴定人在鉴定结束之后应当立即制作鉴定书或者鉴定意见书。鉴定文书应当按照统一规范的标准和格式制作，并附有必要的图表和照片等说明材料。补充鉴定的鉴定文书应当单独制作。

2. 鉴定文书必须加盖鉴定机构的科学技术鉴定专用章，并有鉴定人、复核人等有关鉴定人员的签名或盖章。

3. 鉴定文书应当制作正本、副本各一份。正本交委托单位使用，副本由鉴定机构存档保存。

三、鉴定的规范化问题

中国现行的司法鉴定制度是在20世纪50年代开始形成，在70年代末确立的。随着中国社会的发展和诉讼制度的变化，现行的司法鉴定制度逐渐暴露出许多缺陷。其中，既有鉴定管理制度的缺陷，也有鉴定程序制度的缺陷，还有鉴定证据制度的缺陷。这些缺陷不仅导致了司法鉴定的混乱，影响了鉴定意见的科学性，而且在一定程度上影响了司法裁判的公正性。近年来，在社会民众的要求下，在人大代表的呼吁下，全国人大法工委和内司委相继开始研究相关法律的制定与完善问题，努力把司法鉴定活动纳入规范化、法制化的轨道。2005年2月28日，全国人大常委会通过了《关于司法鉴定管理问题的决定》（以下简称《决定》）。这项旨在"积极推进司法鉴定的规范化、法制化"的《决定》于2005年10月1日起生效。诚然，仅靠这一个《决定》并不能解决司法鉴定实践中存在的所有问题，我们必须努力全面实现司法鉴定活动的规范化。

（一）司法鉴定管理的规范化

司法鉴定管理包括两个方面：其一是司法鉴定机构的管理；其二是司法鉴定人员的管理。因此，司法鉴定管理的规范化也包括鉴定机构管理的规范化和鉴定人员管理的规范化。首先，鉴定机构是从事司法鉴定活动的专业组织，鉴定人员必须在一定的鉴定机构中工作，因此，对鉴定机构的管理是司法鉴定管理的基础。鉴定机构管理的规范化包括三个方面：第一，鉴定机构资格审查的规范化；第二，鉴定机构注册登记程序的规范化；第三，鉴定机构违规处罚制度的规范化。其次，在司法鉴定活动中，鉴定人员的专业技术水平以及工作态度和职业道德也是至关重要的。要保证司法鉴定的科学性和公正性，必须加强对司法鉴定人员的管理，努力实现管理的规范化。鉴定人员的规范化管理也包括三个方面：第一，鉴定人员资格条件的规范化，或者说，鉴定人员"准入标准"的规范化；第二，鉴定人员注册登记程序的规范化；第三，鉴定人员违规处罚制度的规范化。全国人大常委会的《决定》就司法鉴定机构和人员的资格条件、注册登记程序和违规处罚等都作出了明确规定。第14条还特别强调："司法行政部门在鉴定人和鉴定机构的登记管理工作中，应当严格依法办事，积极推进司法鉴定的规范化、法制化。"上述规定为加强我国司法鉴定管理的规范化提供了法律依据。

（二）司法鉴定行为的规范化

鉴定行为是鉴定人运用自己所掌握的专业知识对专门性问题进行检验、鉴别和判断的活动，属于个人行为。鉴定行为的规范化是司法鉴定活动规范化的基本内容。司法鉴定活动是由具体人员的职业行为构成的。这些人员的行为会直接影响到司法鉴定的质量。由于人的素质和性格各不相同，知识和经验的水平也是参差不齐的，所以，如果没有统一的行为规范，每个人就会凭自己的道德素养、靠自己的知识经验去处理问题，司法鉴定工作的质量就很难保证，甚至会出现滥用职权、恣意妄为等现象。在法治国家中，司法鉴定人员的行为都应该遵循统一的规范和标准。笔者认为，从事司法鉴定工作的人员要有具体明确的职业行为准则，而且要建立有效的制度性保障机制。

（三）司法鉴定程序的规范化

在现代法治国家中，司法活动必须遵守"正当程序"原则，而规范性是正当程序的一个基本特征。因此，司法鉴定的程序也必须规范化。这包括以下几个方面：第一，为鉴定而收集、提取检材或样本的程序要规范，如现场勘查程序和强制提取嫌疑人体液或毛发样本的程序等；第二，保管检材或样本的程序要规范，如保管痕迹物证或血液样本的程序等；第三，鉴定的启动程序要规范，包括申请鉴定的程序、决定鉴定的程序、委托鉴定的程序、复核鉴定的程序、鉴定救济的程序等；第四，鉴定的实施程序要规范，包括鉴定机构接受委托的程序、验收检材和样本的程序、实施检验的程序等；第五，鉴定意见的审查程序要规范，包括鉴定人出庭的程序、法庭上对鉴定意见进行质证的程序、法官对鉴定意见进行认证的程序等。在这些程序中，有些是鉴定活动自身的程序，有些则属于与鉴定有关的诉讼程序。无论属于何种程序，实现规范化都对保证鉴定意见的可靠性和保障司法的公正性具有重要意义。

（四）司法鉴定方法的规范化

司法鉴定的方法与司法鉴定的程序有密切关系，但是鉴定方法并不等同于鉴定程序。一般来说，鉴定方法是决定鉴定意见的首要因素。方法正确，结论才能够正确；方法不正确，结论就不可能正确。由于司法鉴定方法往往都是以一定学科的科学技术方法为基础的，所以研究司法鉴定方法的规范性问题必须以相关学科的科学理论和技术方法为基础，必须针对不同种类的鉴定制定专门的方法规范，如法医学鉴定规范、法化学鉴定规范、法物理学鉴定规范、法生物学鉴定规范、法遗传学鉴定规范、法人类学鉴定规范、法精神病学鉴定规范等。另外，就司法鉴定的不同环节制定方法规范也是很有必要的，包括鉴定材料提取方法的规范、鉴定材料保全方法的规范、鉴定材料检验方法的规范、鉴定意见评断方法的规范等。司法鉴定方法的规范化有赖于科学技术的进步和司法经验的积累，因此，随着社会的发展，司法鉴定方法会越来越规范。

（五）司法鉴定标准的规范化

司法鉴定是为审判服务的，其结论必须在审判中接受检验，而接受检验就要有一定的标准。诚然，科学公正可以说是衡量司法鉴定的最高标准。但是，这个标准太抽象，很难在具体的司法实践中发挥规范的作用。换言之，司法鉴定的标准必须具体明确，具有可操作性，才能真正发挥规范的作用，才能保证司法鉴定意见的统一规范性。司法鉴定标准的规范化具体表现为各种鉴定意见在诉讼活动中的采纳标准和采信标准的规范化。目前，我国司法人员在采纳和采信——特别是采信——鉴定意见时主要以个人的经验和认识为基础，缺乏统一规范的标准，因而很容易出现混乱。我们认为，就当前我国鉴定制度和司法实践的状况而言，实现鉴定意见采信标准的规范化具有特别重要的意义。

第八章
举 证 规 则

举证是指诉讼双方在审判中向法庭提供证据证明其主张之案件事实的活动。在有关举证的规则中，举证责任的分配规则具有最为重要的地位。此外，举证的程序性规则也是不容忽视的。在本章中，我们主要从刑事诉讼的角度探讨举证的有关规则。

第一节　举证责任的概念

诉讼活动中的举证责任，既是一个复杂的理论问题，也是一个重要的实践问题。虽然自古罗马时代开始，法律学者就一直在研讨举证责任的问题，但是时至今日，人们在举证责任的概念、性质、分配等基本问题上仍然是众说纷纭、莫衷一是。在司法实践中，举证责任的分配和确定是至关重要的，因为它往往在很大程度上决定着诉讼的结果。特别是在复杂的诉讼案件中，如果举证责任分配有误，那就会直接导致判决的错误。

一、举证责任与证明责任

就概念而言，目前我国的法学界和司法界使用着两个术语，一个是证明责任，一个是举证责任。一般来说，学者比较喜欢使用证明责任的术语；而司法实务人员则更多地使用举证责任的术语。至于二者的关系，有人认为这两个概念可以完全等同；有人认为这两个概念必须严格区分；有人主张统一使用证明责任的概念；有人主张一律使用举证责任的概念。在我国的相关立法中，刑事诉讼法和行政诉讼法明确使用了"举证责任"的概念。前者第 49 条规定："公诉案件中被告人有罪的举证责任由人民检察院承担，自诉案件中被告人有罪的举证责任由自诉人承担。"后者第 32 条规定："被告对作出的具体行政行为负有举证责任，应当提供作出该具体行政行为的证据和所依据的规范性文件。"《民事诉讼法》第 64 条使用了"当事人对自己提出的主张，有责任提供证据"的表述。

其实，不仅中国学者在证明责任和举证责任等概念的使用上存在着分歧，外国学者在这个问题上也存在着"众说纷纭"的现象。例如，在英美国家的证据法中，有三个与此相关的概念：证明责任（burden of proof 或 onus of proof）、举证责任（burden of production）、说服责任（burden of persuasion）。其中，举证责任又可以称为先行举证责任（burden of initially producing evidence）或证据推进责任（burden of going forward with evidence）。有些学者认为，证明责任是一个总概念，举证责任和说服责任是其下面的两个分概念。有些学者则认为，这三个概念是相互独立、相互区别的，不能混为一谈。①

我们认为，举证责任和证明责任是两个密切相关又略有区别的概念。从字面上看，一个是举证，一个是证明，含义自然应该有所差异。举证的含义是举出证据或者提供证据；证明的含义是用证据来表明或者说明。那么，严格地说来，举证责任只是举出证据的责任，证明责任则是运用证据证明案件事实的责任，二者的侧重显然有所不同。但是，如果进一步分析其实质内涵，人们就会发现二者其实相去并不太远，因为举证的目的也是要用证据证明案件事实，而证明也就包含了举出证据的意思。离开证明案件事实的目的，举证便成了毫无意义的行为；没有举出证据的行为，证明也就成了一句空话。由此可见，证明离不开举证；举证也离不开证明。证明必须以举出证据作为基础；而举证的目的也就是为了证明案件事实。因此，这两个概念似不必严格区分，也不必强行肯定一个，否定一个。语言是约定俗成的。人们长期以来在使用举证责任这个概念的时候其实已经赋予它证明责任的含义，也就是说，人们讲的举证责任实际上就包括了证明责任的含义。尽管这两个概念的字面含义有所不同，但是人们在长期的语言习惯中已经把它们当做同义词来使用，现在没有强行改变的必要。当然，在不同的语言环境下，人们可以按照习惯选用证明责任或举证责任。在本书中，我们一般都使用举证责任这一术语。

---

① 参见［美］乔恩·华尔兹：《刑事证据大全》（第 2 版），何家弘等译，中国人民公安大学出版社 2004 年版，第 393 页。

二、举证责任的概念

所谓举证责任，就是诉讼当事人在审判中向法庭提供证据证明其主张之案件事实的责任。理解这一定义，应该明确以下几点：首先，举证责任是就他向证明而言的，自向证明不存在举证责任的问题。因此，在诉讼活动中承担举证责任的主体只能是诉讼当事人，不包括法官。具体就刑事诉讼而言，承担举证责任的主体主要是代表国家提起公诉的检察官，当然在某些特殊情况下，也可以是被告人。其次，举证责任是以审判为中心的，主要表现在诉讼的审判阶段。在审判以前的诉讼活动中，不存在举证责任的问题。虽然审判以前的调查取证等活动都是为审判阶段的证明活动服务的，虽然侦查人员也要进行他向证明，但是严格地说，那还不是举证责任的履行或者实现。换言之，侦查人员不是在诉讼中承担举证责任的主体。最后，举证责任应该包括三层含义：（1）提供证据的行为责任，即诉讼当事人就其事实主张向法庭提供证据的责任；（2）说服事实裁判者的行为责任，即诉讼当事人使用符合法律要求的证据说服事实裁判者相信其事实主张的责任；（3）承担不利后果的责任，即诉讼当事人在不能提供证据或者不能说服事实裁判者而且案件事实处于不清状态时承担不利诉讼后果的责任。

在讨论举证责任的概念时，我们有必要明确举证责任与事实主张的关系。就诉讼而言，没有事实主张，就没有举证责任，而且举证的内容就是由事实主张所决定的。正因为二者关系密切，所以有学者认为，举证责任不仅包括提供证据的责任、说服责任和后果责任，还应当包括主张责任，即提出事实主张的责任。[①] 我们认为，举证责任当然要以一定的事实主张为基础，而且承担举证责任的人首先要提出一定的事实主张，否则，举证责任就成了无本之木。但是，提出事实主张是承担举证责任的前提，不是举证责任的内容。这两个问题不应混为一谈。

在刑事审判中，公诉方提出事实主张的范围应当包括被告人犯了什么罪，犯的是一罪还是数罪，以及有无应当从重、从轻或减轻处罚的情节等。对于举证责任来说，这有两层含义：其一，由于事实主张是确定举证责任的基础，所以公诉方对上述事实主张承担举证责任；其二，由于被告人无罪不属于公诉方的事实主张范围，所以公诉方不承担证明被告人无罪的举证责任。

举证责任在诉讼活动中的确定与分配，既是一个重要的法学理论问题，也

---

① 参见卞建林主编：《证据法学》，中国政法大学出版社2000年版，第325～326页。

是一个重要的司法实践问题。明确举证责任的分配规则，必须以一定的诉讼理论为基础，必须以一定的司法理念为出发点。同时，举证责任的分配又是一个实践性和操作性都很强的问题，而且目前在我国的司法实践中存在着混乱的状况。简言之，在民事诉讼中，举证责任的分配原则是"谁主张，谁举证"；在刑事诉讼中，举证责任一般都由公诉方承担。不过，无论在民事诉讼中还是在刑事诉讼中，都存在着举证责任分配的特殊情况。

第二节 刑事诉讼中举证责任分配的一般规则

一、无罪推定原则

在刑事诉讼中，决定举证责任分配的首要原则是无罪推定或有罪推定。如果实行无罪推定，举证责任就在公诉方，因为公诉方必须向法庭证明被告人有罪，否则法庭就应宣判被告人无罪；如果实行有罪推定，举证责任自然落到被告人身上，因为被告方不得不向法庭证明自己是无罪的，否则法庭就会认定其有罪。我国《刑事诉讼法》第12条规定："未经人民法院依法判决，对任何人都不得确定有罪。"尽管人们对这一规定的解释还存在不同的观点，但是这一规定体现了无罪推定原则的基本精神。2012年《刑事诉讼法》第50条增加了"不得强迫任何人证实自己有罪"的规定。这也是无罪推定原则的体现。

无罪推定原则应包括三层含义：第一，任何人在被法院依法判定有罪之前，应该先被假定为无罪者；第二，在刑事案件的审判中，公诉方应该承担举证责任，被告方一般不承担举证责任，具体来说，被告人既没有证明自己有罪的责任，也没有证明自己无罪的责任；第三，在公诉方举出的证据未能达到法定证明标准的情况下，法院应该宣告被告人无罪，换言之，法院判决应该遵守"疑罪从无"的原则。

顺便说，我们把英文中的 presumption of innocence 翻译成"无罪推定"容易产生误解。英语中的"推定"（presumption）与汉语中"推定"概念是有差异的。多年来，我们习惯于把英文中的 presumption 翻译成中文的"推定"，以至于我们自觉或不自觉地认为这两个概念就是完全等同的。但是通过仔细考较，我们可以看到 presumption 和推定并不能完全等同。在英文中，presumption 的基本含义是"预先假定"；而在中文中，推定的基本含义是"推断认定"。因此，presumption of innocence 在英语中的表达顺理成章，因为其含义就是"预先假定被指控者无罪"；但是在中文中，无罪推定的概念就显得有些不妥，因为我们不能说"无罪推定"是"经推断认定被指控者无罪"，也不能说根据已经掌握的证据，被告人无罪的可能性大于有罪的可能性，所以要推定其无罪。

其实，美国也有学者认为无罪推定和法律人讲的"证据性推定"不同。因为无罪推定不是根据由统计数据所支持的事实推断而得出的被指控者事实上更可能是无罪者而不是有罪者的结论。①由此可见，我们把 presumption of innocence 翻译为"无罪假定"更为合适。其实，中国学者过去也曾经在翻译介绍"无罪推定"原则时使用"假定"一词，例如，把法国1789年《人权宣言》中的表述翻译为"任何人在其未被宣告为犯罪以前，应当被假定为无罪"；把1976年生效的联合国《公民权利和政治权利国际公约》第14条的规定翻译为"被告人未经依法确定有罪以前，应假定其无罪"。②诚然，语言是约定俗成的，我们无意也无力改变国人使用"无罪推定"术语的习惯，但是我们必须注意到 presumption 和推定的语义差异。当我们把 presumption of innocence 翻译为"无罪推定"的时候，我们应该知道这只是借用了中文中"推定"的语词外壳而已。无罪推定是基于一定价值取向而确立的刑事诉讼原则。无罪推定的目标是要保护被告人的合法权利，是要保障司法的公正，是要把"无罪者被错判有罪"的可能性限制到最低水平。

二、公诉案件由公诉方承担举证责任

《刑事诉讼法》第49条规定："公诉案件中被告人有罪的举证责任由人民检察院承担，自诉案件中被告人有罪的举证责任由自诉人承担。"根据上述规定，公诉刑事案件中举证责任分配的一般规则是由公诉方承担举证责任，被告人不承担举证责任。在审判中，公诉方要向法庭提供充分的证据证明其指控的犯罪事实，而且其证明要达到法定的标准。被告人既没有义务向法庭证明自己有罪，也没有义务向法庭证明自己无罪。换言之，被告人可以不向法庭提供任何证据，仅对公诉方提出的证据进行质疑，就是完成了辩护的任务。被告人甚至可以不做任何辩护，法庭也不能因此就作出对被告人不利的判决。

---

① The presumption of innocence is not what lawyers call an "evidentiary presumption". It does not arise from factual inferences, statistically supported, that accused persons are in fact more likely to be innocent than guilty. 参见何家弘编：《法律英语》（第3版），法律出版社2006年版，第299页。

② 巫宇甦主编：《证据学》，群众出版社1983年版，第98页。

如上所述，由公诉方承担举证责任是无罪推定原则的要求。此外，举证责任的这样分配还有操作层面上的理由。一方面，因为公诉方是刑事诉讼程序的启动者，是要求法院作出判决的人，所以公诉方应该向法庭提供证据支持其要求和主张。这也符合诉讼活动中分配举证责任的"谁主张，谁举证"原则。另一方面，公诉方既然做好了起诉的准备，自然也处于举证的便利位置，让其承担举证责任也是顺理成章的。被告人不承担举证责任的理由也有两个方面：其一，被告人在诉讼中处于被动防守的位置，不便于举证；其二，被告人的诉讼主张是否定公诉方指控的犯罪事实，而否定某事实的存在，往往难以举证。诚然，被告方可以在审判时举出证据来证明自己无罪或罪轻，但这属于被告人的辩护权利，不是举证责任。被告人可以依法行使辩护权，也可以不行使辩护权，而且不能仅仅因为其不进行辩护就得到对其不利的事实认定或判决后果。

三、自诉案件由自诉人承担举证责任

在自诉刑事案件中，自诉人即原告方承担举证责任，被告人不承担举证责任。这也是司法活动中"谁主张，谁举证"基本原则的体现。如果自诉人不能用充分证据证明其指控的犯罪事实，在开庭审判之前，法官应当说服自诉人撤诉，或者用裁定驳回其起诉；经开庭审理之后，法官则应当判决被告人无罪。总之，自诉人举证不能或不充分，就要承担败诉的后果。

第三节 刑事诉讼中举证责任分配的特殊规则

一、举证责任的转移

在刑事诉讼中，举证责任由公诉方或自诉人承担，这并不意味着被告人在任何情况下都不应承担任何举证责任。根据无罪推定原则确立的举证责任分配规则，只是明确了整个案件的举证责任应该由提出犯罪指控的公诉方或自诉人承担。至于案件中具体事实或情节的举证责任，则应当遵循"谁主张，谁举证"的原则进行分配。这就是说，在某些情况下，举证责任也会从公诉方或自诉人转移到被告人身上。

举证责任转移并不是对无罪推定原则的否定。确立无罪推定原则的基础是刑事立法和司法的特定价值取向，即保护犯罪嫌疑人和被告人权利的需要。然而，法律规定举证责任的转移，主要是考虑诉讼活动中证明的需要和举证的便

利,即由哪一方先行举证更有利于诉讼证明的推进。在这个意义上讲,举证责任的转移是以举证便利和诉讼效率为前提的。

例如,某杀人案件的被告人声称自己在案件发生的时候不在犯罪现场,而是在别的某个地方。对于这一事实主张,被告人就应该承担举证责任,即举出证据证明他案件发生时不在犯罪现场,而是在另外一个地方。在这种情况下,举证责任就要由公诉方转移到被告方。这种转移是符合司法证明规律的。既然被告人提出一种具体的事实主张,他就应该提出相应的证据支持其主张,而且他显然处于举证的便利位置。如果被告人可以随便提出一种事实主张,然后就让公诉方去举证反驳,自己却不承担任何举证责任,那显然违反了司法公正的原则,也会极大地影响司法证明的效率。

不过,基于公诉方与被告方的力量对比和攻防位置,法律对被告方举证的要求可以低于对公诉方的举证要求。换言之,被告方的证明不必达到"证据确实充分"或者"排除合理怀疑"的标准,而只要能够证明其不在犯罪现场的可能性大于其在犯罪现场的可能性就算完成了举证的任务。这种标准相当于英美法系国家在民事诉讼中使用的"优势证明"标准。一旦被告方完成举证之后,案件中的举证责任就又转移到公诉方。而且,公诉方应该用确实充分的证据证明其指控的全部犯罪事实,包括被告人在案件发生时就在犯罪现场的事实。

并非被告方对自己的所有辩护主张都要承担举证责任。如果被告方只是消极地否定公诉方的事实主张,如声称自己没有杀人,那么被告方对这种事实主张就不承担举证责任,或者说,这里就不能发生举证责任的转移。只有当被告方提出具有积极辩护意义的具体事实主张时,举证责任才转移到被告方。例如,被告人不仅说自己没有杀人,而且说该被害人是被另外某个人杀死的,以此证明自己不是杀人犯,那么被告人对这个具体的事实主张就要承担举证责任。

在司法实践中常见的能够导致举证责任转移的辩护主张包括四类:(1)关于被告人责任能力的事实主张,例如,被告人有精神病或者在案件发生时处于精神不正常的状态;被告人在案件发生时没有达到法定的刑事责任年龄等。(2)关于被告人行为合法性或正当性的事实主张,例如,被告人的杀人或伤人行为属于正当防卫;被告人的破坏财物行为属于紧急避险等。(3)关于侦查人员或执法人员行为违法性的事实主张,例如,被告人之所以实施被指控的犯罪行为是因为公安人员的"侦查陷阱";被告人之所以承认自己有罪是因为审讯人员的刑讯逼供等。(4)关于被告人根本不可能实施指控犯罪行为的事实主张,例如,被告人根本不可能实施该抢劫行为,因为案件发生时他不在犯罪现场；被告人根本不可能实施该杀人行为，因为被害人是被另外一个人杀死的。在刑事诉讼中能否发生举证责任的转移，必须对被告人提出的事实主张进行具体的分析。

在自诉刑事案件中，举证责任的转移是一种更为常见的现象。当被告人提出具体的事实主张反驳自诉人的指控时，举证责任便转移到被告人一方。在被告人提供足够的证据证明其事实主张之后，举证责任又回归到自诉人身上。另外，按照法律规定，被告人可以在诉讼过程中对自诉人提出反诉。对于反诉的事实主张，被告人当然负有举证责任。

二、举证责任的倒置

刑事案件的举证责任一般由公诉方或提出具体事实主张的一方承担，但是在某些情况下，法律也可以规定举证责任由被告方或者具体事实主张的相对方承担。这就是举证责任的倒置，即在特殊情况下对举证责任的非常规性配置。举证责任倒置一般都是由法律以推定的形式明确规定的。立法者决定在某种案件中适用举证责任倒置的理由包括司法证明的需要，各方举证的便利，以及反映一定价值取向的社会政策性考虑。下面便举例说明刑事诉讼中举证责任倒置的几种情况。

（一）巨额财产来源不明罪的举证责任

我国《刑法》第 395 条规定："国家工作人员的财产、支出明显超过合法收入，差额巨大的，可以责令该国家工作人员说明来源，不能说明来源的，差额部分以非法所得论。"这就是举证责任的倒置。在这类"巨额财产来源不明罪"案件中，立法者出于严厉打击贪污受贿犯罪的需要，规定由被告人承担举证责任。只要被告人不能用充分的证据证明其巨额财产有合法来源，法官就可以推定那些财产是非法所得。当然，这种规定也是考虑到举证的便利。在此类案件中，即使被告人的巨额财产确实是非法所得，让公诉方进行证明也比较困难。但是，如果这些财产确有合法来源，让被告人进行证明还是比较便利的。

在举证责任倒置的情况下，本应承担举证责任的公诉方也不是完全没有举证责任，而是仅承担初始推进性的举证责任。在巨额财产来源不明罪案件中，公诉方只要用证据证明被告人的财产或支出明显超出合法收入，差额巨大，就完成了举证责任。然后，案件中的举证责任便由被告人承担。如果被告方不能用确实充分的证据证明其事实主张，即那部分财产属于其合法收入，那就要承担不利的后果，即被判有罪。

(二) 非法持有型犯罪的举证责任

在非法持有型犯罪案件（包括非法持有毒品，非法持有枪支弹药，非法持有国家绝密、机密文件资料等类犯罪案件）中，举证责任的分配也处于倒置的状态。例如，在非法持有毒品罪案件中，只要执法人员在某人身上查获了毒品，就可以认定其是非法持有，除非其用证据证明其持有的合法性或合理性。具体说，如果被查获身上带有毒品的被告人声称他有合法理由携带该毒品，或者说是别人为了陷害他而在他不知晓的情况下把毒品放在他的身上或包里，那么他对这一事实主张就要承担举证责任。如果他不能用证据证明其携带毒品的合法性或合理性，法院就可以推定其行为属于非法持有并判其有罪。换言之，在被告人是否"非法"持有的问题处于事实不明的状态时，被告人就要承担不利的诉讼后果。

在英美法系国家的司法实践中，"持有最近被窃财物"是很有代表性的举证责任倒置。在这类案件中，如果被告人被发现持有最近被窃的财物，而他又不能用证据证明自己持有该财物的合法性或合理性，那么法官就可以推定他是盗窃该财物的人，并判其有罪。例如，巡逻警察在一所住宅外面发现一个拿着大包的嫌疑人，包里有摄像机等物品。经查，该住宅刚刚发生盗窃案，那摄像机就是被窃物品。然而，该嫌疑人声称他不是盗窃犯。他刚才路过此地，见到一个年轻人从该住宅跑出来，手里拿着这个大包，神情很慌张。他大喊了一声，那个年轻人扔下包就跑了。他捡起这个大包，正想去找失主，结果警察来了。在这个问题上，该嫌疑人承担举证责任。如其举证不能，就要承担不利的诉讼后果，即被判有罪。

在1973年的"巴恩斯诉合众国"一案中，美国联邦最高法院认可了审判法官就"持有最近被盗财物"问题对陪审团的指示，并维持了审判法院对被告人的有罪判决。该审判法官对陪审团指示道："如果（被告人）不能给出令人满意的解释，持有最近被窃财物通常就是一种旁证，你们可以合理地根据它作出推断并依据本案中证据表明的环境情况认定该持有人知道那些财物是赃物。"简言之，陪审团可以根据被告人无法解释地持有最近被窃财物就判其有罪。[①]

(三) 严格责任犯罪的举证责任

严格责任是主要适用于高度危险行为和产品责任事故等民事侵权案件中的归责原则。在此类案件中，法律不把行为人对危害后果的主观故意或过失作为

---

① 参见［美］乔恩·华尔兹：《刑事证据大全》（第2版），何家弘等译，中国人民公安大学出版社2004年版，第399页。

承担赔偿责任的条件。例如,我国《民法通则》第 123 条规定:"从事高空、高压、易燃、易爆、剧毒、放射性、高速运输工具等对周围环境有高度危险的作业造成他人损害的,应当承担民事责任;如果能够证明损害是由受害人故意造成的,不承担民事责任。"此外,在环境污染、产品质量、医疗事故、饲养动物伤人、建筑物悬挂物坠落伤人等类案件中也在不同程度上适用严格责任原则。在英美法系国家中,这一民事责任原则被适用到刑事案件之中,于是就产生了严格责任犯罪的概念。

所谓严格责任犯罪,就是说,法律并不要求公诉方在审判中证明被告人有犯罪的故意或过失,只要证明被告人实施了该犯罪行为并造成了损害后果,就完成了举证责任,法院就可以判被告人承担刑事责任。按照《布莱克法律词典》上的解释,严格责任犯罪是"不要求犯意要件的犯罪,如超速驾驶或企图携带武器登机"。① 在英美法系国家,严格责任一般仅适用于轻罪,而且刑罚的种类一般为罚金。

在英国的普通法中,传统的严格责任犯罪只有两种,一种是公害罪,如出售危害公众健康的食品;一种是诽谤罪,如报纸所有人对未经其授权或同意而由其雇员发表的诽谤性文章负有责任。后来,英国的法律又把蔑视法庭罪纳入严格责任犯罪的范畴,并有人主张把亵渎宗教信仰的"渎圣罪"也归入严格责任犯罪的范畴。② 目前,在英美国家的制定法中,严格责任犯罪"主要存在于像食品销售、房屋登记、使用假的或易混淆的商业说明书等问题上的管理性法规中。同时,道路交通法规中的许多犯罪和某些财政金融法规条款中的犯罪被认为适用严格责任"。③

在严格责任犯罪中,公诉方对被告人的主观罪过或"犯意"不承担举证责任。当然,被告方可以举出证据证明自己没有主观罪过或不应承担刑事责任,但是,只要被告方没有证明,法庭就可以判其有罪。这实际上也是以推定为前提的,即凡是实施了严格责任犯罪行为的人就推定其具有主观的罪过,除非其能够用证据证明其没有主观罪过。这是一种可以反驳的推定,因此也适用举证责任倒置的规则。换言之,在严格责任犯罪案件中,被告人必须对自己没有主观罪过承担举证责任,如其举证不能,就要承担不利的诉讼后果。

虽然我国刑法没有就严格责任犯罪作出明确的规定,但是学者对这个问题

---

① Black's Law Dictionary (Seventh Edition), West Group, 1999, p. 378.

② 参见史密斯、霍根:《英国刑法》,李贵方等译,法律出版社 2000 年版,第 114~116 页。

③ 克罗斯、琼斯:《英国刑法导论》,中国人民大学出版社 1991 年版,第 70 页。

已经进行了相当深入的研讨。有学者指出：刑法中的严格责任，是指对于缺乏主观罪过或主观罪过不明确的特殊侵害行为追究刑事责任的刑法制度。从我国犯罪构成理论看，是否定严格责任的，但从我国刑事立法与司法实践看，实际上存在着追究严格责任的情况。① 我们认为，在生产、销售假药和生产、销售有毒、有害食品等类犯罪案件的审判中，可以借鉴英美国家关于严格责任犯罪的规定，适用举证责任倒置的规则。

(四) 刑讯逼供的举证责任

巨额财产来源不明等类犯罪中的举证责任倒置，属于整个案件或案件主要事实的举证责任倒置。在某些情况下，法律也可以规定对案件中的某种情节适用举证责任倒置。刑讯逼供就是一个很好的例子。一些国家的立法或司法判例规定在犯罪侦查过程中警察是否有刑讯逼供行为的问题上，适用举证责任倒置，即由警察承担举证责任，而不是由提出刑讯逼供"指控"的被告人承担举证责任。虽然我国法律还没有就此作出明确规定，但是探讨其中的举证责任倒置问题还是很有意义的。

我国法律明令禁止刑讯逼供，而且规定刑讯逼供者要承担刑事责任。但是在司法实践中，刑讯逼供案件多因取证难而处理难，致使一些侦查人员更加有恃无恐。刑讯逼供的受害人一般都是刑事案件的嫌疑人或被告人，在刑讯期间处于失去自由和孤立无援的境地，而且往往在相当长的一段时间内既无法取证也无法举证。当事情过后他们具有取证和举证的能力时，又因为时过境迁，难以再拿到充分的证据。即使由检察官或法官介入调查，也由于目击人或知情人多为警察，取证困难重重。于是，一方面是刑讯逼供怨声载道、屡禁不止；另一方面是刑讯逼供者被认定和被绳之以法的寥寥无几。为了强化法律对刑讯逼供行为的约束机制，在此类案件的审理中适用举证责任倒置是很有裨益的。

刑讯逼供一般都是作为其他刑事案件中的一个事实或情节被提出来的。例如，一起刑事案件的被告人指控警察曾对他实施了刑讯逼供，因此他要求翻供。这首先是一个举证责任转移的问题。该被告人提出了一个为自己辩护的具体的事实主张，即警察曾经对他实施了刑讯逼供。按照前面讲过的举证责任转移规则，在这种情况下，举证责任就应该从公诉方转移到被告方，即由被告人承担证明警察确有刑讯逼供行为的责任。如果法律规定在这种情况下由公诉方或警察承担举证责任，那就属于在该具体事实情节上的举证责任倒置。

实行举证责任倒置，就是要由被指控有刑讯逼供行为的警察或执法人员承担举证责任。如果其不能用充分证据证明自己没有刑讯逼供，就推定其有刑讯

---

① 参见张文等：《刑事责任要义》，北京大学出版社1997年版，第91~92页。

逼供并让其承担相应的法律责任或后果。当然，提出刑讯逼供指控的被告人也应当承担初始的推进性举证责任，即用合理陈述、伤痕、验伤报告、证人证言等证据证明很可能有刑讯逼供发生。然后，在是否确有刑讯逼供的问题上，整体的举证责任由被指控者承担。就诉讼而言，就是由公诉方承担。

综上，对于是否存在刑讯逼供的事实争议，被告方应承担初步举证责任，达到使法官对证据的合法性产生疑问的程度，也可以称为"优势证据"的证明标准。然后，公诉方应承担证据合法性的证明责任，达到确实充分的证明标准。这可以视为一种"举证责任的倒置"。2010年《非法证据规定》和2012年《刑事诉讼法》都在一定程度上吸纳了这种"举证责任倒置"的合理内涵。

《非法证据规定》第6条规定："被告人及其辩护人提出被告人审判前供述是非法取得的，法庭应当要求其提供涉嫌非法取证的人员、时间、地点、方式、内容等相关线索或者证据。"第7条规定："经审查，法庭对被告人审判前供述取得的合法性有疑问的，公诉人应当向法庭提供讯问笔录、原始的讯问过程录音录像或者其他证据……对该供述取得的合法性予以证明。"第10条规定："经法庭审查，具有下列情形之一的，被告人审判前供述可以当庭宣读、质证：（一）被告人及其辩护人未提供非法取证的相关线索或者证据的；（二）被告人及其辩护人已提供非法取证的相关线索或者证据，法庭对被告人审判前供述取得的合法性没有疑问的；（三）公诉人提供的证据确实、充分，能够排除被告人审判前供述属非法取得的。"第11条规定："对被告人审判前供述的合法性，公诉人不提供证据加以证明，或者已提供的证据不够确实、充分的，该供述不能作为定案的根据。"

《刑事诉讼法》第56条规定："当事人及其辩护人、诉讼代理人有权申请人民法院对以非法方法收集的证据依法予以排除。申请排除以非法方法收集的证据的，应当提供相关线索或者材料。"第57条规定："在对证据收集的合法性进行法庭调查的过程中，人民检察院应当对证据收集的合法性加以证明。"第58条规定："对于经过法庭审理，确认或者不能排除存在本法第五十四条规定的以非法方法收集证据情形的，对有关证据应当予以排除。"

我们认为，这种举证责任的倒置符合司法证明的规律，因为刑讯逼供的被控方最了解当时的情况，处于举证的便利位置，让其承担举证责任有利于查明事实真相。另外，法律明确规定由执法人员对刑讯逼供的指控承担举证责任，可以对执法人员形成更为有力的行为约束力量。面对难以规避的刑罚，执法人员在讯问等执法活动中就必须小心谨慎，必须准备好没有刑讯逼供的证据。而要做到这一点，最好的办法就是严格依照法定的程序去收集证据。

有人认为，这种情况不属于举证责任的倒置，而是举证责任的转移。也有人认为，这就是正常的举证责任分配，因为在刑事诉讼中，公诉方本来就有义务证明其取证程序和手段的合法性。我们认为，公诉方提交法庭的证据应该具有合法性，但是这并不意味着公诉方在每一起案件中都有义务主动地证明被告人供述的取得没有刑讯逼供，只有当辩护方提出有刑讯逼供之后，公诉方才有义务证明没有刑讯逼供。因此，刑讯逼供属于辩护方提出的具体事实主张。按照举证责任转移的规则，辩护方就应该对该主张承担举证责任。正是考虑到辩护方举证的困难和遏止刑讯逼供的需要，法律才对举证责任的分担作出非常规性配置，即规定由公诉方承担举证责任。也正是在这个意义上，我们才称之为举证责任的倒置。当然，将这种举证责任的非常规性配置都称为举证责任转移，亦无不可，但是称之为举证责任倒置，具有更明显的警示作用，因此更有利于遏止刑讯逼供。

从表面上看，举证责任倒置和举证责任转移似乎并无差异，但仔细考较，二者还是有所区别的。举证责任转移在实质上并没有违反"谁主张，谁举证"的一般举证责任分配原则，因为举证责任的转移都是因为被告方提出了具体的事实主张，换言之，承担举证责任者都是提出事实主张的一方。举证责任倒置则是违反"谁主张，谁举证"原则的，因为在此类案件中的事实主张并不是被告方或者承担举证责任的一方提出来的，而是由对方提出来的。例如，巨额财产系非法所得是公诉方的事实主张，但是要由辩护方承担"来源合法"的举证责任；警察有刑讯逼供是辩护方的事实主张，但是要由公诉方承担"没有刑讯逼供"的举证责任。

另外，区分举证责任转移和举证责任倒置也很有实际意义。如前所述，当举证责任转移到被告方时，其证明标准是比较低的，达到优势证明标准即可；而当举证责任倒置在被告人身上的时候，其证明标准是比较高的，因为这个标准就应该是刑事诉讼的一般证明标准，即证据确实充分或排除合理怀疑的证明标准。正是因为举证责任倒置的证明标准较高，所以适用举证责任倒置的情况必须严格控制并由法律明确规定。

三、举证责任的免除

在刑事诉讼中，对案件事实负有举证责任的一方必须完成相应的举证任务，否则就要承担不利的后果。但是在某些情况下，法律许可司法人员按照一定规则免除诉讼一方的举证责任。根据司法证明的原理和司法实践的经验，刑事诉讼中可以免除举证责任的情况主要有以下几种：

（一）被告人"自认"的案件事实

这里所说的"自认",指被告人在法庭上自愿作出的有罪供述。被告人在犯罪侦查阶段作出的书面供认或侦查人员制作的讯问笔录,不足以构成"自认"。关于被告人的"自认"能否免除公诉方的举证责任问题,我国法律目前还没有明确的规定,但是借鉴国外的做法,我们认为可以根据具体情况区别对待。如果被告人"自认"的是案件的部分事实或情节,法官可以免除公诉方除针对该事实或情节的举证责任。例如,在一起受贿案件中,被告人"自认"他收受了某人的贿赂,并且供述了受贿的经过,但是对指控的受贿金额提出异议。那么就受贿行为来说,公诉方可以免除举证责任,但是必须就受贿金额承担相应的举证责任。如果被告人"自认"的是整个案件的事实,那么公诉方还不能完全免除举证责任,因为我国《刑事诉讼法》第53条明确规定,"只有被告人供述,没有其他证据的,不能认定被告人有罪和处以刑罚"。我们认为,在这种情况下可以酌情减轻公诉方的举证责任,即只要举出能够证明所控犯罪的主体、行为和后果等基本要素的证据就可以了。

（二）可以通过司法认知或推定认定的案件事实

如前所述,司法认知是指法官在审理案件过程中,对于那些显而易见或众所周知的事实采用直接确认的方法予以认定。司法认知属于法官的职能,其功能之一就是免除当事人的举证责任。虽然我国法律没有使用司法认知的概念,但是也有类似的规定。例如,最高人民法院《关于适用〈中华人民共和国民事诉讼法〉若干问题的意见》第75条第2项规定"众所周知的事实和自然规律及定理"属于当事人无须举证的事实,可以由法官直接认定。

司法证明中的推定是指由法律规定或者由法官作出的带有假定性质的事实判断。在司法活动中,推定的主要作用是减少不必要的证明和避免难以完成的证明。推定的后果主要是当事人举证责任的免除。在适用推定的情况下,本来对案件事实负有举证责任的一方就可以不必举证,或者由法官直接认定,或者要求对方举出反证。在这个意义上讲,可以推定的案件事实也可以归入免予举证的事实的范畴。

（三）已经预决的案件事实

这主要有两种情况:其一是已为人民法院发生法律效力的判决或裁定所确认的事实;其二是由有效公证书所证明的事实。这两类事实属于已经通过合法有效的方式确认的案件事实,因此可以免除有关诉讼方的举证责任。但是,已经发生法律效力的判决和裁定也并非绝无错误。为了避免出现一错再错的情况,法律在这个问题上应该采取比较灵活的态度。我们认为,法律可以采用类似于可反驳性推定的规定,即"已经预决的事实可以免除有关诉讼方的举证责任,但是有相反证据的除外"。

上述事实,可以由法院直接裁定免予举证,也可以由诉讼一方提出申请后法院再行裁定。免予举证的裁定可以在诉讼的任何阶段作出,但是一般都应当给对方当事人提出反对和举出反证的机会。只要对方当事人没有就免证事实提出相反的证据,主张该事实的当事人就可以免除举证责任,无须举证。免予举证规则在司法实践中的意义主要表现在以下三个方面:第一,可以减轻当事人的举证负担,有利于公正合理地分配举证责任;第二,可以避免对有些案件事实因缺乏证据而造成诉讼拖延或无法裁判,提高诉讼效率;第三,有利于减少在举证、质证上耗费的人力、物力和财力,节约司法资源。

第四节 刑事诉讼中举证的程序性规则

一、审前证据展示

审前证据展示是世界上许多国家都采用的一种诉讼制度。其目的是为了保障辩护方的知悉权,保证公平审判并提高诉讼效率。所谓证据展示,就是在审判开始之前,诉讼双方按照一定规则和程序把己方证据告知对方,以便对方在开庭前做好相应的准备。因此,审前证据展示属于举证的准备程序。我国现行的法律没有就证据展示作出明确的规定,但是一些地区的司法机关已经在司法改革的实践中研究和尝试证据展示的做法。因此,根据外国的一般做法和我国的改革发展趋势,对刑事诉讼中的证据展示问题做一些介绍和讨论,对于我国的司法实践工作来说还是很有裨益的。

(一) 证据展示的时间和地点

证据展示可以分为两个阶段进行。第一阶段在检察机关作出起诉决定之前,由公诉方单方面向辩护方进行证据展示并听取对方的意见,地点就在检察机关;第二阶段在提起公诉之后和审判开始之前,由公诉方和辩护方双向展示或交换证据,地点最好在法院,并且由法官主持。

(二) 证据展示适用的案件

由于证据展示提高了诉讼成本而且需要一定的专业知识和技能,所以不宜在所有刑事案件中使用。根据目前的情况,我们认为,证据展示的适用范围界定在有辩护律师代理的按照普通程序审理的刑事案件比较合适。

(三) 展示证据的范围

展示证据的范围一般都应该与举证责任的范围相一致。具体来说,公诉方应该将其证明被告人有罪以及罪重或罪轻的证据向辩护方展示；辩护方应该将支持其承担举证责任的具体事实主张的证据向公诉方展示。但是，公诉方应否向辩护方展示其发现、收集或掌握的可能证明被告人无罪的证据，则是一个很值得研究的问题。有人认为，公诉方只需向辩护方展示其将在审判中使用的证据，无罪证据是公诉方不会使用的证据，因此无须展示。有人认为，为了更有效地保护被告人的合法权利和防止错判无辜，公诉方必须向辩护方展示其全部证据，包括其不打算在审判中使用的可能证明被告人无罪的证据。我们认为，目前我国法律规定侦查机关有义务收集被告人有罪和无罪的证据。根据法律规定的精神，公诉方即使不必主动向辩护方展示其不准备在审判中使用的证据，也不应向辩护方隐瞒其发现、收集或掌握的可能证明被告人无罪的证据。这可以视为一种消极的"证据展示"义务。换言之，如果辩护方要求公诉方"展示"其掌握的可能证明被告人无罪的证据，公诉方就应当"展示"。具体规则如下：

1. 公诉方展示证据的范围

公诉方应该首先向辩护方提供其准备在审判中使用的证据清单，包括拟传唤的证人和鉴定人的姓名。如果辩护方要求了解某个证据的具体情况，公诉方应就该证据的内容做进一步的展示。如果公诉方认为该证据不宜具体展示，应该将理由告知对方。

2. 辩护方展示证据的范围

辩护方在收到公诉方的证据清单之后，应当向公诉方提供己方将在审判中使用的主要辩护证据的清单。这里所说的"主要证据"应该以辩护方的举证责任为基础，即支持能够构成举证责任转移或倒置的辩护主张的证据，如被告人不在犯罪现场的证据和正当防卫的证据等（参见本章第三节中举证责任转移和倒置的情况）。如果公诉方要求了解某个具体证据的情况，辩护方应该就该证据的内容做进一步的展示。如果辩护方认为该证据不宜具体展示，应该将理由告知对方。

（四）证据展示的争议与裁决

如果控辩双方就某个证据应否展示以及展示的内容范围发生争议，可以提请法庭裁决。法庭在听取双方的意见并了解有关情况之后，应该作出裁定，命令一方展示或驳回另一方的展示请求。

（五）违反证据展示规则的后果

如果在审判过程中发现控辩一方本应展示某证据但是没有展示，经另一方请求，法庭可以根据具体情况选择如下处理方式：其一是剥夺该证据的证据资格，将该证据排除在诉讼之外；其二是允许使用该证据，但是给予对方一定的时间准备质证和反证，因此造成的诉讼延误及有关费用由违反证据展示规则的一方负责。

在此，我们有必要明确区分证据展示的义务与举证责任的区别。目前在我国的司法实践中有一种让公诉人备感尴尬的状况。有的辩护律师在庭审调查过程中要求公诉人当庭宣读一份可能证明被告人无罪的证人证言。这份证言在公诉方掌握的案卷之中，但是公诉人认为该证言不可信，没有提交法庭。辩护律师的这种要求往往能够得到法官的支持，但却使公诉人陷入两难的境地。如果公诉人不同意宣读，那就有隐瞒无罪证据之嫌；如果公诉人同意宣读，那其行为就有些滑稽，因为他的"诉讼主张"是被告人有罪，而他却当庭宣读被告人无罪的证言。诚然，如果我国普遍实现了证人出庭作证，公诉人就可以免除这种尴尬，但司法实践的现状使我们还无法做到所有证人出庭。于是，公诉人在这种情况下应否宣读，就成了我们必须解答的问题。我们认为，上述"证据展示"的义务和举证责任并不能等同。公诉方对其掌握的无罪证据有"展示"义务，并不等于说就有举证责任。既然公诉方决定提起公诉，那就说明公诉方认为被告人有罪，认为那些无罪证据不可靠或不足信。既然公诉方的事实主张不包括被告人无罪，那么公诉人就不应该承担被告人无罪的举证责任。如果辩护方认为有必要在法庭上出示某个无罪证据，不管这个证据是在辩方的掌握之中还是在控方的掌握之中，这都属于辩护方的举证，而不属于公诉方的举证。由此可见，辩护律师或法官在审判中要求公诉人宣读无罪证言的做法不符合举证责任的分配原则。如果一定要有人代替证人在法庭上宣读该证言，那也应该让辩护律师宣读。

二、庭审中举证的顺序

(一) 确定举证顺序的基本原则

根据诉讼活动中举证责任分配的原则，庭审中举证的基本顺序应该是先原告后被告，即先由提起诉讼的一方进行举证，再由被起诉至法庭的一方进行举证。在刑事诉讼中，根据无罪推定的原则，整个案件的举证顺序是：公诉方先行举证，然后由辩护方进行举证。当然，辩护方并不必须举证，因为就整个案件来说，辩护方不承担举证责任。在第一轮举证之后，如果双方还有反驳证据，可以再按照先公诉方后辩护方的顺序进行第二轮、第三轮的举证。从理论上讲，这个基本顺序是恰当的，也是明确的。但是在司法实践中，举证顺序的确定并不这么简单。案件情况不同，举证顺序也不可能完全相同。特别是在复杂的刑事案件中，证据的数量和种类都很多，而且相互之间的关系错综复杂，究竟应该如何安排举证的顺序,确实是一个需要认真研究的问题。

目前,我国法律没有对刑事诉讼中的举证顺序作出明确规定。在司法实践中,由于刑事案件的审判还是以职权主义的"庭审调查"为基本模式,即以法官为中心对证据进行审查,所以在法庭上出示证据的顺序不是从当事人举证的角度来安排,而是从法官主动审查证据的角度来设计的。随着审判方式改革的深入,法官在审判中应该尽量保持中立的角色,尽量让当事人去举证和质证。在这个问题上,人们需要进一步转变观念,即从法官本位的调查问案转变为当事人本位的举证和质证。法官也要转变办案的习惯,即从以"问证"为主的办案方式转变为以"听证"为主的办案方式。

目前,刑事案件的庭审调查一般都从讯问被告人开始,而且法官或检察官经常要求被告人首先对指控的案件事实进行全面陈述。这种做法的合理性和正当性都值得商榷。正如有的律师所指出的,"有的就干脆让被告人叙述犯罪事实,或者作案经过,这个做法本身既不科学也没有依据,等于让他自己指控自己犯罪。"① 有的检察官也指出,"我们往往先讯问被告人,这是当然的第一环节。有的被告人认罪,这好办,他能把过程给大家交代清楚。有的否认,就造成旁听观众不明白,因为他说他没干,或者他振振有词地为自己辩解,那么底下听众就丈二和尚摸不着头脑……调查能不能说必须从讯问被告人开始,能不能先不讯问被告人,公诉人可以先出示有关证据,先把某年某月谁谁谁被杀了,先出示这个证据,然后由证人指控就是你被告人干的。"② 我们认为,庭审调查从讯问被告人开始并无不可,但此时讯问被告人的主要目的应该是核实被告人的身份与年龄,以及对指控罪行的态度,不是对案件事实的实质性证明。当然,如果根据某个案件的具体情况,公诉方的举证确实适宜从被告人供述开始,也可以这样做。但是,我们不应该千篇一律地要求所有刑事案件中的举证都必须从讯问被告人开始。

在此还有一个重要的问题,即举证的顺序应该由谁决定,是由当事人决定,还是由法官决定。这也是当前在理论界和实务界都颇有争议的问题。有人认为,刑事诉讼中的举证顺序应该由法官决定;有人认为,刑事诉讼中的举证顺序应该由检察官决定。我们认为,举证是当事人的责任,按照什么顺序举证应该属于当事人的权利。如果举证的顺序不合适,举证的效果不好,那就由当事人承担不利的诉讼后果。在刑事诉讼中,由于公诉方承担举证责任,所以举

---

① 张军、姜伟、田文昌:《刑事诉讼三人谈》,法律出版社 2001 年版,第 143 页。
② 张军、姜伟、田文昌:《刑事诉讼三人谈》,法律出版社 2001 年版,第 144 ~ 145 页。

证顺序应该由检察官决定。不过，为了保证庭审中举证的顺利与流畅，检察官应该在庭审之前就举证顺序问题听取法官的意见。由于法官是庭审调查的主持者，而且有责任保障举证和质证过程的公正与效率，所以法官可以根据每个案件的具体情况在宏观上提出举证的要求，包括举证的基本顺序。如果法官在庭审过程中发现公诉方的举证顺序不合适，也可以要求检察官进行相应的调整。但是作为一条基本原则，法官不应过多干涉当事人的举证和质证活动。

（二）几种常用的举证顺序

1. 按照事件发生的时间顺序进行举证

在刑事诉讼中，举证通常可以按照事件发生的时间顺序进行。这主要适用于两种情况：第一种情况，被告人被指控先后实施了多起同类犯罪行为，如盗窃或抢劫，公诉方可以按照这几起案件的时间顺序分别进行举证；第二种情况，被告人被指控的犯罪行为是由一系列相对独立而且时间顺序清楚的具体活动构成的，如爆炸案件中的购买炸药、制作爆炸装置、安装炸药、实施爆炸、销毁罪证等活动，公诉方可以按照这些活动的先后顺序进行举证。

2. 按照事实要素在案件中的重要程度进行举证

在有些案件的诉讼活动中，由于案件事实要素之间的时间顺序不太明显，或者不太重要，所以举证不宜按照事件发生的时间顺序进行。但是，各事实要素在案件中的重要程度不同，而且层次比较清晰，便可以按照各个事实要素在案件中的性质和地位安排举证的顺序。这也有两种情况：第一种是先就案件的核心事实要素进行举证，然后再就案件的外围事实要素进行举证；第二种是先就案件的外围事实要素进行举证，然后再就案件的核心事实要素进行举证。前者可以称为"从内向外"的举证顺序；后者可以称为"从外向内"的举证顺序。

3. 按照事实要素之间的因果关系进行举证

在有些案件的诉讼活动中，由于案件事实或行为之间的因果关系比较明确，所以举证可以按照事件的因果关系进行。这仍有两种情况：第一种是先就案件中的原因进行举证，然后再就案件中的结果进行举证；第二种是先就案件中的结果进行举证，然后再就案件中的原因进行举证。前者可以称为"由因及果"的举证顺序；后者可以称为"由果及因"的举证顺序。就刑事案件来说，"由果及因"是比较常见的举证顺序。

4. 按照共同被告人在案件中的主次地位进行举证

在共同犯罪的案件中，公诉方的举证一般应该按照先主犯后从犯的顺序进行，因为主犯是犯罪行为的策划者和组织者，先对其进行讯问并就其行为进行举证，有助于全面了解案件的情况，证明的线路也比较清晰。但是，在有些案件中，公诉方的举证也可以从讯问实行犯开始，或者从讯问已经认罪的从犯开始，因为这样的举证顺序更有利于公诉方证明其指控的犯罪事实。

另外，在附带民事诉讼的刑事案件中，一般应该按照"先刑事后民事"的顺序分别就有关的案件事实或主张进行举证。

三、举证的方式

1. 言词证据的举证方式应该以口头陈述为主，以书面陈述和笔录等为辅。只要条件许可，证人、被害人、被告人、鉴定人、勘验人、检查人等都应该以直接陈述的方式向法庭提供证据，有关的书面陈述和笔录等作为对照和补充。在确实无法以口头陈述方式举证的情况下，经法官允许，可以以书面陈述和笔录等方式举证。但是在对证据内容有争议或疑问时，法官应当传唤书面陈述和笔录的制作人出庭说明有关情况。

2. 实物证据的举证方式应该以原始物为主，以复制物为辅。只要条件许可，物证应该提供原物，书证应该提供原件，视听资料应该提供原带，而以物证的模型、书证的复制件、视听资料的复制带等作为对照和补充。在确实无法提供原始物的情况下，经法官允许，可以以复制物的方式举证。但是在对证据内容有争议或疑问时，法官应当传唤复制物的制作人或提取人出庭说明有关情况，或者要求当事人举出其他证据进行"补强"。

3. 为了生动形象地说明证据的内容或特征并提高举证效率，控辩双方可以在法庭上采用多媒体方式进行举证，如运用多媒体示证系统出示证人证言，将证人照片、情况简介、询问笔录和图片类证据在大屏幕上展示给法庭，从而节省了逐一出示、传阅证言的时间。另外，运用双向视听传输技术出示证人证言，使路途遥远的证人免于出庭作证，也可以节约诉讼的成本，提高诉讼的效率。

四、举证的时限

所谓举证时限，即诉讼当事人向法庭提交证据的时间限制。如果当事人没有在法律规定的时限内进行举证，就应视为其放弃了举证的权利，当事人也因此丧失了举证的机会。确立举证时限规则有利有弊。其"利"主要表现在三个方面：第一，可以防止当事人滥用举证权利拖延诉讼，保证司法效率；第二，可以减少诉讼时间和费用，降低司法成本；第三，可以维护法院判决的既判力，提高司法权威。其"弊"则主要表现为排除了某些证据的使用，可能影响司法判决的正确性。

在民事诉讼中确立举证时限规则，肯定是利大于弊的，但是在刑事诉讼中应否确立举证时限规则，却是一个值得认真讨论的问题。我们认为，刑事诉讼中也应该规定举证时限，但是应该有较大的宽容性和补充规定。例如，举证时限可以规定为法院作出判决之前，而且当事人在举证时限内完成举证确实有困难的，可以向法院申请延期，法院应根据具体情况确定举证的最后期限。

五、补充举证

当事人在完成举证之后又发现的新证据，经法官允许，可以补充举证；法官在必要时也可以要求当事人补充举证。这里所说的"新证据"，必须是"新发现"的证据，不应是"新收集"或"新提出"的证据。当一方获准补充举证时，法庭也应该给予另一方相应的时间准备质证或举出反证。补充举证规则是对举证时限规则的补充，因此，二者的衔接应该合理。

第九章
质证规则

质证是司法证明的基本环节之一，是诉讼活动的基本程序之一，也是诉讼当事人的一项重要权利，是实现司法公正的重要保障。无论是在古代还是在现代，无论是在大陆法系国家还是在英美法系国家，质证在诉讼活动中都是普遍存在的。当然，在英美法系国家的抗辩制诉讼制度下，质证的作用更为明显。质证的规则包括一般性规则、保障性规则和程序性规则。下面，我们便分别进行阐述。

第一节 质证的一般性规则

在我国，人们在很长时期内都没有把质证作为一个专门术语在理论上加以阐释和在法律上加以界定。1979年刑事诉讼法和1982年《民事诉讼法（试行）》都没有明确使用"质证"的概念。当时在职权主义诉讼模式的影响下，法律的着眼点是司法人员对证据的审查判断。1991年民事诉讼法首次在法律上明确了当事人的质证权，规定"证据应当在法庭上出示，并由当事人互相质证"。不过，直到20世纪90年代中期，随着审判方式的改革，学界才开始对质证问题进行比较深入的研究和讨论，质证一词也越来越频繁地使用在司法实务和学术著作之中。"质证"概念的明确和强化，在一定程度上体现了诉讼模式和司法理念的转变。

目前，我国学者对"质证"的概念有不同的理解。有人认为，质证是指"当事人在当庭出示证据和证人作证之后再接受对方当事人或律师的质疑，以验证该证据和证言是否客观真实，有无证明力"。① 有人认为，质证是指"由双方当事人对证据通过辨认、言词辩驳或其他方式予以质询（含质疑），以供审判人员审查真伪的诉讼活动"。② 有人认为，质证是指"在审判人员主持下，由当事人就其举证和法院依职权取证而获得的证据通过出示、辨认、询问等质证方式证明证据效力的一种诉讼制度"。③ 有人认为，质证的概念有广义与狭义之分，"从广义上而论，是指在诉讼过程中，由法律允许的质证主体……对包括当事人提供的证据在内的各种证据采取询问、辨认、质疑、说明、解释、咨询、辩驳等形式，从而对法官的内心确信形成特定证明力的一种诉讼活动"；而狭义的质证，"主要指在庭审过程中，由诉讼当事人就法庭上所出示的证据进行的对质、核实等活动"。④ 还有人认为，"质证是指在开庭审理过程中，在法官的主持下，双方当事人通过听取、核对、辨认、询问等方法对证据材料的客观性、关联性和合法性发表意见，进行确认或提出异议的诉讼活动"。⑤

我们认为，在界定质证的概念时，首先要明确两个问题：第一，质证不等于认证，也不等于对证据的审查判断。在诉讼活动中，质证是认证的必要前提，质证是为认证服务的，但是二者属于司法证明的不同环节，而且，质证属于当事人的行为，认证属于法官的行为，不可混为一谈。另外，质证与证据的审查判断虽有密切关系，但也不能等同。严格地说，质证只是审查判断证据的一种方式或途径，二者在主体和内涵上都有很大差异。

第二，质证的本质特征在于"质"，即对证据的质疑和质问，而且这种"疑"和"问"都带有当面对抗的性质。虽然在质证的过程中可能要对证据进行辨认、说明和解释，但是这些行为并不代表质证的本质特征。如上所述，质证虽带有审查证据的性质，但并非所有对证据的审查都属于质证。对本方证据的审查不属于质证的范畴，从中立角度对证据进行的审查也不属于质证的范畴，只有从对立的角度对证据进行的质疑和质问才是质证，才体现了质证的本质特征。

在质证活动中，质疑和质问是相辅相成、不可偏废的。对证据的内容提出质疑是质证的根本目的，对提出证据的人（包括证人、鉴定人、勘验人、检

---

① 庆彬：《抗辩式庭审质证三例》，载《律师与法制》1995年第8期。
② 陈少花、邹红：《也论我国民事诉讼中的质证制度》，载《法学评论》1997年第2期。
③ 高洪宾、钱建军：《民事诉讼质证及其效果保障》，载《人民司法》1998年第3期。
④ 参见何家弘主编：《新编证据法学》，法律出版社2000年版，第390页。
⑤ 刘敏：《当代中国的民事司法改革》，中国法制出版社2001年版，第273页。

查人等）进行质问是质证的基本形式。简言之，因疑而问，有疑有问；问以解疑，问以证疑。由此可见，仅对对方证据提出不同的看法，并不是真正意义上的质证。但是，目前在我国的司法实践中，这种做法却相当普遍。一方举证之后，另一方针对其证据发表不同意见，似乎就算质证了。特别是在刑事诉讼中，质证似乎仅仅是对被告人的讯问，再加上检察官和辩护律师的辩论。然而，这种质证往往会流于形式，失去其本来的意义。由于举证的基本形式是宣读笔录，所以质证的基本形式就是针对这些"纸面证据"发表不同意见。换言之，在证人、鉴定人等几乎都不出庭的情况下，"质纸证"是无法避免的，质证也就难免虚化为一种形式。①

综上所述，质证是指诉讼当事人及其法律代理人（在刑事诉讼中包括检察官）在审判过程中针对对方举出的证据进行的质疑和质问。质证是诉讼双方反驳和攻击对方证据的重要手段，也是帮助和影响法官认证的重要途径。

一、质证的主体

质证的主体，即有权在审判中对证据提出质疑和进行质问的人。虽然1996年修订的刑事诉讼法没有对质证的主体作出明确的规定，但是全国人大法工委主任顾昂然在《关于〈中华人民共和国刑事诉讼法修正案（草案）〉的说明》中指出："为了更好地加强庭审，发挥控辩双方的作用，草案作了以下修改补充：……至于证据是否确实，在法庭上由双方质证，进行核实……由公诉人、辩护人向法庭出示证据，公诉人、当事人和辩护人可以对证据和案件情况发表意见，互相质证……"②

由此可见，质证的主体是诉讼的当事人及其法律代理人。在刑事诉讼中，质证的主体包括检察官、辩护律师、被告人、被害人及其法律代理人。其中，被告人当然是质证的主体，但是其一般都让辩护律师代行质证。被害人也有权进行质证，但是因为检察官的质证往往与其同向，所以一般也没有必要再行单独质证。诚然，如果证据与其附带民事诉讼有关，被害人或其法律代理人也可以自行质证。因此，代表人民和国家提起公诉的检察官和代表被告人进行辩护的律师，是在审判中实际进行质证的主要人员。为了叙述的简便，我们在下文中用"当事人"代表各种诉讼活动中的质证主体。

---

① 参见何家弘：《刑事庭审虚化的实证研究》，载《法学家》2011年第6期。
② 《〈中华人民共和国刑法〉、〈中华人民共和国刑事诉讼法〉及相关配套司法解释》，中国方正出版社1998年版，第182页。

法官是否属于质证的主体，学界在这个问题上有两种截然不同的观点。一种观点认为，法官是质证的主体。其主要理由有三：第一，法官是证据和事实的认定者，它有责任保证质证的正确性和有效性，否则，作为认证基础的质证就失去保障，并且，法官对因质证失误造成错案也应承担相应的法律责任；第二，法官虽然不是案件的实体法律关系的主体，与案件事实没有直接的利害关系，但法律上赋予其审判职责，足以成为其质证的动因；第三，实践中法官在庭审时对证人有权进行质询，对证据进行审核，这实际上是在行使质证权。

另一种观点认为，法官不是质证的主体。其主要理由有四：第一，如法官成为质证主体，势必影响其公正形象；第二，缺乏法律依据，因我国《民事诉讼法》第68条已明确规定，证据应当在法庭上出示，并由当事人进行质证；第三，质证主体与举证主体应当是一致的，法官不是举证责任的主体，由此也不能成为质证的主体；第四，法官认定证据和事实是在当事人质证的基础上进行的，不是在自己直接质证的基础上进行的。①

我们基本上同意后一种观点。在审判过程中，质证当然要在法官的主持下进行，但法官的主要任务是"听证"，主要职责是保障质证的公正和有序。虽然法官在必要时也可以对证人、鉴定人等提出问题，但那是审查证据的需要，是法官行使审判权的需要。另外，如果说法官应该对审判中出现的错案负责，那也是因为其认证失误，而不是因为质证失误。总之，法官是审查证据的主体，是认证的主体，不是质证的主体。

在此还有必要指出，侦查人员对于自己收集到的证据也要进行审查，对于当事人提供的证据也可以提出疑问，但是他们的行为也不属于质证，他们不是质证的主体。明确质证的主体，对于准确把握质证的性质和正确认识质证的作用，都具有重要的意义。

二、质证的对象

质证的对象，又称为质证的客体，即在审判中由一方提出并由对方进行质疑或质问的证据。在这个问题上，学界也有两种不同的观点。一种观点认为，质证的对象包括诉讼法规定的所有证据，换言之，质证的对象既包括言词证据，也包括实物证据。另一种观点认为，质证的对象仅包括言词证据，不包括

---

① 上述观点参见刘敏：《当代中国的民事司法改革》，中国法制出版社2001年版，第274~275页。

实物证据，因为实物证据是"哑巴证据"，质证主体不可能对它进行"询问"。①

我们认为，质证的对象不应仅限定为言词证据，而应包括诉讼法规定的全部证据。首先，我国法律的有关规定并没有把质证局限在言词证据的范围内。例如，前文引用的《关于〈中华人民共和国刑事诉讼法修正案（草案）〉的说明》和《民事诉讼法》第 68 条，都把质证的对象表述为"证据"，没有限定为证人证言等言词证据。另外，最高人民法院《第一审经济纠纷案件适用普通程序开庭审理的若干规定》第 24 条明确规定："双方当事人就争议的事实提供的书证、物证、视听资料，应经对方辨认，互相质证。"

其次，在司法实践中，物证书证、证人证言、被害人陈述、被告人供述和辩解、鉴定意见、勘验、检查笔录、视听资料等所有类型的证据都可以成为质证的对象。诚然，针对不同种类的证据，质证的方式可能有所不同。针对证人证言、当事人陈述等言词证据来说，质证的基本方式是质问或交叉询问。针对物证、书证、视听资料等实物证据来说，质证的主要方式是对证据的内容或特征提出质疑，也包括对收集、提取、保管、提交该实物证据的人进行的交叉询问。因此，证人、鉴定人、勘验人、检查人等出庭接受对方当事人或律师的交叉询问，是实现质证目的的重要保障。

在讨论质证对象的问题时，法院调查收集的证据应否接受质证及如何接受质证，是一个不容回避的问题。由于我国目前采用的不是彻底的抗辩式诉讼模式，而是当事人主义与职权主义相结合的诉讼模式，所以法官在审判中还有自行调查收集证据的职责。关于法官自行收集证据的质证问题，目前在司法实践中的做法很不一致。有的法院让当事人质证；有的法院不让当事人质证；有的法院只是分别征求一下双方当事人对该证据的意见，就算质证了。我们认为，法院自行收集的证据也应当经过当事人的质证，特别是要接受该证据可能对其不利的一方当事人的质证，才能作为定案的根据。具体质证的方式，应该与当事人提供的证据一样，根据证据种类的不同，相应地采取当面质疑或质问的方式。

在诉讼活动中，证据一般都要经过质证的程序，才能作为定案的根据。但是考虑到诉讼成本、司法效率、保守机密等方面的要求，法官可以决定对某些证据免于质证。这主要有两种情况：其一，对于当事人双方均已认可的证据，无须进行质证。由于质证是当事人的一种诉讼权利，所以这也可以视为当事人

---

① 参见金友成主编：《民事诉讼制度改革研究》，中国法制出版社 2001 年版，第 185 页。

放弃了进行质证的权利。其二，对于那些涉及国家机密、商业秘密、个人隐私而且不宜让对方当事人知晓具体内容的证据，法官可以决定不再进行质证，自行审查后直接认定。不过，并非所有涉及国家机密、商业秘密和个人隐私的证据都可以免予质证。其中有些证据只是不宜向社会公开，无须向对方当事人保密，因此仍然可以质证，只要采用不公开的方式进行质证即可。总之，免予质证属于质证规则中的特例情况，必须严格掌握。

三、质证的内容

（一）证据的资格

证据资格是质证的基本内容或首要内容。对证据资格进行质证，主要是对证据的关联性与合法性提出质疑。与案件事实没有关联性，当然不具备证据资格。不符合法律的有关规定，自然也不能进入诉讼程序。例如，《刑事诉讼法》第60条第2款规定："生理上、精神上有缺陷或者年幼，不能辨别是非、不能正确表达的人，不能作证人。"最高人民法院《关于适用〈中华人民共和国刑事诉讼法〉的解释》第74条规定，对证人证言应当着重审查"证人作证时的年龄、认识、记忆和表达能力，生理和精神状态是否影响作证"。这些规定都可以作为对证人资格进行质证的法律依据。另外，证人应该是自然人，因为证人必须具备独立地凭借自己的感官感知案件事实的能力，而单位作为一种机构并不具备这种自然能力，因此单位不具备证人资格。又如，《刑事诉讼法》第54条规定应当予以排除的非法证据也不具有证据资格。

（二）证据的真实性

证据的真实性是质证的主要内容。对于具备证据资格、获准进入诉讼程序的证据，对方当事人仍然可以对其真实可靠性提出质疑。这可以从两个方面进行：第一，从证据的来源质疑证据的真实可靠性；第二，从证据的内容质疑证据的真实可靠性。例如，对于一个鉴定意见，诉讼对方可以提出如下质疑：检材来源是否可靠；检材是否受到污染；鉴定使用的方法和仪器是否科学；鉴定意见与该鉴定所依据的科学原理之间有无矛盾等。前两项属于对证据来源的质疑；后两项则属于对证据内容的质疑。

（三）证据的价值

证据的证明价值也是质证的内容。对于真实可靠的证据，诉讼对方仍然可以对其证明价值提出质疑，即质疑该证据能否充分地证明其所要证明的案件事实。证据的证明价值是由证据与待证事实之间的关联形式和性质所决定的，因此，对证据的证明价值提出质疑，就要以关联的形式和性质为基础，看其关联的形式是直接的还是间接的，关联的性质是必然的还是偶然的。例如，侦查人员在某盗窃案现场发现一枚手印，经过指纹专家鉴定，确认该手印就是被告人留下的。审查结论表明，这枚手印确实是在该现场上提取的，因此来源是真实可靠的；指纹鉴定意见的得出也是科学的，因此内容也是真实可靠的。但是，这枚手印与指控的盗窃行为之间的关联是间接的、偶然的，其证明待证事实的价值也因此受到了质疑。

四、质证的功能

（一）质证是诉讼当事人的权利，是实现司法公正的保障

质证是诉讼当事人的一项重要权利，也是其在审判中实现诉讼主张并维护其实体权利而采取的一种必要手段。就司法活动而言，质证既是实现实体公正的保障，也是体现程序公正的标志。特别是在刑事诉讼中，赋予被告人在法庭上向对方证人进行质证的权利，是国际上普遍承认的一项保护公民权利的司法原则。联合国《公民权利与政治权利国际公约》中就明确规定：任何人"在法庭上有权在同等条件下询问对他不利和有利的证人"。这就是说，刑事案件的被告人，有权在法庭上对那些证明其实施了犯罪行为的人提出质疑和质问，有权在审判中对对方提出的证据进行质证。剥夺了被告人的质证权，"公平审判"和"正当程序"就都成了空话，司法公正就很难得到有效的保障。

（二）质证是司法证明的基本环节，是实现司法证明目标的必经程序

在取证、举证、质证、认证这四个司法证明的基本环节中，质证是举证的后续环节，是认证的前提环节。从功能上讲，质证是直接为认证服务的。《刑事诉讼法》第59条规定："证人证言必须在法庭上经过公诉人、被害人和被告人、辩护人双方质证并且查实以后，才能作为定案的根据。"最高人民法院《关于适用〈中华人民共和国刑事诉讼法〉的解释》第63条规定："证据未经当庭出示、辨认、质证等法庭调查程序查证属实，不得作为定案的根据。"第78条规定："证人当庭作出的证言，经控辩双方质证、法庭查证属实的，应当作为定案的根据。"因此，质证是诉讼活动中法官认证之前的一个必经程序。未经质证，不得认证，这应该是诉讼的一个基本规则。

我们认为，这个规则应该是就整个案件的诉讼过程而言的。换言之，在任何一个案件的诉讼过程中，都必须有质证的阶段，都必须给当事人行使质证权的机会。但是，这并不等于说每一个证据都必须经过质证的环节。如果对方当事人放弃了对某个证据进行质证的权利，如果某个证据的内容属于不能向对方公开的秘密，那么，该证据就可以不经过质证而直接进入认证。当然，任何一

个证据都必须经过法官的审查判断。无论是当事人质证还是没有质证的证据，无论是公开的证据还是不公开的证据，都必须经法官查证属实，才能作为定案的根据。

第二节 质证的保障性规则

在职权主义诉讼模式的长期影响下，我国的司法人员缺乏当事人质证的意识观念，我国的质证制度也存在着不少缺陷。这主要表现为：质证的规则不完善；质证的机制不健全；证人、鉴定人很少出庭；书面证言和各种笔录充斥庭审过程；法官对质证的干预太多；当事人的质证往往流于形式等。因此，加强和完善质证制度是我国司法改革的重要任务之一。

完善我国的质证制度，首先要确立质证的保障机制，从而使诉讼当事人能够充分有效地行使质证权。质证的保障并不完全体现在诉讼的质证阶段，也体现在诉讼的举证阶段。例如，完善审前程序，特别是确立审前证据展示制度，就是庭审质证效率的重要保障。如果没有审前的证据展示制度或者通过阅卷、交换证据目录等方式在审前了解对方证据的机会，诉讼一方或双方在审判中频繁使用"突袭举证"的做法，那么对方当事人因没有时间进行准备，只能仓促质证，就很难保障庭审质证的充分性和有效性。另外，质证的要旨在于"面对面"地质疑和质问，因此，证人、鉴定人等的出庭制度就是在庭审中有效进行质证的前提条件。如果证人、鉴定人等均不出庭，对方当事人只能在法庭上面对由他人宣读的书面证言、鉴定书或询问笔录等"书面证据"，质证就难免流于形式。由此可见，审前证据展示和证人出庭作证都是质证的保障，但是本节主要就质证环节本身讨论质证的保障问题。

就诉讼的质证阶段而言，要保障当事人充分有效地行使质证权，最重要的一点就是要在质证阶段切实贯彻"直接言词"的诉讼原则。这既体现了司法公正的价值取向，也反映了司法证明的客观规律。具体来说，我们应当确立当庭质证、直接质证、公开质证、平等质证等规则，以保障质证目标的实现。

一、当庭质证规则

所谓当庭质证，就是说，所有质证活动都必须在法庭审判中当庭进行。虽然我国的诉讼法没有对此作出明确的规定，但是有关的司法解释体现了当庭质证规则的精神。例如，最高人民法院《关于适用〈中华人民共和国刑事诉讼法〉的解释》第63条规定："证据未经当庭出示、辨认、质证等法庭调查程序查证属实,不得作为定案的根据。"当庭质证既是诉讼当事人有效行使质证权的保障,也是法官公正行使审判权的保障。

对当事人来说,当庭质证具有重要意义。当事人参与庭审调查的目的就是通过证据和说理影响法官对证据和案件事实的认定。这有两条实现的途径:一条是让法官相信己方的证据和事实主张;另一条是让法官不相信对方的证据和事实主张。二者是相辅相成的。其中,要想让法官不相信对方的证据和事实主张,最有效的方法就是在法庭上对对方提出的证据进行质疑和质问。

对法官或司法公正来说,当庭质证也具有重要意义。法官是案件的裁判者,法官对证据的审查必须具有"亲历性",即法官在审判中必须亲自审查证据,因此任何证据都必须经过法庭上的质证活动,才能使审判者对证据的真实性和证明价值形成内心确信,并在此基础上认定案件事实,作出判决。我们认为,诉讼当事人及其律师在庭下向法官提交的答辩书和意见书等,不能代替法庭上的质证。这也是"审判中心主义"的诉讼制度在质证问题上的具体要求和体现。综上所述,当庭质证有利于提高庭审效率,强化庭审功能,增加庭审透明度;也有利于提高法官素质,促进司法廉洁,保障司法公正。

二、直接质证规则

所谓直接质证,就是说,一切证据都必须经过当事人在法庭上的直接质疑和质问,才能作为定案的根据。直接质证规则是与当庭质证规则相辅相成的,也是保障质证效果的一条重要规则。我国诉讼法和有关司法解释中的规定都在一定程度上体现了直接质证规则的精神。例如,《刑事诉讼法》第189条规定:"公诉人、当事人和辩护人、诉讼代理人经审判长许可,可以对证人、鉴定人发问。"第193条规定:"经审判长许可,公诉人、当事人和辩护人、诉讼代理人可以对证据和案件情况发表意见并且可以互相辩论。"

就言词证据而言,直接质证就是由对方直接对提供言词证据的证人、被害人、被告人等进行的质证。对书面证言和笔录等进行的质疑和反驳属于间接质证,只能作为质证的辅助或替代方式。虽然审判之前获得的书面证言或笔录也有重要的证明价值,而且一般都有陈述人的签名或盖章,笔录上还写有"以上记录属实"等字样,但是其是否真实、准确、完整地表达了陈述人的意思,最好还是通过直接询问陈述人来确定。总之,对言词证据进行直接质证是基本原则,只有在确实无法或确无必要进行直接质证时,才能采用间接质证的方式。

对实物证据的直接质证包括两层含义:第一,直接对物证、书证、视听资料等进行检验和审查;第二,直接对实物证据的勘验、检查、鉴定人员进行直接的质问。《刑事诉讼法》第 190 条规定:"公诉人、辩护人应当向法庭出示物证,让当事人辨认,对未到庭的证人的证言笔录、鉴定人的鉴定意见、勘验笔录和其他作为证据的文书,应当当庭宣读。审判人员应当听取公诉人、当事人和辩护人、诉讼代理人的意见。"这一规定在一定程度上体现了当庭直接认证的精神,但是还不够彻底,不够充分。

三、公开质证规则

所谓公开质证,就是说,质证活动应当在开庭审判时公开进行。公开质证是公开审判的组成环节,因此要遵循公开审判的有关规定。除依法应当保密的证据外,任何证据都必须在公开审判过程中公开进行质证。对于涉及国家机密、商业秘密或个人隐私的证据,则应当在无人旁听的情况下进行质证。最高人民法院于 1999 年颁布的《关于严格执行公开审判制度的若干规定》第 5 条第 2 款规定:"证明案件事实的证据未在法庭上公开举证、质证,不能进行认证,但无需举证的事实除外。"

在司法实践中,有的审判人员对于当事人提供的证据只是听取一下对方当事人的看法,就算完成了质证的程序;有的审判人员对于法院自行收集的证据只是分别征求一下双方当事人的意见,就算进行了质证;还有的审判人员对当事人在庭审后提交的新证据,不再进行开庭质证,仅在庭下听取一下对方当事人的意见,就直接确认证据的资格和效力。这些做法显然都违反了公开质证的规则。我们认为,无论是"新"证据还是"旧"证据,无论是当事人提供的证据还是法院自行收集的证据,都要经过法庭上的公开质证,才能作为定案的根据。

四、平等质证规则

"公平审判"和"平等武装"是司法活动的基本原则。因此,在庭审过程中,诉讼双方应该具有平等的质证地位,应该得到平等的质证机会。就刑事诉讼而言,平等质证既要保证辩护律师和公诉人具有平等的质证地位和机会,也要保证辩方证人和控方证人具有平等的地位和权利。要在审判中实现诉讼双方的平等质证,首先就要强调法官的中立性和公正性。法官的中立和公正是在庭审质证中实现诉讼双方地位平等、机会均衡的前提条件。其次,诉讼双方在审判中具有平等抗辩的能力和条件也是实现平等质证的重要保障。由于被告人自己往往缺乏相关的法律知识和诉讼技能,所以由律师代理诉讼对于平等质证来说就具有了特别重要的意义。最后,规范化的诉讼程序也是实现诉讼双方在质证中地位平等、机会均衡的重要保障。换言之,离开了具体明确的程序规则,诉讼双方的平等质证权利很难得到切实的保障。

第三节 质证的程序性规则

质证的程序性规则属于具体的操作规程,即在具体案件的诉讼活动中,质证应该按照什么顺序、以什么方式进行。诚然,在不同种类的诉讼中,在不同性质的案件中,质证的顺序和方式可以有所不同,但是各种诉讼和各类案件中的质证总有一些共同的规律,而这正是我们在本节中要讨论的问题。

一、质证的顺序

所谓质证的顺序,就是在庭审过程中,当事人对对方证据进行质疑和质问的时间顺序或先后顺序。质证的顺序是质证程序性规则的重要组成部分。由于在诉讼过程中,质证是举证的后续环节,没有举证,就没有质证,所以确定质证的顺序必须以举证的顺序为依据。在第八章第四节中,我们已经对举证的顺序进行了介绍,因此在本节中只作一些补充说明。

在刑事诉讼中,举证的基本顺序是先公诉方后辩护方,因此,质证的顺序也应当是先公诉方的证据后辩护方的证据。就具体的案件事实来说,质证可以按照不同的顺序进行。在有些案件中,质证可以按照事件发生的时间顺序进行;在有些案件中,质证可以按照各个事件要素在案件中的性质和地位进行,包括"从内向外"的质证顺序和"从外向内"的质证顺序;在案件事实或行为之间的因果关系比较明确的情况下,质证还可以按照事件的因果关系进行,包括"由因及果"的质证顺序和"由果及因"的质证顺序。总之,质证的顺序应该以举证的顺序为基础,但是也可以具有一定的灵活性,这主要表现为不同的质证程式。

二、质证的程式

所谓质证的程式,就是质证的程序模式,是质证的程序性规则中最重要的组成部分。在诉讼活动中,质证和举证的基本顺序是一致的。但是,这并不等于说在所有案件的审判中,质证和举证都是完全对应的,都是"一举一质"

的。在有些情况下,"一举一质"是恰当的也是必要的;在有些情况下,"一举一质"则是不恰当的或者不必要的。因此,在不同案件的诉讼活动中,根据事实情况不同或证据情况不同,质证可以有不同的程序模式。在司法实践中,常用的质证程式有以下四种:

(一)单个质证

单个质证又可以称为"一证一质"。按照这种程式,每一个证据在法庭上被一方举出之后,立即由另一方对该证据进行质证。如果另一方此时不进行质证,即视为放弃了对该证据进行质证的权利,并由此失去对该证据进行质证的机会。无论从司法证明的自身规律来说,还是从司法实践的客观需要来说,单个质证都是一种基本的质证程式。特别是在诉讼双方对证据及其相关事实的认识截然不同的情况下,司法人员应该尽量采用"一证一质"的程式。

(二)分段质证

分段质证又可以称为"一组一质"。按照这种程式,证据可以根据案件构成的基本事实要素分成若干组或若干段,例如,关于作案时间的证据,关于作案地点的证据、关于作案方法和手段的证据、关于作案目的和动机的证据、关于作案人身份的证据、关于作案结果的证据等。就每一个案件事实或每一组证据,先由公诉方举证,辩护方质证;然后再由辩护方举证,公诉方质证。另外,在被告人被指控实施了一系列同类犯罪行为的案件中,也可以每次作案行为的证据为一组,分别进行质证。分段质证可以提高诉讼效率,节约司法资源。这种程式适用于案情比较复杂而且证据数量较多的案件。

(三)单方质证

单方质证又可以称为"一方一质"。按照这种程式,诉讼的一方完成举证之后,另一方对其全部证据进行质证。例如,公诉方就指控的犯罪行为和结果全面举证之后,辩护方针对公诉方证据中的薄弱环节进行质证;然后,辩护方再进行举证,并接受公诉方的质证。单方质证适用于案情不复杂或者争议点不多、证据数量较少而且相对集中的案件。

(四)综合质证

综合质证又可以称为"全案一质"。按照这种程式,控辩双方都完成举证之后,双方再以辩论的方式,综合地对对方证据进行质疑和反驳。这曾经是我国司法实践中普遍使用的一种质证程式。综合质证可以节约审判时间,但是质证的效果难以保障,特别是在那些案情比较复杂、证据数量较多的案件中。我们认为,在强调当事人质证的诉讼模式下,综合质证的适用范围不宜太广,可以局限在被告人作出有罪供述的案件、只有单一争议点而且本证反证相互对应的案件以及可以适用简易程序的刑事案件。

以上四种质证程式各有优劣，各有利弊，司法人员可以根据具体案件的事实构成和证据情况，选用最恰当也最有效的程式。不过，从质证本身的规律和要求来说，单个质证和分段质证应该是最值得推广的质证程式。

按照什么顺序进行举证是当事人的权利，在刑事诉讼中，主要是检察官的权力。但是，采用哪一种质证程式则属于法官的职权范围，应该由法官来决定。当然，法官在审判中选择质证程式的时候，可以听取诉讼双方——主要是检察官和辩护律师——的意见。

三、质证的基本方式：交叉询问

所谓质证的方式，即质证的方法和形式。在庭审调查中采用什么方法和形式进行质证，这也是质证程序规则的组成部分。主要理由有二：首先，质证的方式与质证的程序是密不可分的，质证的程序包含着质证方式的内容，质证的方式也体现在质证程序之中；其次，质证的方式与质证的程序具有相同的属性，二者都属于指导和规范实际操作活动的规则。

在英美法系国家，受当事人主义诉讼模式的影响，庭审调查的基本方式是以当事人为主的"直接询问"（direct-examination）和"交叉询问"（cross-examination），而交叉询问也就是质证的基本方式。在大陆法系国家，受职权主义诉讼模式的影响，庭审调查的基本方式是以法官为主的询问和审查。虽然大陆法系国家的立法没有就交叉询问作出明确的规定，但是在司法实践中，交叉询问还是存在的，只不过法官在指导和限制当事人进行交叉询问的问题上具有很大的自由裁量权。日本原来一直采用大陆法系国家的庭审调查模式，但是在第二次世界大战之后，受美国的影响，在庭审中引入了交叉询问的机制，形成了当事人询问与法官询问相结合的庭审调查模式。[①]

我国法律没有对质证的方式作出正面的规定，但是从有关的司法解释和诉讼实践中的做法来看，我国目前采用的是法官查证与当事人质证相结合的方式，而且在一定程度上包含了交叉询问。例如，最高人民法院《关于执行〈中华人民共和国刑事诉讼法〉若干问题的解释》第143条规定："向证人发问，应当先由提请传唤的一方进行；发问完毕后，对方经审判长许可，也可以发问。"这里所说的"对方……发问"，实际上就具有交叉询问的性质。顺便说一句，由于交叉询问体现着当事人的质证权利，所以这里所说的"经审判长许可"，应当理解为程序上或形式上的批准，不应是实质意义上的批准。换

---

① 参见何家弘主编：《新编证据法学》，法律出版社2000年版，第396页。

言之，只要对方的发问不会影响审判活动的正常进行，审判长就应该"许可"。我们认为，交叉询问比较好地体现了司法活动中质证的宗旨和要求，也符合我国审判方式改革的方向，应该明确作为诉讼活动中质证的基本方式。下面，我们便主要就交叉询问进行介绍和讨论。

（一）交叉询问的概念

交叉询问是由一方当事人或其律师在法庭上对另一方证人进行的盘诘性询问。《布莱克法律词典》对这个概念的解释是："在审判或听证中由与传唤证人出庭作证的一方相对立的一方对该证人进行的询问。"① 理解交叉询问的概念，要注意以下几个问题。

1. 交叉询问是由一方对另一方的询问，在诉讼中具有对立的性质。在刑事诉讼中，检察官对辩方证人的询问，辩护律师对控方证人的询问，都属于交叉询问；但是，检察官和辩护律师对己方证人的询问则不属于交叉询问。

2. 交叉询问是盘诘性的询问，具有攻击或反驳的性质。如果是支持性或者进一步说明性的询问，则不能体现交叉询问的本质特征。

3. 交叉询问的对象是广义的"证人"，包括被告人、被害人、证人、鉴定人、勘验人、检查人以及实施搜查、扣押等侦查措施的警察等。

4. 交叉询问应该在法庭上进行，在法官的主持下进行。警察在侦查阶段对证人或犯罪嫌疑人的询问，不属于交叉询问；检察官和辩护律师在法庭之外对证人或被告人的询问，也不属于交叉询问。

在英美法系国家的审判中，交叉询问是质证的基本方式，也是诉讼当事人的一项重要权利。任何一名证人在法庭上接受了本方律师的询问（即"直接询问"）之后，对方律师都有权代表其当事人进行交叉询问，以便对该证人证言进行质疑。如果对方律师不进行交叉询问，法庭就视其代表当事人放弃了对该证人进行质证的权利。

（二）交叉询问的目的及其实现途径

交叉询问的主要目的是对对方证人提供的证言进行质疑，以便降低甚至消除该证言在事实裁判者心目中的可信度。在诉讼实践中，实现交叉询问目的的基本途径是攻讦对方证据的弱点或缺陷。正如《布莱克法律词典》中所指出的，"交叉询问的目的是通过以下几种方式让证人在事实裁判者面前失去信用，如提出先前陈述中的矛盾之处和不可能之处；给证人置上疑点；以及诱导证人作出可以削弱其证言的承认。"②

---

① Black's Law Dictionary (Seventh Edition), West Group, 1999, p. 383.
② Black's Law Dictionary (Seventh Edition), West Group, 1999, p. 383.

美国著名证据法学家华尔兹教授概括道:"诉讼律师在对出庭作证的证人进行交叉询问中使用的质疑技术主要涉及以下六种情况:(1)感觉缺陷;(2)证人的品格;(3)证人的精神状态;(4)证人的重罪前科;(5)该证人以前的自相矛盾的陈述;(6)证人一方的利益或偏见。"①

3. 交叉询问的规则

交叉询问作为质证的基本方式,有利于调动当事人进行质证的主观能动性,有利于实现质证的目的和功能,也有利于保障庭审调查的程序公正。但是,交叉询问也容易出现一些问题,如拖延诉讼、侵犯证人权利等。因此,检察官和辩护律师在法官主持下进行交叉询问时,应当遵守以下规则:

(1)交叉询问的问题应当与证人或鉴定人等陈述的案件事实或鉴定事项有关。对于不具有上述关联性的问题,证人或鉴定人可以拒绝回答,但是涉及证人资格或鉴定人资格的问题除外。

(2)在对证人或鉴定人的资格进行质疑时,可以涉及与个人信誉和品行有关的问题,但是不得损害证人或鉴定人的人格尊严。

(3)在交叉询问中可以使用带有诱导性质的提问方式,但是不得使用威胁、利诱等语言。

(4)如果一方认为对方在交叉询问中提问的方式或内容不合适,应当及时在法庭上提出异议或反对,法官应当对异议或反对作出即时裁判。

综上所述,交叉询问是质证的基本方式,应该在法律中加以明确,应该在司法实践中普及推广。同时,我们也要加强对交叉询问方法和规律的研究,规范交叉询问的行为,完善交叉询问的规则。

---

① [美]乔恩·华尔兹:《刑事证据大全》(第2版),何家弘等译,中国人民公安大学出版社2004年版,第162页。

第十章
认证规则

认证是诉讼过程的重要阶段，也是审判活动的中心内容。在取证、举证、质证、认证这四个司法证明的基本环节中，认证无疑是最关键的环节。诚然，没有取证、举证、质证，认证就会成为无本之木和空中楼阁。但是归根结底，取证、举证、质证都是为认证服务的，因为取证、举证、质证的结果最后都要通过认证体现出来。换言之，认证是取证、举证、质证的目的或归宿。离开认证这个环节，司法证明就成了一句空话，司法证明的任务就无法完成。认证规则包括认证的一般规则、证据的采纳规则和证据的采信规则。另外，由于证明标准是认证活动中的核心问题，所以我们在本章中也对其进行专门的讨论。

第一节 认证的一般性规则

认证，是指法官在审判过程中对诉讼双方提供的证据，或者法官自行收集的证据，进行审查判断，确认其证据能力和证据效力的活动。简言之，认证就是对证据的认定。无论在刑事诉讼中，还是在民事诉讼或行政诉讼中，法官都要进行认证，而且都要遵循基本的认证规律，不过，我们在本书中讨论的主要是刑事诉讼中的认证问题。

一、认证的主体

认证是法官行使审判权的一种职能活动，是具有特定法律效力的司法行为，因此，认证的主体只能是法官，其他诉讼参与人都不能成为认证的主体。在这个问题上，我们有必要区分认证与对证据的审查判断。诚然，认证离不开对证据的审查判断，或者说，认证必须以对证据的审查判断为基础，但是，对证据的审查判断并不等于认证，因为二者的主体和效力并不完全相同。

就刑事诉讼的过程而言，凡是使用证据的人，都要对证据进行审查判断。侦查人员对于自己收集或他人提供的证据要进行审查判断；律师对于自己收集或他人提供的证据也要进行审查判断；审查批捕或起诉的检察人员对于侦查人员提供的证据还要进行审查判断；审判人员对于诉讼双方提供的证据当然也要进行审查判断。但是，侦查人员、检察人员、律师对证据进行审查判断的结果都不具有认证的性质和效力。总之，认证的主体只能是法官，而对证据进行审查判断的主体还包括侦查人员、检察官和律师。

二、认证的对象

认证是对证据的认定，不是对案件事实的认定。换言之，认证的对象是证据，不是案件事实。在诉讼活动中，案件事实需要认定，各种证据也需要认定。认定证据与认定案件事实是两个密切相关又相互区别的概念。认定证据是认定案件事实的基础和手段，认定案件事实是认定证据的目的和归宿。在诉讼活动中，认定证据都是为认定案件事实服务的，但是认定证据并不等于认定案件事实，二者不应混为一谈。

在司法实践中，也许人们有时并不严格区分对证据的认定和对案件事实的认定，甚至会笼统地认为二者就是一回事，因为证据认定了，案件事实也就认定了。然而，就刑事诉讼中的认识活动而言，认定证据应该与认定案件事实区分开来，因为它们是法官"决策"过程中两个相互衔接又相互区别的认识阶段。一方面，认定证据并不等于认定案件事实，即使确认了案件中所有证据的效力，也不等于就完成了对案件事实的认定。另一方面，认定案件事实也不等于认定证据，司法人员不能用认定案件事实的活动笼统地代替或吞没对案件中各种证据的认定活动，后者应该在程序和方法上具有相对的独立性。总之，在理论上明确认定证据与认定案件事实这两个概念之间的联系与区别，对于制定相应的证据规则和指导法官的认证活动，都很有裨益。

三、认证的内容

所谓认证的内容，就是说法官在认证的时候要认什么，要解决哪些问题。

我们认为，法官在审判活动中对证据的认定实际上包括两方面的内容，或者说，主要解决两个方面的问题：其一是确认某个证据能否获准进入诉讼的"大门"；其二是确认某个或某组证据能否作为定案的根据。要准确把握认证这两个方面的内容，必须明确以下两对概念及其相互关系。

（一）证据能力与证据效力

所谓证据能力，指的是证据能否满足诉讼活动对证据的基本要求。就刑事案件的审判而言，即证据是否具备刑事诉讼的"准入资格"，因此又称为证据资格。所谓证据效力，指的是证据对案件中待证事实的证明效果和力量，换言之，证据是否能够达到法定标准地证明待证事实，亦称为证明力或证明力。

概括而言，证据能力的主要内容是证据的关联性与合法性；证据效力的主要内容是证据的真实性和证明价值。诚然，这种区分是相对的，不是绝对的。在具体案件的认证活动中，证据的关联性、合法性、真实性、证明价值等方面的内容往往是相互交叉、相互影响的。

例如，证据的证明价值就不能与证据的关联性截然分开，前者在很大程度上是以后者为基础的。证据与案件事实的关联越近，其证明价值就越高；直接关联的证据当然要比间接关联的证据具有更高的证明价值；与案件事实具有必然联系的证据当然也比与案件事实具有偶然联系的证明价值更高。实际上，法官在认定证据能力和证据效力时都要考察证据的关联性，只不过考察的层面有所不同。前者所要考察的主要是证据与案件事实有没有关联；后者所要考察的则是证据与案件事实之间关联的性质、形式和程度。与案件事实没有关联性的材料当然不具有证据能力，但是具有关联性的证据并不一定就具有充分的证据效力。

又如，证据的真实性与证据的关联性及合法性也有一定的联系。虚假的证据当然也包括与案件事实具有虚假关联的证据；而法律规定排除某类证据或者限制某类证据在刑事诉讼中的使用时，既要考虑保护人权和司法公正等价值取向问题，也要考虑该类证据的真实性问题。在司法实践中，明显虚假的证据当然是不能获准进入诉讼程序的。另外，由于证据的证明价值是以证据的真实性为前提的，所以对证明价值的认定也离不开对证据真实性的认定。从这个意义上讲，真实性是一个贯穿于整个认证活动的概念，甚至可以说是认证活动的中心内容。法官在审判实践中对每个具体证据的认定，主要解决的问题就是该证据是否真实，是否可靠。但是，我们不能用真实性代替关联性，也不能用真实性代替证明价值，在理论上区分证据能力与证据效力，明确证据的关联性、合法性、真实性、证明价值等概念的内涵，还是很有必要的。

（二）证据的采纳与采信

证据的采纳和采信是两个既有联系又有区别的概念。前者的核心字是"纳"，即证据能不能被纳入诉讼的程序；后者的关键字是"信"，即证据是否可信，是否具备足以作为定案根据的证明价值。用通俗的话说，采纳解决的是证据能否"进门"的问题，采信解决的是能否用这些证据定案的问题。证据的采纳，主要是对证据能力的认定；证据的采信，则主要是对证据效力的认定。

无论是采纳证据还是采信证据，都要对证据进行审查判断，但是二者的审查方式和要求有所不同。就审查的方式来说，证据的采纳主要是对单个证据的审查判断；而证据的采信既包括对单个证据的审查判断，也包括对一组证据乃至全案证据的审查判断。就审查过程来说，采纳是对证据的初步审查，采信是对证据的深入审查。

就法官在刑事审判中的认证过程来说，采纳是采信的基础，采信是采纳的延续。就认证结果而言，没有被采纳的证据当然谈不上采信，但是采纳了的证据也不一定都被采信。简言之，采纳只是对证据的初步认可；采信才是把证据用作定案的根据。

证据的采纳和采信是目前我国理论研究和司法实践中经常混用和替用的两个概念。在每一起具体案件的审判活动中，法官也并不一定总要明确区分证据的采纳和采信。但是，为了更好地研究和把握刑事审判中认证活动的规律，在理论上明确区分这两个概念还是非常必要的。[①] 对于这个问题，我们在后文中还会做进一步的讨论。

四、认证的方式

（一）当庭认证与庭后认证

根据认证活动的时间和地点不同，认证可以分为当庭认证和庭后认证两种方式。所谓当庭认证，就是在庭审过程中，主持审判的法官对于一方诉讼当事人举出并经过对方质证的证据，在法庭上当即作出的认证。所谓庭后认证，则是说，主持审判的法官对于诉讼当事人举出并经过质证的证据，不在法庭上当即进行认证，而是在庭审之后再行认证。

当庭认证是审判方式改革的要求和发展方向。举证、质证、认证是庭审活

[①] 参见何家弘：《证据的采纳和采信——从两个"证据规定"的语言问题说起》，载《法学研究》2011年第3期。

动中密不可分的"三步曲"。法官当庭认证，可以提高审判决策过程的透明度，减少"暗箱操作"，提高审判质量，保证司法公正，而且有利于防止司法腐败和提高法官素质。不过，很多法官在实际操作中都感到当庭认证很难操作，担心前面认定的证据又被后面的证据否定，或者出现误认与错认。

客观地说，证据是形形色色的，案情是错综复杂的，仅仅根据法庭上对一个或一组证据的举证和质证，往往很难对证据作出全面的判断。特别是证据的真实性和证明价值问题，一般都需要综合评断案件中的各种相关证据甚至全部证据才能作出恰当的判断，而这往往只能在庭审结束之后才能进行。

一般情况下，法官应该或者尽量当庭认证。但是，法官当庭认什么？是证据能否采纳，还是证据是否可靠及证明价值？笔者认为，法官当庭认证应该主要解决证据的采纳问题，即证据能否获准进入诉讼程序的问题，而不解答证据采信的问题。具体来说，法官在审判中对于诉讼当事人举出并经过质证的各种证据，应该根据证据的采纳标准，当庭作出裁判，是否采纳。至于这些被采纳的证据是否真实可靠，究竟有多大证明价值，则可以等到庭后评议时再作出判断。就这两种认证方式而言，当庭认证主要适用于对证据能力的认定；庭后认证主要适用于对证据证明力的认定。

另外，如果我国在法律上建立了审判之前的"证据展示"制度并赋予诉讼当事人在审前提出证据排除动议的权利，那么法官对证据应否采纳问题的裁定也就会相应地提到审判之前。换言之，对证据可采性的认定就会包括当庭认证和庭前认证两种方式。

（二）个人认证与合议认证

根据认证主体的数量不同，认证可以分为个人认证与合议认证两种方式。在独任制审判中，认证活动由法官一人进行，实行个人认证。在合议制审判中，认证活动一般应当由合议庭进行，实行合议认证。但是，由于当庭认证只解答证据能否采纳的问题，一般比较简单，所以为了节省诉讼时间和保持庭审的流畅性，也可以由审判长进行个人认证。如果证据问题比较复杂，审判长则可以在法庭上与其他审判员简单交换意见甚至暂时休庭讨论，然后再决定是否采纳。

在合议制审判中，对于证据真实性和证明价值的认定，应当采用合议认证的方式。因为证据的采信问题比较复杂，由合议庭成员集体对证据的真实性和证明价值进行判断和确认，有利于充分发挥集体智慧，克服个人认知的局限性和片面性，从而更好地保障认证结果的客观性和准确性。合议庭在进行认证时，应当遵循少数服从多数的原则。

(三) 直接认证与间接认证

根据认证主体对证据的审查方式不同，认证可以分为直接认证和间接认证两种方式。所谓直接认证，是指法官在对证据进行直接审查的基础上进行的认证。所谓间接认证，是指法官在对证据进行间接审查的基础上进行的认证。一般来说，法官认证应当坚持直接认证的原则。主持审判的法官应当亲自在法庭调查中直接审查诉讼双方举出的证据，并在此基础上作出能否采纳和是否采信的结论。直接认证是司法程序公正的基本要求，是正确查明案件事实的基本要求，也是诉讼活动中"直接言词原则"的体现。但是在某些情况下，为了节省司法资源，法官也可以进行间接认证。例如，法官对于经过公证机关公证或者仲裁机关认定的证据，可以不再对该证据进行直接审查，而是进行间接认证；二审法官对于一审法院认定的证据也可以进行间接认证。

(四) 单一认证与综合认证

根据作为认证对象的证据数量不同，认证可以分为单一认证和综合认证两种方式。所谓单一认证，就是法官每次仅对一个证据进行的认证，即一证一认。所谓综合认证，即法官一次对多个证据进行的认证，包括对一组证据的综合认证和对全案证据的综合认证。一组证据的综合认证，就是说，对于几个相互关联的、用于证明同一个案件事实的证据，经过分别举证和质证之后，法官可以把它们集中起来加以综合认定。全案证据的综合认证，则是说，在案件全部证据已经举证、质证之后，法官对全部证据进行全面系统的分析、归纳、审查、判断，并在此基础上作出综合性认定。

对证据能力的认定，一般适用单一认证的方式，即在庭审过程中，对每一个证据"一举、一质、一认"。对证据效力的认定，如果案情比较简单而且证据相对独立，可以采用单一认证的方式；如果案情比较复杂而且待证事项较多且相对独立，可以采用一组证据综合认证的方式；如果案情复杂而且证据之间的关系紧密交织，则可以采用全案证据综合认证的方式。

(五) 口头认证与书面认证

根据认证结果的表现形式不同，认证可以分为口头认证和书面认证两种方式。所谓口头认证，就是指法官用口头语言形式所表达的认证。所谓书面认证，则是指法官用书面文字形式所表达的认证。口头认证适用于比较简单的证据问题，所以当庭认证或者对证据能力的认定通常可以采取口头认证的方式。书面认证适用于比较复杂的证据问题，所以庭后认证或者对证据效力的认定一般应该采用书面认证的方式。

(六) 一步认证与两步认证

根据法官对证据的认定过程是否划分为采纳和采信两个阶段，认证可以分为一步认证和两步认证两种方式。所谓一步认证,即法官对证据的认定过程不分为采纳和采信两个阶段,而是一次性完成对证据能力和证据效力的认定。所谓两步认证,即法官对证据的认定过程分为采纳和采信两个阶段,分别完成对证据能力和证据效力的认定。一步认证适用于案情和证据比较简单的案件;两步认证适用于案情和证据比较复杂的案件。

虽然这种分类在我国的证据理论上属于新的提法,但是在审判实践中,很多法官都在自觉或不自觉地使用着两步认证的方式。例如,根据一份调查报告,48%的法官(71%的刑事审判法官)在实践中主要采用两步认证的方式;69%的法官认为两步认证更符合认证的规律和要求;61%的法官认为两步认证更有助于提高法官的审判技能。[①]

在美国的陪审团审判中,认证是典型的两步模式,因为对证据能力的认定是法官的职能;对证据效力的认定是陪审团的职能。在法庭调查过程中,主持审判的法官要当庭对有争议的证据作出是否采纳的裁定。但是,法官裁定采纳的证据是否真实可靠,是否有足够的证明价值,还要由陪审团在庭审之后进行评议和认定。正如美国著名证据学家华尔兹教授所指出的,"尽管证据已由审判法官裁定可以采用,但它仍要由陪审团来决定其有多大分量,如果有的话。作为事实的认定者,陪审员们有权评价证据的说服力或可信度。他们可以认定其毫无分量,如果其可信度值得怀疑的话;他们也可以给其完全的分量,只要其具有说服力而且是无可反驳的。"[②] 在诉讼活动中采用两步认证模式,有利于提高认证结果的科学性,也有利于提高法官的认证技能和水平。

我国的《非法证据规定》第10条规定:"经法庭审查,具有下列情形之一的,被告人审判前供述可以当庭宣读、质证:(一)被告人及其辩护人未提供非法取证的相关线索或者证据的;(二)被告人及其辩护人已提供非法取证的相关线索或者证据,法庭对被告人审判前供述取得的合法性没有疑问的;(三)公诉人提供的证据确实、充分,能够排除被告人审判前供述属非法取得的。对于当庭宣读的被告人审判前供述,应当结合被告人当庭供述以及其他证据确定能否作为定案的根据。"

这一规定明确区分了审查认定证据的两个步骤。第一步是要先决定这些接受审查的证据能否"进门",即能否当庭宣读并接受质证。这就是说,如果辩

---

① 张素莲、刘艳:《法官认证方式实务考察与分析》,载《证据学论坛》(第4卷),中国检察出版社2002年版,第471~482页。

② [美]乔恩·华尔兹:《刑事证据大全》(第2版),何家弘等译,中国人民公安大学出版社2004年版,第20页。

护方提出被告人的审前供述属于非法取得的证据,但是未能举证或举证不足,没有达到使法官形成疑问的证明标准,或者公诉方举出的反证达到了确实充分的证明标准,那么该审前供述就可以进入诉讼程序。第二步是要决定这些获准"进门"的证据能否作为定案根据。换言之,只有那些经过与其他证据的比较审查并被确认为真实可靠的证据,才能作为定案的根据。获准"进门"的证据并不一定都能作为定案的根据,这正是"两步认证"模式的要点和意义。

第二节 证据的采纳规则

如上所述,证据采纳要解答的是证据能否获准进入诉讼"大门"的问题。因此,证据的采纳规则就是关于证据能否"进门"的规则。这可以从两个方面来规定:其一是从正面来规定,即具备哪些属性或条件的证据可以进入诉讼的"大门";其二是从反面来规定,即具有哪些情况的证据不能进入诉讼的"大门"。前者可以表述为采纳证据的标准;后者则包括一系列证据排除规则。

一、采纳证据的一般标准

(一)关联性

在诉讼双方提交法庭的各种证据中,只有确实与案件事实存在关联性的证据才可以采纳为诉讼中的证据,不具备关联性的证据不得采纳。关联性是证据的自然属性,是证据与案件事实之间客观存在的联系。诚然,客观事物之间的联系是普遍存在的,世界上任何两个事物之间都可以找到某种或远或近的联系,但是,这种哲学意义上的普遍联系不能作为在诉讼中采纳证据的基础。在诉讼活动中,作为证据采纳标准之一的关联性必须是对案件事实具有实质性证明意义的关联性,即证据必须在逻辑上与待证事实之间具有证明关系。用通俗的话说,有这个证据一定要比没有这个证据能更加明显地证明某个案件事实的存在或者不存在。关联性既是证据的采纳标准之一,也是决定证据价值的基本要素之一。

(二)合法性

诉讼双方提交法庭的证据必须在取证的主体、程序、手段,以及证据的形式等方面都符合法律的要求或规定,否则就不能采纳为诉讼中的证据。合法性是证据的社会属性,是国家基于一定的价值考量而赋予证据的属性。虽然证据的基本功能是证明案件事实,但是在制定证据规则的时候,我们不能仅仅考虑证明案件事实的需要,还要考虑司法公正和保障人权的需要。在现代法治国家中，把证据的合法性规定为诉讼活动中采纳证据的标准之一，具有特别重要的意义。

二、证据排除规则

（一）非法证据排除规则

非法证据排除规则又称为非法证据规则。所谓"非法证据"，即违反法律规定收集或提取的证据。从广义上讲，非法证据包括三种：（1）主体不合法的证据，即不具备法律规定的诉讼取证主体资格的人收集提取的证据，例如，在刑事诉讼中，纪检人员提取的被告人口供、私人侦探秘密收集的物证或书证等；（2）形式不合法的证据，即不具备或不符合诉讼中法定形式的证据，如没有明确身份的举报犯罪的匿名信、没有鉴定人签名的鉴定书等；（3）程序或手段不合法的证据，即通过不符合法律规定的程序或手段取得的证据，如通过刑讯获得的口供或证言、通过非法搜查获得的物证或书证等。狭义的非法证据仅指第三种。

如何对待非法证据，世界各国在立法上或司法实践中有不同的做法。概括而言，主要有以下几种：（1）真实肯定，凡是经查证属实的非法证据都可以采纳。（2）一律排除，凡是非法证据，一律排除，不得采纳。（3）排除加例外，非法证据一般都要排除，但法律规定在一些例外情况下可以采纳，如严重刑事案件中的例外、善意违法的例外、危害不大的例外等。（4）线索转化，非法取得的证据不能直接采纳为诉讼中的证据，但是可以用做证据线索，经转化为合法程序或手段之后，可以采纳。（5）区别对待，非法取得的证据要区别对待，既不要一概采用，也不要一律排除。具体来说，这有以下几种情况：第一，不同种类的证据要区别对待，例如，非法取得的言词证据必须排除，非法取得的实物证据不必排除；第二，不同程度的违法行为要区别对待，例如，严重侵犯人权的非法证据必须排除，轻微违反程序规定的非法证据不必排除；第三，不同案件中的证据要区别对待，例如，一般刑事案件中的非法证据必须排除，严重刑事案件中的非法证据不必排除。采取区别对待做法的国家，往往把非法证据分为两类：一类是由立法明确规定必须排除的；另一类是由法官自由裁量予以排除的。

在我国，1996年修订的刑事诉讼法中没有非法证据排除规则，只规定审判人员、检察人员、侦查人员必须依照法定程序收集证据，并且严禁刑讯逼供和以威胁、引诱、欺骗以及其他非法的方法收集证据（第43条）。最高人民法院1998年颁行的《关于执行〈中华人民共和国刑事诉讼法〉若干问题的解释》第61条规定："凡经查确实属于采用刑讯逼供或者威胁、引诱、欺骗等非法的方法取得的证人证言、被害人陈述、被告人供述，不能作为定案的根据。"最高人民检察院1999年颁行的《人民检察院刑事诉讼规则》第233条规定，以刑讯的方法收集的犯罪嫌疑人供述、被害人陈述、证人证言、鉴定意见不能作为指控犯罪的依据。以威胁、引诱、欺骗以及其他非法的方法收集上述证据而严重损害犯罪嫌疑人、被害人、证人、鉴定人合法权益或者可能影响证据客观真实的，该证据也不能作为指控犯罪的依据。对于以非法的方法收集的物证、书证，经审查核实能够证明案件真实情况的，可以作为指控犯罪的依据，但非法收集证据的手段严重损害犯罪嫌疑人及其他有关公民合法权益的除外。根据上述规定，我国的非法证据排除规则应该属于"区别对待"的范畴，但是规定不够具体明确。

2010年《非法证据规定》进一步明确了区别对待的非法证据排除规则。其第1条规定："采用刑讯逼供等非法手段取得的犯罪嫌疑人、被告人供述和采用暴力、威胁等非法手段取得的证人证言、被害人陈述，属于非法言词证据。"第2条规定："经依法确认的非法言词证据，应当予以排除，不能作为定案的根据。"第14条规定："物证、书证的取得明显违反法律规定，可能影响公正审判的，应当予以补正或者作出合理解释，否则，该物证、书证不能作为定案的根据。"同时，该规定还提升了非法证据排除规则的可操作性。它确立了非法证据问题的程序审查优先原则，还明确了刑讯逼供问题的举证责任分配和证明标准。对此，我们在第八章中已有讨论，就不再赘述。

2012年修订的刑事诉讼法增加了非法证据排除规则。该法第54条明确规定："采用刑讯逼供等非法方法收集的犯罪嫌疑人、被告人供述和采用暴力、威胁等非法方法收集的证人证言、被害人陈述，应当予以排除。收集物证、书证不符合法定程序，可能严重影响司法公正的，应当予以补正或者作出合理解释；不能补正或者作出合理解释的，对该证据应当予以排除。"最高人民检察院于2012年10月16日颁布的《人民检察院刑事诉讼规则（试行）》第379条规定："人民检察院公诉部门在审查中发现侦查人员以非法方法收集犯罪嫌疑人供述、被害人陈述、证人证言等证据材料的，应当依法排除非法证据并提出纠正意见，同时可以要求侦查机关另行指派侦查人员重新调查取证，必要时人民检察院也可以自行调查取证。"

（二）传闻证据排除规则

传闻证据排除规则是英美法系国家的重要证据规则，而且在大陆法系国家中也有类似的规定。目前，我国的法律还没有就传闻证据排除规则作出具体的规定，只是在学理上有所阐述。在本书第三章中，我们曾经介绍了原生证据与派生证据的分类,说明传闻证据是派生证据的一种,并指出,不同国家的法律或学者对传闻证据的概念有不同的界定。由于我国过去采用的是以"侦查为中心"的诉讼模式,所以并不强调证人出庭作证的问题。在界定传闻证据的概念时,我们也只是看证人的信息是否直接来源于案件事实,并不考虑证人是否亲自出庭作证。但是在英美法系国家,传闻证据被界定为证人在法庭以外所作的陈述,因此,无论证言内容是否直接来自案件事实,只要不是证人自己在法庭上作出的陈述,就属于传闻证据的范畴。例如,张三作证说,他听李四讲王五抢了赵六的钱包,这个证言无论在中国还是在美国都属于传闻证据;如果张三亲眼看见王五抢了赵六的钱包,但是他没有出庭作证,而是由检察官在法庭上宣读他的书面证言或警方的询问笔录,那么这个证言在中国就不属于传闻证据了,而在美国却仍然属于传闻证据。由此可见,英美法系国家对传闻证据的界定本身就是以"审判为中心"的诉讼模式的产物。

根据传闻证据排除规则,证人在法庭以外所作出的陈述一般都不能在诉讼中采纳为证据,可以采纳的情况属于传闻证据排除规则的例外。例如,《美国联邦证据规则》第802条规定:"传闻证据,除本证据规则或其他由联邦最高法院根据立法授权所确认的规则另有规定外,不能采纳。"日本虽然属大陆法系国家,但是受美国法律的影响,法律中也有排除传闻证据的规定。《日本刑事诉讼法》第320条第1款规定了排除传闻证据的原则:"除第321条至第328条规定的以外,不得以有关书面材料作为证据代替公审期日的供述,或者将以公审期日之外其他人的供述为内容所作的供述作为证据。"该法第321条至第328条具体规定了排除传闻证据规则的各种例外情况。我国台湾地区"刑事诉讼法"第159条第1款也作了排除传闻证据的规定:"被告以外之人于审判外之言词或书面陈述,除法律有规定者外,不得作为证据。"并在第159-1条至第159-5条规定了排除传闻证据的例外情况。大陆法系的法国、德国、意大利等国家根据直接言词原则,也作出了类似排除传闻证据的规定。如《法国刑事诉讼法》第101条、第113条规定:法官应当传唤他认为有助于查明案情的人到庭作证,如果证人接到传唤时并非不可能到庭而未到庭,法官可以判处证人罚款。《意大利刑事诉讼法》第133条、第198条也作了跟法国类似的规定。由此可见,英美法系国家的传闻证据排除规则和大陆法系国家的直接言词原则的本质都在于强调证人必须亲自出庭作证,二者具有异曲同工之处。

设立传闻证据排除规则的理由主要在于:第一,传闻证据有误传或失实的危险,可能影响司法的实体公正。众所周知,证言在转述的过程中很容易出现误差,或者出现断章取义的情况,使之不能真实地反映案件情况。另外,证人不亲自出庭作证，法庭对证人自身的感知、记忆、表述能力及其品格等情况也无法直接审查，不利于判断其证言的真实可靠性，容易导致错案的发生。第二，采纳传闻证据实际上剥夺了对方当事人的质证权，影响司法的程序公正。根据《公民权利与政治权利国际公约》第 14 条的规定，刑事被告人有对提供不利证言的证人质询的权利。美国宪法第六修正案也规定了刑事被告人有与对方证人对质的权利。只有让亲身感知案件事实的证人出庭作证，才能保证对方当事人质证权利的实现，才能保障司法程序的公正。在目前我国刑事庭审虚化[①]的状况下，设立传闻证据排除规则具有重要意义。这首先就要求法律完善证人出庭作证的制度。

我国《刑事诉讼法》第 187 条规定："公诉人、当事人或者辩护人、诉讼代理人对证人证言有异议，且该证人证言对案件定罪量刑有重大影响，人民法院认为证人有必要出庭作证的，证人应当出庭作证。人民警察就其执行职务时目击的犯罪情况作为证人出庭作证，适用前款规定。公诉人、当事人或者辩护人、诉讼代理人对鉴定意见有异议，人民法院认为鉴定人有必要出庭的，鉴定人应当出庭作证。经人民法院通知，鉴定人拒不出庭作证的，鉴定意见不得作为定案的根据。"第 188 条规定："经人民法院通知，证人没有正当理由不出庭作证的，人民法院可以强制其到庭，但是被告人的配偶、父母、子女除外。证人没有正当理由拒绝出庭或者出庭后拒绝作证的，予以训诫，情节严重的，经院长批准，处以十日以下的拘留。被处罚人对拘留决定不服的，可以向上一级人民法院申请复议。复议期间不停止执行。"上述规定对于提高刑事诉讼中的证人出庭率，具有一定的积极作用。

诚然，并非所有的传闻证据都是不可靠或不能采纳的。在有些情况下，或者因为原始证据已经灭失，或者因为原始证据无法取得，传闻证据就成为了证明案件事实的必要途径和手段，而且有些传闻证据是在一种可以信赖的情况下产生的。因此，法律就传闻证据排除规则制定一些例外或补充性规则也是非常必要的。外国的传闻证据排除规则一般都有例外的规定。最高人民法院《关于执行〈中华人民共和国刑事诉讼法〉若干问题的解释》第 141 条、最高人民法院《关于民事诉讼证据的若干规定》第 56 条、最高人民法院《关于行政诉讼证据若干问题的规定》第 41 条，对证人出庭作证的例外情形也都作出了规定，类似于传闻证据排除规则的例外。但是，这些规定有失宽泛。

我们认为，法律应该就传闻证据排除规则的例外作出更为具体明确的规定。这主要包括以下几种情况：（1）原始陈述人已经死亡的；（2）原始陈述

[①] 参见何家弘：《刑事庭审虚化的实证研究》，载《法学家》2011 年第 6 期。

人由于生理上或精神上的原因，已经丧失辨别能力和表达能力的；（3）原始陈述人因自然灾害、意外事件等不可抗力而无法出庭作证的；（4）原始陈述人下落不明或现在国外，无法出庭作证的；（5）对方当事人对该书面证言没有异议的。在上述情况下，传闻证据可以采纳，换言之，证人可以不出庭作证。但是，审判人员必须对这些书面证言的真实可靠性和证明价值进行特别认真的审查。

（三）意见证据排除规则

在诉讼活动中，证人不同于鉴定人。证人是就自己感知或了解的案件事实向司法机关作出陈述的人，鉴定人是就案件中的专门问题向司法机关提供专家意见的人。因此，证人只能向司法机关陈述其知晓或了解的案件事实本身，不能对案件事实进行推测、分析和评价，不能提供个人对案件情况的意见。换言之，带有意见性质的证人证言一般不能采纳为诉讼中的证据。这就是意见证据排除规则的基本内容。

在英美法系国家中，证人包括普通证人和专家证人两大类。专家证人可以根据科学原理提供意见证言，而普通证人一般不能提供意见证言。我国台湾地区"刑事诉讼法"第160条规定："证人之个人意见或推测之词，除以实际经验为基础者外，不得作为证据。"在我国大陆，《关于民事诉讼证据的若干规定》第57条规定："出庭作证的证人应当客观陈述其亲身感知的事实……证人作证时，不得使用猜测、推断或者评论性的语言。"《关于行政诉讼证据若干问题的规定》第46条也有类似的规定。2010年《死刑案件证据规定》第12条规定："证人的猜测性、评论性、推断性的证言，不能作为证据使用，但根据一般生活经验判断符合事实的除外。"这些规定都体现了意见证据排除规则的精神。

确立意见证据排除规则的理由主要有两个：其一，普通证人没有提出结论性意见的专门知识，其意见往往带有主观片面性，可能干扰或影响法官或陪审员对案件事实的正确判断；其二，对于案件中一般事实问题的认定不需要专门知识，法官或陪审员完全有能力自己作出判断，无须证人提供意见。

然而，在有些情况下，意见证言是不易或不宜排除的，这就需要确立意见证据排除规则的例外。根据司法证明的原理和审判实践经验，这主要包括以下几种情况：（1）极难与案件事实分开的意见，如"闻起来像大麻"；（2）对观察对象的身体外形、精神状态等的描述性意见，如"他看上去非常恐惧"；（3）直接基于个人经验的常识性判断意见，如"车速大概有每小时100公里"；（4）比较事物的同一性和相似性的意见，如"我认为那个电话里的声音就是他的声音"；（5）关于温度、风力等气候情况的意见，如"我觉得房间里的温度很高";(6)关于物品的价值、数量、性质、颜色等的意见,如"我觉得那个东西肯定挺贵的"。上述意见性证言可以在诉讼中采纳为证据,但是司法人员必须对证人提供这些意见证言的基础或依据进行认真的审查评断。

(四) 品格证据排除规则

所谓品格证据,是指能够证明一个人的品行、性格、行为习惯等特征的证据。品格证据既包括良好品格的证据,也包括不良品格的证据。在诉讼活动中使用的品格证据一般涉及以下内容:第一,关于某人在工作单位或社会上之名声的证据;第二,关于某人特定的行为方式或社会交往方式的证据;第三,关于某人以前有劣迹或前科的证据。在刑事诉讼中,品格证据的对象既包括被告人,也包括被害人和证人。一般来说,品格证据不能作为证明案件事实的根据。例如,证明被告人有犯罪前科的证据不能在本案中采纳为证明其实施了指控的犯罪行为的证据。司法人员不能因为被告人曾经犯过罪或者有过不良行为,就认为其更可能是本案中的罪犯。"一次做贼,终生是贼",这是一种必须排斥在司法证明之外的错误观念。这就是品格证据排除规则的基本内容。

然而,在有些情况下,品格证据确实有采纳的价值或必要。这就需要法律规定品格证据排除规则的例外。根据司法证明原理和审判实践经验,这主要有两种情况:(1)关于相同而且特殊之作案手法的品格证据可以采纳。例如,有证据证明被告人过去曾经使用过一种特殊的方法或工具撬盗保险柜,而本案的作案人也是使用这种方法或工具撬盗的保险柜,虽然这也属于犯罪前科性质的品格证据,但是可以在本案审判中采纳为证明该被告人更可能是作案人的证据。(2)关于欺诈或者说谎的品格证据可以采纳。例如,证明被告人过去有欺诈行为或说谎习惯的证据可以用来质疑被告人关于本案事实之陈述的可靠性。但是此类品格证据的使用是有限制的,即只能用来质疑,不能直接用来证明被告人有罪。这类品格证据也可以用来质疑被害人或证人之陈述的可靠性。但是,在用品格证据质疑证人证言的时候,品格证据只能涉及证人在诚信方面的品行,不能侮辱或攻击证人的人格尊严。在有些情况下,被告人可以使用被害人的品格证据来支持其辩护主张。例如,为了支持正当防卫的辩护主张,被告人可以提出证明被害人具有暴力倾向的证据,以证明被害人是首先攻击者。当然,在这种情况下,公诉方为反驳辩护方的主张,也可以提出证明被害人一贯性格平和的证据。

三、证据的有限采纳规则

(一) 有限采纳规则的含义

证据的有限采纳规则(limited admissibility rule),亦可称为证据的部分可采性规则(partial admissibility rule),是英美法系国家证据法中关于证据可采性的一个重要规则。按照《布莱克法律词典》中的解释,该规则的含义是:言词或实物证据可以为某个限定的目的而被采纳为证据。例如,某证人先前的矛盾性陈述可以用来对该证人进行质疑,但是不能用来认定案件事实;某证据可以采用,但是只能针对一方当事人而不能针对另一方当事人。[①]

《美国联邦证据规则》第105条规定:"如果采纳的证据只是对一方当事人或出于某一目的是可以采纳的,而对另一方当事人或出于另一目的是不可采纳的,那么法庭根据请求,应将该证据限制在其适当的适用范围内,并向陪审团相应作出指示。"[②] 美国《统一证据规则》第6条和《加州证据法典》第355条也有类似的规定。

有限采纳规则属于证据采纳规则的范畴,是对证据关联性规则的补充。"有限采纳"的证据多用于对证人的质疑。在英美国家,质证主要采用交叉询问的方式,即由对方律师在法庭上对证人进行直接质证的方式。但是在某些情况下,法官也可以采用其他证据对证人进行质疑。这有两个目的:其一是证明该证人的陈述不真实;其二是证明该证人有生理缺陷或品质问题。

"有限采纳"的证据就是实现这种质疑目的的手段。具体来说,这可以有以下五种情况:(1)证明该证人身上存在着感觉缺陷,例如,通过眼镜店技工的证言,证明证人的眼睛有近视或色盲等问题;(2)证明该证人的精神状态有问题,如病理性说谎者;(3)证明该证人有重罪前科,这可以通过法院的有罪判决书来证明;(4)证明以前曾经作出过与法庭证言相矛盾的陈述,而且该证人否认这一点,这可以通过以前的书面证言或询问笔录来证明;(5)证明该证人有偏见、利益关系等因素而会影响其陈述的真实性,如证明其有种族歧视的言论等。

诚然,在司法实践中,让审判人员严格区分证据的质证功能和定罪功能,并不是一件容易的事情。在有些情况下,审判人员会自觉或不自觉地把质疑的

[①] Black's Law Dictionary (Seventh Edition), West Publishing Co. 1999, p.48.
[②] 何家弘、张卫平主编:《外国证据法选译》(下卷),人民法院出版社2000年版,第574页。

证据用做定罪的证据。因此在美国的陪审团审判中，法官必须就"有限采用"的证据向陪审团作出明确的指示。在"人民诉波特斯案"中，伊利诺斯州上诉法院就明确强调了这种指示的重要性。无论如何，在审判中区分质疑的证据和定罪的证据还是很有必要的。审判人员应该通过学习和训练，掌握区分证据功能的分析能力，养成有限采用证据的思维习惯。

（二）有限采纳规则的适用对象

无论是从证据理论上讲，还是就司法实践来说，有限采纳规则都具有重要意义，因为它可以使我们更加准确地认识证据的效力，更加恰当地运用证据。然而，并非所有证据都可以适用有限采纳规则。实际上，法律对大多数证据的效力都是不加限制的。换言之，法官对大多数证据的证明价值都享有自由裁量权。借鉴国外的做法并考虑我国司法实践中的情况，有限采纳规则可以适用于以下几种证据：

1. 自相矛盾的陈述

证人（包括被害人和被告人，下同）在审判之前作出的与法庭证言相互矛盾的陈述不能直接用来证明案件事实，但是可以用来攻讦证人的可信度。

2. 相似性陈述

一般来说，法庭没有必要听取证人在审判之前作出的与法庭证言相同或相似的证言，但是当对方律师提出该证人陈述是最近编造的"故事"时，该证人一方就可以提出证据，证明其以前作出过相同或相似的陈述，从而证明其证言的可靠性。

3. 品格证据

品格证据一般只能作为"有限采用"的证据。例如，被告人的犯罪前科或以往的不道德行为，只能作为对其陈述进行质疑的证据，不能作为认定其有罪的证据。

4. 传闻证据

传闻证据一般是不能采纳的，但是在某些情况下，传闻证据可以用来证明某人曾经说过某些话，但不能用来证明其陈述内容的真假。例如，张三说他曾经听李四说王五杀了人。对于王五是否杀人来说，张三的证言是传闻证据，不能采用，但是法官可以用其来证明李四曾经说过那句话。

5. 笔录和音像材料

询问、讯问的笔录和录音录像等材料，也应该是"有限采纳"的证据，即只能用来证明询问和讯问过程的真实性和合法性，不能直接用来证明陈述内容的真实性。

由此可见，有限采纳规则的适用范围还是相当广泛的，而且是很有实用价值的,只不过我们过去在理论上和实践中都没有给予足够的重视。加强对"有限采纳规则"的研究,可以帮助我们解决证据法中一些棘手的问题。例如,测谎结论的证据效力是一个颇有争议的问题。在这个问题上,"有限采纳规则"可以给我们提供一些有益的启示。

(三) 测谎结论的有限采纳问题

自测谎技术问世以来,美国及其他国家的学者进行了许多关于测谎结论准确率的调查研究。这些研究结果表明,由合格的受过专门培训的测谎专业人员进行的测谎,其结论的准确率在 85%~98% 之间。其中美国学者进行的一项对 1909 起真实测谎案例的调查表明:检测结果认定被测人"说真话"的结论的准确率为 97%;检测结果认定被测人"说假话"的结论的准确率为 98%。[①] 近年来,中国学者也对测谎技术的使用情况进行过一些调查,其结果一般也表明测谎结论的准确率在 90% 以上。有些统计结果甚至表明在办理的数百起测谎案件中,没有发现一起错案。诚然,没有发现错案,并不等于没有错案。但是,发现了错案,也不能就一概否定测谎技术的应用价值。

在司法实践中,测谎结论确实也有出现错误的时候。例如,云南省昆明市中级人民法院司法鉴定中心于 1998 年在一起杀人案件中对犯罪嫌疑人杜培武进行测谎,并认定杜在回答与杀人相关的问题时说了谎。后来,在侦查人员的"高压"讯问下,杜被迫承认有罪并交代了"作案过程"。在一审中,昆明市中级人民法院判杜培武犯有故意杀人罪,判处死刑。后来云南省高级人民法院因为该案中没有找到杀人凶器——枪,改判为死缓。2000 年,当地公安机关在侦破另外一起案件中,发现那起杀人案件的凶手不是杜培武,而是一个杀人劫车的特大犯罪团伙。于是,杜培武在狱中度过了 26 个月之后,被无罪释放。诚然,在那起错案中,法院判决所依据的并不是测谎结论,而是其他一些证据。但是,测谎结论在导致错案发生上确实有一定的责任,而且该测谎结论确实是错误的。

正是由于存在这些错案,所以有人对测谎结论的可靠性提出严厉的抨击,并坚决反对把测谎结论采纳为证据。我们认为,测谎结论确实有错误的,但我们不能因此就把测谎结论统统关在诉讼的大门之外。其实,任何一种证据都不是百分之百可靠的,都是有可能出现错误的。即使是笔迹鉴定、指纹鉴定、DNA 鉴定等科学证据,其结论也是有可能出现误差的。外国曾经有人做过一个实验,同时使用测谎、笔迹鉴定、指纹鉴定和目击证人证言等方式对 20 个特意安排的"犯罪案件"的作案人进行识别。结果是:测谎结论正确的为 18

---

① 参见澳大利亚的 The Queensland Police Union, June, 1997。

个，错误的1个，未能给出结论的1个；笔迹鉴定意见正确的17个，错误的1个，未能给出结论的2个；指纹鉴定意见正确的4个，错误的没有，未能给出结论的16个；目击证人认定结论正确的7个，错误的4个，未能给出结论的9个。① 由此可见，测谎是一种效率很高的查明案情的手段，而且其可靠性并不是最低的。总之，我们应该客观地认识测谎结论的可靠性，既不能简单否定，也不应过分抬高。

在此必须指出，测谎仪是一种科学的心理测试仪，但必须掌握在合格的专业人员手中才能为识别谎言提供科学的依据。测谎结论的正确与否，在很大程度上取决于测谎人员的素质、技能和经验。在美国，测谎人员必须在专门的测谎学校中接受至少6个月的专业培训，而且要在专家指导下实习150例测谎之后，才能获得测谎专业证书，才能够单独从事测谎工作。目前，我国的测谎人员资历参差，技能不齐，测谎职业缺乏统一规范的资格认证和从业管理。另外，由于有些侦查人员把测谎仪当做侦查工具，视为"破案利器"，所以在分析、评断和使用测谎结果时有一种"取我所需"的倾向。例如，在前面谈到的杜培武一案中，测谎人员在评断测谎图谱时就忽视了那些可以证明杜培武清白的生理反应征象。正如杜培武出狱后接受记者采访时所说的，"对我有利的测试结果，他们故意隐蔽不用，他们只用对我不利的结果"。② 简言之，提高人员素质和加强行业管理是测谎结论可靠性的重要保障，也是在我国推广测谎技术的当务之急。

测谎技术可以在犯罪侦查中发挥重要的作用，这是毫无疑问的。但是，测谎结论能否成为诉讼中的证据，这是另外一个问题。二者之间虽有联系，但是并不等同。犯罪侦查活动的根本目标是查明案件事实，而诉讼活动不仅要考虑查明案件事实的需要，还要考虑维护司法公正和保护被告人权利等社会价值的需要。诚然，在犯罪侦查中运用测谎技术，也必须加强法制观念，严格依法办案。如果不依法办案，测谎技术也有可能成为非法取证乃至刑讯逼供的"帮凶"。③ 但是在诉讼活动中，法律对证据应该有更高的要求。由于美国是最早使用测谎技术的国家，所以，考察美国司法机关对测谎结论的态度及其发展变化，对我们研究测谎结论的证据资格问题是很有裨益的。

美国司法机关关于测谎结论的第一个判例是哥伦比亚特区联邦法院在1923年审理的弗赖伊诉合众国案（Frye v. United States）。在该案的审判中，

---

① 参见澳大利亚的 The Queensland Police Union, June, 1997。
② 艾君：《担心测谎仪》，载《中国青年报》2001年2月16日。
③ 参见《测谎仪还能办案吗？》，载《北京晚报》2001年9月26日。

法院没有采纳有关被告人测谎结果的专家证言。法官认为，这种测谎技术在生理学和心理学领域内尚未获得普遍的认同，其检验还没有确立统一的科学标准，其结论的可靠性难以确定，因此不能采纳为诉讼中的证据。在很长时期内，该判例一直是美国法院在测谎结论可采性问题上的主要法律依据。

当时在美国的司法实践中，科学证据的采纳标准是"本学科领域内的普遍认同"。因此，当一项新的科学技术尚处于开发试用阶段时，法院往往不会采纳运用该科学技术所检验或确认的证据。一般来说，法官在采纳新出现的科学证据的问题上是比较谨慎的，甚至是有些保守的。只有当一种新的科学证据经受了相当长时间的检验，而且在所属学科领域内获得了普遍的认同，法院才会承认其证据资格。然而在那段时期内，美国学者对测谎结论的科学性和可靠性也是众说纷纭，法官在审判中自然不会接受其作为证据。

不过，测谎技术在犯罪侦查中还是可以使用的，而且在有些案件中，警察通过测谎获得了被告人的供述。于是，法官必须回答这样的问题：测谎结论不能采纳为证据，那么通过测谎获得的被告人供述是否可以在审判中采纳为证据。在这个问题上，法官基本上沿用普通法的标准，即供述的自愿性。只要是被告人在测谎之中或之后自愿作出的供述，法庭就可以采用；否则，法庭就会排除，因为其侵犯了美国宪法第五修正案赋予被告人的"反对强迫性自证有罪"的权利。

随着测谎技术的进步，测谎结论的可信度不断提高。于是，美国法官对测谎结论的态度也开始发生了变化。一些法院开始在刑事诉讼中采纳测谎结论作为证据，但是有一个前提，那就是诉讼双方必须事先签订有同意测谎的协议。1962年，在亚利桑那州诉瓦尔德斯一案（State v. Valdez）中，亚利桑那州最高法院裁定："尽管测谎仪作为一种审查陈述可靠性的方法还有很多地方需要完善，但我们认为该技术的发展已达到足以获得可采性的程度，当然需要有诉讼双方认可的测谎协议。"

1972年，在新泽西州诉麦克达维特案（State v. McDavitt）中，被告人在与检察官达成协议的情况下接受了测谎，但是测谎结论对他不利，他便反对将该结论作为证据。审判法院在一审中采纳了该测谎结论，并判被告人有罪。被告人随后提出上诉，认为法院将该测谎结论作为证据是错误的。新泽西州最高法院的裁定肯定了该测谎结论的可采性，并指出："测谎技术的可靠性已经发展到这样一种程度：在刑事案件中，只要被告人和检察官达成协议让被告人接受测谎审查并将测谎结论提交法庭作为证据，那么该协议就应该是有效的。"该法院还以司法认知的方式确认了"测谎技术在警察机关、执法机关和私人保安业都已经得到了广泛的应用"，并宣称测谎技术"作为一种科学工具的使用无疑会继续增长"。

　　法院同意采纳签有协议的测谎结论作为证据的理由主要有两个：第一个是"公平游戏"理论。例如，加利福尼亚州上诉法院在1948年的人民诉豪泽案（People v. Houser）的裁决中指出："法庭很难作出这样的裁定，即仅因为测谎结论意外地表明被告人说了谎，就支持被告人该测谎证据不该采纳的上诉请求。"换言之，被告人事前已经同意进行测谎，如果结论对他有利就可以采纳，而结论对他不利就不能采纳，这显然不符合"公平游戏"的规则。第二个理由是"协议约束"理论，即被告人和检察官签署的测谎协议应该对双方都有约束力。这是很多法院在采纳协议测谎结论时给出的理由。不过，法官往往在同意采纳的同时要求对测谎协议进行审查，并且要采取相应的措施保障测谎结论的可靠性。

　　在1966年的人民诉波特斯案（People v. Potts）中，伊利诺斯州上诉法院将测谎结论的保障措施概括如下：（1）协议必须以书面形式，而且要有被告人及其律师的签名；（2）如果测谎人员不称职或测谎条件不合格，审判法院仍有权拒绝采纳测谎结论；（3）诉讼双方都有权就测谎人员的培训情况、测谎的条件、可能出现的技术错误以及其他有关问题对测谎人员进行交叉询问；（4）法官应该就该测谎结论的证据效力明确指示陪审团，例如，该结论仅具有补强证据的价值，不得直接用来认定犯罪事实的构成要件；该结论只能用来证明被告人在接受测谎时说的是真话还是假话，不能用来证明其在测谎之前或之后的陈述是真还是假。

　　在相当长的时期内，测谎技术缺乏科学性和测谎结论缺乏可靠性，一直是人们反对在审判中采纳测谎结论的主要理由。但是在法院基本上认可了测谎技术的科学性之后，反对测谎技术的人又开始从其他角度寻找否定测谎结论的理由。这主要基于两个方面的考虑：其一是反对强迫自证有罪的证言特免权；其二是传闻证据排除规则。这两个理由也经常在审判中被辩护律师用做要求法庭排除测谎结论之"证据异议"的理由。

　　持第一种理由的人提出，采纳测谎结论为证据，违反了美国宪法第五修正案中关于反对强迫自证有罪的规定，因为测谎也等于让被告人提供对其不利的证据。但是，这种观点是很难成立的。美国法院的一系列判例已经表明反对强迫自证有罪的规定仅适用于强迫性供述，不适用于其他方式的证明，如强制被告人接受辨认，以及强制提取被告人的笔迹、指纹、血液等样本以便鉴定。

　　在1973年的合众国诉迪奥尼斯奥案（United States v. Dionisio）中，法官因犯罪嫌疑人拒绝向调查一起赌博案的大陪审团提供其声音样本以供辨认而判其犯有藐视法庭罪。法官认为，大陪审团要求该嫌疑人读一份与案件有关的电话交谈记录以便证人进行声音辨认的做法,并没有违反宪法第五修正案的规定,因为"那录音完全是用来测定其声音的物理特征,而不是为了证实其所说或所交谈的内容"。在同一年的合众国诉马雷案中,法院也认可了大陪审团命令某嫌疑人提供笔迹样本以便鉴定的做法。

虽然反对者会说测谎所记录的实际上是嫌疑人的供述,它不同于声音识别和笔迹鉴定,但是,测谎也完全可以采用无须被告人用语言回答的方式进行,即仅记录其听到相关问题之后的生理反应征象,而这显然与声音识别和笔迹鉴定并无二致。再者,由于测谎必须有被测人自愿签署的协议,所以这种强迫自证有罪的反对理由没有什么实际意义。

依据传闻证据排除规则来否定测谎结论的可采性,也是很难成立的,因为测谎专家在法庭上提供的证言不应被划入传闻证据的范畴。在 1972 年的合众国诉赖德林案(United States v. Ridling)中,法官驳回了辩护律师针对测谎证据提出的传闻异议,并把测谎专家与"检验病人并获准就该病人的生理状况在法庭上提供意见的医生"进行了比较,认为二者的性质是一样的,二者在法庭上提供的证言都属于专家意见,"这与传闻毫无共同之处"。

目前,美国的联邦法院和 36 个州的法院都通过判例肯定了测谎结论的可采性。虽然各法院的判决原则和理由并不尽同,但是一般都把自愿性作为采纳测谎结论的基本标准。换言之,只有在有证据证明被测人自愿接受测谎的情况下,测谎结论才可以被采纳为证据,而被测人在测谎之前与警察或检察官签署的测谎协议就是这种自愿性的充分证明。当然,被采纳为证据的测谎结论也还要接受法官或陪审团关于其真实可靠性的审查。

在有些案件中,法官为了保证测谎的自愿性和公正性,还会在法庭上亲自询问被告人对待测谎的意见,并让被告人自己挑选测谎专家。例如,在上文提到的赖德林案中,因为赖德林被指控犯有伪证罪,而测谎是审查伪证的有效方法,所以法官同意测谎。法院为被告人指定了三位测谎专家,供其选择。后来,法官在法庭上裁定测谎结论可以采纳时指出:伪证罪是检验测谎证据可采性的最佳案件。测谎的目标是确认陈述的真伪,而伪证罪要认定的也是陈述的真伪。在这一点上,测谎结论是直接证据,当然可以采纳。不过,该法官的态度还是很谨慎的。这表现在两个方面:第一,被告人必须在法院指定的测谎专家中选择;第二,他的裁定仅限于伪证罪案件之中。

1989 年的合众国诉皮奇诺纳案(United States v. Piccinonna)也涉及伪证罪的测谎问题,只是控辩双方的立场与其他判例不同。被告人被指控在大陪审团调查一起反托拉斯案的过程中提供了伪证。被告人坚决否认,并表示愿意接受测谎并与检察官签订测谎协议。检察官拒绝了被告方的请求。不过,被告人还是自己找专家进行了测谎,并要求主持该案审判的联邦地区法官把测谎结论采纳为证据。根据检察官的异议,法官裁定该测谎结论不予采纳。被告人提出上诉,联邦第 11 巡回区上诉法院在审理之后,推翻了联邦地区法院的裁定,肯定了该测谎结论的可采性。该上诉法院的法官们指出:"近年来在测谎技术方面取得意义重大的进步……以至于其检测结果作为法庭证据已为科学界所认可";"测谎技术已发展到在限定范围内充分接受和使用测谎证据的水平,不公平的偏见所造成的危险性已缩小到最低限度。"①

通过上述判例,我们可以看出美国司法机关在测谎结论的可采性问题上的基本态度:第一,测谎结论可以采纳为证据;第二,测谎必须是在被测人自愿的情况下进行的;第三,法院在采用测谎结论时必须谨慎,要在有限制的条件下采用。

目前,世界上已有五十多个国家在不同程度上使用着测谎技术。其中有些国家的司法机关也肯定了测谎结论的可采性。例如,在澳大利亚的昆士兰州,测谎技术作为犯罪侦查的手段,警方是可以自由采用的,法律并没有具体的限制性规定。但是,法院要采纳测谎结论为证据,必须以被测人的自愿为前提。换言之,只有自愿接受的测谎结论才可以被法庭采纳为证据。② 在日本,法院的判例也已经明确地肯定了测谎结论的可采性,但是要符合以下两个条件:第一,根据对测谎人员的技术、经验,以及测谎仪器的性能的审查,法官认为测谎结论是值得信赖的;第二,经审查,测谎结论准确、忠实地记录了测谎的过程和结果。③

我们认为,测谎结论可以在诉讼中采纳为证据,但是属于"有限采纳",即只能用来审查言词证据的真实可靠性,不能直接用来证明案件事实。具体来说,测谎结论只能用来证明犯罪嫌疑人或被告人、民事诉讼的当事人以及证人的陈述是否真实可靠,不能直接用来证明刑事被告人是否有罪,或者民事诉讼的一方当事人应否承担败诉所导致的责任。不过,在伪证罪等案件中,如果某人陈述的真伪就是基本案件事实的构成要素,那么测谎结论也可以作为认定案件事实的根据,但是不能作为定案的唯一证据。换言之,根据测谎结论认定伪证罪的案件事实,还需要其他证据进行补强。

综上所述,测谎结论当然不是绝对可靠的,但是在审查被告人陈述和证人

---

① 以上判例的内容参见[美]乔恩·华尔兹:《刑事证据大全》(第 2 版),何家弘等译,中国人民公安大学出版社 2004 年版,第 567~578 页。
② 见澳大利亚的 The Queensland Police Union, June, 1997。
③ [日]田口守一:《刑事诉讼法》,法律出版社 2000 年版,第 239 页。

证言的问题上，测谎结论绝对比我们主观的直觉的认识和评断更为可靠。因此，我们没有理由因为无知或偏见而固执地把测谎结论拒绝在诉讼的大门之外。我们应该给测谎结论正确定位：它就是一种普普通通的证据，而且是"有限采纳"的证据。如果仅仅因为测谎结论可能出现误差就一律排除在外，那不是对待证据的科学态度，而且很有些因噎废食的意味。

第三节　证据的采信规则

在讨论证据的采信问题时，我们要考察的是证据是否可靠和是否具备足够的证明价值，换言之，案件中的证据是否足以作为定案的根据。虽然法官在采信证据时必须享有一定的自由裁量权，但是通过某些规则来限制法官的自由裁量权还是很有必要的。就当前中国司法实践的情况来说，制定证据的采信规则具有特别重要的意义。

一、采信证据的一般标准

（一）真实性

证据的真实性是采信证据的基本标准之一。对证据的真实性进行审查是把证据用做定案根据的必经程序。《刑事诉讼法》第48条规定："证据必须经过查证属实，才能作为定案的根据。"换言之，在获准进入诉讼程序的证据中，如果经过审查发现某个证据不具备真实性，那么法官就不能采信该证据，就不能把它作为定案的证据。《刑事诉讼法》第195条规定："案件事实清楚，证据确实、充分，依据法律认定被告人有罪的，应当作出有罪判决。"这里所说的"证据确实"，就是证据的真实性。在诉讼过程中，司法人员应该逐一审查每个证据的真实性，即审查每个证据是否确实。当然，就审查方法而言，单个证据是否真实可靠，往往也要通过与其他证据的互相印证来综合评断。

（二）充分性

证据的充分性也是采信证据的标准之一。作为定案根据的证据，不仅要具有内容的真实性，还要具有证明的充分性；不仅要证据确实，而且要证据充分。所谓证据充分，即证据的证明力或价值足以证明案件中的待证事实。从理论上讲，证据充分可以是就单个证据而言的，也可以是就案件中的一组证据或全部证据而言的。就案件中的某个事实或情节来说，一个证据或一组证据可能就达到证据充分的标准了，也就是说，这个证据或这组证据已具有足够的证明力来证明该事实或情节的存在或不存在。就整个案件来说，所谓证据充分，则是指案件中的全部证据已经具有足够的证明力来证明案件的真实情况。由此可见，审查证据是否充分，就是要对证据的证明价值进行分析和评断。

证据的采信标准与诉讼中的证明标准具有密切的关系，是两个从不同角度来表述的相通的概念，也可以说是一个事物的两个方面。从认定证据的角度来说，它是证据的采信标准；从认定事实的角度来说，它是案件的证明标准。例如，目前在我国的刑事诉讼中，证据的采信标准是"证据确实、充分"；案件的证明标准是"案件事实清楚"。在一个具体案件中，证据确实、充分了，案件事实也就清楚了；而要想达到案件事实清楚，就必须做到证据确实、充分。关于证明标准的问题，我们在下一节中还要进行专门的讨论。

二、补强证据规则

所谓补强证据规则，是指法律明确规定某些种类的证据对案件事实的证明力不足，不能单独作为证明该案件事实的根据，必须还有其他证据佐证，因此又称为佐证规则。例如，《刑事诉讼法》第 53 条规定："只有被告人供述，没有其他证据的，不能认定被告人有罪和处以刑罚。"补强证据规则实际上有两层含义：第一，这种证据需要佐证；第二，如果没有佐证，这种证据不能单独作为认定案件事实的根据。

根据我国有关法律和司法解释（如最高人民法院《关于民事诉讼证据的若干规定》第 69 条和最高人民法院《关于行政诉讼证据若干问题的规定》第 71 条）中规定的精神和司法实践经验，除被告人供述外，下列证据也不能单独作为认定案件事实的根据，即属于需要补强的证据：（1）未成年人所作的与其年龄和智力状况不相适应的证言；（2）与一方当事人有亲属关系或利害关系的证人出具的证言；（3）无法与原件、原物核对的复印件、复制品；（4）无法确认其原始性的视听资料；（5）间接证据。

三、证明力优先规则

所谓证明力优先规则，是指司法人员在对证明同一案件事实却相互矛盾的证据进行判断时，应该遵循的优先采信规则。例如，证据 A 和证据 B 都是证明被告人是否收受贿赂的证据，但是证据 A 证明被告人收受了贿赂，而证据 B 证明被告人没有收受贿赂，通过对两个证据自身的分析也无法肯定其中任何一个是虚假的，那就要按照证明力大小的比较，确定优先采信哪个证据。

根据有关的司法证明理论和司法实践经验，在比较不同种类证据的证明力大小时应遵循以下规则：（1）原生证据的证明力大于派生证据的证明力；（2）直接证据的证明力大于间接证据的证明力；（3）经过公证的书证的证明力大于其他书证的证明力；（4）按照有关程序保存在国家机关档案中的书证的证明力大于其他书证的证明力；（5）物证及其鉴定意见的证明力大于其他言词证据的证明力；（6）与案件当事人没有亲友关系和利害关系的证人证言的证明力大于有上述关系的证人证言的证明力。司法人员在具体案件中比较两个证据的证明力时，必须注意证明对象和证据内容的一致性。如果两个证据指向的待证事实不相同，或者两个证据的具体内容不相同，那么二者之间就不具有证明力的可比性。证明力优先规则对司法人员的认证活动具有重要的指导意义。

四、心证公开规则

如上所述，法官在决定是否采信证据的时候必须享有一定的自由裁量权，因为法官对证据的真实性和证明力的评断很难完全遵循客观的标准。换言之，法官在通过证据认定案件事实的时候总要有一定程度的"自由心证"。所谓"心证"，就是说，法官对证据的真实性和证明力的判断要达到内心确信的程度，对案件事实的认识要达到排除合理怀疑的程度。然而，法官的"自由心证"也不是绝对的毫无约束的自由。首先，法官的"自由心证"必须遵守证据为本的原则，必须建立在证据的基础之上。其次，法官的心证必须以一定方式公开，这就是心证公开规则的基本要求。

所谓心证公开，就是说，法官认证的结论和理由应当向当事人乃至社会公众公开。心证公开可以有两种表现方式：其一是在法庭审判中的公开，即通过法官的当庭认证等活动表现出来的心证公开；其二是在判决文书中的公开，即通过法官在判决文书中说明采信证据的理由和认定事实的依据所表现出来的心证公开。由于对证据的真实性和证明力的评断和认定往往在庭审之后进行，所以判决文书中的公开实际上是心证公开的主要方式。我们认为，法官应该在判决书中对判决的根据和理由作出具体的说明，特别是要对认证的理由作出具体的说明。这里需要强调一点，法官不仅要对其采信为定案根据的证据进行说明，而且要对那些已经采纳——已经获准进入诉讼程序——但最终未被采信的证据进行说明，要说明其不把那些具备了关联性与合法性的证据采信为定案根据的具体理由。

我国最高人民法院《关于民事诉讼证据的若干规定》第64条规定："审判人员应当依照法定程序，全面、客观地审核证据，依照法律的规定，遵循法官的职业道德,运用逻辑推理和日常生活经验,对证据有无证明力和证明力大小独立进行判断,并公开判断的理由和结果。"最高人民法院《关于行政诉讼证据若干问题的规定》第 54 条也作了类似的规定。这些规定都在一定程度上体现了心证公开规则的要求。心证公开是审判公开制度在法官认证阶段的体现,也是实现司法公正的保障。通过心证公开,将法官的认证活动置于当事人和公众的监督之下,既有利于提高司法证明的质量,也有利于提高司法判决的权威性。

第四节 证明标准问题

证明标准是证据法学中一个非常重要的理论问题,也是司法活动中一个非常重要的实务问题。近年来,我国的专家学者对证明标准问题进行了广泛深入的研讨,并且已经取得了一些重大的成果。这些成果不仅推动了我国证据法学研究的发展,也在一定程度上引领了我国司法证明实践的发展。因此,我们有必要在此对证明标准问题做一些专门的阐述和讨论。

一、与证明标准有关的几对基本范畴

(一) 客观事实和法律事实

客观事实和法律事实是司法证明中一对重要的范畴。客观事实即客观存在的事实。就司法证明活动而言,是指确实在客观世界中发生的案件事实。法律事实是法律意义上的事实,是由法律规范所调整的,可以引起一定法律后果的事实。在司法活动中,法律事实指由证据证明的案件事实,是经过人的主观活动明确或确认的案件事实。

法律事实是以客观事实为基础的,是由客观事实所决定的。但是,法律事实并不完全等同于客观事实。在任何案件中,在任何司法活动中,法律事实和客观事实都存在着质和量的差异。首先,法律事实在质上并不完全等于客观事实。因为法律事实是由证据证明的事实,而用证据证明是一种人的行为,所以法律事实并不完全是客观的东西,其中或多或少都会掺杂一定的人的主观因素或作用。其次,法律事实在量上也不等于客观事实。一般来说,案件中客观事实的数量都会大于法律事实的数量,因为并非所有与案件有关的客观存在或发生的事实都可以由证据证明,都可以成为法律事实。由于各种各样的原因,案件中的一些客观事实会在证明的过程中遗失,甚至根本就没能获得进入司法证明过程的资格。

由此可见，法律事实带有主观的色彩、人为的品格。美国学者吉尔兹曾经指出："法律事实并不是自然生成的，而是人为造成的，一如人类学家所言，它们是根据证据法规则、法庭规则、判例汇编传统、辩护技巧、法庭雄辩能力以及法律教育等诸如此类的事物而构设出来的，总之是社会的产物。"①

我国也有学者认为，"诉讼中所呈现的并最终为法院所认定的事实，乃是经过证据法、程序法和实体法调整过的、重塑了的新事实。这种新事实因为不可避免地渗透了人的主观意志，因此可以称之为主观事实；又由于它是在诉讼活动过程中形成并成立于诉讼法上、仅具有诉讼意义的事实，因此也可以称之为诉讼事实或法律事实。"② 总之，法律事实不等于客观事实。

(二) 客观真实和法律真实

客观真实和法律真实是以客观事实和法律事实为基础的一对范畴，但是客观真实和法律真实的概念并不完全等同于客观事实和法律事实的概念。客观事实和法律事实回答的是"什么是司法证明中的事实"的问题；客观真实和法律真实回答的是"司法证明中的认识怎样才为真实"的问题。二者不能混为一谈。

所谓客观真实，是说司法活动中人们对案件事实的认识完全符合客观的实际情况，即符合客观标准的真实。所谓"法律真实"，是说司法活动中人们对案件事实的认识符合法律所规定或认可的真实，是法律意义上的真实，是在具体案件中达到法律标准的真实。

法律是人制定的，法律真实的内涵和标准也是由人规定的，因此，在不同的国家和不同的历史时期，法律真实的内涵和标准自然也会有所不同。古代的"神明裁判"是一种法律真实；曾经在中世纪欧洲大陆国家盛行的"法定证据"也是一种法律真实；在当今西方国家占主导地位的"自由心证"仍然是一种法律真实。那么，我们国家要确立的是什么样的法律真实？我们认为，这应该是建立在辩证唯物主义认识论基础之上的法律真实。对此，我们有三点说明：

第一，法律真实并不属于主观真实的范畴。所谓主观真实，是说司法活动中人们对案件事实的认识符合主观的标准，是脱离客观实际情况的真实。换言之，检验一个认识是否真实的标准不是客观实际情况，而是主观认识，是用具有权威性的认识去检验具体司法证明中的认识。然而，法律真实不是这种意义

---

① [美] 克列福德·吉尔兹：《地方性知识：事实与法律的比较透视》，邓正来译，载梁治平主编：《法律的文化解释》，三联书店1994年版，第80页。

② 江伟主编：《证据法学》，法律出版社1999年版，第117页。

上的真实。法律真实是不能完全脱离客观真实的,是建立在客观真实基础之上的真实,是包含有客观真实内容的真实。

第二,法律真实虽包含有客观真实的内容,但是法律真实并不等于客观真实。二者的区别在于,客观真实必须是完全正确的,而法律真实的概念本身就隐含着误差的可能性。按照客观真实的要求,司法证明的结果都是符合客观实际情况的,那当然就是完全正确的,就不能有任何误差。而法律真实是法律认可的真实,其中既包含有符合客观实际情况的内容,也可能包含有不符合客观实际情况的内容。众所周知,法官认定案件事实离不开证据,但证据中存储的与案件事实有关的信息并不等于客观存在的案件事实。例如,张三说他看见李四用棍子打死了王五。这证言可能是真实的,也可能是虚假的,还可能是半真半假的。其实在大多数情况下,证言都是真实与虚假的结合。当然,有的证言中真实的成分多一些,有的证言中虚假的成分多一些。即使是法官采信的证言,往往也包含有不真实的成分。这是不可否认的事实,也是法律不得不接受的事实。法律真实就是建立在这种证据基础之上的真实。

第三,法律真实在一定意义上是以概率为基础的真实,而这里所说的概率本身也具有客观的属性。英国牛津大学的祖克曼教授曾经举了一个例子:某人在一条公路上被汽车撞伤了,有关证据只能证明他是在那条公路上被一辆公共汽车撞的,但不知是哪一辆。经过调查得知 A 公共汽车公司的车辆占该公路上运营车辆总数的 80%。根据概率的计算,A 公司所属车辆撞伤那个人的可能性为 80%。而民事诉讼所要求的证明标准是"优势证据",即一方的证明超过 50% 就可以胜诉,因此法院判 A 公司承担赔偿责任。

祖克曼教授接下来说道:"正如我已经指出的,这种观点是以客观性假设为基础的。该假设即:司法过程的唯一功能就是探求法律之外且独立于法律的客观真实。然而,正如希拉里·普特南所说,'真实并非底线:真实自身也从我们那具有合理的可接受性的标准中获取生命,而且,如果我们希望去发现科学确实固有的价值,我们就必须正视这些标准'。通过考察,我们会发现有关诉讼事实的客观真实并不能与法律体系的其他部分截然分开。作为法律和事实之区别的形式,客观性的假设体现在司法进程的每一个重要阶段……"①

在上面的案例中,我们不能说本案中的肇事车辆肯定就是 A 公司的车,只能说它很可能是 A 公司的车。面对这种情况,人们往往会要求法院去查明"事实真相",甚至会提出一些具体的建议,如寻找目击证人、检验现场痕迹、

---

① Adrian A. S. Zuckerman: Law, Fact or Justice, Boston University Law Review, Vol. 66, p. 488.

查找漆片等微量物证……但是，本案中没有其他证据。于是，法官不得不面对一种两难的境地：要么以证据不足为理由驳回原告的起诉，使被撞人得不到任何赔偿；要么根据概率作出赔偿判决，使 A 公司可能蒙受冤枉，代人受过。一边是绝对得不到赔偿，一边是可能的冤枉，而且其蒙冤的可能性只有 20%。这就是法律不得不认可的真实。它当然不等于客观真实，但是它也在一定程度上包含着客观真实的内容，即被害人确实是在那条公路上被一辆公共汽车撞伤的，而且 A 公司的车确实占那条公路上运行的公共汽车的 80%。

从一定意义上讲，这是概率为 80% 的法律真实。那么，这种 80% 的真实，是不是等于说在法院审理的每 100 个案件中就会有 20 个错案呢？结论当然不会如此简单。法律所认可的案件事实虽然只有 80% 的真实性，但是裁决的结果仍然可能是完全正确的。理论上只有 80% 的出现概率，在现实中很可能就是确实存在的事实。例如，天气预报中说降水概率 80%，在现实生活中一般就是实实在在的下雨。

在上面的案例中，法官还可以采用另外一种处理办法。假设在那条公路上运行的公共汽车中，80% 属于 A 公司；15% 属于 B 公司；5% 属于 C 公司。法官可以让被害人把这三家公司列为共同被告，然后根据这种概率的比例，判决 A 公司承担赔偿金额的 80%；B 公司承担 15%；C 公司承担 5%。这实际上也是建立在概率基础上的法律真实，而且似乎是一种更为合理的处理办法。如果说前一种法律真实中的误差还只是一种可能性的话，那么在这种法律真实中，误差就是肯定无疑的了，因为在这三家公司中，肯定有两家是被冤枉的。

实际上，有些国家的法官在审理劣质产品造成的人身伤害案件时就曾采取过类似的处理办法。例如，某人在长期食用某种药品之后出现器官损害，但是因为服药的时间很长，而且病人吃的是多家工厂生产的同一种药品，所以无法查明究竟是哪家工厂生产的药品造成的损害。在这种诉讼中，法官允许受害人把该种药品的所有生产厂家作为共同被告人起诉，然后按照这些厂家所占的市场份额决定各自承担的赔偿金额。在这个问题上，客观真实与法律真实又衍生出司法证明的另一对重要范畴，即绝对真实和相对真实。

（三）绝对真实和相对真实

司法证明是人的认识活动，因而就存在着认识结论是否真实以及在何种程度上真实的问题。在这个问题上，绝对真实和相对真实是一对重要的范畴。所谓绝对真实，就是说司法证明所确认的案件事实完全符合客观发生或存在的事实，是 100% 的真实。所谓相对真实，是说司法证明所确认的案件事实只是在一定程度上符合客观发生或存在的事实，不是 100% 的真实，可能只是 90%、80% 或 51% 的真实。

考察司法证明中绝对真实与相对真实这两种观点之间的关系，必须以辩证唯物主义关于客观真理和相对真理的观点为指导。有人认为，承认司法人员认定的案件事实不一定完全属实，或者说存在着相对真实性，就是背离了马克思主义的认识论和真理观，就是陷入了"不可知论"的泥潭。这种观点不无偏颇。

辩证唯物主义认为，世界是可知的，人类是有能力认识一切客观真理的。但是，这并不等于说世界上的事物对每个具体的人来说都是完全可知的，并不等于说每个具体的人都有能力认识客观真理。恩格斯在《反杜林论》中曾经精辟地指出："一方面，人的思维的性质必然被看做是绝对的，另一方面，人的思维又是在完全有限地思维着的个人中实现的。这个矛盾只有在无限的前进过程中，在至少对我们来说实际上是无止境的人类世代更迭中才能得到解决。从这个意义来说，人的思维是至上的，同样又是不至上的，它的认识能力是无限的，同样又是有限的。按它的本性、使命、可能和历史的终极目的来说，是至上的和无限的；按它的个别实现和每次的现实来说，又是不至上的和有限的。"①

司法人员对案件事实的认定属于认识的"个别实现"，是在完全有限地思维着的个人中实现的，是不可能无限期无止境地进行下去的，因此，就每一个具体案件来说，司法人员对案件事实的认定都不是"绝对真理"，只能是"相对真理"。换言之，人们对每个具体案件事实的认识都不是百分之百的"真实"，而只是在不同程度上的"真实"，都不是绝对真实，而只是相对真实。

恩格斯还指出："认识就其本性而言，或者对漫长的时代系列来说是相对的而且必然是逐步趋于完善的，或者就像在天体演化学、地质学和人类历史中一样，由于历史材料不足，甚至永远是有缺陷的、不完善的，而谁要以真正的、不变的、最后的、终极的真理的标准来衡量它，那么，他只能证明他自己的无知和荒谬。真理和谬误，正如一切在两极对立中运用的逻辑范畴一样，只是在非常有限的领域内才具有绝对意义……对立的两极都向自己的对立面转化，真理变成谬误，谬误变成真理。"②

人类的认识能力具有相对性，司法证明的结果也具有相对性。只有在无限发展的认识进程中，人类的认识能力和司法证明的结果才能摆脱相对性的约束，进入绝对真实的王国。换言之，绝对真实不是在一次具体的认识活动中完成的，而是在无限发展的认识进程中实现的。由此可见，在任何一个具体案件

---

① 《马克思恩格斯选集》（第3卷），人民出版社1972年版，第126页。
② 《马克思恩格斯选集》（第3卷），人民出版社1972年版，第130页。

中，司法证明的结果都只是相对真实，不是绝对真实。当然，相对真实与绝对真实并不是完全对立或截然分开的，相对真实中总会或多或少地包含着绝对真实的内容。正是在这个意义上讲，司法证明的结果中也包含有绝对真实的内容。

我们有必要再回到概率的问题上。正确的判决不一定要求所有案情细节都达到100%的真实。例如，在一起杀人案件中，被告人实施杀人的一些细节可能没有完全查清，但是这并不一定影响认定被告人就是杀人犯，依据这些证据作出的判决也就是正确的。虽然法官对案件事实的认识往往具有一定的相对性或模糊性，但是法官在每一个具体案件中作出的判决结论必须是确定的。就刑事诉讼的每项指控来说，法官要么判被告人有罪，要么判被告人无罪，绝不能判被告人有80%的可能性有罪；就民事诉讼的每项事实争议而言，法官或者判原告方胜诉，或者判被告方胜诉，也不能判原告方很可能胜诉。但是，法官在分析和判断证据的证明价值时却完全可以吸收和使用概率论的一些原则，而这也正是研究绝对真实与相对真实的关系所能给予我们的有益启示。

既然司法证明具有相对性，既然司法证明的结果属于相对真实的范畴，那么这种相对真实就应该具有合理性和正当性，才能被人们所接受。相对真实的合理性和正当性表现在两个方面：其一，证明的结果是合理的，或者就一般的知识和经验来说是真实可靠的；其二，证明的过程是正当的，或者说是按照法律规定的程序进行的。于是，我们又遇到了司法证明中的另一对重要范畴，即实质真实与形式真实。

（四）实质真实和形式真实

所谓实质真实，是指证明活动的结果在实质上符合客观事实，是实质内容的真实。所谓形式真实，是指证明活动的过程和形式符合证明规律的要求，是形式所表见的真实。在诉讼活动中，司法证明的形式真实通常表现为程序的正当与合理，因此又可以称为程序真实，或程序意义上的真实。

实质真实和形式真实，在一定程度上反映着司法证明活动的内容与形式之间的关系。在这个问题上，马克思曾经指出："审判程序和法二者之间的联系如此密切，就像植物的外形和植物的联系，动物的外形和血肉的联系一样。审判程序和法应该具有同样的精神，因为审判程序只是法律的生命形式，因而也是法律的内部生命的表现。"[①]

毫无疑问，实质真实与形式真实的关系是对立的统一。但是在具体的司法证明活动中，如何阐释或界定实质真实与形式真实的相互对应关系，学界主要

---

① 《马克思恩格斯全集》（第1卷），人民出版社1972年版，第178页。

有三种观点。这三种观点也在一定程度上反映了实质真实与形式真实之间对应关系的三种基本模式。

第一种模式：实质真实决定形式真实。在司法证明中，实质真实处于主导的、决定的地位；形式真实处于附属的、服从的地位。离开实质真实，形式真实没有任何意义，因为形式本身并没有预设的真实标准，它只是实现实质真实的工具和手段。于是，实质真实被奉为司法证明中唯一的而且是神圣的目标。这种模式强调的是结果意义上的真实。

第二种模式：实质真实和形式真实是相互融合、不可分割的。在司法证明中，实质真实和形式真实没有轻重之分、主从之分。二者在功能上是互补的，在地位上是对等的。没有实质真实，程序真实会迷失方向；没有形式真实，实质真实会成为空洞的幻象。这种模式强调的是过程意义上的真实。

第三种模式：形式真实决定实质真实。只要司法证明活动遵循了正当合理的程序，就是说在证明形式上满足了真实性的要求，那么其在实质上也就具有了真实性。在诉讼活动中，程序的正当性与合理性有其自在的独立价值，而且这种价值的实现和保障比实质真实更具有可操作性，因此，司法证明只要保证形式或程序的真实就可以了。换言之，司法证明的内容确定之后，形式的合理与否、程序的正当与否，就成了决定的因素。这种模式强调的是程序意义上的真实。

在实质真实与形式真实的对应关系问题上采用何种模式，体现了一定的价值取向。因此，在不同国家的诉讼制度和证据制度中，这三种模式有不同的地位，发挥着不同的作用。

（五）"客观真实说"与"法律真实说"

在诉讼活动中的证明标准问题上，我国学者曾长期坚持"客观真实说"的观点，司法实践人员也自觉或不自觉地在诉讼活动中把"客观真实说"作为指导原则。在特定历史时期的思想环境下，对"客观真实说"的任何质疑都是不可思议和不能容忍的。后来，随着思想的解放，有些学者对"客观真实说"作为证明标准的"适格性"提出了挑战，并提出了以"法律真实"作为司法证明标准的观点。于是，这两种观点之间爆发了言词相当激烈的争论。

持"法律真实说"的学者认为，"客观事实观在实践中不但无法实现，而且会带给我们一系列的严重后果，如任意司法、蔑视法律和法治等。"[①] 但是坚持"客观真实说"的学者认为，法律真实无法代替客观真实标准，因为无

---

① 参见樊崇义等：《刑事证据前沿问题研究》，载何家弘主编：《证据学论坛》（第1卷），中国检察出版社2000年版，第206页。

论从认识论的角度看,还是从法律理论的角度看,法律真实说都不能成立。①

从表面上看,这两种观点大有水火不容之势,但仔细考量,二者之间也不乏相通之处。一方面,"法律真实说"的学者其实也承认在诉讼活动中追求客观真实的价值,而这恰恰是"客观真实说"的学者所极力主张的。例如,"法律真实说"的学者指出:"对于我们每个人来说,如果在诉讼过程中能够发现案件的客观真实情况,是最好不过的事情,或者说,再没有任何一种主张比这种主张更完美了。正因为如此,人们对于如何发现客观真实,不知道倾注了多少热情和精力。"②

另一方面,"客观真实说"的学者也承认在每个案件中都或多或少地会有一些客观事实是无法查明的,而这正好是"法律真实说"的学者所反复强调的。例如,"客观真实说"的学者说道:"司法实践中,并非对每个案件的证明均达到了客观真实的程度。其原因是多方面的,或因证据未及时收集而损毁消失,或因未深入调查没有获得必要证据,或因缺乏、没有运用必要的科学技术手段,或因办案人员思想方法主观片面作出错误判断,或因慑于权势、徇于私情故意歪曲事实,等等。"③

读者不难看出,"客观真实说"和"法律真实说"之间的分歧在一定程度上应归咎于概念使用上的不统一。这一方面表现为"事实"与"真实"的混淆;另一方面表现为"目的"和"标准"的混淆,特别是后者。由于我们在前面已经阐明了这几对范畴之间的关系,所以不再赘述。

"客观真实"与"法律真实"的争论,也在一定程度上反映了司法理想与司法现实之间的冲突。作为理想的标准,司法活动当然最好追求"客观真实",而且是百分之百的"客观真实"。但是面对现实,面对各种条件的限制,人们往往又不得不在司法活动中满足于"法律真实"。试举一例:

某城市巡警在午夜拦查了一个骑自行车的男子,并且在其车后架上的麻袋里发现了一具裸体女尸。该男子解释说,他在一个垃圾堆上见到这个麻袋,以为里面有什么值钱的东西,想驮回家去看看。关于女尸,他一无所知。警察不相信他的"鬼话",便带回公安局讯问。经过一番"较量",该男子"供认"了自己强奸杀人的"事实"。但是后来在法庭上,被告人翻供,声称受到了刑

---

① 参见张继成等:《对"法律真实"和"排他性证明"的逻辑反思》,载何家弘主编:《证据学论坛》(第2卷),中国检察出版社2001年版,第416~427页。

② 参见樊崇义等:《刑事证据前沿问题研究》,载何家弘主编:《证据学论坛》(第1卷),中国检察出版社2000年版,第202~203页。

③ 陈一云主编:《证据学》(第2版),中国人民大学出版社2000年版,第117页。

讯逼供。法官经过对看守所有关人员的调查，认定被告人确实曾经受到过刑讯逼供。在本案中，公诉方除了被告人口供笔录和证明被告人曾在深更半夜骑车驮着一具女尸的证据之外，没有任何能够证明被告人强奸杀人的证据。

在这起案件中，什么是客观事实，如何认定客观事实？既然法官无法亲眼目睹或亲自感知发生在过去的事实，那么法官通过各种证据所认定的案件事实是否能等于客观存在的事实？根据已知的案件情况和证据，客观地说，该被告人很可能就是杀人凶手，但是任何一个有着正常思维能力的人也不会否认，被告人也有可能是无罪的，尽管这种可能性非常之小。换言之，尽管从垃圾堆里捡到女尸的说法总让人感觉有些荒唐，但是我们也不敢说这世界上就绝对没有这种荒唐的人。最为重要的是，公诉方的证据并不能百分之百地证明被告人就是强奸并杀害该女子的人。

也许有人会说，证据不足就再补充侦查嘛。但是在很多案件中，或者因为事过境迁，或者因为条件所限，再收集证据已然不能，本案就是一例。面对这种情况，法官却不能无所作为，必须作出判决。那么，无论法官判被告人有罪还是无罪，都应当以证据能够证明的案件事实为基础，而这些证据所证明的案件事实显然不能等于案件中的客观事实，显然没有达到客观真实的标准。换言之，法官判被告人有罪，不符合客观真实的要求；法官判被告人无罪，也不符合客观真实的要求。因此，本案判决所依据的只能是法律事实，本案判决所达到的证明程度或水平只能是法律真实。

为了解决案件事实不清状态下的裁判难题，很多国家的法律都采用了推定和拟制的做法。例如，我国《刑法》第395条规定的"巨额财产来源不明罪"就是一种法律上的推定；我国《民法通则》第15条规定的"公民经常居住地与住所不一致的，经常居住地视为住所"，则属于法律上的拟制。如果说法律推定的事实还有可能符合客观实际情况的话，那么法律拟制的事实则显然不是客观存在的事实。由此可见，法律推定或拟制的案件事实应属于法律事实的范畴；依据法律推定或拟制作出的判决也是以法律真实为标准的。

另外，法律的尊严和社会生活的稳定还要求司法判决具有既判力。一旦正当合理的审判过程结束，司法证明的结果也就具有了确定的效力，就是不能随意更改的法律事实。即使生效判决认定的案件事实中可能有不符合客观真实情况的地方，法律也会在一定条件下认可其效力，即认可以正当形式固定下来的法律事实。很多国家法律都采用的"一罪（事）不二审"原则，就是这种"法律真实说"的具体表现。总之，无论是否赞成法律真实的观点，人们都无法否认法律真实的存在及其合理内涵。

二、司法证明的目的和标准

(一) 证明目的和证明标准的界说

证明目的和证明标准也是一对重要的范畴。虽然人们有时把这两个概念互相替用,但是二者的含义并不完全相同。司法证明的目的,是指司法证明主体追求的目标,是司法证明活动的标的。司法证明的标准,是指司法证明必须达到的程度和水平,是衡量司法证明结果的准则。

证明目的和证明标准之间的关系表现在以下几个方面:第一,证明目的是确立证明标准的基础或依据;证明标准是证明目的的具体化。第二,证明目的是贯穿在整个诉讼过程中的,是证明主体始终要追求的目标;证明标准则主要是司法人员在作出批捕、起诉、判决等决定时考虑的问题。第三,在整个诉讼过程中,证明的目的应该是贯穿始终的,是不发生变化的;但是在不同的诉讼阶段,证明的标准则可以有所区别,例如,批捕阶段、起诉阶段、判决阶段的证明标准就不完全相同。第四,在各种案件中,证明的目的都应该是一样的;但是在不同种类的案件中,证明的标准则可以有所不同,例如,刑事案件和民事案件的证明标准就有所不同,严重犯罪案件和轻微犯罪案件的证明标准也可能有所不同。第五,无论判决的结果性质如何,证明目的都应该是不变的,但是证明标准则可以有所不同,例如,刑事案件中有罪判决和无罪判决的证明标准就可以不同,死刑案件和非死刑案件的证明标准也可以不同。由此可见,司法证明的目的是就行为过程而言的,体现了证明活动的追求和方向,是带有一定理想色彩的目标;司法证明的标准则是就行为结果而言的,是根据一定的价值观念和需要确定的,是法律所认可的具有现实性品格的衡量准则。在具体案件的司法证明活动中,司法证明的目的不是必须实现的,而司法证明的标准则是必须满足的。明确这两个概念的含义及其相互关系,对于下面的讨论具有重要的意义。

(二) 司法证明的目的是追求客观真实

诚然,在具体案件中,每个证明主体的目的并不完全相同。有人进行证明是为了让他人明确案件事实;有人进行证明是为了让自己明确案件事实。有人进行证明是为了明确客观发生的案件事实;有人进行证明是为了明确自己主张的案件事实,甚至是虚构的案件事实。但是,作为具有法律意义的证明活动,司法证明还具有超越个人目标的、统一并带有"应然"品格的目的。因此,我们在这里讨论的证明目的不是具体个人的行为目标,而是抽象的司法证明活动应该追求的目标,是包括自向证明和他向证明在内的各种司法证明活动的统一目标。

司法证明的目的是明确案件事实，以便司法机关正确适用法律。这里所说的案件事实应该是客观事实，或者说，司法证明活动追求的目标应该是客观真实。我们不能把司法证明的目的界定为明确法律事实，因为法律事实是就司法证明的结果而言的。在司法证明的过程中，特别是在收集证据的开始阶段，侦查人员或其他有关人员甚至还无法明确具体案件的性质，就要求他们以查明本案的法律事实为目的，显然是不合适的。究竟什么是该案的法律事实尚难以确定，自然不能说证明的目的就是明确法律事实。再者，以法律真实为目的指导证据调查工作，也容易导致收集证据的主观性和片面性，违反客观全面收集证据的原则。总之，辩证唯物主义的认识论要求我们把客观真实作为司法证明的目的。

证明目的可以指引证明行为的方向，证明目的对证明行为有驱动力量。我们不应否认或忽视客观真实对司法证明活动的指引和驱动作用。不过，目的的作用主要表现在行为的过程之中，却不一定总能在现实中成为行为的结果。在一些案情简单而且证据完备的案件中，证明的结果可能完全符合客观实际情况；但是在多数案件中，证明的结果都会与案件真实情况有一定的误差。

证明目的在各种案件的诉讼活动中以及在每个案件的各个诉讼阶段都应该是统一的。因此，司法证明的目的具有"一元化"的性质。无论是在刑事诉讼中还是在民事诉讼中，无论是在侦查阶段还是在审判阶段，司法证明的目的都应该是明确案件的客观真实情况。我们不能说，刑事诉讼证明的目的是追求客观真实，民事诉讼证明的目的是追求法律真实。我们也不能说，侦查阶段的证明目的是追求客观真实，审判阶段的证明目的是追求法律真实。我们更不能说，在严重的刑事案件中，证明的目的必须是严格的客观真实，但是在轻微的刑事案件中，证明的目的可以是宽松的法律真实。目的就是目的，无论是什么案件，证明的目的都应该是统一的，贯穿始终的，否则就会步入实用主义的误区。这就是司法证明目的的一元化。

（三）司法证明的标准属于法律真实

虽然证明标准对证明行为也有一定的指引作用，但是其主要功能表现为规范证明的结果。同样，法律事实也不是行为的目的，而是行为的结果，是结果意义上的事实。换言之，法律真实不是司法证明活动要追求的真实，而是司法证明活动必须达到的真实。因此，任何一个国家的法律都必须为司法活动规定具有现实意义的证明标准。

在确定司法证明的标准时，人们既要考虑证明目的的需要，也要考虑其他价值目标的需要，如实现司法公正、加强权利保护、提高司法效率、降低诉讼成本等。因此，司法证明的标准不能是难以实现的客观真实，而应是切实可行的法律真实。法律真实中也恰恰体现了证明标准所要求的正当性与合理性。

证明标准则是在每个案件中都必须达到的，必须具有现实性和可操作性。证明标准则可以根据案件的不同和诉讼阶段的不同而有所区别，因此，司法证明的标准则具有"多元化"的品格。证明标准可以有不同的等级或层次，例如，刑事诉讼的证明标准和民事诉讼的证明标准可以有所不同；不同诉讼阶段的证明标准可以有所不同；认定不同对象的证明标准可以有所不同；认定被告人有罪和认定刑事错判的证明标准也会有所不同。[①] 这就是证明标准的多元化。在这个问题上，美国著名橄榄球运动员辛普森涉嫌杀妻案的审判可以给我们一些有益的启示。

1995年10月，辛普森在所谓的"世纪审判"中被陪审团宣告无罪。毫无疑问，种族问题在辛普森案件的审判中起了非常重要的作用，或者像一些专家所指出的，辛普森的辩护律师们非常出色地利用了他们手中的"种族牌"。但是很多人在陪审团裁决问题上有误解，以为陪审团的无罪判决就意味着那些陪审员都相信辛普森不是杀人凶手。其实在那个由12人组成的陪审团中，无罪判决的理由并不完全一样。其中，有人认为辛普森是杀人凶手，但是因为警察有伪造证据的行为，所以要判无罪；有人认为公诉方的证据不可靠，既然这个证据是伪造的，那么别的证据也很难说不是伪造的；还有的人认为，辛普森确实是无罪的；还有人可能是出于种族同情的心理而判了辛普森无罪。总之，那个无罪判决在法律上的含义是：由于公诉方的证据没能"排除合理怀疑"地证明辛普森有罪，所以陪审团认为辛普森不一定是杀人凶手。换句话说，虽然陪审员们认为辛普森很可能就是杀人凶手，但是只要他们心中对此还有怀疑，而且根据人们的常识来说是合理的怀疑，他们就只能宣布其无罪。

在后来的民事审判中，基于同样的证据，另一个陪审团却判决辛普森"有罪"。为什么辛普森在刑事诉讼中胜诉，但是在民事诉讼中又败诉了呢？主要原因就在于美国民事审判和刑事审判中的证明标准不一样。刑事审判的证明标准是"排除合理怀疑"的证明，而民事审判的证明标准是优势证明。如果用百分比来解释，那么刑事案件中的证明标准是90%以上；而民事案件的证明标准是51%以上。用通俗的话说，在刑事审判中，公诉方必须证明辛普森无疑是凶手；但是在民事审判中，原告方只要证明辛普森是凶手的可能性大于不是凶手的可能性即可。

从现行法律规定上看，我国刑事诉讼和民事诉讼的证明标准没有区别，都

[①] 参见何家弘：《刑事错判证明标准的名案解析》，载《中国法学》2012年第1期。

是要做到证据的确实充分。但是在法学理论和司法实践中，人们一般都认为刑事案件的证明标准应该高于民事案件的证明标准。即使在刑事诉讼的侦查、起诉和审判等不同阶段，证明标准也应该有所不同。一般来说，起诉阶段的证明标准要高于侦查阶段的证明标准；审判阶段的证明标准又要高于起诉阶段的证明标准。在侦查机关移送检察院起诉的案件中，有一部分未能通过起诉审查是正常现象，因为满足侦查阶段证明标准的证据，未必都能满足起诉阶段的证明标准。同样，满足起诉阶段证明标准的证据，未必都能满足审判阶段的证明标准。

证明的对象不同，证明标准也可以有所不同。例如，实体法事实的证明标准要高于程序法事实的证明标准；案件主要事实或犯罪构成要件事实的证明标准要高于案件次要事实的证明标准。有些国家和地区的法律把证明分为严格证明和释明。前者是指对某些案件事实的证明必须达到很高的程度，需要较高的证明标准，如"案件事实清楚，证据确实、充分"或者"排除合理怀疑"。后者是指对某些案件事实可以采用较低的证明标准，例如有基本的"心证"或内心确信就可以了。这也表明了证明标准与证明目的之间的差异。

三、关于我国司法证明标准体系的构想

综上所述，司法证明的目的是明确案件的客观事实，是探索案件的客观真实；司法证明的标准是用证据证明具体案件所要求明确的法律事实，即达到法律意义上的真实。按照我国现行法律的规定，三大诉讼的证明标准似乎没有区别，都是"证据确实、充分"。但是从法律规定的基本精神出发，我们可以对三大诉讼中的证明标准作出不同的解释。

具体来说，民事诉讼和行政诉讼的证明标准可以解释为"优势证据的证明"，即在审查诉讼双方证据的真实性和证明力的基础上，评价双方证明结果的概率，其中概率占优势者即可胜诉或得到有利的裁决。最高人民法院《关于民事诉讼证据的若干规定》中就有类似含义的规定。例如，其第73条规定："双方当事人对同一事实分别举出相反的证据，但都没有足够的依据否定对方证据的，人民法院应当结合案件情况，判断一方提供证据的证明力是否明显大于另一方提供证据的证明力，并对证明力较大的证据予以确认。"刑事诉讼的证明标准可以解释为"排除合理怀疑的证明"。2012年《刑事诉讼法》第53条对"证据确实、充分"作了进一步的解释："（一）定罪量刑的事实都有证据证明；（二）据以定案的证据均经法定程序查证属实；（三）综合全案证据，对所认定事实已排除合理怀疑。"这就是说，公诉方的全部证据能够排

除合理怀疑地证明指控的犯罪事实，是刑事案件中作出有罪判决必须达到的证明标准。

其实，无论是"优势证据的证明"，还是"排除合理怀疑的证明"，都与"证据确实、充分"的标准不相矛盾，因为是从不同角度作出的表述。"证据确实、充分"是就认定证据而言的，"优势证据的证明"和"排除合理怀疑的证明"是就认定事实而言的。虽然"排除合理怀疑"的证明标准高于"优势证据"的证明标准，但是二者所依据的证据都必须是"确实"的，都必须具有真实可靠性。只不过在民事诉讼和行政诉讼中，只要证明达到"优势证据"的程度，法律就认为其"充分"了；而在刑事诉讼中，只有当证明达到"排除合理怀疑"的程度，法律才认可其"充分"。

在刑事诉讼的过程中，不仅最后的判决需要有证明标准，在立案侦查、审批逮捕、移送起诉和提起公诉等阶段，也都应该有相应的证明标准。在此，我们可以借鉴国外的一些做法。例如，美国有学者把证明标准分为7个级别：第一个也是最低的级别是"无意义证明"（no significant proof），即没有事实依据的猜疑，适用于不限制人身自由的侦查活动；第二个级别是"合理根据"（reasonable basis），即嫌疑人确有实施犯罪的可能性，适用于临时性限制人身自由的措施，如在街头"阻留排查"嫌疑人；第三个级别是"盖然性理由"（probable cause），即嫌疑人具有实施犯罪的实质可能性，适用于逮捕罪犯的决定；第四个级别是"优势证据"（preponderance of evidence），即基于全部已知证据，嫌疑人实施犯罪的可能性大于其没有实施犯罪的可能性，适用于交付预审等决定；第五个级别是"表见证据"（prima facie case），即仅根据公诉方的证据可以排除合理怀疑地相信被告人有罪，适用于提起公诉的决定；第六个级别是"排除合理怀疑的证明"（proof beyond a reasonable doubt），即根据所有证据可以排除合理怀疑地相信被告人有罪，适用于有罪判决的决定；第七个也是最高级别是"绝对有罪证明"（absolute proof of guilt），即可以排除包括无理怀疑在内的一切怀疑的证明，这是刑事诉讼一般不用达到的证明标准，也有人认为在判处死刑的案件中应该达到该标准。①

按照我国现行刑事诉讼法的有关规定，立案侦查的证明标准是"认为有犯罪事实需要追究刑事责任"；逮捕的证明标准是"有证据证明有犯罪事实"；侦查终结移送起诉、提起公诉和作出有罪判决的证明标准都是"证据确实、充分"。由于这些规定比较抽象，在实践中难以把握，而且不易区别不同诉讼阶段的证明标准。我们建议把刑事诉讼中的证明标准规定为四个级别：立案侦

---

① 参见何家弘编：《法律英语》，法律出版社1997年版，第339~340页。

查的证明标准是"合理犯罪嫌疑";逮捕的证明标准是"优势概率的证明";侦查终结移送起诉和提起公诉的证明标准都是"明确证据的证明"(考虑到我国侦查机关与检察机关的关系,侦查终结和提起公诉采用相同的证明标准比较合适);有罪判决的证明标准是"排除合理怀疑的证明"。如果用概率来解释,这四级证明标准的概率依次为40%、51%、80%、90%。诚然,这些概率只是为了说明上述标准之间的区别,并非严格统计和计算的结果。在具体案件中如何适用这些标准,我们在下面从司法证明规范化的角度作一些探讨。

四、司法证明标准的规范化

司法证明活动需要规范化,这是毋庸置疑的。而司法证明活动规范化的重要内容之一就是证明标准的规范化。司法证明的标准包括三个层次的问题:第一,司法证明标准的性质是客观真实还是法律真实;第二,司法证明标准应如何在法律上表述,如证据确实充分、排除合理怀疑、优势证据等;第三,如何规定具体案件中作为衡量证明结果之尺度的标准。我们在上文已经对前两个层次的证明标准问题进行了讨论,下面便主要就具体证明标准的规范化进行探讨。这包括两个方面的问题:其一是如何明确各类案件的具体证明要求;其二是如何明确各种证据的具体采信标准。

(一)各类案件具体证明要求的规范化

各类案件的具体证明要求的规范化应包括两方面的内容:其一,明确各类案件中需要用证据加以证明的事实要素;其二,明确认定每个事实要素所要求的证据数量和质量。前者一般是以法律规定的犯罪构成要件为基础的。例如,盗窃罪是指以非法占有为目的,秘密窃取公私财物数额较大或者多次盗窃公私财物的行为。根据法律规定,盗窃罪需要用证据加以证明的事实要素包括:犯罪主体的身份等自然情况,必要时包括其年龄和精神状态;秘密窃取行为发生的时间、地点和具体盗窃方式,以及盗窃财物的数额或盗窃的次数;侵犯公私财物所有权的情况;非法占有他人财物的主观故意。至于认定每个事实要素所要求的证据数量和质量,我们可以一般规定为:一个可靠的直接证据(但是,如果该直接证据是由与该案件事实有直接利害关系的人所提供的,如刑事案件中的被告人口供或被害人陈述,则必须还有其他证据的补强,该补强证据可以是间接证据)或两个以上可以构成完整证据链的可靠的间接证据。笔者在这里只是举例说明,并不是经过科学的实证研究并以统计数据为基础的标准。究竟哪些案件事实要素对于定罪量刑来说是必不可少的,哪些证据对于认定案件事实来说是必不可少的,或者说,只要哪些事实要素有哪些证据证明就可以保证判决结论的正确性了，这是需要大量研究工作才能回答的问题。我们还可以在总结实践经验的基础上，制定出针对具体事实要素的证明所要求的证据种类，如证人证言、书证、物证、鉴定意见等。如果我们能在大量实证研究的基础上制定出一套针对各类案件（包括刑事、民事和行政诉讼案件）的具体证明要求，对于规范司法人员运用证据认定案件事实的行为一定大有裨益。

（二）各种证据采信标准的规范化

司法证明标准的规范化是以各种证据采信标准的规范化为基础的。上文谈到各类案件证明要求的规范化时，笔者强调了"可靠的"直接证据或间接证据。实际上，司法人员在审查评断证据时最主要的任务也是审查证据的真实可靠性。一般来说，只要能肯定证据是真实可靠的，那么认定案件事实的问题也就迎刃而解了。由此可见，制定统一规范的证据采信标准其实是规范司法证明标准的关键，因此也是笔者在这里要讨论的重点。

从审查评断的特点来看，证据可以分为人证与物证两大类：前者包括证人证言、当事人陈述（如刑事案件中的被害人陈述和被告人供述）等；后者包括各种作为证据的物品、痕迹、文书、视听资料等。由于各种物证有一个共同的特点，即其一般都要通过科学鉴定来明确其证明价值，换言之，物证往往与科学鉴定意见结合在一起才能发挥证明作用，所以又可称为"科学证据"。目前，我国司法人员在采信人证和物证时都主要以个人的经验和认识为基础，缺乏统一规范的标准。虽然司法人员在采信科学证据时往往以鉴定专家的意见为准，但是很多鉴定本身也缺乏统一的标准，因而在多份鉴定意见不一致的情况下——此种情况绝非罕见，司法人员的采信也就难免出现混乱了。

坦言之，人证的采信标准很难以量化的方式进行规范。不过，人们在长期的司法实践中总结出许多宝贵的审查评断人证之真实可靠性的经验。在这些经验的基础上，我们可以总结出一些带有相对规范性的人证采信标准。例如，证据的内容应该具有可靠或可以确认的信息来源；证人（包括当事人）应该具备与证据内容有关的认知能力和专门知识；证据内容所反映的与案件有关的人、事、物的情况应该具有发生的可能性或合理性；证据的内容应具有适当的一致性与详细性等。当然，这些标准在具体案件中的适用还必须在一定程度上依赖于司法人员的自由裁量，而这也正是自由证明对法定证明的补充之处。

与人证的采信标准相比，物证或科学证据的采信标准则可以在更大程度上实现规范化，而这也应该是我们当前努力研发的重点。由于科学证据对司法裁判的影响越来越大，所以我们在这一领域内的研究成果的意义也会越来越大。在规范科学证据的采信标准时，我们必须改变一些多年来形成的观念或思维习惯。例如，在指纹鉴定的问题上，我国多数专家学者一直反对在一些国家采用的明确规定特征符合点数量的做法。一种颇有代表性的观点认为:"任何事物都是质和量的辩证统一体。一定的量反映一定的质,一定的质又是通过一定的量表现出来的。但一定的质不等于若干数量的总和,相同数量的特征其质各有好坏。因此,要坚持唯物辩证法,着重于对特征质量的分析,又对特征的质量和数量联系起来研究。只有这样才能透过现象,抓住事物的本质。资产阶级学者提出12个以上的(指纹)符合特征方能作出认定结论,只有这样的结论,法院才认为是可靠的证据。这种把数字绝对化,搞唯'数学证据'的观点,是机械的、形而上学的观点,是违背客观实际的。建国以来,我们的手印检验实践中,一直坚持辩证唯物主义的观点,正确处理了质量与数量的辩证关系,具体情况具体分析,有许多手印鉴定根据为数不多的特征(三四点或五六点),抓住了本质,作出认定结论,成为有利的证据。"① 由于我们过去片面强调特征的质量,而且认为特征的质量是没有办法量化的,所以指纹鉴定就不可能有具体的统一标准,只能由鉴定人员根据个人经验去"具体问题具体分析",于是就容易在司法实践中出现有的专家说"能定"而有的专家说"不能定"的状况,令司法人员无所适从,也为徇私枉法打开了方便之门。诚然,指纹同一认定所要求的特征符合点究竟规定多少个为适宜,很值得研究,但是为司法活动采信指纹鉴定意见给出一个明确的数量标准,还是具有一定合理性的。实际上,这个采信标准也可以作为规范指纹鉴定的标准。

在确定可以量化的指纹证据的采信标准时,我们既要考虑特征的数量,也要考虑特征的质量。其实,特征的质量也是可以量化的。在此,我们可以借用一些定量评价体系所使用的"加权"评价方法,即根据特征质量而给予不同种类特征以不同的"权数",以便使本来不能直接"加总"的证明价值转化为可以"加总"的量,然后确定指纹同一认定所需要的证明价值量。确定权数的方法包括主观构权法和客观构权法,我们在确定指纹特征的权数时应将二者结合使用。而指纹同一认定的所需价值量则应该在统计数据的基础上经过概率计算来确定。在具体指纹鉴定中,我们把确认的特征符合点的数量分别乘以其权数,再相加后便可得出其价值和。假设我们根据证明价值把指纹特征分为三类,A类特征的权数为X_1,B类特征的权数为X_2,C类特征的权数为X_3,那么特征价值的计算公式如下:

$n_A \cdot X_1 + n_B \cdot X_2 + n_C \cdot X_3 = $特征价值和

如果特征价值和等于或大于所需价值量,就可以作出肯定同一的结论;否

---

① 刘少聪:《新指纹学》,中国人民大学出版社(校内用书)1984年版,第450~451页。

则就不能作出肯定同一的结论。笔者在这里只是"借用",不是严格意义上的权数计算方法。

指纹同一认定所依据的细节特征由于认定指纹同一主要依据指纹的细节特征,所以我们在这里可以不计算指纹的纹型特征。主要有9种,包括纹线的起点、终点、分歧、结合、小点、小眼、小勾、小桥、小棒。指纹特征的质量是由其在人类手指上的出现率所决定的,出现率越高则质量越低。我们知道,在九种细节特征中,起点、终点、分歧、结合的出现率较高,都占在20%左右;而后五种细节特征的出现率较低,其中小点和小棒的出现率为4.5%左右,小勾的出现率为2%左右,小眼的出现率为1.5%左右,小桥的出现率则低于1%。假如我们根据这些细节特征的出现率,把起点、终点、分歧、结合的权数确定为1,把小点和小棒的权数确定为2,把小勾、小眼、小桥的权数确定为3,再把所需价值量定为12(这里的权数和所需价值量只是笔者为了说明问题而粗略估算的)。在制定指纹鉴定意见的统一采信标准时,人们必须在大量统计数据的基础上作出更为精确的计算。那么,在具体的指纹鉴定中,只要符合的特征价值和达到12就可以作出同一的结论,尽管实际上所依据的细节特征可能是12个,也可能是8个甚至6个。例如,在一个指纹鉴定中,鉴定人员经比较检验确认的细节特征符合点包括3个起点、2个终点、1个分歧、2个结合、1个小棒、1个小勾,那么计算公式如下:

$(3+2+1+2) \times 1 + 1 \times 2 + 1 \times 3 = 13$

虽然这个指纹鉴定所依据的细节特征符合点只有10个,但是其特征价值和(13)大于所需价值量(12),因此可以认定同一。

另外,在指纹鉴定时往往还要就细节特征的差异点进行评价。通过分析差异点的形成条件和机理,如果能够确认该差异点是本质的差异,即两个不同手指留下的指纹印之间的差异,可以否定同一;如果能够确认该差异点是非本质差异,即同一个手指因形成指纹印时的作用力大小和角度、载体表面或中介物质的特殊情况等而造成的差异,则不影响认定同一;如果无法确认该差异点究竟是本质差异还是非本质差异,就应该折减符合的特征价值和,折减系数可以定为2。这就是说,如果符合的特征价值和本来是12,有一个不能定性的差异点,价值和折减为10,就不能认定同一;如果符合的特征价值和本来是15,有一个不能定性的差异点,价值和折减为13,仍然可以认定同一。就审判而言,只要指纹鉴定意见所依据的细节特征价值和最终达到了12以上,法院就应该采信;若低于12,法院就不予采信。

以上,我们以指纹鉴定为例探讨了制定科学证据采信标准的基本思路。这种量化的标准有利于证据采信的统一规范,也便于司法实践中操作,但是可能会在某些个案中影响事实认定的效率，因为一些在自由证明模式下可以认定的案件，在这种法定证明模式下可能就无法认定了。不过，综合权衡，我们认为它还是利大于弊的。其实，由于案件的复杂多样和证据的复杂多样，任何具体明确的证明规则都不可能保证在所有案件中绝对适用，或者说，不可能在所有案件中都百分之百地保证准确高效地认定案件事实，但是，科学合理的证明规则应该能够保证在绝大多数案件中实现司法公正。至于那些无法适用的个案，应该是我们在追求整体司法公正和效率时所能承受的代价。

下篇 证据实务

第十一章
检察证据实务概述

检察证据实务就是指代表国家行使公诉权的检察人员在行使检察权、办理案件的过程中,收集、审查证据,运用证据查明和证明案件事实的活动。其内容主要包括:(1)检察机关直接受理立案侦查案件的证据实务;(2)审查批捕案件中证据实务;(3)审查起诉案件中证据实务;(4)刑事二审、再审案件证据实务;(5)民事行政检察证据实务。检察证据实务的特点有三个:一是证据实务范围的特定性;二是证据实务的审查性;三是调查方法的法定性。本章中介绍了检察人员评断证据的六种方法和三个基本步骤。同时还介绍了评断证据真实性和证据价值的方法。最后探讨了如何综合评断间接证据。

第一节 检察证据实务的内容和特点

一、检察证据实务的内容

检察证据实务,是指代表国家行使公诉权的检察人员在行使检察权、办理案件的过程中,收集、审查证据,运用证据查明和证明案件事实的活动。

检察证据实务的内容主要有:

(一)检察机关直接受理立案侦查案件中的证据实务的内容

根据《刑事诉讼法》第18条规定,人民检察院直接受理立案侦查案件的范围。包括四类犯罪,明确划分出了53

个具体罪名。检察人员对这些案件的证据的收集、审查和判断就是检察机关直接受理立案侦查案件中的证据实务的内容。

(二) 审查批捕案件中证据实务的内容

批捕证据审查的内容是指检察人员在审查批捕工作中依照法定程序对证明案件真实情况的一切事实进行审查并对公安机关、国家安全机关、人民检察院侦查部门的侦查活动是否合法实行监督，以确定对公安机关、国家安全机关和人民检察院侦查部门提请批准逮捕、移送审查逮捕的案件审查决定是否逮捕的一项诉讼活动。具体内容包括：

1. 程序性审查

根据《刑事诉讼法》第85条的规定，人民检察院一般受理同级公安机关提请逮捕的案件。提请逮捕的机关必须是县级以上的公安机关。公安机关报送的案卷材料一般应包括下列材料：(1) 提请批准逮捕书一式三份；(2) 有关的证据材料；(3) 应当随卷移送的物证；(4) 犯罪嫌疑人已被拘留的，应有拘留证；(5) 已搜查的，应有搜查证和搜查笔录；已扣押物证、书证的，应有扣押物品清单；已将追缴的赃款、赃物退还失主的，应有失主的收据，等等。

对属于本院管辖且案卷材料齐全、法律手续完备的，应予受理；对不属本院管辖或主要案卷材料不齐、法律手续不完备，影响认定和处理案件的，应讲明理由不予受理。受理案件后，收案人应在审查批捕案件登记簿上逐案逐人编号登记。

2. 实体性审查

根据《刑事诉讼法》第86条的规定，检察人员应紧紧围绕逮捕的条件和检察机关的职责，对以下内容进行审查：(1) 是否有证据证明犯罪嫌疑人实施了犯罪行为；(2) 是否可能判处徒刑以上刑罚；(3) 是否有逮捕的必要；(4) 有无遗漏应当逮捕的同案犯和犯罪事实；(5) 公安机关在侦查活动中有无违法情形。

(三) 审查起诉案件中证据实务的内容

审查起诉证据，是指在审查起诉过程中，检察人员对收集的证据进行分析研究，鉴别证据的真伪，确定证据的证明力并依据查证属实的证据决定是否对案件提起公诉的活动。《刑事诉讼法》第167条规定，"凡需要提起公诉的案件，一律由人民检察院审查决定"。审查起诉是人民检察院的一项重要职责。审查起诉活动是刑事诉讼中的一个重要的诉讼阶段，它必须围绕着刑事诉讼活动的目的进行，即提请法院对具体案件进行审查以裁断国家刑罚权在该案件中的有无和刑罚权的范围如何，并请求法院在确认存在刑罚权时对犯罪人施以必要的刑罚处罚。因此,审查起诉过程是一个验证真伪的过程,这一阶段的检察人员实质上具有一定的"法官功能",①通过对移送审查起诉的案件进行事实上、证据上、适用法律认定犯罪性质和罪名上三方面审查,根据审查作出提起公诉或不起诉决定,以及对于补充侦查的退回公安机关补充侦查或者自行侦查,对补充侦查完毕的案件再审查,作出提起公诉或不起诉决定。

1. "受理"移送审查起诉案件应查明的内容和证据

根据刑事诉讼法的规定,对公安机关侦查终结移送人民检察院审查起诉的案件以及本院侦查部门移送审查起诉的案件,首先要经过"受理"环节的审查,主要是进行程序性审查,包括:案件是否属于本院管辖;起诉意见书以及案卷材料是否齐备及案卷装订、移送是否符合有关要求和规定以及诉讼文书、技术性鉴定材料是否单独装订成卷等;犯罪嫌疑人是否在案以及采取强制措施的情况。除此程序性审查外,还应当对作为证据使用的实物是否随案移送及移送的实物与物品清单是否相符进行审查,这种对实物证据的初查涉及对证据的识别、确认,已初步涉及对审查起诉案件的实物证据量与质的调查,为进一步审查判断证据,对移送审查起诉案件进行审查作出相应决定奠定了基础。当然,"受理"环节对证据的调查范围权限于实物证据,调查内容仅仅是"表面"的、"形式"的。

2. "审查"移送审查起诉案件应查明的内容和证据

《刑事诉讼法》第168条规定,办理案件的检察人员,应当在接到案件后,首先阅卷审查,制作阅卷笔录,必须查明十个方面的内容:

(1) 犯罪嫌疑人身份状况是否清楚,包括姓名、性别、国籍、出生年月日、职业和单位等。

(2) 犯罪事实、情节是否清楚,认定犯罪性质、罪名和意见是否正确;有无法定的从重、从轻、减轻或者免除处罚的情节;共同犯罪案件的犯罪嫌疑人在犯罪活动中的责任的认定是否恰当。

(3) 证据材料是否随案移送,不宜移送的证据的清单、复制件、照片或者其他证明文件是否随案移送。

(4) 证据是否确实、充分。

(5) 有无遗漏罪行和其他应当追究刑事责任的人。

(6) 是否属于不应当追究刑事责任的。

(7) 有无附带民事诉讼;对于国家财产、集体财产遭受损失的,是否需要由人民检察院提起附带民事诉讼。

---

① 张穹主编:《人民检察院刑事诉讼理论与实务》,法律出版社1997年版。

(8) 采取的强制措施是否适当。

(9) 侦查活动是否合法。

(10) 与犯罪有关的财物及其孳息是否扣押、冻结并妥善保管，以供核查。对被害人合法财产的返还和对违禁品或者不宜长期保存的物品的处理是否妥当，移送的文件是否完备。

（四）刑事二审、再审案件证据实务的内容

《刑事诉讼法》第 224 条规定："人民检察院提出抗诉的案件或者第二审人民法院开庭审理的公诉案件，同级人民检察院都应当派员出席法庭。"《人民检察院组织法》第 18 条第 2 款规定："按照审判监督程序审理的案件，人民检察院必须派人出席法庭。"根据上述规定，对人民检察院按照二审程序提出抗诉的案件，二审人民法院开庭审理的公诉案件、人民检察院依照审判监督程序提出抗诉的案件和人民法院按照审判监督程序自行决定再审的案件的二审、再审，人民检察院要派检察人员出席二审、再审法庭，以继续支持公诉和实行审判监督。具体说有四项任务：一是阐明抗诉的理由和根据，提出原审裁判的错误，反驳原审被告人的无理辩解，支持抗诉；二是批驳原审被告人的无理上诉，维护人民法院正确的裁判；三是对上诉理由是否正当充分，原审人民法院的裁判确有错误的，提出改判意见；四是对二审、再审法庭的审判活动是否合法实行监督。

在公诉人出席二审、再审法庭前，必须认真审阅案件，调查核实证据，为出庭做充分准备。二审、再审案件的证据调查，与审查起诉的调查相比，要求高、难度大。这是因为，检察机关派员出席的二审、再审案件往往都是重大、复杂的案件。人民检察院抗诉的案件，都是检察机关认为人民法院作出的判决、裁定确有错误的案件，二审法院开庭审理的上诉案件也往往是重大、复杂的案件，对事实清楚的上诉案件，二审法院可以书面审理，无须开庭。另外，根据《刑事诉讼法》第 224 条的规定，第二审人民法院应当在决定开庭审理后及时通知人民检察院查阅案卷。人民检察院应当在一个月以内查阅完毕。再审案件的阅卷时间一般也参照这一规定，加上出席二审、再审的人已不再是原审查起诉、出席一审法庭的人员，因此，在较短时间内，查明重大、疑难的案件事实，有相当大的难度。针对二审、再审案件的上述特点，公诉人员在审查证据时既要注意全面，又要突出重点。

1. 全面审查

材料和证据要进行全面的审查，不受上诉抗诉范围的限制。通过全面审查，全面了解案情和证据情况、适用法律情况，以及原审法院审理的情况，提出符合客观实际，符合法律规定的处理意见，如果只局限于审查抗诉、上诉的理由所涉及的案情，可能会导致以偏概全的审查结论。全面审理的具体要求是：

（1）全面审阅案卷。通过全面审查原出庭支持公诉检察机关的检察卷和原审法院的审判卷，了解案件的来源，审查审判的过程，弄清案件的全貌和来龙去脉。

（2）全面熟悉案情。通过阅卷，对被告人的基本情况、犯罪事实、共同犯罪中的地位和作用、认罪态度、上诉理由等进行全面了解，并对照原审判决、裁定认定的事实进行审查，对原审法院对事实的认定和适用法律是否正确作出判断。

（3）全面了解证据。对原审案件中的证据材料和随案移送的实物证据进行审查，对案件中有哪些证据材料和实物证据，这些证据证实的主要内容是什么，证据之间是否存在矛盾，被告人供述和辩解、证人证言、被害人陈述等在审判过程中是否有变化等情况做到心中有数。

（4）审查诉讼活动是否合法。通过阅卷，审查原审卷中法律文书是否齐全，法律手段是否完备，诉讼程序是否合法等问题。注意原审法院的审判活动中有无违法情况。

2. 重点审查

检察人员出席二审、再审法庭，要重点审查原判决认定案件事实、适用法律是否正确，证据是否确实、充分，量刑是否适当，审判活动是否合法，并应当审查下级人民检察院的抗诉书或者上诉人的上诉书，了解抗诉或者上诉的理由是否正确充分。出席再审法庭的，还应当了解申诉人的申诉书及其申诉的理由是否正确、充分。因此，在全面阅卷审查的基础上，还要进行重点审查。全面审查是重点审查的基础，没有全面审查就难以发现案件需要重点审查的问题；没有重点审查，全面审查也就难以解决案件的关键问题，因此在全面审查了解案件的全貌后，还要重点审查二审、再审出庭所要解决的问题。

重点内容具体是指以下五方面的内容：

（1）原审判决、裁定认定犯罪事实是否正确，证据是否确实、充分。

（2）原审判决、裁定适用法律是否正确，量刑是否适当。

（3）抗诉、上诉或申诉的理由是否正确。

（4）阅卷中发现的问题。对抗诉或上诉中没有提到，而检察人员在阅卷中发现的问题，也应予查明，例如：有遗漏罪行或同案犯的，有从轻、减轻或从重处罚的情节而原审法院未加注意的等，应提出处理意见。

（5）审判活动是否合法。包括原审法庭组成人员是否合法，审判案件有无严重违反诉讼程序和严重侵犯当事人的诉讼权利等问题。

出席二审、再审法庭的检察人员在审查案件的基础上，应提出审查意见，经集体讨论后并经检察长同意后，制作抗诉词、出庭意见和辩论提纲，为出席法庭做好充分的准备。

（五）民事行政检察证据实务的内容

1. 当事人在民事行政检察中的举证。(1) 当事人在民事行政抗诉案件审查中的举证义务。(2) 举证义务的承担与转换。(3) 当事人不需举证的事实。

2. 检察机关在民事行政检察中的调查。

3. 民事行政检察证据公开审查的方法和步骤。

二、检察证据实务的特点

根据宪法、人民检察院组织法和刑事诉讼法规定，人民检察院是国家的法律监督机关，代表国家行使检察权，人民检察院通过参与刑事、民事、行政诉讼活动，依法对有关机关和人员的行为是否合法实行监督。在公诉案件中，人民检察院和检察人员是公诉权的职能主体。通过参加公诉案件的诉讼、办理案件来行使检察权。在行使检察权的过程中，主要是以犯罪事实为根据、以刑事法律为准绳，依据查明的案件事实和查证属实的证据办理案件。因此，在这一诉讼活动中始终贯穿着证据实务法律制裁活动。根据刑事诉讼法、民事诉讼法和行政诉讼法的规定，检察人员证据实务的重心是刑事公诉案件的证据实务。

检察证据实务的特点表现为三个方面：

（一）证据实务范围的特定性

根据宪法规定，检察人员代表国家行使检察权，其中包括对刑事法律执行、遵守情况的监督，也包括民事、行政监督。在刑事法律监督中，又依法代表国家通过行使侦查权、批捕权、提起公诉权、侦查监督权、刑事审判监督权、刑事裁判执行监督权，来履行法律规定的职能。因此，广义上的检察证据实务的范围很广，涉及刑、民、行三类案件的各个环节。由于本书着重就刑事案件中代表国家行使公诉权的检察人员围绕公诉案件的证据实务予以阐述，因此，其范围具有特定性。

（二）证据实务的审查性

这一特点是由人民检察院的法律监督职责以及检察证据实务的特定性共同决定的。首先，人民检察院是法律监督机关，除自侦案件中的证据调查外，主要是一种审查式的证据实务，在方式上主要是审查案件事实和证据，在方法上主要是审阅案卷、核实证据、补充侦查和调查。其次，在检察证据调查活动中，根据刑事诉讼法，在审查起诉阶段，受理移送起诉的案件，应当在七日内进行审查，首先指定检察人员针对移送起诉案件根据案卷进行形式上的审查。在此基础上，进一步询问被害人、讯问犯罪嫌疑人，对各种证据进行调查，对需要补充侦查的退回补充侦查或由检察机关自行侦查；起诉活动中，对是否符合起诉条件的最后审查以及起诉书的制作的根据也主要依据对侦查部门调查、收集的证据审查结果；另外，对案件作出不起诉决定的活动和出席法庭支持公诉的活动中，也是以对侦查终结的证据进行审查为基础，结合其他方式的证据调查方法，从而完成公诉案件的诉讼职能。

（三）调查方法的法定性

由法律赋予人民检察院的法律监督职责所决定，根据刑事诉讼法的具体规定，检察证据实务具有法定性特点。所谓法定性，是指刑事诉讼法规定，检察人员不仅可以依职权进行一定的证据调查活动，而且可以依照法律、职权要求有关机关进行一定的调查行为，或者要求有关机关和人员对自己的调查行为积极地配合。例如，根据刑事诉讼法规定，人民检察院受理了移送审查起诉案件后，在审查起诉时"应当讯问犯罪嫌疑人，听取被害人或者犯罪嫌疑人、被害人委托的人的意见"。经过审查案件，"对于需要补充侦查的，可以退回公安机关补充侦查，也可以自行侦查"，在公诉人出席法庭支持公诉的证据调查实务中，同样具有法定性，公诉人依法可以通过庭审中询问证人、被害人、鉴定人以及讯问被告人等诉讼活动进行证据调查，对被告人、证人对同一事实的陈述存在矛盾需要对质的，也可以建议法庭传唤有关被告人、证人到庭对质。

第二节　检察人员评断证据的一般方法和步骤

一、评断证据的一般方法

评断证据的真实可靠性主要通过查找矛盾和分析矛盾来实现，因此我们可以把评断证据真实可靠性的方法概括为矛盾分析法，即通过查找矛盾和分析矛盾来判断证据是否真实可靠的方法。评断证据的证明价值主要通过分析证据与案件事实之间的关联性来实现，因此我们可以把评断证据证明价值的方法概括为关联分析法，即通过分析证据与案件事实之间有无关联以及联系的形式、性质和确定性程度来判断证据证明价值的方法。在检察实践中，评断证据的具体方法很多。其中常见的方法有以下几种：

（一）鉴别法

鉴别法又称甄别法，即根据客观事物发生、发展、变化的一般规律和常识去辨别证据真伪的方法。鉴别法主要用于对单个证据的审查判断。例如，在一起案件中，刘某声称他代表单位到一家旅馆向两名被告人索要欠款，但是被对方关在房间里长达十几个小时，并写下一张5万元人民币的欠条，才被释放。但是被告方声称他们没有逼迫刘某写欠条，那欠条是刘某自愿写的。在评断这张欠条的真实性时，人们可以根据常识去鉴别：刘某是代表单位向被告方追索欠款的，那他怎么会在款未要到的情况下又"自愿"写下5万元的欠条呢？由此可见，该证据的真实性显然存在着问题。

（二）对比法

比对法又可称为比较法和对比法，即通过比较和对照证明同一案件事实的两个或多个证据以判断真伪的方法。比对法主要用于对案件中相关证据的比对审查之中。例如，在上述案件中，证明刘某是否被迫写下该欠条这一事实的主要证据有三：刘某的陈述；被告人的陈述；旅馆服务员的证言（服务员说她曾在房门外听到被告人胁迫刘某抄写欠条的过程，并讲述了她所听到的被告人与刘某的对话内容）。通过比较这三份证言的内容和可信度，人们就有可能得出孰真孰假的结论。

（三）验证法

验证法亦称实验法，即通过重演或再现等方式来判断某证据内容是否属实的方法。验证法多用于检查当事人陈述或证人证言的内容。例如，上例中旅馆服务员说她曾在房间门外听到了被告人胁迫刘某抄写欠条的过程，并讲述了她所听到的被告人与刘某的对话内容。为了判断这一证言是否真实可靠，审查证据的人员可以在原场所按原条件安排实验，看该服务员能否在房门外听清室内人的对话内容。

（四）印证法

印证法即通过考察案件中不同证据的内容是否相互吻合、协调一致来判断证据真伪及证明价值的方法。印证法多用于对案件证据的综合审查之中。印证法并不像比对法那样要求证明对象的同一性，所以其适用范围更广。相互印证的证据具有较高的真实可靠性和证明价值，而互相不能印证的证据往往表明其有矛盾之处，因而虚假的可能性较大。仍以前案为例，被告方声称"刘某故意刁难被告"；又称刘某"自愿写的欠条"。既然刘某"故意刁难"，又怎会"自愿"写欠条？这两条证言显然不能互相印证。

（五）质证法

质证法主要是由检察人员在庭审证据调查过程中组织双方对证据进行交叉审查的方法。它一般都是由一方当事人或其律师对另一方证人、鉴定人或当事人的陈述进行盘诘，以便判断该证据的真伪和可信度。例如，在上述案例中，原告律师可以对被告人进行质证,以查明被告方所称刘某自愿写欠条一事是否属实;而被告律师也可以对刘某进行质证,以查明其所称被胁迫写下欠条一事是否属实。

(六) 对质法

对质法是检察人员组织就某一案件事实提出相反陈述的两个或多个证人或当事人互相质询和盘诘以判断证据真伪的方法。使用对质法的前提条件是双方对同一案件事实的陈述出现尖锐矛盾而且很难确认孰真孰假。对质时应先让对质双方分别就案件事实作出陈述,然后再互相提出质问并作出回答。在缺少旁证的情况下,或者在所谓的"一比一"证据案件中,对质法可以帮助检察人员查明证据的真实可靠性和证明价值。在上述案例中,假设刘某是被迫抄写欠条还是自愿书写欠条一事的证据只有刘某和被告两人的陈述,而且没有其他可供判断双方陈述孰真孰假的情况,那么司法人员可以安排双方对质,以便分析谁的陈述更为合理可信。

二、评断证据的基本步骤

证据评断是检察人员对案件中各种证据的认识活动,应该由浅入深、从个别到整体、循序渐进地进行。虽然不同的检察人员对证据进行审查评断的过程各有特点,但一般来说都应包括以下三个基本步骤:

(一) 单独评断

单独评断是对每个证据分别审查,即单独地评断每个证据的来源、内容及其与案件事实的联系,看其是否真实可靠、有多大的证明价值。对于那些明显虚假和毫无证明价值的证据,经单独评断即可筛除。

对证据的单独评断可以按两种顺序来进行。一种是按时间顺序进行,即按照证据所证明之案件事实发生的先后来逐个评断证据。这适用于证据的时间顺序比较明确的案件。另一种是按主次顺序进行,即按照证据所证明之案件事实的主次关系和证据本身的主次关系来逐个评断证据。这适用于核心事实与核心证据比较明确的案件。

(二) 比对评断

比对评断是对案件中证明同一案件事实的两个或两个以上证据的比较和对照,看其内容和反映的情况是否一致,看其能否合理地共同证明该案件事实。一般来说,经比对研究认为相互一致的证据往往比较可靠,而相互矛盾的证据则可能其中之一有问题或者都有问题。当然,对于相互一致的证据也不能盲目相信,因为串供、伪证、刑讯逼供等因素也可能造成虚假的一致;而对于相互矛盾或有差异的证据也不能一概否定，还应认真分析矛盾或差异的形成原因和性质，因为不同证据之间有时会出现一些并不影响其真实可靠性的差异。例如，不同证人对同一案件事实的陈述很难完全相同，因为他们的感知能力、记忆能力和表达能力并不相同，他们感知案件事实时的主客观条件也不完全相同。一般来说，不同证人对同一案件事实的陈述之间存在某些差异是正常的，如果连细节都丝毫不差那反倒不正常。因此，比对评断的关键不在于找出不同证据之间的相同点和差异点，而在于分析这些相同点和差异点，看其是否合理，是否符合客观规律。

比对评断有两种基本形式：其一是纵向比对评断；其二是横向比对评断。纵向比对评断就是对一个人就同一案件事实提供的多次陈述做前后比对，看其陈述的内容是否前后一致，有无矛盾之处。横向比对评断是对证明同一案件事实的不同证据或不同人提供的证据做并列比对，看其内容是否协调一致，有无矛盾之处。

（三）综合评断

综合评断是对案件所有证据的综合分析与研究，看其内容和反映的情况是否协调一致，能否相互印证和吻合，能否确实充分地证明案件的真实情况。综合评断的关键是发现矛盾和分析矛盾。检察人员要善于对各种证据进行交叉的逻辑分析，善于从细微之处发现不同证据之间的矛盾，然后认真分析这些矛盾的性质和形成原因，以便对案件中的证据作出整体性评价。

综合评断不仅要注意审查证据的真实可靠性，而且要注意审查证据的证明价值。换言之，综合评断不仅要认真判断证据是否确实，而且要认真判断证据是否充分。从某种意义上讲，单独评断和比对评断的主要任务是查明证据是否确实，而综合评断不仅要进一步查明证据是否确实，而且要重点查明证据是否充分。特别是在完全依靠间接证据证明争议事实的案件中，审查证据的人员必须认真分析证据的质量、数量和相互关系，必须使全案证据形成一个完整的证明锁链，而且能毫无疑点地对案件情况作出合理的解释。

第三节　评断证据真实性的方法

检察人员在办案过程中应该随时分析已经获得的证据的真实可靠性，无论它是本证还是反证，无论它是直接证据还是间接证据，也无论它是原生证据还是派生证据。这应该成为检察人员的一种职业习惯。从认识证据和使用证据的角度来说，证据的真实可靠性表现为证据的可信度。没有足够的可信度，再有证明力的证据，也不能达到证明案件事实的目的。犹如数学家所言：再大的零依然是零；再多的零相加仍然等于零。对于检察人员来说，明确这一点在诉讼策略上具有双重意义。一方面，检察人员应该努力加强己方证据的可信度；另一方面，检察人员应该尽力削弱对方证据的可信度。当然，这一切都必须以对证据可信度的分析为基础。

一、分析证据内容的可信度

所谓证据内容，即证据所反映的人、事、物的情况，例如，证言所讲述的案件经过情况；书证所记录的人员活动情况；物证所反映的人体特征情况等。分析证据内容的可信度，不仅要分析这些事或物本身的情况，而且要分析这些情况与所要证明之案件事实的联系，因为离开了与案件事实的联系，证据的可信度也就失去了意义。

检察人员在分析证据内容的可信度时应注意考察以下几个方面的情况：

（一）证据内容的可能性

人们在看电影或电视剧时往往会情不自禁地评论其故事情节的可信性。对一些生编硬造的故事情节，观众会气愤地说："瞎编！事情根本就不可能这样。"从某种意义上讲，一个证据的内容犹如一个故事情节，因此检察人员也要分析其可能还是不可能，及其可能性的大小。

假设在前面提到的那起持枪抢劫储蓄所案中侦查人员又找到了一位目击证人，他是当时在场的顾客。他向侦查人员讲述了事件发生的经过。我们为他设计了两套不同的证言，请读者分析其可能性。

证言一：当时储蓄所已经快下班了，只有我一个顾客。我站在一个角落的桌子旁边填写取款单。突然，我听到一声大喊："别动！要不我就开枪啦！"我连忙蹲到桌子后面。我听见他们说了什么，但我很害怕，没听清。好像那个男的说了句"快点儿！"后来那个男的拿着一个包跑了出去。我没看清那家伙的正脸儿。我也说不准我还能不能再认出他来。

证言二：当时储蓄所已经快下班了，只有我一个顾客。我站在一个角落的桌子旁边填写取款单。突然，我听到一声大喊："别动！要不我就开枪啦！"我抬头一看，只见一个男的举着手枪正冲着那个银行工作人员。我吓坏了，连忙蹲到桌子后面。但我觉得自己日后可能会成为重要的证人，就探出头来仔细看着那家伙，并在取款单上记下那个人的特征，还有他说的话。后来那个家伙拿着一个包跑了出去。我这个人记性不太好，所以我习惯把重要的东西都写下来。但是，那张纸条后来还是让我给弄丢了。不过，如果我再见到他，我一定能认出他来。

尽管读者可能没有亲身体验过生命受到威胁时的感受，但是多数人也会认为"证言一"讲述的事情经过更可信，因为它比较符合人们在突然遇到危险并极度恐惧情况下的行为方式——至少是大多数人的行为方式。当然，我们并不能说"证言二"讲述的事情绝不可能发生。也许该证人是个特殊人物，也许他曾经受过侦查人员或其他相关职业的专门培训。不过，在不掌握这些"背景信息"的情况下，我们只能按照一般人的经验去评断"故事"的可能性。因此在上面两段证言中，第二个"故事"的可能性显然小于第一个"故事"的可能性。

（二）证据内容的一致性

人们在考察证据内容的可能性时，往往注意到了证据内容的一致性问题。从某种意义上讲，人们对证据内容可能性的判断是一个比较抽象或者比较模糊的判断，因为人们一般不用具体分析，只要根据自己的经验就可以得出某事可能发生还是不可能发生，人们往往通过直觉就能作出这种判断。但是，如果人们的思维没有停留在这个抽象或模糊判断的阶段，那么就很会进一步触及证据内容的一致性问题。一般来说，内容一致的证据比内容不一致的证据具有更高的可信度。

证据内容不一致可以有三种表现形式：第一种是证据内容内部的不一致，或者说自相矛盾，即证据内容的不同组成部分之间不一致之处。例如，前面的"证言二"中，该证人一边说"吓坏了"，一边又采取了极为勇敢且颇为冷静的行动。至少在一般人的眼中，这是自相矛盾的。

第二种是证据内容与本案中其他证据内容的不一致。这可以是同一案件中两个证据之间的不一致，也可以是同一个证人两次陈述之间的不一致。例如，在该抢劫储蓄所案中，该顾客讲述的内容可能与银行职员讲述的内容有不一致之处；而那"证言一"和"证言二"如果是该顾客两次向检察人员讲述的内容，其互相矛盾之处是显而易见的。

第三种是证据内容与本案中已知事实的不一致。在任何案件中，检察人员总会掌握一些无可争议的事实。这主要有两种情况：一种是诉讼双方都无异议的事实，如原告和被告都说他们之间曾签署了一份合同；另一种是来源毋庸置疑的证据所表明的事实，如公证机关已经公证的文件所表明的事实。如果某证据的内容与这些事实不相一致，那么其可信度自然会大受影响。

（三）证据内容的合理性

分析证据内容的合理性实际上也是分析证据内容可能性的扩展或延伸。无论是否已就证据内容的可能性作出判断，检察人员都应分析证据内容的合理性，从而为评断证据内容的可信度提供依据。

分析证据内容的合理性包括两个方面：第一是证据所表明的情况是否合理。例如，在那起抢劫储蓄所案的"证言二"中，该证人说他曾冒着生命危险记下了抢劫犯的特征和说的话，可后来又把那珍贵的纸条丢失了，这显然不符合情理。第二是证据内容与其要证明的案件事实之间的关系是否合理，或者说从证据到事实之间的推论是否合理。例如，在一起入室杀人案中，侦查人员根据现场鞋印推断某甲为杀人犯，但是某甲承认自己在案件发生前曾经到过现场，而且该鞋印与杀人行为之间没有必然联系，因此仅仅根据这一鞋印就得出某甲是杀人犯的结论是不合理的。

这里所说的"理"有两种情况：一种是人日常生活中熟知的道理或情理；一种是在某个专门领域里掌握的道理或原理。检察人员在遇到第二种"理"时，如果自己缺乏必要的专门知识或经验，就应该向专家请教或求助，切不可不懂装懂。

检察人员经过分析发现己方证据的合理性不足时，应认真分析原因。如果确系"先天不足"。或者说该证据根本就不能合情合理地证明某案件事实，则应坚决"割爱"。如果属于"后天不足"，或者说该证据本可以证明某案件事实但缺乏某种联系或说明，则应进行弥补，必要时可使用具有解说功能的证据来说明其合理性。从这个意义上讲，解说证据也是增强其他证据内容之可信度的证据，即信用证据。

（四）证据内容的详细性

检察人员在分析证据内容的可信度时还应考察证据内容的详细性，即某证据是否反映了某事件的具体细节或某客体的细节特征。在某些情况下，证据内容是否详细对人们判断证据内容的可信度甚有帮助。例如，在一起交通事故案件中，被告方的目击证人声称他亲眼目睹了撞车的全过程，办案人员就应该让他详细叙述事故发生的细节，包括他最先在什么位置看到的出事车辆、出事车辆如何行驶到出事地点、车辆撞击的具体情况、撞击后当事人的言行，以及当事人说话的语调、行动的方式等。如果他只声称他看见是后面的车撞了前面的车，但是讲不清他本应看到的具体细节情况，或者他的讲述中有明显的编造痕迹，那么其证言的可信度必然大受影响。

无论是在刑事诉讼的哪一个阶段，检察人员都应该分析当事人或证人陈述的详细性，包括己方当事人和证人的陈述。这种分析不仅有助于检察人员准确认识案件事实，而且有助于提高己方证据的可信度。

检察人员应尽量让己方当事人和证人在讲述案件事实时使用具体描述性语言而不用抽象结论性语言。例如，证人不应简单地说"我肯定他当时喝醉了"，而应具体描述他当时的言行举止；不应简单地说"我当时对他的相貌看得很清楚",而应详细描述他的相貌特征。在这两种情况下,后者显然都比前者具有更大的可信性。

在刑事案件中,检察人员特别应该注意考察被告人供述的详细性,看其是否能讲出那些作案人应该知晓的案情细节。真实的供述应该包括细节情况;而虚假的供述往往缺乏对具体细节的描述。实践经验表明,许多误把无罪者当成罪犯的错案就是因为采用了细节不明的被告人供述。

诚然,证据内容的详细性也应该有个适当的度,并非越详细的证言就越可信。实际上,超过了正常人对细节的感知或记忆程度,使证言表现出令人不可思议的详细,那么该证言反而会让人产生疑心,其可信度反而会受到影响。常言道,过犹不及。然而究竟何者不为"过",何者不为"不及",并无统一不变的标准,检察人员只能根据案件的具体情况来作出判断。

二、分析证据来源的可信度

所谓证据来源,即证据是如何形成的,或者是由谁提供的。分析证据来源的可信度,就是要分析证据在形成过程中是否受到外界因素的影响及这影响的程度,就是要分析提供证据者有无影响证据内容准确性的因素,总之,就是要分析证据的来源是否可靠及其可靠程度,因此又可称为分析证据的可靠性。

人们在社会生活中都有这种体验:当你判断一个人的话是否可信时,你不仅会想到这话的内容是否可信,而且会想到这话是什么人说的。同样一句话,如果出自两个不同人之口,别人对其可信度的评价结果则可能大相径庭。例如,同样是"狼来了"这句话,如果说话者是个诚实的孩子,人们就会相信;如果说话者是个多次撒谎的孩子,人们就不会相信。对证据可信度的分析也就是这个道理。

检察人员在分析证据来源的可信度时应注意考察以下几个方面的情况:

(一) 原生证据与派生证据

检察人员在分析证据来源的可信度时首先要查明该证据是原生证据还是派生证据。例如,某证人陈述的内容是他直接感知的还是从他人那里听来的;某文书证据是原件还是转抄件或复印件;某音像证据是原始带还是复制带等。如果查明已知证据是原生证据,就要分析其提供者的情况和提取的过程,看其来源是否可靠。虽然原生证据比派生证据可靠,但检察人员也应认真分析其来源的可信度。如果发现已知证据是派生证据,检察人员则应首先考虑有无提取原生证据的可能。只要有可能,检察人员就要竭尽全力去收集原生证据。如果提取原生证据已不可能,检察人员还要查明这传来证据的"转传"次数,并尽量去收集那最接近原生证据的派生证据。

分析派生证据来源的可信度包括两方面的内容：一方面，是分析派生证据的形成过程和派生证据提供者的情况。例如，某文书是用什么方法复制的，是转述记录还是手工抄录，是原大复印还是放大复印或缩小复印；证人是通过什么方式得知该证言内容的，是通过当面谈话还是侧面旁听，是口头传闻还是书面传闻；证据提供者的个人情况及其与案件的关系等。另一方面，是分析派生证据的原始来源，即该证据内容最初形成的情况和"第一提供者"的情况。例如，某证言内容最初是如何形成的；原始证人是如何感知案件情况的；原始证人是如何将这种情况转告他人的；原始证人的个人情况及其与案件的关系等。总之，对传来证据来源的可信性分析更为复杂，难度也更大。

（二）证据提供者的能力与知识

证据提供者与证据内容有关的能力和知识都会在一定程度上影响证据的可信度，因此检察人员应该认真考察。这里所说的"与证据内容有关"，是指证据提供者在感知或形成该证据的过程中以及在提供该证据时所必须使用或具备的；这里所说的"能力和知识"既包括人们在日常生活中使用的一般能力和知识，也包括人们在特殊领域内使用的专门能力和知识。

一般能力和知识主要是指人的感知能力、记忆能力、表达能力和生活常识。这些能力和知识往往是证据形成的基础，或者是影响证据内容的重要因素。了解证据提供者在这方面的情况，特别是有无缺陷，可以为检察人员判断证据的可信度提供重要的依据。例如，某证言内容涉及当事人所穿衣服的颜色。但是检察人员发现该证人分辨颜色的能力较低，虽非"色盲"，已属"色弱"，因此该证言的可信度就比较低。

专门能力和知识是指人们在从事某种工作或进行某种活动时使用的特有能力和知识，以及某种职业或某个学科领域内专用的能力和知识。专门能力和知识在评断证据的可信度时也有非常重要的意义。例如，在分析关于某肇事汽车速度的证言时，证人是没有开车经验的人还是老司机，显然会对判断证言的可信度产生重大影响；而"伤口周围的射击残留物分布状况可证明射击距离不超过30公分"这句话是出自一位枪弹检验专家之口还是出自一个普通人之口，显然也会有不同的可信度。

（三）证据提供者的身份与动机

证据提供者的身份指的是其在案件中的地位或者与案件的关系，可分为原告人、被告人、受害人、某一方当事人的亲友、与案件无利害关系的证人、鉴定人等。由于他们在案件中的地位不同或者他们与案件的关系不同，所以他们提供证据的可信度也有所不同。证据提供者的动机指的是其提供证据的内在起因或动力，如为了获得某种利益、为了帮助某一方当事人、为了报复某一方当事人、为了帮助司法机关查明案件事实等。一般来说，提供证据者的动机都是与其在案件中的身份相联系的，但是与案件无利害关系的证人也可能具有不公正作证的动机。

在一起交通事故案件中，原告人及其妻子都提供了"被告人的卡车向后倒并撞坏原告轿车"的证言；而被告人及其他人都提供了"原告轿车追尾"的证言。由于这几个人都与案件有利害关系，所以在提供证言时都可能有保护己方利益的动机，而这种动机就使他们的证言具有明显的倾向性，其可靠性也就被打上了问号。该案的被告方还有一名"目击证人"。虽然经查明此人与案件并没有利害关系，与原告和被告也都素不相识，但后来发现他因个人经历而对乘坐小轿车者有嫉恨心理，所以在酒力作用下便情不自禁地产生了不公正作证的动机。

检察人员应认真分析每个证据提供者在案件中的身份及其可能具有的作证动机，以便准确判断其证据的可信度。一般来说，中立证人或者与案件无关的人提供的证据可信度较高，但是如上例所示，无关证人的证言也可能具有偏向性。在有些情况下，无关证人并非有意偏向某一方，但是过去的经验已使他形成某种"思维定式"，因而在遇到类似情境时便不由自主地按照这种定式去认识发生的事件。上例中的证人也许并没有不公正作证的故意，但是在他的经验中，小轿车司机都开车又快又猛，凡交通事故中有小轿车者就都是小轿车司机的责任。此案发生时他虽在场但并未注意两车的位置，听到碰撞后他才看到两车并自然而然地按照自己的思维定式认为事故的责任者一定是后面的小轿车司机，他甚至错误地把车中人的尖叫声感知为小轿车的刹车声。总之，他"真实"地认为那就是一起"追尾"事故，而且用"期望性"想象力填补了他感知中的空白。在数次重复自己的证言之后，他还会"正直"地把自己讲述的情况就认为是确实看见和听见的事实。这是办案人员不能忽视的情况。

（四）证据提供者的言谈与举止

检察人员在分析证据来源的可信度时还应注意观察证据提供者的言谈和举止，以便判断其陈述是否可信。但是，检察人员也要注意保持观察和评断的客观性，不要被对方的外表所迷惑。毫无疑问，证人说话的声音和方式、行为的姿势和风度，甚至其身材、相貌和气质等因素都会影响别人对其陈述的相信程度。在众多的足球运动员中，为什么某人会成为球迷崇拜的偶像？在各类影星与歌星中，为什么某人会拥有大大多于他人的"追星族"？虽然他们的球技或演技在其中起了一定的作用，但更重要的往往还是他们那美丽的相貌、迷人的目光、充满魅力的身材、令人仰慕的气质、与众不同的言谈、超凡脱俗的举止等。实际上，他们在自己领域内的专业技能并不一定比其他球星、影星或歌星高多少，甚至都不一定比其他球星、影星或歌星高，但是他们的这些个人因素帮助他们赢得了更多人的信赖乃至崇拜。这也正是他们比其他人更容易在充当"广告人物"上获得成功的原因之一。

证人的可信度并不完全取决于证人在与证据内容有关方面的能力和知识，也会受到其他个人因素的影响。检察人员对证人言谈举止等个人因素的分析可以有三个方面的功能：第一，通过分析证人的言谈举止等个人因素，检察人员可以得知自己对其证言可信度的证人究竟依据的是什么，从而可以更准确地把握该证言的可信度；第二，通过分析证人的言谈举止等个人因素，检察人员可以发现其证言不可信表象，即通过察言观色来找出证言中的不实之处；第三，通过分析证人的言谈举止等个人因素，检察人员可以发现其证言可信度的弱点，并可在此基础上指导证人修正自己的言谈举止，以便提高其证言的可信度。

检察人员在分析已知证据的可信度时容易出现一种错误的倾向，即注意分析对方证据或反证的可信度而不注意分析己方证据或本证的可信度。在面对不利于己方的证据时，检察人员会情不自禁地瞪圆双眼并射出无限的宽容。然而，这种态度是有害的，因为它可能给后面的工作制造潜在的麻烦。此外，检察人员在发现某证据缺乏可信性时，应认真分析其原因，判断其属于认识错误还是属于编造假证。这对整个案件中的证据评断工作也甚有裨益。

第四节 评断证据价值的方法

检察人员在分析了证据的真实可靠性之后，还要进一步分析证据的证明价值。而且既要分析每一个证据的证明力，也要分析所有证据之组合的证明价值。所谓"证明价值"，就是证明的力量或证据的分量，亦可称为"证明力"。证明就是要运用证据来使他人相信或说服他人相信你所主张的事实或者你要认定的事实。诚然，使他人相信首先要自己相信，要想说服他人首先要能说服自己；但是自己相信并不等于他人也相信，能说服自己并不一定也能说服他人。因此，我们强调证明的功能主要在于说服他人，而每件证据能够说服他人相信某事实主张的力量就是其证明力。

不同证据有不同的证明力，这是不言而喻的。而若干个相同的证据以不同的方式组合起来也会有不同的证明力。如果我们把几个证据杂乱无章地排列在一起，既不分主次也不明关系，那么他人就很难感受到这些证据的证明力。换言之，这个证据组合的证明力就很小。如果我们把这几个证据有序地排列起来，并恰当地表明它们之间的关系，使之成为一条完整的证据链，那么他人就很容易接受这些证据的证明力。换言之，这个证据组合的证明力就较大。分析证据的证明力，就是为了正确把握每个证据的证明价值，以便构成最佳的证据组合。由此可见，分析证据的证明力应分为两步：第一步是分析每个证据的证明力；第二步是分析全部证据的证明力。

一、分析每个证据的证明力

虽然证据组合的证明力并不等于该组合所有证据之证明力的简单相加，但是分别分析每个证据的证明力仍有重要意义。首先，检察人员需要知道每个证据对相关事实要素的证明力程度。如前所述，案件实事是由七个基本要素构成的，检察人员只有准确地知道了已知证据对每一项要素的证明力情况，才能有的放矢地开展调查工作并最终实现全面证明这些事实要素的目的。其次，检察人员对证据组合证明力的证人必须以单个证据的证明力为基础。证据不仅有数量的规定性，而且有质量的规定性，因此，检察人员只有准确地把握了每个证据的质量特征，才有可能正确认识证据组织的证明价值。

证据的证明力主要是由证据与案件事实要素之间联系和性质所决定的。由于直接证据与事实要素之间的联系是直接的，而间接证据与事实要素之间的联系是间接的，所以直接证据的证明力要大于间接证据的证明力。当然，我们下此结论的前提是二者证明的具体对象相同而且二者都是可靠的。在实践中，人们容易混淆对证据证明力的证人和对证据可信度的证人。在前面提到的那起交通事故案中，一方的"目击人"声称他亲眼看见"前面的卡车已停在路口，后面的小轿车虽然紧急刹车，但还是撞到了卡车的后部"。他甚至描述了亲耳听到的刹车声。而在事故发生后赶到现场的交通警察作证说："那小轿车下面没有轮胎与地面摩擦留下的刹车痕迹。"毫无疑问，被告方的证言是直接证据，原告方的证言是间接证据，但多数人都会倾向于采信后者，或者认为后者比前者有更高的证明价值。然而，人们在这里评价的并不是这两个证据的证明力，而是它们的可信度。换言之，人们认为那位交通警察的话更可信，尽管它不能直接证明那撞车事故是"如何"发生的。

直接证据的分析要点是其可信度或其来源的可靠性，因此，对证据证明力的分析实际上也以间接证据为主要对象。我们还指出间接证据与案件事实要素之间的联系离不开推理，离不开一定的前提，因此，分析间接证据的证明力也就是要分析该证据赖以连接事实要素的推理及其前提。

在前述撞车案中，原告方提出了"小轿车无刹车痕迹"的证据。实际上，这个证据可用来证明不同的案件事实并采用不同的推理前提。例如，原告方可用它来证明那小轿车并未急刹车，所用前提为"急刹车者都会留下刹车痕迹"；原告方还可用它来证明那次事故并非"追尾"，所用前提为"追尾者都会留下刹车痕迹"。读者不妨用此做个小实验，向你的同事或亲友讲出这两个前提，看他们是否乐于接受和提出多少例外。通过这个实验，读者就不难评价这两个前提为真的概率，也就不难判断这两个间接证据的证明力了。

此外，当人们找出某推理前提的例外情况时，实际上就等于发现了该证据的弱点。如果这是己方证据，人们就可以采取必要措施予以加强。如果这是对方证据，人们就可以在诉讼中加以利用。

二、分析全部已知证据的证明力

检察人员在分析了单个证据的证明力之后，应进一步分析全部已知证据的证明力，即分析证据组合的证明力。这种分析可以使检察人员对已知证据有个整体性认识，从而为制订全案调查计划提供依据。分析全部已知证据的证明力，主要应分析各个证据之间的连接情况，看其逻辑关系是否合理，看所有证据能够在何种程度上证明什么案件事实。这种分析的要点是找出已知证据整体证明力中的薄弱环节或空缺环节，以便进行弥补和充实。

检察人员在接手案件时已知证据的数量并不相同，因此对全部已知证据证明力的分析也有所不同。一般为，负责侦查工作的人员在决定立案侦查时的已知证据较少，因此其分析也比较复杂。无论何种情况，检察人员都应该认真分析全部已知证据的证明力。如果不明确这一点，人们往往会以模糊思维的方式去评断证据的价值，并有可能形成主观片面甚至似是而非的判断。

第五节 间接证据的综合评断

检察人员在实际办案中接触的绝大多数证据都是间接证据。有人把案件中的证据比做在海上漂浮的冰山，直接证据只是那露出水面的一点峰尖，而间接证据则是隐在水下的巨大山体。这主要有以下原因：

第一，就绝大多数案件而言，案件主要事实只是案件中需要证明的一系列事实的一小部分。从时间上来看，它也往往只是短短的瞬间。例如，在一起口头合同争议案中，主要事实可能只是双方达成协议时交换的话语；在一起枪杀案中，主要事实可能只是凶手举枪瞄准并扣动扳机的动作。然而，检察人员要查明和证明的不仅是这孤立的"主要事实"，还要证明发生在其前后的一系列事实以及与其相关的其他情况，例如，该口头合同的双方为何要做此交易，他们是如何开始协商的，达成协议之后他们各做了哪些事情；该杀人者是如何准备杀人的、是如何接近被害人的以及杀人后是如何逃离现场的。这些相关事实都要由间接证据来证明。此外，办案人员无法得到直接证据而只能靠间接证据定案的情况也是屡见不鲜的。

第二，在各种案件中，诉讼双方往往都会有自己的证人或其他证据，而且都会千方百计使裁判人员相信己方的证人或证据更为可信。虽然证人可以声称甚至宣誓自己讲的是事实，但其效力往往有限，因此诉讼双方还会用一些证据来支持己方的证人或者攻击对方的证人。毫无疑问，这些支持性或攻击性证据都是间接证据。

第三，有些案件事实要素往往不能用直接证据来证明，只能用间接证据来证明。例如，张三是否故意造成了李四的人身伤害；王五究竟为什么提出离婚之诉；陈六的杀人动机究竟是什么；等等。这些要素涉及行为人的心理活动或主观状态，他人不可能直接观察或以其他方式感知，因此除了本人陈述之外，检察人员一般只能通过间接证据来查明和证明。

分析间接证据的内容，就是要分析这些证据与案件事实要素之间的关系，以便判断每个证据以及这些证据的组合究竟证明什么。由于这些证据与案件事实要素之间的联系是间接的，所以检察人员要运用推理等思维方式来完成这项任务，而检察人员设定的某种前提就是连接证据与事实要素的纽带。离开这种前提，间接证据无法实现其证明的功能。试举一例：

在一起持枪抢劫储蓄所的案件中，一名证人指认嫌疑人张某就是抢劫犯，因为他在抢劫案发生之后看见该嫌疑人从储蓄所里仓皇地跑了出来。这个证言属于间接证据，检察人员要用它证明该嫌疑人就是抢劫犯，必须设定一个推理的前提，即"抢劫案发生后从储蓄所里仓皇地跑出来的人都是抢劫犯"。在此，这个前提就是连接该间接证据与案件主要事实的"桥梁"。初听此证言时，人们会觉得它挺可靠，但是在明确了其推理的前提之后，许多读者就会对其正确性持怀疑态度了，认为"抢劫案发生后从储蓄所里仓皇跑出来的人不一定都是抢劫犯"。由此可见，在运用间接证据证明案件事实时明确推理的前提是非常重要的。这种推理的前提有两种情况：一种是必然真实性前提；另一种是或然真实性前提。第一种前提是客观真理或必然发生的事情，例如，人们抛向空中的物体会在重力作用下落向地面，因此某甲在其高层楼房的家中随手从窗户扔出的空酒瓶会落向地面。第二种前提是只在某些情况下才会发生的事情。例如，从高楼上扔下的啤酒瓶有可能砸伤下面的行人，因此要证明某甲从窗户扔出的空酒瓶就是致楼下行人乙头部伤的原因，还要证明砸伤乙的物体就是甲扔出的酒瓶，或者证明在那段时间内楼上没有其他任何人往楼下扔酒瓶或其他物体。诚然，人们在分析间接证据时最好使用必然真实性前提，但是在许多案件情况下，人们所能使用的只有或然真实性前提。

或然真实性前提一般是在人们生活经验和知识的基础上形成的。这里所说的生活经验和知识既包括人们直接的经验，也包括人们听他人讲述的经验，还包括人们从书报电视上获得的知识。这些经验和知识有意无意地积累在人们的大脑之中，待到需要推理时，人们便自觉或不自觉地把它们提取出来作为连接证据与案件事实的中间环节。

例如，女青年张某在自己家中被人用刀杀死了。侦查人员在接到报案后通过调查得知张某在死前不久曾与其男友李某发生过激烈的争吵。侦查人员推论：谈恋爱的男女青年在激烈争吵之后往往会采取过激行为，因此李某很可能是杀害张某的凶手。这显然是一个或然真实性前提，但是侦查人员根据这个推理采取相应的调查措施并最终查明李某就是凶手。

然而，人们在使用这种前提进行推理时经常会犯两种错误。第一种错误是过分信赖人的片面性经验。例如，一个人曾多次在其社会交往中认错人，或者张冠李戴，或者误认生人，因此在分析辨认结果时便会使用"人们在识别他人相貌时经常会出现错误"的前提。第二种错误是过分重视人的一般行为特征而忽视具体情境对人的行为的影响。例如，人们在分析一个性格暴躁的人在案件中的行为时，往往不由自主地把性格暴躁者的一般行为特征作为前提，而忽视了案件中具体情况可能对其行为产生的影响。

根据逻辑学的有关原理，推理结论的正确与否取决于两个条件：其一是前提的真实性；其二是形式的正确性。所谓前提的真实性，即作为前提的判断是否符合客观实际情况。所谓形式的正确性，即推理的形式是否符合逻辑推理的有关规则，推理的形式只表现为正确与错误，而推理前提可以有必然真实性和或然真实性两种，而且在或然真实性中又可以有许多不同的等级。由于证据的证明力大小主要是由推理结论为真的可能性大小所决定的，所以在分析间接证据证明力时应主要研究推理前提的真实性。在此，我们可以得出分析间接证据证明力的两条定律。

第一，以必然真实性判断为前提的间接证据的证明力大于以真实性判断为前提的间接证据的证明力。例如，在一起枪击死亡案件中，侦查人员在现场勘查中发现有两个可供推断案件性质的证据。其一是死者手中握着那支射出致命子弹的手枪；其二是死者头上没有射击残留物的伤口。第一个证据倾向于证明此案为自杀，其推理的前提是："枪击死者自握手枪的很可能是自杀。"第二个证据倾向于证明此案为他杀，其推理的前提是："自握手枪自杀的必然是贴近射击或近距离射击,而这两种射击都必然在伤口内和伤口周围留下射击残留物。"对于证明究竟是自杀还是他杀这一案件事实来说,这两个证据都是间接证据。第一证据的前提是或然真实性判断,第二证据的前提是必然真实性判断,因此第二个证据的前提是必然真实性判断,因此第二个证据的证明力大于第一个证据的证明力。

第二,在以或然真实性判断为前提的间接证据中,前提为真的概率与证据的证明力成正比。这就是说,前提为真的概率越高,证据的证明力就越大。由于人们在分析证据时往往很难准确计算出某一前提为真的精确概率,所以在实践中只能估算其相对概率,但这对于分析间接证据的证明力来说已经很有意义。我们也可以把前提为真的概率分为五级:很高、较高、一般、较低、很低。与此相应,我们也可以把间接证据的证明力分为五级:很大、较大、一般、较小、很小。

然而,人们在具体案件中应该根据什么来估算前提为真的概率?如前所述,或然真实性前提一般是在人们生活经验和知识的基础上形成的,因此人们自然会根据自己的生活经验和知识来估算某前提为真的概率,而且不同的人对同一前提很可能得出不同的结论。检察人员在运用间接证据证明案件事实时,不能仅考虑自己的生活经验和知识,还要考虑人们共有的生活经验和知识,即人们的共识或常识。一般来说,越容易被人们共同接受的前提,其可能为真的概率就越高。

检察人员为了避免在分析证据的证明力时片面地依赖自己的生活经验和知识,可以在不影响案件调查工作的情况下寻求同事或亲友的帮助。这有两种非常简单的方法:第一种是向同事或亲友讲出你要采用的前提,看他们是否乐于接受;第二种也是向同事或亲友讲出你要采用的前提,但要让他们想出此前提的例外情况。越容易被他们接受的前提,其为真的概率就越高;而被他们找出例外越多的前提,其为真的概率就越低。

在分析单个证据证明力的基础上,检察人员还要分析全部证据或证据组合的证明力。对于以间接证据为主的案件来说,这一点尤其重要。检察人员此时应重点分析各个证据之间的连接情况,看其逻辑的关系是否合理,看所有证据能够在何种程度上证明什么案件事实。

在前面提到那起持枪抢劫储蓄所案件,侦查人员经过调查排除了嫌疑人张某,后确定嫌疑人赵某是作案人。他们将案件移送检察院起诉时提供了下列证据:(1)证人甲(储蓄所营业员)经辨认后认为"赵某很像那个持枪抢劫犯";(2)证人乙(枪贩)说他在案发两个月前曾卖给赵某一支五连发钢珠手枪;(3)侦查人员在赵某家中搜到一支手枪,证人乙辨认后肯定那就是他卖的手枪，证人甲辨认后说"很像那个抢劫犯手中拿的手枪"；(4) 该抢劫犯从银行抢走人民币 3 万元，而赵某在案发的三天之后向一位朋友归还了 2 万元债款；(5) 证人丙说赵某在案发数月前一次饮酒过程中曾谈到"想抢银行"；(6) 侦查人员能证明赵某在案发后不久即离开本市且去向不明，直到半年后才返回本市；(7) 赵某在公安机关曾供认自己是抢劫犯，但是没有供述作案的细节情况。

检察人员在接案后首先提审了赵某，后者推翻了自己在公安机关的供述并作出如下辩解：(1) 他买那支手枪是为护身之用；(2) 他归还的 2 万元债款是他做生意赚的钱；(3) 他说"想抢银行"不过是酒后吹牛；(4) 他在案发后离开本市是到南方做生意；(5) 他在公安机关的供认是侦查人员刑讯逼供的结果。

在侦查人员提交的证据中，证据 (1) 和证据 (7) 都是直接证据，其他都是间接证据。由于证据 (1) 是个非确定性的结论，而证据 (7) 已经被赵某推翻，所以检察人员在本案中分析证据证明力时要重点分析这些间接证据。

本案证明的中心任务是"何人"，即赵某是不是那个持枪抢劫的人。那么，对这些间接证据的分析都要围绕"何人"来进行，即判断它们能在多大程度上证明赵某就是抢劫犯。为此，我们有必要明确每一个证据推理的前提，并分析其为真的概率高低。

证据 (2) 推理的前提是"非法买枪者会用其抢银行"。这显然可有许多例外，如买枪是为了护身等，因此这一前提为真的概率很低。

证据 (3) 实际上是由三个证据组成的：A. 赵某家中有一支手枪；B. 赵某家中的手枪就是证人乙卖给赵某的枪；C. 赵某家中的枪很像抢劫犯使用的那支手枪。其中，A 的推理前提是"家中有枪者会用其抢银行"，其概率显然很低；B 是对证据乙的补充，无须单独分析其概率；C 的推理前提是"家中藏有抢劫犯所用手枪的人很可能是抢劫犯"，虽然这一前提为真的概率比较高，但是因为该证据是非确定性辨认结论——"很像"，所以其证明力至少减半。

证据 (4) 推理的前提是"在案发后用与赃款数额相近的现金还债者可能就是抢劫犯"。这一前提也可有许多例外，如该现金是做生意赚的钱等，因此其概率也很低。

证据 (5) 推理的前提是"曾在酒后向友人表示要抢银行的人可能就是抢劫犯"。这一前提的例外可有酒后吹牛等，因此其概率也较低。

证据 (6) 推理的前提是"在案发后突然离开本市且去向不明者可能就是抢劫犯"。这一前提显然也可有许多例外，如外出做生意等，因此其概率也很低。

通过上述分析，人们不难看出本案中已知证据的组合虽已构成一条证据链，但其中有很多薄弱环节，或者说这一证据组合的证明力比较低。该被告人从有抢银行的"念头"到非法购买枪支，到"实施"抢银行的行为，到有钱还债，再到"逃离"本市，这一切加在一起似乎足以证明他就是抢劫犯。但是这些环节之间的联系都是或然性的和偶然性的，而且在实施抢劫行为这一中心环节上犹为薄弱，不足以作出肯定的结论。该案的检察人员没有被这些证据的表面联系所迷惑，将案件退回公安机关补充侦查，后来，事实证明检察人员的决定是正确的，因为真正的抢劫犯是曾经从侦查人员眼前滑过的张某。

如前所述，审查证据是为运用证据服务的，审查评断证据的结果直接关系到运用证据的成败。虽然对间接证据的综合评断以证据的证明价值为主要内容，但这并不等于说对间接证据的真实性与合法性的审查就无关紧要。实际上，这三方面的审查评断是相辅相成的。其中，审查判断证据的真实性是正确运用证据的前提，因为不真实的证据根本不能证明案件的真实情况；审查判断证据的证明价值是正确运用证据的基础，因为只有了解了证据的证明价值才能准确地把握其在证明案件事实中的地位和作用；审查证据的合法性是正确运用证据的保障，因为只有运用合法的证据才能合法地证明案件事实。

第十二章
直接受理立案侦查案件的证据实务

我国《刑事诉讼法》第18条第2款规定："贪污贿赂犯罪，国家工作人员的渎职犯罪，国家机关工作人员利用职权实施的非法拘禁、刑讯逼供、报复陷害、非法搜查的侵犯公民人身权利的犯罪以及侵犯公民民主权利的犯罪，由人民检察院立案侦查。"本章着重论述了贪污案件、贿赂案件、渎职案件中证据的特点和证明对象以及证据的收集和审查判断的方法，便于检察人员掌握了解和运用。

第一节 贪污案件中证据的收集和审查判断

一、贪污案件的证明对象

明确证明对象是做好证据收集的基础。证明对象含实体法与程序法事实。就贪污案件而言，对象的难点、重点在于其实体法事实，即与定罪量刑有关的案件事实。

（一）贪污主体的身份

根据《刑法》第382条的规定，贪污罪的主体是"国家工作人员"，同时规定了"受国家机关、国有公司、企业、事业单位、人民团体委托管理、经营国有财产的人员，利用职务上的便利，侵吞、窃取、骗取或者以其他手段非法占有国有财产的，以贪污论"。另外，《刑法》第93条又对"国家工作人员"作了立法解释。

法律规定十分明确，但实务中有一些错误认识，主要是对法律规定的扩大理解。一是对《刑法》第 382 条中的"准国家工作人员"的"管理、经营国有财产"的认识，最高人民法院的司法解释表明，"管理、经营"的活动方式主要是承包和租赁。二是把不符合《刑法》第 382 条和第 93 条规定的人员误定为贪污罪，原因主要有两方面：其一是对符合职务侵占罪的案件因该罪法定刑低于贪污罪而误定贪污罪。其二是难以认定是否符合职务侵占罪和贪污罪主体身份时，误将其认定符合贪污罪。如，1997 年刑法修订后到最高人民法院作出司法解释前，曾有不少人认为村民小组长利用职务上的便利将村民集体财物非法占为己有的应以贪污罪论，将该类小组长视为贪污罪的主体。因此，首先应查明主体的身份，这是这类案件的证明对象之一。

（二）贪污案件中的"利用职务上的便利"

利用职务上的便利，是指行为人利用职务内的权力和地位形成的有利条件，具体表现为主管、管理、经手公共财物等便利条件。一般认为，根据行为人利用职务的内容和范围的不同，可以将"利用职务上的便利"分为如下几种类型：

1. 利用"主管"公共财物的职务之便

主管公共财物，是指虽然并不具体负责管理、经手公共财物，但对公共财物的调拨、安排、使用等有决定权。

2. 利用"管理"公共财物的职务之便

管理公共财物是指行为人直接负责公共财物的保管、看守、处理，例如出纳员管理现金、会计管理账目、管理员管理物资等。这种直接管理公共财物的便利，使行为人有机会将自己管理的公共财物以各种方式据为己有。

3. 利用"经手"公共财物之便

经手公共财物是指行为人其本身并不负责对公共财物的管理，只是出于工作上的需要，对公共财物享有领用、支配等职权。"经手"公共财物与"管理"公共财物相比，具有临时性、不稳定性。

（三）贪污犯罪的作案过程和手段

贪污犯罪行为过程和手段的事实是整个案件的重要部分。犯罪过程的事实所反映的是行为人如何利用职务之便，对自己所经手、管理的公共财物，以何种具体的方法，在什么样的具体时间、条件下据为己有的。贪污手段千变万化、花样繁多，收支不记账、收多记少、少支多记、无据支出、虚报冒领、非法转账、伪造单据等。但在具体案件中，侵吞公共财物财产的行为手段总是特定的，是贪污过程的具体表现。例如，行为人如果是以涂改账目的手段侵吞公共财产的，那么行为人是怎样涂改、怎样侵吞的，具体过程如何，在什么样的凭证上留下了弄虚作假的痕迹，等等。这些具体内容都是行为人贪污公共财产的行为手段的具体表现。在收集证明贪污行为过程的证据时，就应当围绕这些具体内容去收集。这些内容不查清，贪污犯罪的具体行为过程，侵吞公共财产的时间、地点、方法等重要内容就得不到证实，整个案件事实就混乱不清。

（四）贪污罪的危害后果

贪污犯罪的危害后果是组成案件事实不可缺少的部分。行为是否产生危害后果是确定行为是否构成犯罪的一个重要标志。在贪污案件中，危害后果主要是指贪污行为给国家造成的损失范围。国家财产是否遭受到损失，主要是看财产的所有权性质是否发生了转移。因此，有的犯罪分子用涂改、仿造的方法将公共财产的所有权转为己有，使这部分公共财产的所有权从账目记载中消失，等等。认定危害后果还应看公共财产数额的大小是否达到贪污犯罪的数额标准。

二、贪污案件的证明责任

在传统的诉讼理论中，举证责任一般由控方承担。许多国家还明确规定了被告的沉默权，控方不得要求被告自证其罪。但是，在近代的反贪实践中，越来越多的国家逐渐认识到，在一定条件下，由被告方承担举证责任或举证责任倒置是适宜的选择。联合国1990年召开的第八届预防犯罪和罪犯待遇大会认为，举证责任倒置"这项程序性办法可能在本国内具有巨大的意义"。[1]许多国家已经规定举证责任可以在一定条件下转移。如"财产来源不明"案件的举证责任，如果被告人不能对财产给予满意的解释，将推定其被控的贪污或受贿罪名成立。

当然，举证责任的倒置直接影响到对被追诉人的人权保护，所以联合国第八届预防犯罪和罪犯待遇大会公约第70条又规定："……仍需对正当程序的原则给予认真的考虑，在许多司法制度中，正当程序的原则是宪法保护人权的组成部分。因此颠倒举证责任似宜仅限于证据，并且应规定可以提出反驳，以便经受住对某事是否符合宪法而可能提出的任何质疑。"[2]因此，从人权保护的角度考虑，举证责任中还应包含反驳。英国于1916年颁布的《防止贿赂法》第2条规定的"贿赂推定"中，就有让被告提出反证的要求，如果不能提出

---

[1] 参见《惩腐反贪各国政府关注的焦点——中外反贪法分解比较》，经济科学出版社1995年版，第173页。

[2] 参见《惩腐反贪各国政府关注的焦点——中外反贪法分解比较》，经济科学出版社1995年版，第173页。

反证，则推定贿赂成立。这种精神对于贪污犯罪也是可行的。

根据我国刑事诉讼法和刑法的有关规定，贪污案件中的证明责任由人民检察院承担，犯罪嫌疑人、被告人应当如实陈述，但除法律另有规定外，不承担证明自己无罪的责任。具体指的就是现行《刑法》第395条第1款的规定。根据该款规定，犯罪嫌疑人负有证明其明显超过合法收入的那部分财产的来源的责任，如果不能说明来源是合法的，则犯有巨额财产来源不明罪的结论就将成立。刑法的这款规定，就是要求犯罪嫌疑人负证明责任，它应是犯罪嫌疑人、被告人不承担证明自己无罪责任的一个例外。

三、贪污案件证据的特点

贪污案件自身的特点，决定了这类案件证据的特点与其他案件不同，这对于进一步展开证据调查是具有重要意义的。其特点主要表现在：

（一）证据范围的广泛性

贪污案件证据庞杂，分布广泛，这是贪污案件的突出特征。在贪污案件中，犯罪分子往往利用主管、保管、经手公共财物的职权，利用各种业务上的现金、实物往来关系进行犯罪。在市场经济条件下，经济往来关系复杂，加之监督制度不完善，给贪污分子留下了可乘之机。调查取证时，一开始很难确定行为人究竟是在哪一次业务往来活动中进行了贪污，所以，凡是被告人经手过的各种业务往来凭证都会被纳入查证范围，都要调查核实。证据分布的广泛性，给取证工作带来很大的不便。

此外，贪污案件与一般刑事案件不同，无现场可查，作案手段较为隐蔽，多是披着合法外衣。有的犯罪分子利用自己的专业知识弄虚作假，有的是在犯罪之前精心策划，订立攻守同盟。这些犯罪手段的隐蔽性决定了案件证据具有的隐蔽性，不易被发现和收集。

（二）证据来源的复杂性

贪污案件的证据来源比较复杂，主要有以下几个途径：

1. 举报

犯罪分子的犯罪方式较为隐蔽，且有合法身份掩护。但是，由于他们欲壑难填，会长期连续作案，而且在生活上腐化堕落，周围或身边的人总会发现破绽和疑点，向司法机关提供一定的线索，为查处贪污案件提供依据。此外，机关、团体、企事业单位在日常管理工作或进行核算及处理其他问题过程中，或者审计部门进行财务审计中，发现有贪污迹象认为问题严重的，会将有关材料直接报送司法机关，要求进一步审查处理。

举报是贪污案件证据的重要来源。许多国家和地区的反贪法规中都对举报制度进行了规定。如我国台湾地区的"奖励保护检举贪污渎职办法修正草案"规定，举报的案件一旦经法院判决有罪，依量刑轻重给予举报人8级不同的奖励。[1]但是，由于举报人形形色色，目的也带有复杂性，其提供的事实有时不能很快被辨明真伪，所以许多国家也规定，举报行为只是引发调查程序的一种原因，而不能作为认定被追诉人有罪的证据。如新加坡《防止贿赂法》第34条规定："在任何民事或者刑事诉讼中，对于违犯本法所列之罪的举报，不得采为证据。"[2]但根据举报的情况而获得的事实，收集到的实物则可以作为证据使用，所以举报是证据的重要来源。

2. 自首

首先是犯罪分子实施贪污犯罪后，迫于法律的威慑力或者接受亲友的规劝而悔罪，主动到司法机关投案自首。其次是犯罪人在悔罪后而主动投案交代自己的贪污犯罪的同时，还交代贪污同案犯，通过其交代而检举、揭发出其他贪污犯罪分子。这也是贪污案件的证据来源之一。

3. 办理非贪污犯罪案件中发现的证据线索

在实务中常有连环案出现。有的是一人多案，有的是一案多人，有的是前两种情况并存。这样会导致司法工作人员往往在办理一案时，发现了另一贪污案，或办理走私、贿赂等案件中又发现其中还有贪污犯罪。

这些证据来源虽不是真正的贪污案件的证据，而仅是证据调查的线索，但这足以说明贪污案件证据的复杂性。

4. 纪检、监察部门移送的材料

在实务中，有一部分证据材料是由纪检、监察部门移送的。这些部门在接到群众举报、反映后，经调查，发现贪污行为存在并且数额较大、危害性大时，对这些可能需要追究刑事责任的案件移送至检察机关。

（三）证据形式的特殊性

在刑事诉讼法所规定的八种理论指导类型中，书证、物证、司法会计鉴定意见是贪污案件证据最常见的表现形式。这一特点是由贪污犯罪的特点决定的。贪污犯罪所侵犯的对象是公共财物，而公共财物在流通过程中，收支出纳都有一套完整的规章制度和手续。流通过程中财产的转移都是通过账面核算的

---

[1] 参见周其华主编：《中外反贪贿赂法比较研究》，经济科学出版社1997年版，第16页。

[2] 参见周其华主编：《中外反贪贿赂法比较研究》，经济科学出版社1997年版，第16页。

方式进行。公共财物所有权的转移一般都会在账面上记载。所以贪污犯罪也大都通过账面、发票、凭证等书面材料进行。在贪污案件中，无论行为人以何种方式将公共财物转为己有，都一定会在书面记载中留下痕迹。贪污的犯罪手段主要表现为收不记账，收多记少，无据支出，虚报库存，涂改账册、单据、凭证，伪造发票、收据，等等。因此，书证在查证贪污犯罪中最为广泛地使用，它对证明贪污犯罪具有突出作用。

　　书证的特点是客观性强，易于保存，能较客观、全面地反映行为人的作案手段、贪污数额等重要事实内容。除此之外，还可以证明行为人是否具备贪污罪的主体身份，如身份证明，单位出具的对行为人职务、工作性质的证明等。正是因为书证在贪污案件中具有极其重要的作用，所以它也是侦查阶段的主要收集对象。

　　物证在贪污案件中主要表现为各种赃款、赃物，即犯罪分子所侵吞的公共财物。在贪污案件中，行为人无论以何种方式进行贪污，最终都是要把财物的所有权转变成现款、实物。唯有如此，才能供行为人挥霍、享用，达到贪污的最终目的。因此，物证在所有贪污案件中都是存在的，并且是以被告人所侵占的现金、实物形式存在的。物证对证明贪污行为具有十分重要的作用，赃款、赃物以其自身的存在证明有贪污行为存在。物证的特点也是以其自身的存在或自身的变化来说明某些事实的存在。例如，在被告人家中搜出的各种现金、实物等。只要有确凿的证据证明是赃款、赃物，就可以作为证明行为人具有贪污行为的物证使用。在审查判断证据中，物证还可以与书证及其他证据互相印证，与其他证据结合起来就可以认定行为人是否实施了贪污行为，因此，物证也是贪污犯罪强有力的证据。

　　司法会计鉴定意见是贪污案件中一种重要证据形式。特别是在一些重大疑难案件中，司法会计鉴定意见对侦破案件是必不可少的。贪污犯罪是贪污分子利用财会方面的专门知识和技术所进行的犯罪，很多贪污分子都熟知会计业务和有关规章制度，作案手段十分隐蔽，经常难以直接辨别真伪。因此办案遇到需要对某些技术性问题进行司法会计鉴定的情况。司法会计鉴定意见是指司法机关聘请具有会计专门知识的人员，运用他们掌握的会计核算和检查方面的专门知识对司法机关所提供的会计核算资料进行鉴定得出的意见。司法会计鉴定意见对从技术上查清行为人是否在账册、票据、凭证上弄虚作假，违反财经制度具有十分重要的作用。它是聘请具有会计人员职称以上的财会人员，运用会计学方面的专门知识和其他科学知识、原理作出的意见，本身具有可行性、客观性强的特点。在贪污案件中，由于行为人总是千方百计地掩盖犯罪行为，因此反映贪污行为的具体手段、行为过程的证据是案件中最难收集的证据。这些证据主要存在于行为人所接触的账册、票据、凭证之中。由于这些痕迹和书证经过行为人的掩盖和伪装，一般难以直接辨认，必须运用司法会计鉴定来识破假象。对行为人经管的账册、单据、凭证的鉴定来发现其中的虚假现象，发现证明犯罪的作案手段、具体时间过程和数额大小等证据，揭露行为人的贪污犯罪活动。因此，司法会计鉴定意见也是证明贪污犯罪的强有力证据。

四、贪污案件证据的收集

及时、准确、全面地收集证据是办理刑事案件的重要环节。贪污犯罪一般是经过犯罪人策划、预谋之后实施的，实施后有的犯罪人还为了反侦查而进行一系列不利于取证的行为。尤其是有的犯罪人在闻风后还会毁灭一些证据。加上犯罪人有的是熟知财会业务知识，作案手段会很隐蔽。因此，贪污案件证据的收集工作除应及时外，还应针对其证据的存在方式及证明特点，有步骤、有范围、有重点地收集证据。

（一）贪污案件书证的收集

贪污案件的证据中的书证主要分为两部分，其一是证明犯罪嫌疑人身份的证据，其二是证明犯罪嫌疑人贪污犯罪行为的证据。前者多是通过各种书面材料表现出来的，如身份证明、履历表、单位证明、委托证书等。这些证明材料一般由犯罪嫌疑人单位出具，如果该单位本身性质难以确定的，应由其主管或注册登记机关出具相关证明。后者是证实贪污行为的最具证明力的证据。它通常表现为能够反映贪污行为的账簿、票据、记账凭证等。既要查明犯罪嫌疑人本人所经管的账簿、票据、记账凭证，又要查明与之有各种经济往来的单位或个人一方的账簿、收据、存根、发货票等财会凭证。主要的书证收集体现在以下几方面：

1. 审查账务记录

大多数贪污案件中的犯罪分子要在账簿、记账凭证或各种票据上做文章，以便达到侵吞、骗取或以其他方法非法占有公共财物的目的。因此，与该案犯罪嫌疑人职务活动有关的账务记录及与该案涉及单位有经济往来的单位的账务记录、发货票等，便成为应收集的主要书证。通过查账，可以发现问题，找出贪污犯罪的事实甚至贪污的具体数额。审查主要从以下几方面入手：

（1）总账与明细账。总账与明细账平行登记是财会制度的基本要求。两种账同时登记着每一笔相同的账目。就同一笔账而言，总账与明细账的登记应借、贷方向一致。而且总账金额之和与明细账金额之和应当相等。若出现相反的情形，说明可能存在贪污犯罪。互不相符的总账与明细账的账目登记是贪污案件中常见的重要书证之一。

（2）账面现金与库存现金。账面是库存实际情况的反映。账面上登记的现金数额应与库存一致，如果不一致，库存现金不足或没有，则可能意味着有贪污行为存在。因此，便可以收集到贪污的证据。

（3）银行日记账与银行对账单。经过核对单位的银行日记与银行对账单，如果发现银行的对账单有金额相同的收与付，而且相连时间较近，但单位的银行日记账并没有记载的，说明存在转借银行账号进行非法活动的可能，从而发现并收集到相关犯罪的证据。

（4）内查外调相结合。即：涉案犯罪嫌疑人职务行为相关账目与有经济往来的其他单位的账目。在实务中，收款不入账、虚报支出等手段是贪污公共财物的行为手段之一。对虚假支出但对方账目无收入记载，或对时隔很久的一方已付但对方应收未收的情况，经调查往往能发现问题收集到贪污的重要证据。

2. 审查账目与单据

贪污犯罪相当多的犯罪分子采取涂改单据、使用或制作单据的方法贪污公共财物。因此，第一步应审查账目上的数额与每一单据的数额是否相符；第二步则应特别注意审查单据本身是否有涂改或假单据。具体说含如下内容：

（1）审查核对账簿记载与单据。首先，审查单据是否原始凭证，单据上所列的数量与金额与账簿上的相关记载是否吻合。其次，再对不吻合部分认真调查分析，发现并收集到贪污犯罪的证据。

（2）审查单据本身有无疑点。首先，看单据数量、余额部分有无涂改、伪造以及计算错误。其次，调查单据记载的内容是否符合财会制度和有关规定。再次，应查清单据上有无印章、签字以及印章、签字是否真实有效、有无伪造。

（二）贪污案件物证的收集

贪污犯罪的对象是公共财物，因此，贪污案件中的物证主要是赃款、赃物。例如，犯罪分子侵吞的现金、有价证券、实物等。有易隐藏和闻风后易被毁灭的特点。针对这些特点，检察人员应及时依法对有关可能隐藏物证的场所进行搜查和扣押。这一措施能很及时地收集到证实贪污犯罪的最有力的证据。当然，在搜查、扣押物证的同时，也应注意收集与案件有关的其他证据。例如，贪污案件中，犯罪分子往往会将贪污的日期、数目、存放地点、存款单密码及账号，与案件有关的日记、通讯录、信件等存放在办公室、住所或其他地点。这些信函、记录往往是案件的证据或证据线索。物证的收集应注意以下几点：

1. 及时、适时搜查、扣押、查封、冻结赃款赃物

首先应当分析案件具体情况，然后决定搜查、扣押、查封、冻结的时间和地点及收集证据的策略。对于一般的贪污案件可以在拘留、逮捕犯罪嫌疑人之时进行。对于大案要案则在立案后决定搜查的应当立即搜查。

2. 搜查物证要注意策略①

其一，全面。搜查应当全面，不放过任何可疑之处。随着办公、住宅现代化程度提高，隐蔽物证的方法、地点会越来越隐蔽，搜查工作应细致入微。其二，注意做好犯罪嫌疑人家属及有关人员的思想工作，让其协助检察机关清查赃款赃物的下落。其三，对犯罪嫌疑人经管的财物认真盘点、清查。其四，在搜查时注意观察搜查现场犯罪嫌疑人、家属或其他有关人员的表情，从中发现可疑线索，以便使搜查深入、全面。

3. 及时扣押物证

扣押是刑事诉讼法赋予侦查机关的权力之一。适时适当地适用扣押，可以有效地收集物证、防止物证灭失。扣押物证应当符合刑事诉讼法的规定，履行必要的法律手续。

（三）贪污案件犯罪嫌疑人口供的收集

贪污案件中的犯罪嫌疑人一般具有丰富的社会经验和相当的文化知识，加上这类案件一般没有普通意义上的案发现场且案件始终在犯罪分子精心策划下完成。一般手段隐蔽、犯罪距案发已有一段时间。因此，犯罪嫌疑人会存在侥幸心理，以为自己不说谁也查不清。可见，没有有力的证据，犯罪嫌疑人一般不会轻易供述犯罪事实。司法实务中，有些贪污案件办案时间长，羁押犯罪嫌疑人超过时限，证据不好掌握，其中一个重要原因是没有掌握主要事实和主要证据，缺乏这些有力的证据又急于求成，总希望通过提审被告人从口供中获取定案的证据。结果是犯罪嫌疑人通过办案人员的讯问，猜测犯罪的重要情节和事实根据并未被检察机关掌握，从而拒不交代。不仅如此，还易导致同案犯和其家属等相关人员隐匿、销毁罪证，反而给侦查工作带来更大的困难。所以，收集犯罪嫌疑人口供应当立足于已掌握相当的书证、物证、证人证言等确实可行的证据基础上，找出恰当的突破口，用有力的事实和证据迫使犯罪嫌疑人如实交代罪行，从而顺利收集到口供。

（四）贪污案件证人证言的收集

贪污案件中的证人有一个明显的特点，即大多的证人与案件不同程度地有

---

① 杨迎泽：《简论贪污案件证据的特点和收集》，载《浙江省政法管理干部学院学报》1994年总第18期。

着利害关系，也即是案件的知情人。如果能收集到证人证言这一证据，将对侦破、说明案情有着至关重要的作用。为此，应做好如下工作：

1. 询问前的准备工作。先调查清询问的对象与犯罪嫌疑人的关系。然后向证人说明刑事诉讼法规定公民依法作证的义务以及不如实作证和隐匿罪证、包庇犯罪分子应负的法律责任。经过询问前的必要的法律宣传，最大可能地使证人客观陈述其知悉的案件情况。另外，还应根据案件已知证据情况，拟定好询问的主要提纲。

2. 询问应围绕案情和犯罪嫌疑人的业务活动、经济往来、日常支出与收入等相关内容展开。应当有所目的地询问。

贪污案件中的证人拒绝作证问题是一个普遍现象。有的案件，无论检察人员采取如何措施，证人皆闭口不谈案件情况。这除了证人与犯罪嫌疑人的各种密切关系或怕报复等因素外，最大的其他因素一般是证人本身与案件有牵连。现在证据学术理论界关于"污点证人"制度的讨论比较热烈。这主要是受国外反贪污贿赂法律中"证人免责"规则的影响。如果我国立法中确立这种制度，则贪污案件中的证人证言的收集会变得较为容易。

（五）贪污案件鉴定意见的收集

贪污案件中的鉴定意见含司法会计鉴定和技术鉴定。

司法会计鉴定意见是精通会计专业知识的鉴定人运用专门知识、原理和方法对贪污案件中的财务事实依法审查后得出的意见。它具有真实性、客观性强的特点。可以帮助侦查人员查明行为人是否有贪污行为，以及贪污的手段、时间、数额等重要事实情节。由于贪污犯罪分子具有专门知识，手段狡猾、隐蔽。因此只有借助于专门人员的司法会计鉴定才可以查清财务上有无证实贪污行为的证据。

技术鉴定是侦破说明贪污犯罪事实的重要方法。尤其是对于利用高科技材料、计算机尖端技术而伪造、涂改单据、财会账目、各种凭证的，通过技术鉴定可以确定其伪造、涂改的方法和事实。现代社会科技发展速度迅猛，这就要求检察人员在办理贪污案件中，要重视技术鉴定的收集，尤其是注意技术鉴定的科技含量。

五、贪污案件证据的审查判断

贪污案件的证据审查判断与其他案件一样，一般是先逐个审查每一个证据的真实性，在对证据逐个审查的基础上，还必须对所收集的证据进行综合审查。因此，据以认定案件的证据并不是孤立存在的，而是相互联系的。这就需要不仅逐个审查证据，还要针对每一个证据与结合同案其他证据审查，相互印证，看是否存在矛盾。同时，针对不同种类的证据，又要有针对性地审查判断。总之，要做到在逐个审查的基础上，将全案证据有机地、综合地进行审查判断。

（一）书证的审查判断

书证是贪污案件中证明贪污犯罪事实的有力证据。一般说来，贪污案件中涉及的反映犯罪嫌疑人的侵吞、盗窃、骗取或其他非法手段占有公共财物的行为，不同程度地在书证中有所反映。主要表现为伪造账册，涂改各种单据、凭证，收入不记账，等等，这一证据能起到定罪、量刑的重要作用。因此，对于查办贪污案件至关重要。审查书证应当着重审查收集到的书证是不是原始的，它是不是犯罪行为直接作用而留下来的。对转抄、复写、根据印象记录下来的"账目"等书证，有可能会影响书证的真实性，在审查判断时要充分予以考虑。

（二）物证的审查判断

在贪污案件中，物证主要是指犯罪嫌疑人侵吞、窃取、骗取或以其他方法非法贪污的现金和实物。因此物证审查判断的核心在于收集到的物证是不是犯罪嫌疑人贪污所得的公共财物。即要判断收集到的物证与贪污行为是否存在客观的、内在的联系。而这种联系主要是通过物证自身的各种特征表现出来，或者从物证与其他证据相互联系而反映出来。因此，对贪污案件中物证的审查可以采取鉴定、辨认等方法和相互印证的方法。通常被告人侵吞的公共财物都有其自身的一些特征和印记，如现金的号码、编序、规格等特征。这些都可以通过鉴定和辨认的方法来查明。如果从被告住所提取现金、实物经鉴定和辨认其特征与公共财物的特征同一，就可以作为证明嫌疑人贪污的物证使用。由于在一些贪污案件中，现金、实物的特征往往不足以说明其本身就是赃款、赃物，因此，除采用鉴定、辨认外，还必须运用综合印证的方法去审查，把物证与书证、被告人的口供、证人证言等证据中的内容进行综合比较。

（三）证人证言的审查判断

贪污案件中的证人证言是了解、接触或参与案件实施的人作出的。因此，这就使证人证言受证人思想的影响，有可能在不同程度上夸大或缩小所知道的事实。所以对贪污案件中证人证言的审查判断除了按一般原则审查外，还要特别注意审查证人与案件事实有无利害关系，是否有可能为袒护他人或因惧怕牵连自身、受打击报复而不如实陈述。只有查清了这些内容，才能初步断定证人证言所反映的内容是否真实可靠，除了对上述因素进行审查外，还必须将证言同其他证据相互印证，看证言所反映的事实与其他证据所反映的内容是否一致。

（四）对犯罪嫌疑人、被告人的供述和辩解的审查判断

贪污案件同其他案件一样，犯罪嫌疑人、被告人有相当一部分不愿供述或歪曲事实真相，这是由人的复杂的心理因素造成的，也使得这些供述和辩解真假混杂，不易辨别。在审查和判断时，对于嫌疑人供认贪污的，要审查供认的动机，取得口供程序是否合法，口供有无反复，是否合乎情理等。对于否认犯罪的辩解应当根据嫌疑人所举出的事实和理由逐一查证，并与其他证据相互印证，看有无矛盾之处。只有嫌疑人供述和辩解而没有其他证据可以证明的，在审查判断时应当特别慎重，一般不宜认定其作为定案根据。

（五）鉴定意见的审查判断

符合法律规定程序而作出的鉴定意见是证实犯罪的主要证据。在贪污案件中，对受司法机关委托而作出的会计鉴定、物证鉴定等鉴定意见的审查判断，应当主要注意审查以下三个方面：其一，鉴定主体是否合法。司法会计鉴定和物证鉴定是鉴定人运用专门知识所进行的工作。所以鉴定人本身是否具有专门知识直接决定着鉴定意见的科学程度。贪污分子大都熟悉和了解财会方面的规定，如果不具备较高的财会专门知识是难以发现其贪污行为的，因此，司法会计鉴定人必须具有会计师以上的资格或职称，物证鉴定人也必须有物证方面的专门资格或职称。此外，从回避制度的角度考虑，鉴定人还不得与案件或案件当事人有牵连。其二，鉴定材料是否是与案件有关的原始材料。鉴定材料一般是贪污案件的各种账册、票据、凭证等。对鉴定材料的审查首先应当注意送检的材料是否与案件有关。如果鉴定材料与贪污犯罪无关，其结论就无法起到证明作用。其次，送检材料必须是原始材料。只有原始材料才能客观、真实、全面地反映各种痕迹和记载的内容。如果送检材料不是原始材料而是第二手或第三手传来的材料，那么在转抄、转录过程中易发生误差，影响鉴定意见的真实性。其三，综合比较分析认定鉴定意见与其他证据的关系。应当将司法会计鉴定意见和物证鉴定意见与其他证据联系起来分析，查明相互之间是否能够衔接和互相印证。例如，司法会计鉴定意见中有亏空或差额，而各种支出凭证又没有显示出差额的去向，这种相互印证就能表明的确存在亏空公款的问题。若是证据鉴定意见之间出现矛盾，应具体查明产生矛盾的原因，然后判定是鉴定意见错误还是其他证据不实，或是两者都有错误。

第二节 贿赂案件中证据的收集和审查判断

一、贿赂犯罪的修订及贿赂犯罪的发展趋势

1997年修订的刑法对贿赂犯罪进行了较大的调整。表现在三个方面：一是增加了贿赂犯罪的罪名，由1997年刑法中的受贿罪、行贿罪和介绍贿赂罪，又增加了单位受贿罪、单位行贿罪等新罪名，而且规定得较之修订前要详尽。其二是犯罪主体范围发生了变化。一方面增加了单位犯罪主体，另一方面自然人主体的规定也明确了范围。其三是受贿罪的客观方面规定得更为明确具体。将过去争议较多的经济往来中的"回扣、手续费"，"利用职权、地位形成的便利条件，通过其他国家工作人员职务行为"等受贿的范围和形式规定了进去，更具操作性，这也为收集和审查判断贿赂案件证据进一步明确了范围。

在新的历史条件下，近几年来，贿赂犯罪有许多新的发展趋势。（1）贿赂犯罪多集中在以下部门：权钱交易是贿赂犯罪最本质的特征，因而什么地区的经济交往旺盛，什么部门对经济的调控权增大，什么地区和部门就会成为贿赂犯罪的热点部门，这些部门主要是金融、建筑、公用事业管理、税务、工商、海关、商检、土地房管、行政执法和司法机关，而今房地产市场、证券市场、期货贸易市场、劳动力市场的贿赂犯罪呈上升趋势。（2）犯罪人的成分相对集中。主要是职能部门的行政执法人员、司法人员，以及企业、事业单位的厂长、经理以及这些相关部门的购销人员等。（3）贿赂犯罪与其他犯罪交叉并存现象日趋严重。一方面表现为为了贿赂而不惜犯罪，如受贿后放纵走私、受贿后枉法裁判等。另一方面表现为受贿后将贿赂所得用以犯罪，如受贿后非法买卖外汇、赌博、为谋取不正当利益行贿等。（4）作案形式由过去的单个人发展为共同犯罪、单位犯罪共存的形式。（5）贿赂犯罪人将贿赂所得携往境外。（6）犯罪的手段不断翻新。相当一部分受贿者不再直接赤裸裸地接受贿赂，而是假借各种名义，与行贿人一道以"顾问费"、"劳务费"、"礼金"等形式做掩护，行行贿受贿之实。（7）有向国际化犯罪发展的趋势。主要表现为在与国际上的经济往来中不惜损害国家、集体利益而收受贿赂。

贿赂犯罪的修订与社会发展给贿赂犯罪带来的新的发展趋势，使贿赂犯罪的证据调查工作更趋复杂化，加强了这项工作的难度。除如何认定各种花样翻新的行为是否有证据证明是否贿赂犯罪以外，还存在着证据收集和审查判断的方法、难度上的更高要求。

二、贿赂犯罪案件证据的特征

贿赂犯罪案件的证据是司法人员依法收集的，与贿赂犯罪构成有关的客观存在的事实。鉴于以上提到的贿赂犯罪的新的发展趋势，贿赂犯罪案件的证据主要有以下几个特征：

（一）贿赂犯罪案件证据具有隐蔽性

首先，贿赂犯罪是典型的权钱交易型犯罪，而且这些权钱交易大多是一些具有相当文化、法律知识的人在背地里进行的。其次，权钱交易有时以正当的公务活动为掩护。再次，犯罪双方往往有一定的默契，为了各自不同的利益、围绕着同一个犯罪进行，都不希望对方的行为被人发现。最后，"贿赂"的转交方式往往是"一对一"等方式，而且一般没有具体的犯罪现场，因此，增加了证据收集的难度。

（二）贿赂犯罪案件主要证据具有不确定性

贿赂案件证据主要是赃款、赃物、会计资料、证人证言和被告人供述等。对于赃款，由于犯罪分子往往把受贿得来的现款与其合法收入混在一起，分不清哪些为其受贿的赃款，哪些为其合法收入。赃物一般表现为种类物，而非特定物，如用于行贿的冰箱、彩电等高档商品，这些都具有不确定性，即使通过搜查等手段收集到也很难区别是否是赃物。会计资料是一种书证，被犯罪分子在作案过程中或作案后隐匿、伪造、变造。而提供证言的证人是在经历了感觉、判断、记忆和复述四个阶段后提供的证言，其间必然受到主、客观诸因素的影响，如记忆混淆不清或与被告人有千丝万缕的关系，导致证人提供的证言失真，加之被告人的串供活动，证人有可能不断修改自己的证言；同时，由于证人所处的地位和心理活动不同，证人的思想不稳定，有的证人是贿赂犯罪的共犯，有的是知情人，有的是贿赂犯罪的受益人，如受贿人的亲属朋友，他们或从受贿人处得到好处，或迫于受贿人的权威，在受贿人的反侦查活动中，这些证人证言有可能发生质的变化，出现证人翻证。故贿赂犯罪证据具有易变性和不确定性的特点。

（三）贿赂犯罪案件证据中具有大量间接证据

贿赂犯罪通常是在十分秘密的状况下实施，由于利害关系的存在，有些关键证人不愿作证，犯罪人拒不认罪，往往能证明案件主要事实的直接证据较少，大部分证据为间接证据，由间接证据形成证据锁链，或间接证据对有限的直接证据印证来查明案件事实。如在贿赂犯罪案件中，行贿、受贿时一般没有第三人在场，是双方当事人单独或秘密进行，彼此心照不宣，达到意识上的统一,没有收据,受贿人由于预知其行为应受刑罚处罚,一般不会主动供述,而且还会进行一系列反侦查活动;行贿方因为从受贿人处谋求到了其追求的利益,如果说出此事则会使其已得利益丧失,权衡利弊,可能不供述或不提供证言,这便为侦查人员获取直接证据设置了障碍,使贿赂犯罪案件的侦查陷于直接证据不足的困境,虽然如此,侦查人员仍可通过各种侦查途径收集到各种间接证据,从不同方面证明与案件有关的事实,查明案情。

(四)贿赂犯罪案件证据收集的逆向性

一般的刑事案件的证据收集过程是从发生犯罪后开始立案侦查,根据犯罪事实找出犯罪人,即从犯罪事实到查出嫌疑人。贿赂犯罪则不同,一般发生时并不为人所知,大量案件是由检举、揭发或控告以及犯罪人自首等发现贿赂犯罪线索,侦查从贿赂犯罪嫌疑人出发,调查贿赂的起因、过程、结果,即从查犯罪嫌疑人到查证犯罪事实。

三、贿赂犯罪案件证据的收集

(一)贿赂犯罪案件犯罪嫌疑人供述和辩解的收集

贿赂犯罪案件涉及的犯罪嫌疑人主要是受贿人、行贿人、斡旋受贿人。犯罪嫌疑人的供述和辩解的收集,主要通过讯问犯罪嫌疑人来完成。

贿赂犯罪的口供取证是非常困难的。贿赂犯罪案件的口供往往有这样一些特点:其一,受贿一方有相当的文化程度和一定的法律知识以及丰富的社会阅历,反侦查能力强且一般不会承认自己有受贿犯罪事实,即使有其他证据证明其有受贿事实,也仍是百般抵赖。其二,行贿方基于与受贿方有着非法的权钱交易,无论其行为轻重,均怕受到刑事制裁或失去既得利益,所以,一般也不会供认行贿与受贿的事实。其三,共同犯罪形式下的贿赂犯罪的证据收集更加困难,共犯间互相推诿或大包大揽者都可能有。其四,贿赂犯罪证据收集的最大的难点是在"一对一"隐蔽方式下完成的行贿、受贿犯罪的取证问题。因此,针对这几个难点,贿赂犯罪口供的收集应注意以下策略:

1. 抓住时机,以快制胜

在发现犯罪嫌疑人和符合法定条件的情况下,尽快采取适当的强制措施。在犯罪嫌疑人还不知检察机关到底掌握其多少情况的时候抓紧时机讯问。并且,要事先从全案出发找到讯问的最佳突破口。

2. 分化瓦解同案犯

对共同犯罪形式下的贿赂犯罪,往往或有多名受贿人,或有多名行贿人,或者既有多名受贿人又有多名行贿人。因此,要针对案发前后涉案人员可能订立攻守同盟的情况,采取适当的策略分化瓦解这些犯罪嫌疑人。做到各个击破,使其交代自己知道的全部罪行。

3. 对"一对一"贿赂案件,根据案件情况采取不同的方法

首先,①可以从行贿方入手,获取关键证据。在"一对一"贿赂案件中,一般情况下,行贿人是无奈的,具有一定的被迫性。在实践中,对于被索贿的、为谋取合法利益而行贿的、一次性行贿、受贿后即结束贿赂关系的等情况,可以充分利用分化瓦解策略,让行贿人打消隐瞒、抗拒心理,促使其揭发犯罪,其次,在得到行贿人提供的证据之后,迅速对受贿人采取强制措施,割断行贿人与受贿人之间的联系,防止串供、毁证、订立攻守同盟。再次,对一案又牵一案的情况,即一个行贿或受贿人供出多人受贿或行贿的情况,要顺着线索,不失时机地扩大战果,再采取相关的取证方法,做到各个击破。

收集口供要全面。口供具有不确定性,因此更要注意收集有罪的证据和无罪、罪轻的证据。不轻信收集到的口供,收集口供还要注意符合刑事诉讼法的有关规定,不能逼供、诱供,不能侵犯犯罪嫌疑人的人身权利。

(二) 贿赂犯罪案件证人证言的收集

贿赂犯罪一般是在比较隐蔽的情形下进行,但和其他刑事犯罪一样,发生在一定时间和空间,当犯罪嫌疑人在实施谋取不正当利益的行为时,会涉及有关方面和人员,所涉及的人员很多就是证实贿赂犯罪事实的证人。

贿赂犯罪证人一般有:(1) 检举、揭发人。(2) 受贿人的亲属,包括受贿人的家属、子女、亲友等。他们与受贿人关系近,听到或看到受贿人接受贿赂这一事实,有的甚至将贿赂物交给犯罪嫌疑人。(3) 行贿人的亲友及同事。行贿人是最直接的证人,因为贿赂物是行贿人直接交给受贿人或通过他人转交给受贿人的。行贿人可以是为自己的利益行贿,也可以是为本单位的利益行贿。行贿人行贿可能与亲友、同事商量,尤其为单位利益行贿,一般单位的会计、出纳、领导会知悉,他们对行贿的目的、手段、方法比较清楚,他们也是当然的证人。(4) 贿赂人。在有些贿赂犯罪案件中,贿赂人可以作为证人,如受贿案件中已另案处理的行贿人,或没有被追究刑事责任的行贿人。(5) "中间人"。这里的"中间人"是指那些仅为行贿人、受贿人交接贿赂物的人,他们起到了一种中间传递的作用。

在贿赂犯罪中,共犯可否当证人,其陈述可否当做证人证言来指控共犯犯罪?我们的意见是肯定的。如上面提到的,贿赂犯罪直接证据少,共犯直接参

---

① 杨迎泽:《谈"一对一"受贿案件的取证策略》,载《检察新时代》1998年第1期。

加了贿赂犯罪，他对贿赂事实知道得最清楚，而对贿赂犯罪案件证据的收集最重要的是收集到的证据能够证明犯罪嫌疑人是否确曾参与贿赂活动，或其他有关的人是否曾协助，使得该贿赂活动顺利进行。贿赂参与人的证供对收集证据工作来说是有帮助、非常重要的。因而，在贿赂犯罪中，共同犯罪中的共犯可以作为证人指证其他共犯，这也是世界许多国家和地区反贪污贿赂斗争经验的总结。如我国香港特区《防止贿赂条例》中有一项条款特别提到了同案犯的口供问题，该《条例》第22条规定："任何曾参与接受贿款的人士，如果在法庭上指证同案其他犯人，则不应该被视为同谋犯。"香港廉政公署的调查人员称："这条法例简直完善得令人难以置信。"在尼日利亚、新加坡、马来西亚、文莱这些英美法系国家，证人是广义的，包括被告人，被告人可以选择在证人席上作证，也可选择在被告席上接受讯问。这些国家规定被告人有保持沉默权，被告人不得被强制作证。但为查明贿赂犯罪的需要，上述国家和地区又作了例外的规定，要求同案犯中的一个或几个做证人，提供证言，指证其余犯罪嫌疑人，他们还在反贪污贿赂法中规定了鼓励同案共犯作证的措施，规定共犯被告之间可以相互作证。新加坡1970年《防止贿赂法》第33条规定："当两人或两人以上被控违反本法……法院可以要求其中之一或其他人作为证人为控诉方提供证言……"并且，这些国家和地区在反贪污贿赂法中又规定了保障同案犯作证的措施，即证人免责。如新加坡1970年《防止贿赂法》第33条规定了上述任何被要求提供证言的人员，当法院认为他在合法讯问中真实和全面揭发了全部事实时，该证言应当排除就所有这些事项对他进行任何追诉。由此可见，只要证人如实回答或揭露犯罪活动，同时也揭露自己同样的犯罪活动，证人就不能因此受到追诉。我国在反贿赂斗争中不但适用"坦白从宽"的政策，而且在刑法中还规定了行贿人、介绍贿赂人在被追诉前主动交代行贿行为、介绍贿赂行为的，可以减轻处罚或者免除处罚，起到了分化瓦解共犯的作用，有利于收集证据。

询问证人要有一定的策略、技巧，首先要研究证人与案件的关系以及其本身的心理状况，对不同的证人采取不同的询问方式。如，有的证人本身就是案件的检举、揭发人或有正义感的与本案无牵连的知情人，则较容易取到证人证言，且一般真实性较强。而有的证人则是与案件有牵连的或是犯罪嫌疑人的亲友、同事，则有各种顾虑。需要针对不同情况，从心理上让其放弃隐匿案情的意图。其次，要对有关证人采取相应的保护措施，要对其作证情况予以保密。对证人因履行作证义务而支出的交通、住宿、就餐等费用，应当给予补助。再次，对证人拒不作证的，我国仅在《刑法》第311条规定涉及间谍案件的有关拒不作证行为应负刑事责任。而对贿赂案件中证人拒不作证问题没有法律上的强制性规定，英、美、德、法、日等国家均规定了该种行为受法律制裁。而我国没有这种规定，使得现在贿赂案件取证难，甚至破不了案、结不了案的情况很普遍，而且大多是因为证人不愿作证。这一情况，有待于我国从立法上予以完善。

（三）贿赂案件中勘验、检查的收集

1. 贿赂犯罪勘验、检查的内容

对贿赂犯罪的勘验、检查，主要有勘验、检查贿赂物；提取和勘验那些涉及受贿公职人员活动的文件；勘验、检查现场。

贿赂犯罪是围绕着贿赂进行的一场交易，贿赂物不仅是指财物，还包括其他非法利益，贿赂物的表现形式有：（1）现金。人民币、外币，其特点是，便于携带，转移方便，容易隐匿，是许多受贿人钟爱的贿赂物。（2）有价证券。包括债券、股票、股票认购券、购物券等。这种贿赂物形式较为隐蔽。例如，行贿人常以分配或转让原始股的形式，给受贿人明显的经济利益。（3）具体物质。如高档家用电器、金银首饰、高级家具、摩托车、汽车等，这些贿赂物系种类物，目标比较大。（4）其他利益。如办理受贿人子女及本人出国、提供房屋使用权、招工招干、农转非、提供宿娼，这些一般比较难界定。勘验、检查上述贿赂物时，主要通过以下途径：其一，进入有关单位或者场所勘验、检查与贿赂犯罪有关的现场；其二，向有关的单位和个人了解、查阅、复制有关的账目、文件、合同，或者其物品、资料，向银行、信用合作社、证券交易所或者其他金融单位查询犯罪嫌疑人的存款、股票、有价证券、保管财物等。通过上述活动可以提取到与贿赂犯罪有关的物品、文件等证据。

2. 对贿赂犯罪勘验、检查时所遇到的困难

根据我国刑事诉讼法的有关规定，人民检察院根据侦查犯罪的需要，可以依照规定向银行或者其他金融机构、邮电机关查询贿赂犯罪嫌疑人的存款、汇款。但有些金融单位借口为储户、股东保守秘密，不让查，有的甚至为储户通风报信，帮助被查询的储户将款项划拨走；有的单位借口犯罪嫌疑人的文件、笔记本、私人账目涉及国家的重要机密，不让查，致使勘验、检查工作难以进行下去。如果我国法律明确规定有关单位对上述勘验、检查工作应给予协助的话，勘验、检查工作会顺利得多。鉴于目前的立法、司法状况，必要时，检察机关应请案件涉及的相关单位的上级部门予以协助。

3. 勘验、检查时应分别不同情况采取不同的方法

如果有贿赂犯罪现场的，检察人员必须进入有关单位或场所，勘验、检查与贿赂犯罪有关的现场，对现场进行认真的勘验、检查工作，看现场的状况是否与犯罪嫌疑人或证人的叙述相一致，或者与作案时相一致。如果现场有变

化，要判断这种变化是无意识的自然变化，还是有意识的变化，变化的目的可能是什么，通过仔细的观察来发现证据、收集证据。例如，检查住宅时，如有钱币、票据被烧后留下的证据，要仔细发现并收集。

（四）贿赂案件物证、书证的收集

1. 搜查物证、书证

首先，要明确搜查的任务和搜查的范围。搜查的任务是发现贿赂物和贿赂物的包装以及这些贿赂物以前是属于行贿人的证明材料。在搜查时特别要注意那些能证明贿赂犯罪参与者相互认识的事实，收集能证明他们转交贿赂的记载，与他人往来书信、电话号码和地址，查清犯罪嫌疑人的财产并加以查封。

其次，应按一定步骤、一定策略搜查。第一，在搜查之前，应确定搜查的对象。检察人员一般比较重视对犯罪嫌疑人的搜查，对其他可能隐匿罪证的人和场所重视不够，而犯罪嫌疑人往往将赃款赃物及一些证据分散转移、化整为零，由亲友等协助藏匿。因而搜查的对象除犯罪嫌疑人以外，应包括可能隐藏证据的任何人。在搜查过程中，对贿赂犯罪嫌疑人的人身、住宅、办公处所等可能隐藏证据的地方进行搜查；同时，重视对犯罪嫌疑人家属的人身、住宅及相关物品进行搜查。家庭一般是贿赂犯罪活动的场所之一，如在"证人"一节分析过的，贿赂犯罪嫌疑人的家属是主要的知情人，有的甚至参与了窝赃、销赃、毁灭与转移证据等一系列活动。而且贿赂犯罪嫌疑人的家属也以"一人做事一人当，我没犯法，你不能侵犯我的人权"为掩护，放心地将赃款赃物隐藏于自己身上和住处。第二，不但重视对室内的搜查，且注意对室外一定距离的搜查。贿赂犯罪嫌疑人在隐藏赃款赃物及罪证时，不但考虑到自己如何藏最安全，且设想如果检察人员搜查又会注意哪些地方，故不再像过去的贿赂犯罪，将赃款赃物及罪证藏在卧室的衣柜、被褥内，而是转移到不被别人注意的地板下、墙缝里、猪圈里、花盆里、仓库中。由于室外空间大，情况复杂，给搜查工作造成一定的难度，因而在搜查的过程中要注意对相邻庭院、阳台、闲置没有用的地方等进行搜查。第三，搜查要仔细。有的贿赂犯罪嫌疑人一反常规，认为"最危险的地方反而最安全"。把赃款赃物放在特别显眼的地方，检察人员如果仔细，往往认为"哪有这么傻，放在这么显眼的地方"而忽略。第四，适时运用"无证搜查"。根据我国《刑事诉讼法》第136条的规定，检察人员在执行拘留、逮捕时遇有以下三种紧急情况可以进行"无证搜查"：犯罪嫌疑人身带凶器；可能隐藏爆炸、剧毒等危险品；可能毁弃、转移犯罪证据。贿赂犯罪分子一般一遇风吹草动就赶紧转移赃款赃物，销毁罪证。因而检察人员在收集贿赂犯罪证据时常遇上述第三种情况，此时如等待搜查证，就可能使搜查落空，因而必须马上进行"无证搜查"，以收集、保全证据。

2. 扣押物证、书证

其一，扣押物证。贿赂犯罪案件中的物证主要表现为赃款赃物，这是由贿赂犯罪分子的犯罪目的和动机所决定的。大多数的贿赂犯罪案件都有赃款赃物。赃款赃物是认定贿赂犯罪的重要证据。但检察人员在勘验、搜查、检查时发现的财物是否属于赃款赃物虽然比较难于界定，也应该知道当即扣押，待查明与案件无关时，即解除扣押，退还原主。因为贿赂犯罪是贪利型犯罪，及时扣押，一方面能取得证据，另一方面可防止公共财产流失，同时也为将来剥夺犯罪分子的经济利益创造条件。在侦查贿赂犯罪过程中，对扣押的物证固定保全的手段运用较多的是查封、提取、冻结。其中，冻结主要是针对向银行、信用合作社、储蓄所、证券交易所，或其他金融单位查询到的贿赂犯罪嫌疑人的存款、汇款、股票、有价证券、保管物等。

其二，扣押书证。贿赂犯罪案件中的书证主要有：（1）会计资料、来往函件等。如集体用于行贿的会计资料有账簿凭证、表册、支票、汇款单、存折、票证、提货单、发运单。（2）有关记录、假借条、收条、送东西时所附的发票、银行账目等。其中"有关记录"这一书证比较复杂，因为这些记录有的是用文字，有的是用只有书写人、知情人才懂的符号、图形等密码方式记录。

（五）贿赂犯罪案件鉴定意见的收集

贿赂犯罪中的鉴定意见主要是对各种原始单据、记账凭证、账簿和各种报表进行会计鉴定。鉴定这些会计资料可以再现经济活动过程和会计核算过程。尤其是在当前出现的很多单位行贿情况，这一鉴定就显得尤为重要。会计资料能反映与案件有关的经济业务活动产生、发展的时间、地点、背景、经办人及结果等情况，也能反映案件所涉及的法人、公民及在某一财务会计资料制作时间、制作人、审核人，与案件有关的会计资料是否伪造、变造、遗失，有关人员在会计核算事项的处理中有无错误及错误造成的结果等客观情况，这些是贿赂犯罪案件中的重要证据。但这种证据具有的技术性，需通过特定的技术结构和技术证言来反映和证实案件事实，只有具有专门会计知识的人，才能进行这些鉴别和判断，并作出意见。故须进行会计鉴定。这就要求鉴定时注意以下三点：一是检察机关在收集会计资料上要完整；二是保证鉴定客观、公正；三是聘请的鉴定人要有会计师以上职称且与本案无利害关系。

（六）涉外贿赂犯罪案件证据的收集

涉外贿赂犯罪案件的涉外因素主要有以下几方面：（1）有的贿赂犯罪案件的犯罪嫌疑人利用金融渠道和出入境机会等方法向境外转移犯罪所得的赃款赃物，以逃避国内法律的制裁。（2）贿赂犯罪案件的证据、证人等在境外。

(3) 有的贿赂犯罪案件的犯罪嫌疑人在案发前后通过各种渠道潜匿境外。
(4) 个别国家工作人员乘出国访问、经商贸易之机，在境外收受贿赂。
(5) "三资"企业中发生的管理人员、雇员贿赂的案件。

我国检察人员在查办涉外贿赂犯罪案件调查取证过程中，往往涉及不同国家和地区的不同法律制度，加之某些历史或传统的原因，我国检察人员不能依据我国的刑事诉讼法的规定到境外调查取证，一般的取证方法又很难奏效，需要通过特殊的途径收集证据，这些特殊的途径包括司法协助及其他途径。

1. 国际司法协助

反贿赂司法协助是指一国法院或其他主管机关，根据另一国法院或其他主管机关或有关当事人的请求，代为或协助执行与诉讼有关的一定司法行为，这种司法行为主要有送达刑事诉讼中的司法文书、调查取证等。现在世界大多数国家普遍认为，由于贿赂犯罪国际化，世界各国单靠一国的力量难以对付贿赂犯罪，需要与其他国家进行有效的国际合作。

我国也积极争取通过国际司法协助查处涉外贿赂犯罪案件。我国进行国际司法协助的主要依据是我国与别国缔结的双边条约或协定、我国参加的国际公约、国际惯例、我国警方与国际刑警组织的合作关系、我国国内法律的有关规定。为此，我国已与二十多个国家签订了双边协议，其中涉及刑事司法协助的有十多个，并参加了一些国际公约，加入了国际刑警组织，成为该组织的成员国，我国最高检察机关也与一些外国检察机关订立了合作协议。

我国办理的涉外贿赂犯罪案件的司法协助大量集中在调查取证和引渡方面。调查取证包括调查取证的主体、内容、方式，及对调查取证的限制，证人、鉴定人赴请求国境内作证享有刑事豁免权，赃款赃物的移交等。

(1) 调查取证的主体：其一，缔约国法院和其他主管机关。其他主管机关指各国法院以外的有权主管刑事案件和有权执行司法协助请求的机关，司法协助的主管机关由各国的国内法规定。上面提到的我国与罗马尼亚、土耳其缔结的司法协助条约规定调查取证的主体是法院和其他主管机关。这样规定的理由在于：通过司法协助途径的调查取证体现为一种司法行为，这种行为在诉讼程序中将产生相应的法律后果必须由有权主管诉讼或进行有关司法行为的机关进行。其二，与我国无缔约关系的国际刑警组织成员的刑事警察。国际刑警组织是各国刑事警察当局相互进行联络和合作的政府间国际组织。我国是该组织的成员国。近年来，我国与该组织的其他成员国之间在反贿赂斗争中相互交流情报、收集证据等方面取得了有效合作，故国际刑警组织成员国的刑事警察也是调查取证的主体。

(2) 调查取证的内容包括：询问当事人、犯罪嫌疑人、罪犯、证人、鉴定人和其他诉讼参与人，进行鉴定、检查、勘验，通过法律程序追缴犯罪的赃款赃物，以及收集其他证据。

（3）调查取证的方式包括：根据请求相互协助代为取证；在一定条件下准许对方司法人员到我国境内取证，同样条件下准许我国司法人员到对方境内取证；根据对方请求，由双方作出安排，允许我国境内的证人或鉴定人到对方境内出庭作证，也允许对方境内的证人或鉴定人到我国境内出庭作证；赃款赃物的移交；使用搜查方式，如我国与土耳其、罗马尼亚、俄罗斯缔结的司法协助条约规定，代为调查取证还包括搜查方式。对于上述几种方式，中国对请求方提供司法协助时，可以按照中国的法律慎重选择提供司法协助的方式。

（4）对调查取证的限制包括：在刑事证据的提供方面的某些限制，如有的请求国要求对方调查取证及移送采用保密的方式。我国缔结的刑事司法协助条款中有的对这一问题没有规定。对刑事证据使用的限制：一是对证据用途的限制，二是对证据公开性的限制。例如，我国与加拿大的协助条约明确规定，被请求方在与请求方协商后，可以要求对其所提供的情报、证据的来源予以保密，或者仅在它所规定的条件和情况下予以公开或使用。归还证据的限制是司法协助的又一重要限制条件。请求国在刑事诉讼程序结束后，应归还被请求国向它移交的证据。如我国与土耳其的司法协助条约就作了这样的限制，该条约第33条第2款规定："提出请求的一方应将执行调查委托书时移交的任何物品，以及记录或文件的原件，尽快归还给被请求国的缔约一方，但被请求的缔约一方放弃归还要求时除外。"免于作证，我国在与外国缔结司法协助条约时，没有规定这种限制的内容。

（5）证人、鉴定人赴请求国境内作证享有刑事豁免权。如我国与罗马尼亚缔结的司法协助条约规定："被请求一方法院或其他主管机关通知前来的证人或鉴定人，不论其国籍如何，请求一方不得因其入境前所犯的罪行或者因其证词、鉴定而追究其刑事责任，予以逮捕或以任何形式剥夺其自由。"在押人员作为证人赴请求国出庭作证时，请求国要确保被请求国的法律效力不至于因提供司法协助的行为而受到影响。我国与土耳其、罗马尼亚缔结的条约规定：如果缔约一方法院或其他主管机关有必要对缔约的另一方境内的在押人员作为证人加以讯问，应通过缔约双方的中央机关就该人被移送到请求一方境内达成协议，条件是继续处于在押状态，并在讯问后尽快送还。

（6）赃款赃物的移交。关于刑事案件在赃款赃物的移交问题中，世界不少国家由于国内法的差异，赃款赃物的定义及其与刑事证据区别理解不同，有的国家认为赃款赃物不包括在刑事证据范围内；有的国家则认为，它是特定的一类物品，应与犯罪及其犯罪行为的目的、结果有直接联系，至于与证据的关系并不是主要问题,因而这些国家把主要注意力放在这些物品的移交方式和条件方面。事实上,赃款赃物在任何一桩刑事诉讼中,都是与刑事证据难以截然分开的。我国认为赃款赃物属于物证,尤其在贪利型的贿赂犯罪中,赃款赃物是查明贿赂犯罪的重要证据。因而我国对外缔结的司法协助条约中,有关于赃款赃物的移交规定。如中国与加拿大、俄罗斯的司法协助条约规定,缔约一方根据缔约另一方的请求,将在其境内发现的、罪犯在缔约另一方境内犯罪时获得的赃款赃物移交给缔约另一方。

2. 其他途径

其他途径是指通过除司法协助以外的途径对境外证据调查取证。包括我国司法人员以秘密身份前往相关国家调查取证,请求我国驻外代表、相关国家和地区的律师、私人侦探等各种途径收集证据。

利用其他途径收集涉外贿赂犯罪证据是我国司法机关吸收与案件有关或者了解案情的公民协助调查的一种方式,符合我国《刑事诉讼法》第 50 条的规定,该条规定:"审判人员、检察人员、侦查人员……必须保证一切与案件有关或者了解案情的公民,有客观地充分地提供证据的条件,除特殊情况外,可以吸收他们协助调查。"

检察人员通过其他途径取证,其实质是司法机关调取证据的行为。只是这些证据的取得要经过几个环节,主要有以下几种情况:(1)我国公民或我国驻外代表或我国司法人员通过私人关系委托境外的亲戚、朋友、同事等到境外收集证据,再由他们直接提交给我国司法人员;(2)我国公民或我国司法人员通过私人关系,委托在境外的亲戚朋友或委托境外的律师、侦探等收集证据资料。这种情况就要经过三个环节。境外人收集证据材料转交我国公民,我国司法机关再向我国公民提取。因而这种提取是多环节的提取。从证据理论上划分,通过上述途径取来的证据属于传来证据。

鉴于司法人员通过其他途径收集的证据由于取证主体的特殊,故证据失真的可能性较大,司法人员应该进行认真严格的审查,决定该证据的证明力。

这种收集证据途径增大了我国司法机关侦破贿赂案件的几率。

四、贿赂犯罪案件证据的审查判断

尽管收集证据的过程本身就存在审查判断的成分,但在收集到证据后,必须进一步对收集到的证据是否客观真实、是否对案件有证明力及证明力大小进行判断。为此,根据我国刑事诉讼法和我国贿赂案件的特点,对证据的审查判断必须注意以下几点:

(一) 审查判断的证据必须是依法收集的证据

根据《刑事诉讼法》第 50 条的规定，审判、检察、侦查人员必须依照法定程序收集能够证实犯罪嫌疑人、被告人有罪或无罪以及犯罪情节轻重的各种证据。这就要求收集证据必须依据刑事诉讼法的规定进行。要兼顾全面收集证据和保障犯罪嫌疑人、被告人的人身权利。因此，审查判断贿赂犯罪案件的证据，首先要审查证据是否是依法收集的。

这一审查尤其要注意有无刑讯逼供的情况。根据《刑法》第 330 条的规定，刑讯逼供符合法定情节的，是犯罪行为。《刑事诉讼法》第 50 条也规定了严禁刑讯逼供，以刑讯的方法收集的犯罪嫌疑人供述、被害人陈述、证人证言、鉴定意见不能作为指控犯罪的依据。以威胁、引诱、欺骗以及其他非法的方法收集上述证据而严重损害犯罪嫌疑人、被害人、证人、鉴定人合法权益或者可能影响客观真实的，该证据也不能作为指控犯罪的依据。因此，为确保收集到的证据真实客观，具有可靠的证明力就必须要审查有无刑讯逼供的情况。这一方面是我国法律、司法解释对收集证据的法律规定，另一方面也体现了对人权的保障。

(二) 审查判断证据的核心是围绕案件涉及的贿赂犯罪构成要件在证据与犯罪之间进行是否一致的认定

它需要许多方式方法来完成。首先，审查收集到的证据是否真实可靠，排除不真实的证据。例如，非原始会计资料，经查确实虚假的。其次，审查收集到的说明同一事实的证据，是相互印证还是相互矛盾，从而找出进一步调查取证的方向或认定正确的真实有效的证据。最后，将所有证据联系起来，经分析认定、相互印证，找出说明犯罪情况的一系列客观真实证据。

(三) 审查判断证据是否确实、充分

贿赂犯罪案件证据确实、充分是指：据以认定贿赂犯罪案件案情的证据都是查证属实的，且与认定的贿赂犯罪事实具有客观联系；凡有关犯罪构成的各个要件都得到了证明，即包括证明贿赂犯罪主体具备主体资格；主观方面有行、受贿的故意；受贿罪的主体利用职务便利为行贿方谋取了利益，受贿方接受了行贿方的钱、物等；证据之间的矛盾、证据与贿赂犯罪事实之间的矛盾都得到了合理排除；从上述证据能必然推出案件事实的结论，这种结论具有唯一性或排他性。这就满足了认定案件事实的证据确实、充分的要求。以上四项要求缺一不可。我国刑事诉讼法规定了对证据不足案件的处理原则。《刑事诉讼法》第 171 条第 4 款规定："对于二次补充侦查的案件，人民检察院仍然认为证据不足，不符合起诉条件的，应当作出不起诉的决定。"第 195 条第 3 项规定："证据不足，不能认定被告人有罪的，应当作出证据不足，指控犯罪不能成立的无罪判决。"这种处理原则实质上就是"疑罪从无",吸收了西方的无罪推定原则,加强了我国刑事诉讼法的人权保障功能。

确实、充分也是衡量我们检察机关办案水准的有力手段。确保收集到的证据确实、充分,既能充分行使刑事检察权同犯罪作斗争,又能在刑事诉讼中始终处于主动地位,顺利完成诉讼任务。

第三节 渎职案件中证据的收集和审查判断

一、渎职犯罪案件的证明对象

渎职罪的法律规定大体分两部分,第一类是概括性罪名,包括玩忽职守罪、滥用职权罪。它是就立法不能穷尽所有罪名而为严密法网设立的罪名。第二类是具体化罪名,包括35个罪名,除故意、过失泄露国家秘密罪等个别罪名,其余均只能由某种具体种类的国家机关工作人员构成,有着明显的特征。

渎职罪的证明对象含实体法与程序法两方面。实体法方面的证明对象的内容主要是围绕着犯罪构成要件的有关犯罪与否、罪行轻重、犯罪嫌疑人个人情况等;程序法的内容应包括有无回避的事实,是否应对犯罪嫌疑人采取相应强制措施的事实,是否超越诉讼期限的事实,是否具有不应追究刑事责任的事实等。具体说来,其中的主要方面有以下几点:

(一)犯罪嫌疑人是否具有国家机关工作人员的主体资格

我国《刑法》第397条明确规定渎职罪的主体是国家机关工作人员。国家机关应当是指国家权力机关、国家行政机关、国家审判机关、国家检察机关、军队、中国共产党机关和政协机关。无论是编内还是编外、常任还是临职,只要是国家机关中从事公务活动的,都属于国家机关工作人员的范畴。非国家机关工作人员一般不能独立构成渎职罪,但也有个别例外,如《刑法》第398条第2款规定,非国家机关工作人员也可构成故意、过失泄露国家秘密罪。主体是否为国家机关工作人员是判断是否犯有渎职罪的重要标准,因此主体身份也就成为重要的证明对象。

(二)是否存在玩忽职守、滥用职权的行为

玩忽职守是指严重不负责任,不履行或者不正确履行职责,通常表现为放弃、懈怠职责,或者在工作中马虎草率,敷衍塞责,不认真、正确地做好本职工作。滥用职权是指超越职权的范围或者违背法律授权范围,违反职权行使程序行使职权,通常表现为擅自处理、决定其无权处理、决定的事项;或者自以为是，蛮横无理，随心所欲地作出处理决定。

滥用职权和玩忽职守是渎职罪的行为特征，如果不具备这两个特征就不能构成渎职罪。因此，在证明渎职罪时，它们是不可缺少的证明对象。

（三）犯罪的表现方式和行为过程

渎职犯罪的过程和形式是多种多样的。玩忽职守、滥用职权既是渎职罪的特征，又是渎职罪的不同犯罪形式的类型。对于玩忽职守罪，应当查清犯罪嫌疑人如何实施玩忽职守行为，是应当履行义务没有履行，是虽然履行了职务却没有正确、认真地履行职务，如何使公共财产、国家和人民利益遭受损失的，遭受了哪些损失，等等。对于滥用职权罪，应当查清当事人是如何滥用职权的，是超越本人职权范围行使职权，还是违背法律授权的宗旨违反职权行使程序行使职权，因滥用职权而使哪些人受益，如何侵害了国家、集体或个人的权益，造成了哪些恶劣影响和严重损失等。

（四）当事人的主观罪过

不同类型的渎职罪当事人具有不同的主观心理态度，既有故意又有过失，玩忽职守罪的心理态度是过失，通常表现为履行职责马虎草率、漫不经心，极端不负责任，应当预见自己的行为可能造成严重后果或重大损失而没有预见，或者已经预见而轻信能够避免。滥用职权在主观上则是间接故意，即行为人明知自己超越职权或者违法行使职权会使国家、人民利益遭受损失而放任这一危害后果的发生。行为主体的不同主观过错程度是区别此罪与彼罪的标准之一，所以也是渎职罪的重要的证明对象。

（五）是否造成严重后果

渎职行为都是对社会有危害性的行为，但不同行为危害程度相差很大。因此，并非一切渎职行为都构成犯罪，只有渎职行为的情节和危害后果达到了一定程度，才能构成渎职罪。因此，渎职罪是以"情节严重"与否或者是否造成"重大损失"作为划分罪与非罪的界限。如果不将危害后果查清，将无法认定是否达到渎职罪的标准。司法实践中，"情节严重"一般是指：（1）造成直接经济损失20万元以上的；（2）严重损害国家声誉，或者造成恶劣社会影响的；（3）造成死亡1人以上，或者重伤2人以上，或者轻伤5人以上的；（4）造成有关公司、企业等单位停产、严重亏损、破产的。

在查清危害结果的同时，还应查清行为与危害结果之间是否存在因果联系，存在何种因果联系。只有查明了因果联系，危害结果才能成为证明渎职行为的证据，因此，因果联系也是渎职罪的证明对象。

二、渎职犯罪案件证据的特点

（一）渎职类案件证据特点

1. 证据涉及面广

根据最高人民检察院的司法解释，玩忽职守行为有 60 余种之多，主要涉及安全生产、基本建设、购销业务、外贸、财会等行业，涉及面极为广泛。而具体的某种玩忽职守行为又有作为和不作为两种形式，既可能是未尽职责的作为形式、也可能是不履行职责的不作为形式。所以证据分布广泛而且形式多样。

2. 证据较易收集

由于行为本身不具有隐蔽性，犯罪嫌疑人主观上是过失的心理态度，责任和后果都很明显，因而较之一般有预谋、有准备的犯罪更容易收集证据，而且收集到的证据大都能比较客观地反映案件事实。

3. 证明危害后果的证据比较充分

玩忽职守罪是过失犯罪，犯罪行为和一定的职务工作联系在一起。当事人实施行为并不故意采用隐蔽手段加以掩饰。其后果一旦发生，影响面和影响程度可能较为广泛，必然为周围群众所知晓，反馈的信息也比较多。因此，行为人造成的严重后果方面的证据比较充分。

4. 证明玩忽职守行为的物证较少、证人证言多

玩忽职守行为往往发生在一定的管理活动中，一般以言词或行为的方式实施。除了极个别的案例外，能够证明玩忽职守行为的物证较少，最常见的是知情人所提供的证人证言，这也给证据审查带来了一定困难。

5. 鉴定意见运用普遍

由于玩忽职守行为涉及各个行业，例如安全生产、基本建设、购销业务、外贸等行业性较强，一旦有损失或事故发生，其与玩忽职守行为是否有因果联系难以判断，需要专门的事故鉴定、伤情鉴定和技术鉴定等来佐证。因此在玩忽职守案件的证据中，鉴定意见的运用较为普遍。

（二）滥用职权类犯罪案件证据的特点

1. 证人证言是证明该类案件的常见证据

滥用职权行为一般都打着合法旗号实施，同时却侵犯了他人的正当权益，因此，容易为人们所怀疑和问询，知情人较多，证人证言就是这类案件的重要证据。

2. 鉴定意见是该类案件必须收集的证据

这类案件大多要收集滥用职权对国家和人民利益造成的损失。这一危害后果知情者知悉，比较容易收集到，而且滥用职权行为与危害结果之间的因果关系比较好判断。这是证明这类案件中必不可少的重要证据。

3. 鉴定意见运用较为普遍

运用鉴定意见可以鉴定确认滥用职权的行为所造成的危害程度，比如损失大小、事故的严重程度。

4. 收集证据容易

这类案件行为人主观上表现为间接故意，因此，不存在行为人行为时刻意去掩盖行为和事实真相的情况，而且行为造成的危害结果直接为被害者或相关人员知悉，因此，案件的证据收集较为容易。

三、渎职犯罪案件证据的收集

渎职案件犯罪主体大多数是国家机关工作人员，有一定的知识、阅历和社会地位，其犯罪行为多与本人的职务活动有关，且一般没有作案现场，所以，这就决定了在收集证据上的困难与复杂。总的来说，渎职犯罪案件证据的收集要注意三点：第一，事先确定证据收集的范围。根据具体案件确定证据的种类和数量，有目标地去收集证据。第二，运用最新高科技手段收集证据。现代科学技术的发展，为收集证据创造了很有利的条件，对复杂、疑难需要以高科技手段收集的证据，要充分利用计算机、录像、拍照等手段充分收集证据。例如，美国等发达国家，在侦破走私、贩毒、洗钱等跨国犯罪中，加强相互协作，利用卫星定位跟踪的方法，能准确有效地监控、发现或捕获犯罪嫌疑人并且收集到相关证据。我国科技发展速度很快，所以，检察机关应关注并使用最新科技手段、加强与域外的合作。第三，采用灵活的方法收集证据。对知情人、犯罪嫌疑人、有关单位责任人员要耐心说服教育、宣传法制，争取让其主动说明案件情况。对于犯罪嫌疑人中拒不交代的，应采取搜查等相关强制性侦查措施。分清不同情况，采取相应的方法、措施，能有效地收集到需要证明案件的可靠证据。

（一）渎职犯罪案件中证人证言的收集

证人证言是证明渎职犯罪的重要证据种类之一。从渎职犯罪的各种形态来看，玩忽职守罪与滥用职权罪因为行为人在实施犯罪时没有刻意掩饰，知情人较多，所以证人证言比较充分，反映案件案情也较客观，收集起来比较容易。在收集时，首先应当根据犯罪嫌疑人职务活动的具体情况，发现提供有关案情的证人，然后围绕案件中的关键问题个别地对证人进行询问。询问应按询问的一般规则进行，还要根据每个证人的特点多做思想工作，讲究方式，使被询问人能如实地提供他所了解的情况。

（二）渎职犯罪案件被害人陈述的收集

虽然渎职案件的后果一般都会损害国家、集体和人民的利益，但并不是每一起案件都有被害人。有被害人的案件多集中在徇私枉法案件、枉法裁判案件，传染病防治失职案件等。如果渎职行为造成了人员伤害，就应及时询问被害人。通常应当了解以下问题：其一，案件的过程。其二，本人的情况、技术水平、伤情状况等。其三，事故发生原因和谁应对此负责的看法。通过被害人陈述可以了解案件发生的过程。它对于案件的危害后果会有清楚而充分的证明作用。

（三）渎职犯罪案件书证的收集

书证可以对渎职案件起到重要的证明作用。经济活动中的玩忽职守和滥用职权案件的书证可能是：文件、账簿、批件、合同、会议记录、电话记录、书信电报等。徇私枉法案件的书证可以是被涂改的证据材料，故意裁判的法律文书，有关的规章制度，以及不同部门的检查登记簿册，上述文书材料多数可以到发案单位提取，有的则需要通过搜查、扣押取得。搜查、扣押行为应当严格依照法律程序进行，还应当做到仔细认真，没有遗漏。对于重要的书证，应当用拍照、复制等方法及时收集、提取和固定，并注明与案件的关系，并应尽量提供原始书证。

（四）渎职犯罪案件犯罪嫌疑人供述和辩解的收集

渎职案件中，犯罪嫌疑人对自己是否犯罪或如何实施犯罪行为最清楚。所以犯罪嫌疑人的口供也是法定证据之一。由于渎职案件中的犯罪主体大部分具有一定文化水平，有一定社会经历和阅历，担任过一定的领导或主管职务，善于钻法律的空子，具有对抗能力，他们自知后果严重，所以不会轻易地交代问题，因而讯问犯罪嫌疑人要讲究一定的策略，应当根据犯罪嫌疑人的年龄、阅历、性格实际情况采取不同的讯问方法，促使其如实陈述，讯问时应当注意犯罪嫌疑人的无罪辩解，防止错案发生。在讯问过程中严禁诱供和刑讯逼供，讯问必须依法进行。

（五）渎职犯罪案件鉴定意见的收集

在渎职案件中，有些犯罪可能会引起重大事故或造成严重损失。而损失的程度，犯罪行为与事故、损失之间的因果关系等需要有证据证明才能确定。科学鉴定的意见能为事故的原因提供根据。最常利用的科学鉴定是各种技术鉴定和法医鉴定。技术鉴定对查明事故原因往往是不可缺少的。而当有人员伤亡时，法医鉴定则是十分必要的。

四、渎职犯罪案件证据的审查判断

（一）渎职案件证据审查判断的方法

1. 审查判断证据来源

审查判断证据来源就是审查其来源是否合法、可靠。对案件各个证据的审查，应着重审查有关作证人员是否存在不良动机，故意提供虚假证据；有关作证人员有否因生活上、心理上、认识上、表述上等原因，提供不实之陈述；有关取证人员收集证据的手段是否正确、合法，固定、保全证据的方法有否不当，等等。

2. 审查判断证据事实自身内容的合理性

此即审查判断证据所反映的事实与待证案件事实之间是否存在着客观联系以及联系的强弱，证据内容本身是否合理、有否矛盾，等等。

3. 审查判断全案证据材料之间的联系

此即对全案证据材料进行综合审查判断。首先应审查单个证据的可靠性，但即使单个证据确定无误，也不等于证明了案件的全部真实情况，还应对全部证据材料进行正确的审查判断，才能对案件事实作出应有结论。

总之，在审查判断过程中，无论是对个别证据材料的审查判断，还是对全案证据的综合判断，都必须坚持实事求是的原则。既要反对主观主义，防止在缺乏足够根据的情况下，随意取舍证据来定案，又要注意不能被证据之间、证据与案件之间的表面一致、吻合所迷惑，而要深入问题的本质，善于发现、分析和解决矛盾，对全案证据材料作周密的分析研究，才能作出准确的结论。

（二）渎职犯罪案件中各种证据的审查判断

1. 渎职犯罪案件证人证言的审查判断

证人证言是知情人对有关案件事实所作的陈述。在玩忽职守案件和滥用职权案件中，由于犯罪主体对其行为一般不加掩饰，证人证言比较充足，收集较为容易。在徇私枉法案件中，有些知情人可能会因与当事人或案件有某些联系而在作证时有偏袒或不实之言。所以在对证人证言的审查判断时要对证人的身份、地位和与嫌疑人的关系予以综合考虑，注意把证人证言同其他相关证据结合起来，相互印证。

2. 渎职犯罪案件书证的审查判断

书证在渎职案件中根据不同的证明对象可以分为不同的种类，主要有证明当事人身份的书证，犯罪嫌疑人渎职行为的书证，证明渎职行为与危害后果之间有因果联系的书证等。（1）证明当事人主体身份的书证一般是委托、聘用文书等。应当从内容和形式两方面去审查：一是审查其内容是否真实合法；二是审查其形式要件是否真实合法，从而证明犯罪嫌疑人的主体身份是否是国家机关工作人员。（2）证明犯罪嫌疑人渎职行为的书证有机关文件、账册、合同、章程、批示便条、电话记录、记事本等，审查这些书证时应注意其是否为原始书证、有无伪造可能、有关签名是否真实等。（3）证明渎职行为与危害结果之间有因果的书证有有关领导的批示、指示或命令、合同等。在审查判断时就应注意领导的有关批示、指示或命令是否出自领导之手，有无被欺诈盗取或伪造可能，是否经过涂改。对于合同，从合同的签订到合同的履行，即能反映行为与结果之间的关系。

3. 渎职犯罪案件对犯罪嫌疑人供述和辩解的审查判断

犯罪嫌疑人对案件的事实情况最为了解，但他们的供述和辩解常常具有不稳定性，由于种种原因而真假混杂。渎职犯罪分子往往为了逃避惩罚而在供述时有意隐瞒、避重就轻。所以对犯罪嫌疑人的口供不能轻信，审查时应注意以下几点：（1）审查犯罪嫌疑人接受讯问时的心理态度，有无隐瞒含糊，代人受过或是无理诡辩、避重就轻等情形。（2）审查其口供是否前后一致，在逻辑上有无矛盾，有无时供时翻的情况及翻供原因等。（3）审查取得犯罪嫌疑人口供的程序是否合法，有无用刑讯逼供、诱供、骗供及其他非法手段取证的情况。非法收集到的口供不能作为证据使用。（4）对全案证据进行综合审查判断，以确认犯罪嫌疑人供述和辩解的真实性。

4. 渎职犯罪案件鉴定意见的审查判断

鉴定意见既包括对直接造成事故或损失发生的工艺规程、操作流程等进行的技术鉴定，也包括对有关书证、文件所作的笔迹真实性鉴定、印章印文鉴定等，以及关于伤情的法医鉴定。鉴定意见具有科学客观的一面，但也会受各种主客观因素的影响，存在不真实的可能。在审查判断时要注意审查鉴定人是否有鉴定资格，鉴定方法是否科学，鉴定材料的来源是否合法、真实、可靠，鉴定过程是否遵循了法定程序，同时还把鉴定意见同其他证据相互比照，观察证据之间是否能够协调统一。

第十三章
审查批捕中的证据实务

检察机关审查批准逮捕工作的核心问题是审查据以说明"有犯罪事实"的证据是否真实、合法、有效、充分。批捕证据的审查应从不同层次、不同角度进行科学审查，不仅从证据的一般特征上对批捕证据进行审查，而且要进行程序性和实体性审查。本章重点论述了我国刑事诉讼中逮捕的证明标准和批捕证据审查的方法和步骤。

第一节 批捕证据审查的内容

根据《刑事诉讼法》第79条关于逮捕的规定，"对有证据证明有犯罪事实"是决定逮捕的重要依据。因此，检察机关审查批准逮捕的工作，实际上核心问题是审查据以说明"有犯罪事实"的证据是否真实、合法、有效、充分。

一、批捕证据审查的范围

人民检察院审查批捕的工作范围包括：第一，人民检察院对公安机关、国家安全机关提请批准逮捕的案件审查决定是否批准逮捕，简称审查批准逮捕；第二，人民检察院对检察院侦查部门移送审查逮捕的案件决定是否逮捕，简称审查决定逮捕；第三，人民检察院对公安机关、国家安全机关和人民检察院侦查部门的侦查活动是否合法进行监督；第四，结合办案参与社会的综合治理。因此，人民检察院在审查批捕中对批捕证据的审查，也就是围绕着以上四个方面的工作，检察人员对收集的证据分析、判断，鉴别证据的真伪以及与案件的事实有无客观联系，确定证据的证明力并依据查证属实的证据对案件进行全面分析研究，确定证据的证明力并依据查证属实的证据对案件的主要事实作出结论，以决定是否逮捕的诉讼活动。

批捕证据审查是审查批捕的中心环节，具有重要的意义。正确审查批捕证据，可以起到保障公民的人身自由不受侵犯的重要作用，以促进司法、执法公正。还可以充分发挥逮捕作为强制措施的积极作用，有效地抑制犯罪分子继续进行犯罪活动，防止其继续危害社会。另外，认真审查批捕证据，还能及时发现有没有漏罪、漏犯，以切实发挥检察机关的侦查监督职责。

二、批捕证据审查的内容

批捕证据的审查应从不同层次、不同角度进行科学审查。

（一）从证据的一般特征上对批捕证据进行审查

1. 从证据的客观性出发对批捕证据予以审查

《刑事诉讼法》第 48 条明确规定，证据必须经过查证属实，才能作为定案的根据。因此，审查判断批捕证据的客观性就成为审查批捕证据的一个重要内容。批捕证据的客观性是指批捕证据必须是客观上确实存在的事实，必须是与客观实际的真实情况相符合的事实。在具体的司法实践中，批捕证据客观真实性包括以下两个方面：第一，证据的内容必须具有客观真实性。批捕证据是由案件的客观事实所引起的，犯罪嫌疑人的作为或不作为，必然在一定的时间、地点、条件里遗留下各种痕迹，或者被人们目睹、感受。犯罪嫌疑人伪造证据和现场，必然又会出现新的痕迹和情况。这些痕迹和情况都是可对其进行查对或查证的事实，是经得住科学检验的事实。作为批捕证据的客观事实是独立于检察人员的主观意识之外，是不以检察人员的主观意志为转移而客观存在的事实。办案人员只有客观全面地审查这些事实，而不能以主观想像、猜测代替客观证据事实。因此，检察人员在审查批捕证据的过程中必须把迷信邪说、幻觉、假象、主观臆断、诺言、假设等虚假的情况排除在批捕证据之外。第二，批捕证据必须具备客观存在的形式，必须是人们可以某种方式感知的东西。无论是物证、书证，还是证人证言、鉴定意见，都必须是看得见摸得着的，都必须具有其客观的外在表现形式。从这两方面在第一层次上宏观地审查批捕证据，这是审查批捕证据的第一步。

2. 从证据的关联性出发对批捕证据予以审查

证据的关联性是证据的第二大特征，在此是指批捕证据必须是与审查批捕指向的案件有联系的客观事实。审查批捕证据的关联性包含两方面的内容：第一，审查批捕证据关联的客观性。所谓关联是指证据本身与案件具有客观联系。这就是说绝不是指办案人员主观上推测、估计批捕证据与本案有联系。因此，所谓关联与否不是以某种事实有无证明作用为判断标准，因为作为证据的事实有无证明作用是办案人员根据该事实与案件是否有客观联系为前提而判断出的。所以，不能反过来再据此说明批捕证据关联的客观性大小和有无。那样不符合逻辑规律和证据的一般规律。同时，有无关联性不能以主观推测为据，更不能以办案人员的证明需要为标准，而是从客观实际出发，实事求是地予以判断。第二，审查批捕证据关联的多样性特征。实践中批捕证据同案件联系是多种多样的，有的是直接联系，有的是间接联系。如强奸案件中直接受到犯罪嫌疑人侵害的被害人陈述，犯罪嫌疑人对犯罪行为的供述，这些批捕证据是同案件事实有直接联系的；证明被害人陈述与犯罪嫌疑人的供述是否真实的证据是间接联系。批捕证据与案件的联系还可表现为原因联系和结果联系，即批捕证据是案件发生的原因，或者是案件发生而造成的结果。证据事实同案件也可能存在条件联系，因为犯罪行为总是在一定条件下才能发生，如犯罪嫌疑人使用的作案工具，犯罪的时间、空间、光线等。批捕证据与案件的联系还可表现为肯定联系和否定联系。在审查批捕过程中，表现肯定联系的是犯罪嫌疑人实施犯罪行为所遗留的各种痕迹，可作为决定批捕的证据；否定联系表现为没有发生犯罪行为或者不是犯罪嫌疑人所为的证据事实，可作为不批准逮捕的证据。批捕证据同案件的联系还表现为必然联系和偶然联系。在具体的案件中，哪些批捕证据是同案件有关联性的，哪些批捕证据同案件无关联性，主要靠办案人员从以下几方面对批捕与案件的关联性进行审查判断：（1）犯罪嫌疑人与犯罪行为有无联系；（2）受害人与犯罪行为有无联系；（3）证据相关现场与犯罪行为有无联系；（4）相关物证与犯罪嫌疑人和犯罪行为有无联系；（5）相关物证与被害人之间有无联系。从这五方面入手，多角度审查批捕证据与案件有无关联。

3. 从证据的合法性上对批捕证据进行审查

批捕证据的审查之一还应含其合法性的审查，即批捕证据的来源和形式必须合法。合法性审查涉及证据是否真实有效，证据能否客观反映案情以及是否侵犯了公民人身权利和民主权利等方面。因此，合法性审查是不可缺少和忽视的审查步骤之一。具体说主要包括三方面内容：第一，证据的主体必须符合法律的规定。这里主要指各种"人证"，比如，我国刑事诉讼法对证人能力作了限制性的规定，不具备证人能力的人提供的证言即使具备客观性和关联性，也不能作为批捕证据使用。第二，批捕证据必须是侦查人员依法定程序收集的。《刑事诉讼法》第50条规定："审判人员、检察人员、侦查人员必须依照法定程序，收集能够证实犯罪嫌疑人、被告人有罪或无罪、犯罪情节轻重的各种证据。严禁刑讯逼供和以威胁、引诱、欺骗以及其他非法的方法收集证据，不得强迫任何人证实自己有罪。"检察人员在审查批捕过程中必须对卷宗所有证据材料的取得是否合法进行审查。证据必须是用合法的方式收集到的与案件事实有关联的客观事实，侦查人员必须依照法定程序收集各种证据，用非法手段收集证据是法律所禁止的。我国刑事诉讼法对于讯问犯罪嫌疑人，询问证人、被害人，勘验、检查、搜查，扣押物证、书证，鉴定等证据的收集方法及其程序，都作了十分明确、具体的规定，检察人员对批捕证据进行合法性审查时，要注意审查侦查人员是否与案件有利害关系，是否存在依法应当回避的情节，是否存在侵犯犯罪嫌疑人诉讼权利的事实及其他与程序的合法性有关的事实。第三，批捕证据必须具有合法的形式。我国刑事诉讼法对证据的种类作了明确的规定，同时对各种证据的形式也作了明确的要求。如物证、书证必须附卷，不能附卷的要通过照片、复印件等方式附卷；证人证言、被害人陈述、犯罪嫌疑人的供述和辩解应当以书面形式并由符合法定条件的鉴定人签字盖章。

（二）对批捕证据进行程序性和实体性审查

1. 程序性审查

程序性审查，是检察机关受理公安机关提请批捕的案件时进行的，审查的目的是决定是否受理案件。审查时首先要审查公安机关提请批捕的案件是否属本院管辖；其次要审查公安机关报送的案卷材料和证据是否齐全，法律手续是否完备。

《刑事诉讼法》第85条规定："公安机关要求逮捕犯罪嫌疑人的时候，应当写出提请批准逮捕书，连同案卷材料、证据，一并移送同级人民检察院审查批准。必要的时候，人民检察院可以派人参加公安机关对于重大案件的讨论。"根据这一规定，人民检察院一般受理同级公安机关提请逮捕的案件。提请逮捕的机关必须是县级以上的公安机关。公安机关报送的案卷材料一般应包括下列材料：（1）提请批准逮捕书一式三份；（2）有关的证据材料；（3）应当随卷移送的物证；（4）犯罪嫌疑人已被拘留的，应有拘留证；（5）已搜查的，应有搜查证和搜查笔录；已扣押物证、书证的，应有扣押清单；已将追缴的赃款赃物退还失主的，应有失主的收据，等等。

对属于本院管辖，且案卷材料齐全、法律手续完备的，应予受理；对不属本院管辖，或主要案卷材料不齐、法律手续不完备，影响认定和处理案件的，应讲明理由不予受理。受理案件后，收案人应在审查批捕案件登记簿上逐案逐人编号登记。

2. 实体性审查

受理案件后，侦查监督部门应指定检察员对案件进行实体性审查。实体性审查主要是审查公安机关提请批捕的案件是否符合逮捕的条件。

《刑事诉讼法》第79条规定："对有证据证明有犯罪事实，可能判处徒刑以上刑罚的犯罪嫌疑人、被告人，采取取保候审尚不足以防止发生下列社会危险性的，应当予以逮捕：（一）可能实施新的犯罪的；（二）有危害国家安全、公共安全或者社会秩序的现实危险的；（三）可能毁灭、伪造证据，干扰证人作证或者串供的；（四）可能对被害人、举报人、控告人实施打击报复的；（五）企图自杀或者逃跑的。"这一规定既明确了逮捕必须具备的条件，也明确了检察人员办理批捕案件的标准。检察人员审查案件，应紧紧围绕逮捕的条件和检察机关的职责，对以下内容进行审查：

（1）是否有证据证明犯罪嫌疑人实施了犯罪行为。逮捕是最严厉的强制措施，只能适用于犯罪分子，而不能适用于无辜公民或一般违法公民。因此，"有证据证明有犯罪事实"是决定逮捕的先决条件，也是严格区分罪与非罪，保证批捕工作不致发生根本性错误的决定性条件。这就要求检察人员审查批捕时，要严把事实关，认真审查案卷材料和证据，具体查明以下问题：

第一，客观上确实发生了犯罪事实。通过审查控告、检举、报案或投案自首的笔录材料、书面材料、受理案件登记表，以及被害人陈述、犯罪嫌疑人供述、随卷移送的物证等，查明确实发生了某一犯罪事实。

第二，该犯罪事实确系犯罪嫌疑人所为。犯罪嫌疑人是否实施了犯罪行为，主要在于查明：犯罪嫌疑人在什么时间、地点，采用什么手段、方法实施了什么样的犯罪行为，刑法要求有危害后果的案件还要查明发生了什么样的犯罪后果。这里的"犯罪事实"既可以是单一犯罪行为的事实，也可以是数个犯罪行为中任何一个犯罪行为的事实。审查中要认真审查卷中所有材料，注意发现矛盾，防止出现"张冠李戴"的错误而造成错捕。根据卷中材料和证据，犯罪时间、地点、手段、方法等已经查清，不存在矛盾和疑点，才能确认犯罪嫌疑人实施了犯罪行为。

第三，犯罪嫌疑人是达到法定责任年龄、具有刑事责任能力的人。审查中要对卷中所载犯罪嫌疑人的基本情况进行核实，查明犯罪嫌疑人的姓名、性别、年龄、责任能力、职业、职务等。在年龄和精神状况方面发现矛盾和疑点的应进行调查核实，必要时还要对犯罪嫌疑人做精神鉴定，防止错捕的发生。犯罪嫌疑人不讲真实姓名、住址，身份不明的，如果有证据证明其实施了犯罪行为，可以按其自报的姓名批准逮捕。

第四，有证据证明犯罪嫌疑人实施了犯罪行为。经过审查核实，证据应当是确实的,而且从数量上讲证据数量要充足,能够证明犯罪嫌疑人实施了犯罪行为。孤证不能作为批准逮捕的依据。

(2)是否可能判处徒刑以上刑罚。根据犯罪嫌疑人行为的性质、情节、危害等,依照刑法和有关法律的规定进行衡量,审查公安机关认定的犯罪性质、罪名是否正确,是否可能判处徒刑以上刑罚。

(3)是否有逮捕的必要。审查中要综合考查犯罪嫌疑人犯罪的性质、情节、犯罪后的态度、悔罪表现以及犯罪嫌疑人自身的情况,审查采取取保候审、监视居住的方法,仍有可能逃跑、自杀、串供、毁灭罪证、妨碍诉讼活动的正常进行,或可能进行行凶报复、继续作案等犯罪活动,给社会带来危害,确有逮捕必要的,应坚决逮捕。

(4)有无遗漏应当逮捕的同案犯和犯罪事实。根据检察机关侦查监督的职责,检察人员在审查批捕时,还要注意审查公安机关移送批捕的案件是否遗漏犯罪嫌疑人的罪行和应当追究刑事责任的同案犯。审查中发现有遗漏犯罪事实的,应通知公安机关进一步查清犯罪嫌疑人的犯罪事实;发现应当逮捕而公安机关未提请批捕的同案犯,应建议公安机关提请批准逮捕,以保证公安机关侦查工作的质量。

(5)公安机关在侦查活动中有无违法情形。检察人员在办理审查批捕案件时,应注意审查公安机关的立案、侦查、取证等活动中是否有违法行为,如发现有违法行为,应及时予以纠正。

承办批捕案件的检察人员在审阅案卷和核实证据的基础上,应依据案件的不同情况,分别提出批准逮捕或不批准逮捕的意见,制作审查逮捕犯罪嫌疑人表,报刑事检察部门负责人审核后,呈报检察长决定,重大案件应提交检察委员会讨论决定。

第二节 批捕证据审查的特点

根据宪法、刑事诉讼法以及有关司法解释和人民检察院批捕审查工作实际情况,批捕证据审查主要有以下五个特点:

一、批捕证据审查的主体特定性

《宪法》第37条第2款规定:"任何公民,非经人民检察院批准或者决定或者人民法院决定,并由公安机关执行,不受逮捕。"同时《刑事诉讼法》第78条规定,逮捕犯罪嫌疑人、被告人,必须经过人民检察院或者人民法院决定，由公安机关执行。这表明，在我国，只有公、检、法三机关有行使逮捕的权力，其他任何机关、团体、企事业单位和公民个人均无权批准、决定逮捕。在司法实践中，对于刑事案件犯罪嫌疑人的逮捕，只有少数是由人民法院决定的，绝大多数都是由人民检察院决定的，即对于人民检察院直接受理侦查案件的犯罪嫌疑人需要逮捕的，由人民检察院决定逮捕。而批准逮捕的权力只能由人民检察院行使，公安机关、国家安全机关对于自己侦查的案件，认为需要逮捕犯罪嫌疑人的时候，依法应提请人民检察院审查批准，对符合逮捕条件的，由人民检察院批准逮捕；为了保障人民检察院更好地行使这一权限，最高人民检察院还根据法律的精神及司法实践，对于检察机关如何行使批准、决定逮捕的权限，作了具体的规定：

1. 对于外国人（不包括享有外交特权和豁免权的人，下同）、无国籍人涉嫌危害国家安全犯罪的案件或者涉及国与国之间政治、外交的案件，以及在适用法律上确有疑难的案件，需要逮捕犯罪嫌疑人的，由分、州、市人民检察院审查并提出意见，层报最高人民检察院审查。最高人民检察院经征求外交部的意见后，决定批准逮捕。经审查认为不需要逮捕的，可以直接作出不批准逮捕的决定。对于外国人、无国籍人涉嫌上述犯罪以外的其他一般犯罪案件，由分、州、市人民检察院审查并提出意见，报省级人民检察院审查。省级人民检察院经征求同级政府外事部门的意见后，决定批准逮捕，同时报送最高人民检察院备案；经审查认为不需要逮捕的，可以直接作出不批准逮捕的决定。

2. 人民检察院对担任本级人民代表大会代表的犯罪嫌疑人批准或决定逮捕，应当报请本级人民代表大会主席团或者常务委员会许可；人民检察院对担任上级人民代表大会代表的犯罪嫌疑人批准或决定逮捕，应当层报该代表所属的人民代表大会同级的人民检察院许可；对担任下级人民代表大会代表的犯罪嫌疑人批准或者决定逮捕，可以直接报请该代表所属的人民代表大会主席团或常务委员会许可，也可委托该代表所属的人民代表大会同级的人民检察院报请许可；对担任乡、民族乡、镇的人民代表大会代表的犯罪嫌疑人批准或者决定逮捕，由县级人民代表大会报乡、民族乡、镇的人民代表大会。对担任办案单位所在省、市、县（区）以外的其他地区人民代表大会代表的犯罪嫌疑人批准或者决定逮捕，应当委托该代表所属的人民代表大会同级的人民检察院报请许可；担任两级以上人民代表大会代表的，应当分别委托该代表所属的人民代表大会同级的人民检察院报请许可。

3. 对于中国人民解放军现役军人和地方人员共同犯罪的，由主管军事检察院同地方人民检察院协商后，分别依法处理；地方人员到军队犯罪，由地方人民检察院审查办理；现役军人入伍前在地方犯罪，先办理退役手续，移交地方人民检察院审查办理；军人退出现役后，发现其在服役期内犯罪，一般由地方人民检察院审查处理，但涉嫌军人职责罪的案件，仍由主管的军事检察院审查办理；退伍军人在退伍后途中犯罪的，由犯罪地人民检察院审查办理。

4. 罪该逮捕的犯罪嫌疑人，如属于县级以上领导干部和各方面有代表性的知名人士，人民检察院在审查决定逮捕时，经本级检察委员会讨论提出意见后，须向上一级人民检察院请示同意后再作出决定。

5. 对于犯罪嫌疑人作案后逃到外地需要逮捕的，一般仍由其作案地人民检察院审查批准逮捕。但是如遇有特殊情况，作案地公安机关来不及报经当地人民检察院批准逮捕时，也可凭犯罪嫌疑人的犯罪事实材料和证据，直接通过犯罪嫌疑人所在地公安机关向同级人民检察院提请批准逮捕，而由该检察院审查批准逮捕。

二、批捕证据审查的时间特定性

根据《刑事诉讼法》第89条第3款的规定，人民检察院应当自收到公安机关提请批准逮捕书后7日以内，作出批准逮捕或者不批准逮捕的决定。根据最高人民检察院的有关规定，犯罪嫌疑人未被拘留的，人民检察院应当在接到提请批准逮捕书后的15日以内作出是否批准逮捕的决定，对于重大、复杂的案件，审查批准逮捕的时间不得超过20日。上述期限是指办案人员审查、审查逮捕部门负责人审核，检察长或检察委员会决定的整个期限。同样，对于人民检察院侦查部门移送审查逮捕的案件，犯罪嫌疑人已被拘留的，应当在审查逮捕部门接到逮捕犯罪嫌疑人意见书后7日以内，决定是否逮捕；犯罪嫌疑人未被拘留的，应当在审查逮捕部门接到逮捕犯罪嫌疑人意见书后的15日以内作出是否批准逮捕的决定，对于重大、复杂的案件，审查批准逮捕的时间不得超过30日。法律之所以对审查批捕的期限作出严格的规定，一方面，是因为逮捕是一种强行剥夺人身自由的最严厉的强制措施，把符合逮捕法定条件的人及时逮捕，在整个办案期限内予以羁押，严格监管，可有效地防止其串供、毁灭罪证、制造伪证、逃跑、自杀和继续犯罪；另一方面，对审查批捕的期限作出严格的规定可以对不符合逮捕条件的犯罪嫌疑人，及时作出不批准逮捕的决定，最大限度地保护公民的人身自由等宪法性权利，有利于法律的正确实施。

检察实践中，对于特别重大的刑事犯罪案件、重大的集团犯罪案件及其他影响大、危害严重的重大案件、涉外刑事案件和突发性案件和专项打击中的严重刑事犯罪等重大、特大案件的批捕证据进行审查，检察机关可以实行"提前介入"的工作办法。按照一般的办案程序，检察机关对批捕证据的审查，往往是在公安机关、国家安全机关提请批准逮捕和检察院侦查部门移送审查逮捕之后。在检察实践中，各级检察机关根据刑事诉讼法的有关规定和切实、有效地行使侦查监督职权，依法从重从快地打击严重刑事犯罪活动的需要，实行了"提前介入"的工作方法，例如，对于公安机关已经立案侦查但尚未提请批捕的案件，检察机关可提前派员介入该案的侦查，和公安机关一起对案件进行现场勘查、侦查实验、尸体检验等侦查活动，参加公安机关对案件的讨论，并可以查阅公安机关的侦查卷宗，从而使检察机关的审查批捕人员及早了解案件，以有利于提高对批捕证据审查的效率，保证批捕证据审查的质量，及时批准逮捕公安机关提请逮捕的那些重大刑事犯罪分子，有力地依法打击严重刑事犯罪活动，更好地履行检察机关的侦查监督职责。

三、批捕证据审查的重点是审查逮捕的条件

根据《刑事诉讼法》第79条规定，批准或决定逮捕的案件，应同时具备下列条件：有证据证明有犯罪事实，可能判处徒刑以上的刑罚，采取取保候审，尚不足以防止发生社会危险性而有逮捕必要的。犯罪嫌疑人的行为只要符合上述条件，即可对其决定批准逮捕。对批捕证据进行修改的关键是将原来规定的"主要犯罪事实已查清"，修改为"有证据证明有犯罪事实"，所以在对批捕证据进行审查时，承办人员要对能证明上述三个条件的证据进行重点审查，尤其要对证明犯罪嫌疑人有犯罪事实的证据进行审查，以保证准确、及时地逮捕犯罪嫌疑人。

在审查批捕证据过程中，对侦查活动监督的重点应主要审查：（1）侦查机关或部门是否对犯罪嫌疑人有刑讯逼供、诱供的；（2）对被害人、证人是否有以体罚、威胁、诱骗等非法手段收集证据的；（3）有无伪造、隐匿、销毁、调换或者私自涂改证据的；（4）是否徇私舞弊、放纵、包庇犯罪分子的；（5）是否属于故意制造冤、假、错案的；（6）在侦查活动中是否有利用职务之便谋取非法利益的；（7）在侦查活动中是否不应该撤案而撤案的；（8）侦查人员是否有贪污、挪用、调换所扣押、冻结的赃物及其孳息的；（9）侦查人员是否违反刑事诉讼法关于决定、执行、变更、撤销强制措施规定的；（10）侦查过程中是否违反羁押和办案期限的；（11）在检察机关通知立案后，是否属于立而不查、久拖不决的情况。

对办结案件的跟踪监督也是开展侦查活动监督的重要途径之一，对案件的跟踪监督也应有重点进行，主要应监督以下案件：（1）在集团犯罪、共同犯罪案件中，其他没有提请批准逮捕或注明"另案处理"、在逃的犯罪嫌疑人的

处理、追查情况；（2）批准逮捕后，公安机关改变强制措施或撤销案件的；（3）构成犯罪，无逮捕必要，直接移送起诉的案件；（4）犯罪事实存在，因证据不足不捕，提出补充侦查提纲要求补充侦查的案件；（5）审查批捕部门建议提请批准逮捕的案件。

四、批捕证据审查的全面性

现行刑事诉讼法对逮捕的条件有较大的修改，较原来的法律相比，对逮捕的条件作了调整，纠正了过去对逮捕条件要求过高过严的状态，更有利于审查批捕工作的进行。但是这并不意味着对批捕证据审查标准的降低。在审查批捕证据过程中，仍然要坚持全面审查的原则。这里全面审查是指承办人员既要对批捕证据从实体上进行审查，又要对批捕证据从程序上进行审查；既要审查犯罪嫌疑人有犯罪事实的证据，又要审查证明犯罪嫌疑人无犯罪事实的证据；既要审查证明犯罪嫌疑人罪重的证据，又要审查证明犯罪嫌疑人罪轻的证据；要审查有关主要犯罪嫌疑人的批捕证据，又要审查次要犯罪嫌疑人的批捕证据；同时，还要审查侦查机关或侦查部门提请批准逮捕或移送决定逮捕的案件有无遗漏犯罪嫌疑人、遗漏犯罪行为的情况及赃款、赃物的处理、去向，要审查侦查机关或侦查部门在侦查活动中有无违法行为，发现侦查机关或侦查部门应立案侦查而不立案侦查的案件线索，应采取立案监督措施。只有这样才能准确地查明案件事实，正确地作出是否批准逮捕的决定，以做到不枉不纵。

五、涉及未成年人涉嫌犯罪的证据审查的特殊性

未成年人实施犯罪行为需要通过刑事诉讼程序处理的案件是指已满14周岁不满18周岁公民犯罪的案件。办理未成年人犯罪案件在严格执行刑法、刑事诉讼法的同时，还需要参照未成年人保护法、预防未成年人犯罪法等规定。在办理未成年人犯罪案件的过程中，要严格执行教育、感化、挽救的方针，坚持以教育为主、惩罚为辅的原则，保障未成年人的合法权益，尊重未成年人的人格尊严，促使未成年人改过自新，健康成长。人民检察院审查批捕部门要设定专人或专门办案组办理未成年人案件，专人或专门办案组要由政治、业务素质好，熟悉未成年人特点，善于做思想教育、转化工作的检察人员承担。其中应当有女检察人员。在审查未成年犯罪嫌疑人过程中，针对未成年人的身体特征、心理特征、家庭环境、成长过程、犯罪原因等方面存在问题，应及时提出检察建议，提出纠正措施，帮助提高教育管理水平。办理未成年人刑事案件，

应当注意保护未成年犯罪嫌疑人、被害人的名誉,不得在新闻报道、影视节目、公开出版物上披露未成年犯罪嫌疑人的姓名、住所、照片及可以推断出该未成年人的资料,不得披露未成年人的隐私,以有利于未成年人回归社会。

第三节 批捕证据的标准

一、逮捕的证明标准

逮捕的证明标准,是指适用逮捕时对证明案件事实所使用的证据在质量和数量上的要求。

逮捕作为一种强制措施,有其特定的适用条件。那么,在适用逮捕时,就要首先判断是否符合其适用条件,这种判断是以证据为基础的,因此逮捕也存在着证明标准。逮捕的性质和目的影响着逮捕的证明标准。慎用逮捕的措施之一就是严格逮捕的条件,包括严格逮捕的证据标准。也就是说,适用逮捕,必须有一定的证据证明犯罪嫌疑人或被告人符合适用逮捕的条件,这是准确适用逮捕的重要保证。另一方面,逮捕作为强制措施之一,是为刑事诉讼服务的,主要目的在于保证刑事诉讼的正常进行和证据的收集。因此,从这一意义上说,逮捕对证据的要求又不宜过高,其证明标准明显低于最终定案时的证据标准。正是基于此,不少国家都试图在法律上对逮捕的证明标准作出恰如其分的规定。如日本刑事诉讼法规定逮捕要有"充分的理由",英、美刑事诉讼法律规定"颁发逮捕证要有一定的证据证明其诉因的确实性"。[1] 逮捕的证明标准中包括证据的质和量两个方面的内容。所谓证据的质,即证据的性质。证据必须是确实的,这是逮捕对证据的质的要求;同时,证据又必须具有一定的数量,这是逮捕对证据量的要求。证据的质和量是逮捕的证明中不可分割、相互联系的两个方面。

二、我国刑事诉讼中逮捕的证明标准

我国刑事诉讼法规定的逮捕的首要条件是"有证据证明有犯罪事实",这一规定直接反映了法律对逮捕的证明要求,即"有证据"。对于逮捕的证明要求,我国《刑事诉讼法》的规定是明确的,但如何理解这一规定的含义,是

---

[1] 金明焕主编:《比较检察制度概论》,中国检察出版社1993年版,第106页。

一个十分重要的问题。

我国刑事诉讼法中逮捕的证明标准,同样包括证据的质和量两个方面的内容,是证据的质和量的统一。一般认为,证明就是运用证据认定案件事实的活动,包括收集证据、审查判断证据等全部过程,并且具有证明对象、证明标准等证明环节。"有证据证明有犯罪事实"就是已有的证据能够证明犯罪事实确已发生,犯罪嫌疑人、被告人实施犯罪行为。这里,所要证明的对象就是犯罪事实是否确已发生,犯罪嫌疑人、被告人是否实施了犯罪行为。如果说"证明"本身是一个诉讼过程,那么"有证据证明有犯罪事实"则是一种状态,是"证明"的结果。这种状态既是证据证明的结果,又反过来规定了证据的性质和数量。也就是说,在能够"证明"的状态下,证据必须是确实的,又必须达到一定的数量,是证据的质和量的统一。否则,就不可能达到能够"证明"的结果。

(一) 证据必须是确实的

这是由证据本身的属性所决定的。对此绝大多数学者持赞同观点,同时也得到了立法机关和执法机关的认同。最高人民检察院《人民检察院刑事诉讼规则(试行)》第139条第2款规定,有证据证明有犯罪事实是指同时具备下列情形:一是有证据证明发生了犯罪事实;二是有证据证明犯罪事实是犯罪嫌疑人实施的;三是证明犯罪嫌疑人实施犯罪行为的证据已经查证属实的。

(二) 证据必须具备一定的数量

在逮捕的证明要求中,有多少证据才算是"证据",才符合逮捕在证据数量上的证明要求呢?对此,有着不同的看法。一是个数说。这种观点认为,所谓"有证据",顾名思义,就是只要有证据即可,一两个证据就是证据。二是相当说。这种观点认为,有证据证明有犯罪事实,"从证明标准来讲,其证据只要求在相当的确实证据证明即可"。[1]三是充足说。这种观点认为,"有证据证明有犯罪事实"中的"证据","不是指一个证据,而应当是有充足的证据"。[2]第一种观点显然是不妥的。它割裂了"有证据"和"证明犯罪事实"两者之间的联系,对"有证据"作了片面的理解。固然,仅从字面上看,一个或两个证据都叫证据,但只要将"有证据"和"证明犯罪事实"二者联系起来进行分析,就会发现这种观点是经不起推敲的。首先,理解任何一个概念,都必须将其置于它所处的特定联系之中,否则,就无法得出正确的结论。

---

[1] 陈光中主编:《刑事诉讼法》(新编),中国政法大学出版社1996年版,第221页。

[2] 参见李忠诚:《对"有证据证明有犯罪事实"的理解》,载《人民检察》1996年第9期。

如前所述，在"有证据证明有犯罪事实"这一表述中，要达到能证明有犯罪事实的证明程度，证据必须具有一定的数量。显然，一个或两个证据是达不到这一程度的。其次，不同类型的证据证明力是不相同的。间接证据必须相互印证，形成链条才能证明某一案件事实。因此，仅凭一个或两个间接证据是不能证明有犯罪事实的。再次，证据必须具有客观性。然而，任何一个证据都不能证明其自身的客观性。结合其他证据进行分析，是判断某一证据客观性的方法之一。孤证是不可能达到逮捕的证明要求的。

"有证据证明有犯罪事实"是我国刑事诉讼法规定的逮捕的证明标准，其基本含义就是"证据确实、充足"。正确理解和把握这一证明标准，应注意以下几个问题：

第一，"证据充足"不等于"证据充分"。我国刑事诉讼法规定，人民检察院对犯罪嫌疑人提起公诉，人民法院对被告人作出有罪判决，必须犯罪事实清楚，证据确实、充分。这里所说的"证据充分"，是证明的最高标准，即定案时的证据，与逮捕证明中的"证据充足"含义有明显的不同。"证据充分"是相对于具有犯罪事实而言，其数量必须覆盖影响定罪量刑的所有案件事实的情节；而"证据充足"是相对于某一个具体犯罪事实而言，只要足以能证明有犯罪事实即可。因此，"证据充分"在证据的数量上显然大于"证据充足"。

第二，"证据充足"不等于"犯罪事实已经查清"。逮捕标准中的"证据充足"是相对于犯罪事实存在而言的，而不是相对于犯罪事实的具体情节而言的。因此，这里的"证据充足"与犯罪事实是否清楚没有必然的联系。

第三，"证据确实、充足"与逮捕条件的放宽。我国现行刑事诉讼法规定的"有证据证明有犯罪事实"与1979年刑事诉讼法规定的"主要犯罪事实已经查清"相比，在以下两个方面放宽了逮捕条件：一是从证明对象上放宽了逮捕条件。1979年刑事诉讼法规定的逮捕条件之一是"主要犯罪事实已经查清"。根据这一规定，在犯罪嫌疑人有数起犯罪事实的情况下，必须查清其中的主要犯罪事实；在犯罪嫌疑人实施数个犯罪行为的情况下，必须查清主要犯罪行为的犯罪事实。现行刑事诉讼法将"主要犯罪事实已经查清"修改为"有证据证明有犯罪事实"，从证明对象的要求上放宽了逮捕的条件。从其含义来看，"有证据证明有犯罪事实"中的"犯罪事实"，与1979年刑事诉讼法规定的"主要犯罪事实"是有明显不同的。这里的"犯罪事实"，既可以是单一犯罪行为的事实，也可以是数个犯罪行为中任何一个犯罪行为的事实。对实施多个犯罪行为或者共同犯罪案件的犯罪嫌疑人，证实数罪中的一罪或者多次犯罪行为中的一次犯罪行为的，即属有"犯罪事实"。二是从证明程度上放宽了逮捕条件。1979年刑事诉讼法规定的"主要犯罪事实已经查清"，不仅要求证明对象是主要犯罪事实，而且从证明程度上要求对主要犯罪事实"查清"的程度。现行刑事诉讼法规定的"有证据证明有犯罪事实"，只要求能证明有犯罪事实即可，不要求达到"查清"的程度。"查清"和"有证据证明"在证明程度上有着一定的差别，主要表现为二者对构成犯罪事实的要素数量，并由此而要求的证据的数量上的不同。

第四节 批捕证据审查的方法和步骤

批捕证据审查工作需要检察人员具备特定的能力和掌握具体的方法、步骤以及技能。因此，结合批捕证据审查工作的特点和法律规定，注重对以下要求、方法和步骤的把握，可以顺利、正确地完成批捕证据审查工作。

一、批捕证据审查对检察人员的能力要求

对批捕证据进行审查，检察人员必须具备基本的政治素质、职业道德和业务素质。检察人员的政治素质要求检察人员必须坚持四项基本原则，拥护和执行党的路线、方针和政策，必须具有一定的马克思列宁主义、毛泽东思想的基本理论水平，能够运用辩证唯物主义和历史唯物主义的立场、观点和方法去分析和解决问题。检察人员应当具备的职业道德素质要求检察人员热爱本职工作，理解自己职业的重要性并且有高度的责任感，廉洁奉公，遵纪守法，全心全意为人民服务；秉公执法，不徇私情，不畏权势；实事求是，忠实于法律，踏实于社会主义事业。检察人员的业务素质要求包括文化知识、工作能力等方面。其中，检察人员必须具有广博的基础知识，即检察人员必须受过良好的基础教育，有一定程度的文化知识水平，检察官法对此已明确，检察官必须具有大学专科以上文化程度；其次，检察人员还必须具有系统的法律专业知识，包括刑法学、刑事诉讼法学及其他与批捕证据审查有关的业务知识，如逻辑学、刑事侦查学、司法精神病学、经济法学等相关理论知识。最后，作为检察人员还应具备一定的社会知识和自然科学知识。犯罪是一种复杂的社会现象，不同的犯罪往往涉及不同的知识领域，尤其是随着科技的发展，一些利用高新科技进行的犯罪不断增多，所涉及的自然科学的领域也不断扩大，这就需要检察人员具备相应的自然科学知识。检察人员所应具备的业务能力包括科学的逻辑思维能力、准确的记忆能力和良好的心理素质及文字处理能力。

二、批捕证据审查的方法和步骤

检察人员在具备上述批捕证据审查的基本能力的基础上,还必须掌握一定的方法,才能准确及时地对批捕证据作出正确的分析、判断。

对批捕证据进行审查,实践中一般的方法和步骤是:

(一) 全面审查案卷材料

对批捕证据进行审查,首先要全面审查案卷材料。全面审查案卷材料,是对批捕证据进行审查的基础。全面审查案卷,要遵循审查判断证据的一般方法。虽然不同承办人员审查批捕证据的过程各有特点,但一般来说都应包括以下三个基本方法:

1. 个别审查

个别审查就是对所收集的批捕证据材料逐个进行审查,即单独审查判断每个批捕证据的来源、内容及与案件事实的联系,以确定其真实可靠性和证明力的大小。逐一审查通常作为对有关证据加以初步筛选、审查和判断的必要手段,对于那些明显虚假和毫无证明价值的证据材料,经过逐一审查即可筛除。这一方法要求承办人员主要审查批捕证据是否真实,要对单一证据的特征、内容、表现形式等是否符合客观事物的产生、发展和变化的一般过程,是否符合人之常理,是否有违自然规律加以识别和判断,还要审查批捕证据是否与案件事实有联系。只有客观上与案件事实有某种联系的证据,才能作为定案的根据;那些与事实无联系的证据,是不能作为定案依据的。对批捕证据进行单一审查时,尤其要审查证据收集的程序是否合法。程序的合法性是证据真实可靠性的保障。在具体对批捕证据进行逐一审查时,要注意审查以下几个方面:(1) 审查批捕证据材料的来源。来源是否合法关系到证据的真实性。证据是在什么样的情况下取得的,是否依法定程序收集的,取证时是否有诱供、骗供、逼供等非法手段,这些都必须注意。(2) 审查批捕证据材料同案件是否有联系。(3) 审查证据材料的内容。主要审查每一证据材料是否前后一致,有无自相矛盾、张冠李戴等情况,是否合乎情理,有无荒诞离奇之处。

2. 对照比较审查

相互对比是对案件中证明同一案件事实的两个或两个以上的批捕证据材料进行比较和对照,以确定其内容和反映的情况是否一致,以确定是否合理地共同证明案件事实。对证据进行相互对比必须具备以下前提:首先是基于事物之间的差异现象而使人们存在识别的可能,这种事物之间的差别性的内在原因是由于事物内部的特殊性所决定的;如果客观事物本身不存在这种相互间的差别性，那么就无从对批捕证据进行对比；其次是作为对比的两个或两个以上的证据之间必须具备可比性，这一可比性是由这些证据均与案件事实具有某种程度的关联性所决定的，即这些证据都是能够用来证明同一事实或事物的，否则就无法产生相互比较的必要基础，也就必然导致得出错误的结论。一般来说，经对比研究认为相互一致的证据材料往往比较可靠，而相互矛盾的证据材料则可能其中之一有问题或者都有问题。当然，对于相互一致的证据材料也不要盲目相信，因为串供、伪证、刑讯逼供等因素也可能造成虚假的一致；而对于相互矛盾或有差异的证据材料也不能一概否定，还应认真分析那些矛盾和差异的形成原因和性质，因为不同的证据材料之间有所差异也是难免的。

对证据进行相互对比有两种基本的形式：一种是纵向的对比；一种是横向的对比。纵向对比是指按照犯罪发生、发展到终了的过程，把一个个能够证明案件事实的证据连结起来加以证明。各个环节之间联系紧密，没有空白、缺口，不存在根本性的矛盾和疑点，就应当认为案件事实清楚。在对批捕证据进行纵向对比时，要注意时间顺序在这一对比中的重要作用。证据材料的形成和存在与时间有密切关系，犯罪发生原因的证据与证明犯罪结果的证据，在时间上具有不可逆转性。有些证据材料的形成必定在实施犯罪行为之前，不可能在犯罪之后，比如盗窃案件中的作案工具；有些证据材料必定在犯罪之后形成，比如盗窃财物的销赃。这些证据的形成时间关系到证据本身的真实性，并关系到罪与非罪、此罪与彼罪的重大问题。在对证据进行纵向对比时，往往会发现一些矛盾和疑点需要解决或出现空白缺口需要补充，才能使整个案件事实连接起来，这就需要检察人员对证据进行横向比较。所谓对证据的横向对比是指对证明同一案件事实的不同证据和证明案件事实的同一个方面的不同证据进行并列对比，以审查其内容是否协调一致，有无矛盾之处。

3. 综合全面审查

综合审查是指对案件中所有的批捕证据材料进行分析、判断，以确定其内容和证明的情况是否协调一致，能否相互印证和吻合，能否确实充分地证明案件的真实情况。在对批捕证据进行综合审查时，承办人员要注意审查批捕证据与案件事实是否一致，证据材料与证据材料之间，证据与犯罪嫌疑人供述之间是否一致，有无矛盾，是什么矛盾，是否影响对案件基本事实的认定，是否要进一步查证等，进而全面审查证据，最后对案件事实作出正确的结论。在通常情况下，对于某一案件事实的认定，仅仅凭审查一个证据是否具有真实、可靠性，无法达到确认案件事实的目的。任何一个证据都不可能借助自身来证明其真实可靠性，只有与其他证据结合起来，加以综合分析、判断，才能确认其真伪。在逐一审查时未发现的问题，只有与其他证据结合起来，加以综合分析、判断，才能确认其真伪。在逐一审查时未发现的问题，可能在综合审查时发现；在逐一审查时未解决的问题，可能在综合审查时解决；逐一审查中存在的疑点，可能在综合审查时澄清。只有通过综合审查所有证据之间的相互关系以及这些证据与案件事实之间的关系，才能对案件事实作出正确的认定。综合审查就是通过注重审查所有证据与证据之间、证据与案件事实之间的矛盾，分析出现矛盾的原因，正确地解决这些矛盾。这一过程既是分析矛盾、解决矛盾的过程，也是鉴别证据的真伪以及确定证据同案件事实的内在必然联系的过程。

（二）在全面审阅案卷的基础上认真做好阅卷笔录

阅卷笔录应本着简约、必需、基本反映该案要点的原则进行摘录，摘录的卷内材料要客观、真实、忠实于原卷。对批捕证据进行审查时，摘录阅卷笔录一般要重点围绕犯罪事实、证据、侦查活动是否合法三个方面进行。阅卷笔录一般包括：（1）犯罪嫌疑人的自然情况，采取刑事拘留或其他强制措施的时间；（2）对犯罪事实的完整记录。包括时间、地点、动机、目的、手段、对象、后果；共同犯罪的案件中，各个犯罪嫌疑人在犯罪活动中的行为、情节、作用；（3）批捕证据的内容，包括犯罪嫌疑人的有罪供述和无罪辩解、从轻或从重的证据；（4）在逃犯、漏犯的情况；（5）赃款、赃物的处理、去向及其他应反映的内容。

阅卷笔录中需要采用的法律文书、鉴定意见、单据等类书证、自书供词、勘验、检查笔录等可以复印。讯问犯罪嫌疑人笔录、询问证人、受害人笔录，可以在保持原意的基础上节选、摘录，注明出处。内容重复的笔录不必摘录，但要记明讯（询）问的时间、次数。内容不同或相反的笔录也要节选摘录。摘录、采用材料的编排方法和逻辑顺序可因案件的不同而不同，实践中一般对一人一罪的，可按案件发生、实施的过程摘记；一人多罪的，可按主罪、次罪先后的顺序摘记；同类性质的犯罪，以犯罪行为较重的一次为主，较详尽地摘录，其他同类次要罪行可略记。对多人共同犯罪的案件，可采用列表的方式摘录。案件复杂的，可以用列几个表格的方法对照、比较。无法列入表格的证据材料，可另行节选摘记。

（三）复核证据

在对批捕证据进行审查的过程中，对公安机关提请批准逮捕的案件，检察人员不另行侦查取证，审查案卷后有疑问的，可以复核已有的证据，也可以通过讯问犯罪嫌疑人，询问证人等诉讼参与人来复核证据。如果犯罪嫌疑人不供认犯罪事实，或虽有供认，但供述极不稳定，时供时翻；或者犯罪嫌疑人的口供与证据互相矛盾；或者犯罪嫌疑人责任年龄或责任能力不清或有疑问；其串供作案动机、目的不清；或者共同犯罪中各个犯罪嫌疑人的情节、责任不清；或者发现漏罪或其他遗漏的犯罪分子；或者有刑讯逼供、指供、诱供的现象；

或者有立功、自首行为，但情节不清影响认定的，应当对犯罪嫌疑人、证人、受害人进行讯（询）问。

对公安机关已刑事拘留的犯罪嫌疑人，审查批捕案件的承办人员可以直接进行讯问；对未被刑事拘留的犯罪嫌疑人，确有必要讯问的，应当事先征得公安机关的同意，采取适当防范措施，以免发生意外。

对证人进行询问，除应遵守刑事诉讼法的一般规定外，还要注意承办案件的人员不得向证人泄露案情或流露出个人对案件的看法。严禁对证人威胁、引诱，迫使证人按照承办人的主观要求提供证言；询问证人，要注意事先弄清证人与犯罪嫌疑人、被害人的关系，特别是有无利害关系，以便于采取相应的方法、步骤；询问未成年人时，可通知他的法定代理人到场，并在笔录上签名，询问的方法也要适应未成年人的特点；询问聋哑人证人，应当有通晓聋、哑手势的人参加，并在笔录中记明。

询问被害人与询问证人应注意的规则基本相同，但要注意询问涉及个人隐私案件中的被害人时，要注意工作方法，注意保护被害人的名誉。

审查中如果出现下列情况之一，也要对证据进行复核：有关物品的估价证明与物品的实际价值看上去出入较大，影响罪与非罪的区分认定；伤情鉴定结论、司法精神病鉴定结论与实际情况明显不符。

另外，为保证办案质量，从重从快打击严重犯罪，对于重大、复杂、社会影响大、群众较为关注等类案件，检察机关可以实行提前介入的方法，以保证对证据审查的及时、准确性，但这并不是批捕证据进行审查的必需程序。

承办人员运用以上方法对案件全部的证据材料进行全面的审查和分析，去粗取精，去伪取真，本着客观、真实、全面的精神，形成对审查批捕案件的审查意见。

第十四章
审查起诉中的证据实务

起诉证据审查是指在审查起诉过程中,检察人员对收集的证据进行分析研究,鉴别证据的真伪,确定证据的证明力并依据查证属实的证据决定是否对案件提起公诉的活动。了解起诉证据审查的内容和特点对于起诉证据的审查具有重要意义。在本章中,我们阐述了我国刑事诉讼法对起诉证据证明标准的规定,并对掌握刑事起诉证明标准应注意的问题进行了探讨。最后还论述了起诉证据审查的方法和步骤。

第一节 起诉证据审查的内容

起诉证据审查是指在审查起诉过程中,检察人员对收集的证据进行分析研究,鉴别证据的真伪,确定证据的证明力并依据查证属实的证据决定是否对案件提起公诉的活动。

人民检察院审查起诉的任务,是按照"以事实为根据,以法律为准绳"的原则,对公安机关侦查终结移送起诉的案件,以及人民检察院自行侦查终结的案件进行全面、细致的审查。其基本内容是:审查案件中认定的犯罪事实和犯罪嫌疑人是否不错不漏,取得的证据是否确实、充分,适用的法律是否正确,侦查活动是否合法等。通过审查,作出是否将被告人交付人民法院审判,依法提起公诉、不起诉或撤销案件的决定,并付诸实施,以确保追诉犯罪的及时性、全面性、准确性和合法性,维护公民的民主权利、防止放纵刑事犯罪分子。同时,保障无罪的人不受刑事审判。

对起诉证据的审查是正确认定案件事实的基础,是刑事诉讼顺利进行的有力保障,通过对起诉证据的审查,检察人员可以全面地审查案件的事实和证据,并可以检验批捕工作的质量;同时可以审查侦查活动是否合法,法律手续是否完备,对侦查工作实行有效的监督。

一、受理移送审查起诉案件证据必须查明的内容

根据现行刑事诉讼法和《人民检察院刑事诉讼规则(试行)》的规定,对公安机关侦查终结移送人民检察院审查起诉的案件以及本院侦查部门移送审查起诉的案件,首先要经过"受理"环节的审查,主要是进行程序性审查,内容包括:案件是否属于本院管辖;起诉意见书以及案卷材料是否齐备及案卷装订、移送是否符合有关要求和规定;诉讼文书、技术性鉴定材料是否单独装订成卷;犯罪嫌疑人是否在案以及采取强制措施的情况等。除程序性审查外,还应当对作为证据使用的实物是否随案移送及移送的实物与物品清单是否相符进行审查,这种对实物证据的初查涉及对证据的识别、确认,已初步涉及对移送审查起诉案件的实物证据量与质的调查,为进一步审查判断证据,作出相应决定奠定基础。当然,"受理"环节对证据的调查范围仅限于实物证据,调查内容仅仅是"表面"的、"形式"上的。

二、审查移送审查起诉证据必须查明的内容

根据《刑事诉讼法》第168条规定和司法实践经验,办理案件的检察人员在接到案件后,应当首先阅卷审查,制作阅卷笔录,查明以下十个方面的内容:

1. 犯罪嫌疑人身份状况是否清楚,包括姓名、性别、国籍、出生年月日、职业和单位等。这是首先应确定的事实,因为犯罪嫌疑人的存在与否、具备刑事责任能力与否,甚至国籍状况、性别状况、职业等都有可能导致国家对该犯罪嫌疑人涉嫌犯罪行为的刑罚权归于消灭,从而不必再进一步审查案件的其他内容。例如,犯罪嫌疑人已死亡的、犯罪时未达到刑事责任年龄的、享有外交特权或者豁免权的外国人,以及其职业不具备某种犯罪主体的身份要求等,都会导致国家对该犯罪嫌疑人的刑罚权的消灭。

2. 犯罪事实、情节是否清楚,认定犯罪性质和罪名的意见是否正确;有无法定的从重、从轻、减轻或者免除处罚的情节;共同犯罪案件的犯罪嫌疑人在犯罪活动中的责任认定是否恰当。

(1)查明犯罪事实、情节是否清楚。犯罪事实是指作为犯罪嫌疑人实施的危害社会的行为,这是犯罪成立的最基本的事实。犯罪情节是指犯罪构成必

要要件的基本事实以外的、其他能够影响社会危害程度的各种具体事实情况。主要包括犯罪的时间、地点、手段、侵害的具体对象和造成的后果,以及行为人的动机、目的及犯罪后的态度等。这些都会影响到犯罪的危害性大小,对进一步说明、认定犯罪成立和裁量刑罚有决定性意义。

(2)审查认定犯罪性质和罪名的意见是否正确。认定犯罪性质是在查清犯罪事实的基础上确定起诉意见书中指控的犯罪性质是否准确。认定罪名是指在认定犯罪性质的基础上,指控犯罪嫌疑人的犯罪行为构成哪一种具体犯罪和确定犯罪的名称。正确认定犯罪性质和罪名,可为进一步提起公诉和审判的顺利进行打下基础。同时,也维护了法律的尊严,体现了诉讼的严肃性和公正性。

(3)审查有无法定的从重、从轻、减轻或者免除处罚的情节;共同犯罪案件的犯罪嫌疑人在犯罪活动中责任的认定是否恰当。有无法定情节,关系到是否提起公诉或提起公诉后的刑事审判的进行。例如,犯罪嫌疑人属于"中止犯"且有证据证明其行为没有造成危害的,根据刑法的规定"应当免除处罚",根据《刑事诉讼法》第173条规定,人民检察院应当作出不起诉决定。而若有证据证明该"中止犯"造成了危害的,根据《刑法》规定"应当减轻处罚"。对于共同犯罪案件,应当着重审查起诉意见书中提供的证据与认定共同犯罪人在犯罪活动中的地位和作用是否一致。共同犯罪人在犯罪活动中的刑事责任大小,主要看其在共同犯罪中所处的地位和所起的作用大小,并且适当考虑共同犯罪人的分工情况,从而在确定共同犯罪人种类的基础上确定。因此,共同犯罪案件,在审查起诉时既要对犯罪人逐一审查,看有关证据能否证明其犯罪行为,又要将其"供述"放在一起综合审查,结合其他证据,最后确定每一个共同犯罪人在犯罪活动中的地位、作用、分工,从而最终逐一认定其刑事责任大小。

总之,查清犯罪事实、情节,进一步审查犯罪性质和罪名的意见是否正确,认真审查有无法定情节和共同犯罪人在犯罪活动中的责任的认定是否恰当,都为正确决定起诉与不起诉,以及起诉后正确定罪量刑奠定基础。因此,凡与犯罪、犯罪情节、犯罪性质等有关的事实必须审查证据是否充分、认定是否准确。不仅要查明犯罪嫌疑人的主要犯罪事实,也要查明次要的犯罪事实;不仅要查明主犯的刑事责任认定是否准确,还要逐一分析、认定每一个共同犯罪人在犯罪活动中的刑事责任;不仅要查明有无法定"从严"的情节,还要查明有无法定"从宽"的情节;不仅查明每一个犯罪嫌疑人的某一主要犯罪的事实、情节,还要逐一查明其每一项罪行的时间、地点、手段、后果、因果关系、动机及目的等实际情况。当然,全面审查,不等于与犯罪嫌疑人的犯罪无关的事实也须查清，对不影响定罪量刑的细枝末节可不必查明。另外，对一人犯数罪或惯犯、连续犯，对那些不影响主罪认定又确实难以查清的次要事实可以不要求查清，决定提起公诉时，以主罪起诉。

在审查起诉阶段，经过审查，检察人员如果认为犯罪事实、情节已经查清，可以提起公诉；如果认为主要犯罪事实不清，可以退回公安机关补充侦查，检察机关也可以自行补充侦查，确保在认定事实上不发生错误。

3. 证据材料是否随案移送，不宜移送的证据的清单、复制件、照片或者其他证明是否随案移送。即从形式上、数量上审查案件涉及的证据是否齐全，是否存在。这是认定犯罪事实、情节，确定犯罪性质、罪名，以及认定法定情节和共同犯罪人在犯罪活动中的刑事责任大小的客观根据，是认定犯罪并决定起诉或不起诉所必需的。对此项内容的审查，有利于保证审查工作的严肃性、客观性、公正性。经审查，证据材料已随案移送、不宜移送的证据已附了清单、复制件、照片，或有其他证明文件并随案移送的，则进一步审查证据是否确实、充分；对全部或部分证据材料未随案移送的或不宜移送的证据未附清单，或未将其复制成复制件、照片或证明文件随案移送的，应书面要求公安机关或本院侦查部门提供。

4. 证据是否确实、充分。犯罪事实和犯罪情节是以证据证明的，只有证据确实、充分，才能说明指控的犯罪事实、情节成立。

证据确实，是要求提起公诉所依据的每一个证据都必须是客观存在并对案件事实有证明力的事实。因此，要求在审查起诉时，要对证据是否具有客观性、关联性和合法性逐一进行审查，保证作为认定犯罪事实和情节的证据是客观的、真实的，保证提起公诉的案件建立在客观真实的基础之上。

证据充分，是指全案证据所组成的证据体系对全案的事实具有充足的证明力。这就要求在审查起诉时，要把全案证据与案件事实、情节相对照，看犯罪事实和各个情节是否都有相应的证据，并一一加以证明。另外，还要将证据相互印证核实，看证据之间是否可以互相印证，并且不存在矛盾。把全案证据排列组合起来，看全案证据能否形成完整的证据体系，对全案事实形成充分的证明，对事实的认定构成充足的理由。

经过审查，认为证据确实、充分的，应决定提起公诉。如果发现证据之间存在矛盾的，应当认真调查核实，排除矛盾。对证据不足的，可以退回公安机关或本院侦查部门补充侦查，也可自行补充侦查，收集调取必要的证据。

5. 有无遗漏罪行和其他应当追究刑事责任的人。审查起诉程序是人民检察院依法对侦查活动进行监督的一种形式。因此，既要防止错误追究犯罪嫌疑人的刑事责任，又要防止遗漏犯罪嫌疑人的罪行和其他应当追究刑事责任的人。

在审查移送案件中，不仅要审查移送起诉意见书认定的犯罪事实和意见，而且还需认真核实、审查，扩大战果。（1）要善于发现漏罪，尤其是犯罪嫌疑人是累犯、惯犯、流窜犯时，要深挖其遗漏罪行；发现可疑的线索要进一步调查核实证据，发现遗漏罪行。例如，某检察院侦查部门按举报线索查办某县工商局某市场管理人员的受贿犯罪，在移送审查起诉后，负责审查的检察人员发现侦查部门认定的受贿犯罪事实清楚，证据确实、充分，但案卷中附有一份对犯罪嫌疑人住宅进行搜查的笔录，其中记载从其家中地毯下搜查出银行加封的1万元一捆的人民币8捆，并依法予以扣押。在侦查部门的讯问笔录中记载着犯罪嫌疑人的辩解，说这8万元是当月收取农贸市场各经营部的市场管理费，未交单位财务而私自存放家中。在侦查人员对犯罪嫌疑人的单位业务主管负责人进行调查时，询问笔录上记载有该负责人的证言，其中只说明犯罪嫌疑人是该单位的负责市场收费管理工作的人员，当月确实未将收取的管理费交给财务科。据此，侦查人员将这8万元解除扣押，退还该工商局。审查起诉人员抓住这一线索，经过对该案涉及的农贸市场进行调查取证，发现该农贸市场分若干摊位，没有任何一个摊位每个月缴纳过银行加封的成捆人民币，且月缴费最多的一个摊位为1600元。利用这一矛盾两次讯问犯罪嫌疑人，使其终于交代了自己长期截留收取的管理费而且挪给他人进行营利性活动。在听到检察院调查自己的风声后，以为挪用公款犯罪事实败露，向朋友筹借钱款，企图补上"漏洞"。朋友从自己的银行存款中提出现金交给犯罪嫌疑人，但还未来得及入账的事实。经进一步调查取证，证实了挪用公款罪成立。（2）要严格审查看有无其他应当追究刑事责任的人。在审查共同犯罪案件时，应当深挖漏网的同案犯；审查青少年犯罪案件时，应注意发现教唆犯；审查犯罪人作案后曾外逃的案件时，就应注意发现窝藏和包庇犯；审查盗窃、诱骗、抢劫等案件时，应注意发现窝赃犯、销赃犯；审查经济犯罪案件时，应注意发现贪污犯、受贿犯等。总之，要对移送起诉案件进行全面的审查，同时要深挖犯罪，为进一步提起公诉、出席法庭做好充分的准备。

经审查，没有遗漏罪行或其他需要追究刑事责任的人，即可以提起公诉；发现有遗漏罪行或同案犯需要进一步侦查的，检察机关应提出具体意见，退回公安机关或本院侦查部门补充侦查。

6. 是否属于不应当追究刑事责任的。经过审查被决定提起公诉的人，都必须是依法应当追究刑事责任的人。如果犯罪嫌疑人的行为不构成犯罪，或者虽然构成犯罪，但依法不应追究刑事责任的，就不能提起公诉。在审查起诉中，除应审查犯罪嫌疑人的行为是否构成犯罪外，还应注意审查是否具有

《刑事诉讼法》第 15 条规定的 6 种不应追究刑事责任的情形。如果发现具有法定的 6 种不追究刑事责任情形之一的，应当依法作出不起诉的决定。

7. 有无附带民事诉讼。对于国家财产、集体财产遭受损失的，是否需要由人民检察院提起附带民事诉讼。在审查起诉中，应当同时查明犯罪嫌疑人的行为是否给国家、集体和公民个人造成了物质损失，以及物质损失的大小。如果查明被害人遭受物质损失的，应当告知被害人有权提起附带民事诉讼；如果查明国家、集体财产遭受物质损失，应当在提起公诉时，提起附带民事诉讼。

8. 采取的强制措施是否适当。审查起诉中对采取的强制措施是否适当进行审查，是对侦查活动进行监督的内容之一。其中，审查的内容包含两个方面：一是采取强制措施有无违反法定期限；二是是否符合采取强制措施的法定条件，以及有无违反有关强制措施的其他规定。

经过审查，对侦查部门采取的强制措施不适当的，人民检察院应予以纠正。一般是承办案件的检察人员口头提出纠正违法意见，必要时，由刑检部门负责人提出；在特殊情况下，报请检察长批准，向侦查部门发出纠正违法通知书。司法实践中，大多是以口头形式提出的。

9. 侦查活动是否合法。对侦查活动是否合法实行监督，是审查起诉工作中的一项重要内容。在检察人员审查案件材料、讯问犯罪嫌疑人、询问证人和被害人以及复核证据的过程中，应注意对侦查活动是否合法进行监督。主要应注意：对犯罪嫌疑人有无刑讯逼供、指供和诱供的；对被害人、证人有无暴力逼取陈述和证言的；有无毁匿、涂改证据的；有无谋取非法利益的；有无违反刑事诉讼法中关于侦查的其他规定的，如该回避的侦查人员不回避等。在审查起诉中，对于非法言词证据应当依法予以排除。

经过审查，发现触犯刑律的，依法追究刑事责任；侦查活动中的违法行为，应及时提出纠正意见；因侦查活动中的违法而造成证据失实的，应当重新取证，以保证案件质量。

10. 与犯罪有关的财物及其孳息是否扣押、冻结并妥善保管，以供核查。对被害人合法财产的退还和对违禁品或者不宜长期保存的物品的处理是否妥当，移送的文件是否完备。审查起诉中对赃款、赃物等保管、保存进行审查，也是对侦查活动中有无不合法行为进行监督的内容之一。对发现的贪污、挪用、私分行为构成犯罪的应依法追究刑事责任，对管理不善等违法行为应由承办案件的检察人员通知侦查部门予以纠正。

承办案件的检察人员对上述十项内容进行审查后，应写出案件审查报告，提出起诉或者不起诉的意见，报刑事检察部门负责人审核后，报请检察长或检察委员会作出提起公诉或者不起诉的决定。

第二节　起诉证据审查的特点

人民检察院是国家的法律监督机关，代表国家进行审查起诉、提起公诉和支持公诉等公诉活动。人民检察院审查起诉，要以事实为根据，以法律为准绳，要依据查明的案件事实和查证属实的证据办理案件，因此，证据审查是审查起诉的中心环节。起诉证据的审查具有以下特点：

一、起诉证据审查由人民检察院审查起诉部门的检察员、助理检察员进行，也可由检察长直接承办

我国《刑事诉讼法》第167条明确规定："凡需要提起公诉的案件，一律由人民检察院审查决定。"其他任何机关、团体、个人都无权行使这项权力。在检察机关内部按照法律规定和业务分工，专门设置了审查起诉部门，承办对公安机关、国家安全机关和人民检察院侦查部门移送起诉和不起诉的案件审查，决定是否提起公诉或不起诉，出席法庭支持公诉，对人民法院的审判活动实行监督，对确有错误的刑事判决、裁定提出抗诉。

二、起诉证据审查必须在一定的期限内完成

根据我国刑事诉讼法的规定，人民检察院对于移送起诉的案件，应当在一个月内作出决定；重大、复杂的案件，一个月内不能作出决定的，审查起诉部门报经检察长批准，可以延长半个月。人民检察院审查起诉的案件，改变管辖的，从改变管辖的检察院收到案件之日起计算审查起诉期限。补充侦查只是彻底查明案情的一种补充措施，不能任意决定延长侦查期限，更不能当做灵活机动的一种方式。对于补充侦查的案件，补充侦查完毕移送人民检察院后，人民检察院重新计算审查起诉的期限。关于补充侦查的期限，《刑事诉讼法》第171条规定："对于补充侦查的案件，应当在一个月内补充侦查完毕。补充侦查以二次为限。"法律将补充侦查限定为两次，是十分必要的，这既有利于保证办案质量，也有利于人民检察院及时结案，还有利于维护犯罪嫌疑人的合法权益。

三、对起诉证据必须进行全面审查

由于审查起诉直接关系到将犯罪嫌疑人提交法院进行审判,所以,它要求对有关犯罪事实和情节的证据进行全面审查,只有这样,才能从根本上防止提起公诉和不起诉的案件发生错误。对起诉证据进行全面审查,承办人员不仅要审查主要犯罪嫌疑人的犯罪事实和情节,而且要审查次要犯罪嫌疑人的犯罪事实和情节,分清各自在共同犯罪中的地位和作用;不仅要审查对犯罪嫌疑人不利的从重、加重处罚的情节,而且要审查对犯罪嫌疑人有利的从轻、减轻处罚的情节;不仅要在实体上对起诉证据进行审查,而且要在程序上对起诉证据进行审查,而且要对侦查活动是否合法进行审查。

(一)程序上的审查

对起诉证据进行程序上的审查,其目的是决定是否受理案件。审查时首先要审查移送审查起诉的案件是否属于本院管辖及相应级别法院管辖;其次要审查报送的案卷材料和证据是否齐全、法律手续是否完备。

(二)实体上的审查

1. 对起诉证据进行实体上的审查,是要审查犯罪事实、情节是否清楚;证据是否确实、充分;有无证据证明有法定的从重、从轻、减轻或者免除处罚的情节;是否有充足的证据认定共同犯罪的各犯罪嫌疑人在犯罪活动中的责任;是否有证据证明犯罪嫌疑人有其他罪行应予以追究,或有证据证明有其他犯罪嫌疑人应予以追究;犯罪嫌疑人是否属于依法不应当追究刑事责任的人;犯罪嫌疑人的抓获经过及搜查、起获赃证物的程序是否合法,赃证物是否随案移送,随案移送的赃证物的品种、数量、规格、特征同赃证物清单是否相符,与犯罪嫌疑人的交代是否一致,不宜移送的赃证物清单、照片或其他证明文件是否随案移送;与犯罪有关的赃物及其孳息是否扣押冻结并妥善保管,以供核查;对被害人合法财产的返还和对违禁品或者不宜长期保存的物品的处理是否妥当,移送的证明文件是否完备;采取强制措施是否得当。

2. 对起诉证据进行实体审查,还应包括对侦查活动是否合法进行审查。其内容主要包括审查办案人员是否对犯罪嫌疑人进行刑讯逼供、指供、诱供;办案人员是否对证人、被害人采取体罚、威胁、诱骗等方法获取证言、收集证据;办案人员有无仿造、隐匿、销毁、调换或者私自涂改口供及证据等违法行为;办案人员是否徇私舞弊、放纵、包庇犯罪分子;侦查机关在侦查过程中是否不应当撤案而撤案,使犯罪分子逃避制裁;办案人员是否利用职务之便贪污、挪用、调换及擅自动用被扣押、冻结的款物及其孳息、牟取非法利益;办案人员是否独自讯问犯罪嫌疑人，传唤、拘传时间是否符合法律的规定；侦查机关是否违反了侦查时限的规定、超越办案期限以及其他违反刑事诉讼法的规定。根据刑事诉讼法和"两高三部"《关于办理刑事案件排除非法证据若干问题的规定》，在审查起诉中，经依法确认的非法言词证据，应当予以排除，不能作为提起公诉的根据。

四、人民检察院对起诉证据应当进行深入细致的审查

这一特点主要体现在以下两个方面：

第一，《刑事诉讼法》第170条规定，人民检察院审查案件应当讯问犯罪嫌疑人。这是审查起诉必须讯问犯罪嫌疑人的法律依据。对起诉证据进行审查，应当讯问犯罪嫌疑人。在对批捕证据进行审查时，对犯罪嫌疑人进行讯问不是必经程序，人民检察院只是根据具体案情有选择地讯问，而且只能就主要犯罪事实情节进行讯问，由于时间限制，不可能讯问得十分全面和细致。但是在对起诉证据进行审查过程中，由于案件已经侦查终结，检察人员只进行书面审查是不全面的，为审查核对犯罪事实和犯罪证据，必须讯问犯罪嫌疑人，以保证办案质量。同时，《刑事诉讼法》第170条也规定，人民检察院审查案件，应当听取辩护人、被害人及其诉讼代理人的意见。在对起诉证据进行审查时，听取辩护人、被害人及其委托的诉讼代理人的意见，有利于进一步查明案情事实，核实证据，排除可能存在的矛盾，可以依法维护被害人的合法权益，又可以对被害人进行必要的法制教育，以防止被害人或其家属无理取闹，提出超越法律的要求。辩护人在审查起诉阶段，可以向审查起诉的检察部门提出证明犯罪嫌疑人无罪、罪轻或者减轻、免除刑事责任的证据，可以提出犯罪嫌疑人具有不起诉的条件，或者应将案件退回补充侦查等辩护意见。人民检察院听取犯罪嫌疑人辩护人的意见，有利于从另一角度对起诉证据进行审查，保证客观公正地查明案情。

第二，人民检察院审查案件，可以要求公安机关提供法庭审判所必需的证据材料。对起诉证据进行审查，承办人员可以向侦查人员了解情况，调查和补充必要的证据。对于主要犯罪事实不清，证据不足，或部分犯罪事实不清，有线索可继续补充证据的，或有证据表明遗漏同案犯罪嫌疑人或罪行的，或需要侦查机关查证其他材料的，可以退回公安机关补充侦查，也可以自行侦查。这一规定也同样适用于检察机关自侦的案件，审查起诉部门认为案件需要补充侦查时，可以自行侦查，也可以退回本院的侦查部门补充侦查。承办人员在对起诉证据进行审查时，发现侦查机关或部门的勘验、检查或鉴定可能有遗漏或错

误时，有权要求复验、复查、补充鉴定或重新鉴定。

五、对未成年人涉嫌犯罪案件起诉证据的审查特点

在审查阶段，对未成年人涉嫌犯罪案件，要指定由熟悉未成年人身心特点的专人办理，要根据教育、感化、挽救的方针和坚持教育为主、惩罚为辅的原则，对未成年人的犯罪事实和证据进行全面审查，要特别注意审查侦查阶段有无刑讯逼供等违法情况，对可起诉可不起诉的应当不起诉。根据《刑事诉讼法》第271条的规定，对未成年人涉嫌刑法分则第四章、第五章、第六章规定的犯罪，可能判处1年有期徒刑以下刑罚，符合起诉条件，但有悔罪表现的，人民检察院可以作出附条件的不起诉的决定。

第三节 起诉证据的标准

一、我国刑事诉讼法对起诉证明标准的规定

我国《刑事诉讼法》第172条规定："人民检察院认为犯罪嫌疑人的犯罪事实已经查清，证据确实、充分，依法应当追究刑事责任的，应当作出起诉决定，按照审判管辖的规定，向人民法院提起公诉，并将案卷材料、证据移送人民法院。"这里的"犯罪事实已经查清，证据确实、充分"就是对起诉证明标准的规定。所谓证据确实，是指据以定案的每一个证据都能证明案件的真实情况，都具有真实性、关联性、合法性的特点。

所谓证据充分，是指全案证据对案件事实具有充足的证明力，足以证明案件的真实情况。证据充分是指证明力的充分，不能理解为数量上的充分，而是指证明体系的完整，即全案证据相互印证、相互联系，能构成认定案件事实的充分理由和根据。

实践中认定证据是否确实、充分，一般从以下几个方面进行：（1）据以定案的每一个证据都经过查证属实；（2）据以定案的证据与被证明的案件事实之间具有关联性，这种关联是客观的，是不以承办人员的个人意志为转移的；（3）审查起诉中认定的每一起犯罪事实和情节，都有相应的证据予以证明；（4）各个证据之间，以及证据与案件事实之间的矛盾，都得到了合理的排除；（5）据以定案的证据体系足以得出唯一的、排他性结论。只有同时具备以上五点，才能认定起诉证据是确实、充分的。

对起诉证据进行审查的目的是为了查明案件事实,检察人员认定的每一起犯罪事实都必须有证据予以证实,证据确实、充分也必然表明案件的事实清楚。所以审查案件事实的过程,也就是审查判断证据的过程。人民检察院认为犯罪嫌疑人的犯罪事实已经查清,证据确实、充分,才能向人民法院提起公诉。所谓犯罪事实已经查清是指有关犯罪嫌疑人定罪的基本事实,包括实体性事实和程序性事实已有充分的证据证明。

具体地说,下列情形可以认为犯罪事实已经查清:

1. 我国《刑事诉讼法》第168条规定的事项已经查清,即:(1)犯罪事实、情节是否清楚,证据是否确实、充分,犯罪性质和罪名认定是否正确;(2)有无遗漏罪行和其他应当追究刑事责任的人;(3)是否属于不应追究刑事责任的;(4)有无附带民事诉讼;(5)侦查活动是否合法。

2. 在单一罪行的案件中,与案件事实有关,但不影响定罪量刑的枝节事实,比如赃款的精确尾数及挥霍的具体过程等尚未查清楚,但与定罪量刑有关的基本事实已经查清或者说查清的事实足以定罪量刑;这里检察人员必须明确什么是基本事实?什么是枝节事实?基本事实就是影响案件定罪量刑的事实,影响案件定罪量刑的事实和问题哪怕是一个极小的问题,也需要查证属实。不影响定罪量刑的问题,就是枝节问题。但是实践中每一案件的具体情况是不同的,所以必须具体情况具体分析。在此案中是枝节的问题,在彼案中就有可能是基本事实,比如,在贪污案件中,同样是一笔1000元的款项,在贪污数额高达500万元的案件中1000元不清就不影响定罪量刑的大局;若是在贪污数额为5000元案件中就不得不查清,否则便会影响对犯罪嫌疑人的定罪量刑。

3. 在数个罪行中的案件中,部分罪行已经查清并完全符合起诉条件,其他罪行无法查清的。

4. 对案件中涉及的作案工具、财物去向已无法查清,但是案件的其他证据确实、充分,足以对犯罪嫌疑人定罪量刑。

5. 对与有关的言词证据,如证人证言、犯罪嫌疑人的供述与辩解、被害人陈述等,在主要事实和情节上能够吻合,个别情节不一致,但不影响定罪量刑的。

有下列情形的属于事实不清、证据不足,即:(1)犯罪嫌疑人的犯罪事实不清且无法查清的;(2)作为对犯罪嫌疑人定罪量刑的证据存在无法查证属实的疑问;(3)据以对犯罪嫌疑人定罪量刑的证据和证据之间存在不能合理排除的矛盾;(4)根据间接证据认定犯罪嫌疑人的犯罪事实,间接证据形成的证明链条不能合理排除其他可能性的。

对于案件事实清楚、证据确实充分的,检察机关应依法向人民法院提起诉讼；对于犯罪情节轻微，依照刑法规定不需要判处刑罚或者免除刑罚的，对于补充侦查的案件，人民检察院仍认为证据不足，不符合起诉条件的，应当作出不起诉的决定。

二、国外有关起诉证明标准的规定

根据刑事诉讼法的一般法理和目前了解到的国外的法例和实践看，对刑事起诉证据标准的基本要求是：起诉时应有足够的证据证明犯罪事实，但不要求必须达到法院有罪判决所要求的证明程度。①

（一）英国的刑事起诉证明标准

在英国，检察官在决定是否起诉时，首先是确定证据的充分性，并规定除非检察官确保有可采纳的、实质性的、充分的和可靠的证据证明某一特定的人实施了法律规定的刑事犯罪，否则不应提起诉讼。但是，对起诉的证据要求也低于判决，相对于有罪判决的证据标准需达到"排除合理怀疑"，起诉时的一般要求只是具有"或然的理由"，这也是将检察证据是否足够的标准设置于对法院有罪判决可能性的估计。如英国总检察长1983年发布的《刑事起诉准则》指出："不能只看是否存在足以构成刑事案件的证据，还必须考虑是否会合理的导致有罪判决的结果，或考虑在一个依法从事的无偏见的陪审团审判时，有罪判决比无罪开释是否具有更大的可能性。"所谓更大的可能性，即"百分之五十一规则"，指如果有罪判决的可能性大于无罪开释的可能性，此案就应起诉。②

（二）美国的刑事起诉证明标准

在美国刑事诉讼中，有足够的证据是起诉的首要条件。在采用大陪审团审查起诉的司法管辖下，大陪审团审查起诉的主要任务就是审查检察官提交的刑事案件已获取的证据是否能够证明犯罪嫌疑人实施了犯罪。只有大陪审团中半数以上的成员认为检察官获得的证据符合起诉要求，才能作出起诉的决定。否则，该刑事案件将被大陪审团撤销。在不采取大陪审团审查起诉的地区，检察官直接决定对被告人提起公诉，同样要保证案件符合这一条件。

美国关于刑事起诉的证明标准与英国大致相同，同时还强调对严重危害社会治安的犯罪的起诉。美国法律家协会制定的《刑事检控准则》第9条规定：

---

① 龙宗智：《论刑事公诉制度的几个问题》，载《检察论丛》（第1卷），法律出版社2000年版，第238页。

② 参见刘善春等：《诉讼证据规则研究》，中国法制出版社2000年版，第269页。

"对于那些严重威胁社会公众的案件,即使检察官所在的司法管辖区的陪审团往往对被控犯有这类罪行的人宣告无罪,检察官也不得因此而不予起诉。"另外,在美国的一些州,还实施对不同性质犯罪的差别性证据标准。比如,在华盛顿州,就证据充分性有两种检验标准:一项标准适用于侵犯人身的暴力犯罪。为了更严厉地打击侵犯人身的犯罪,该州的刑事检控准则要求,对侵犯人身的犯罪只要可获证据足以将案件完成庭审送至陪审团裁断即应起诉。而对其他犯罪,则要求在证据充分足以使有罪判决成为可能时才应当起诉。

(三) 日本的刑事起诉证明标准

对于检察官提起公诉应具备的证据条件,日本法学界曾展开过激烈的争论。共同的认识是:检察官起诉必须具有一定的证据,检察官在完全不具备有罪证据或证据极不充分的情况下提起公诉,是滥用职权的行为。同时也认为,检察官起诉时所依据的证据不一定要达到法院有罪判决所要求的证明程度。日本检察实务中,将有犯罪嫌疑作为起诉的条件。解释所谓"犯罪嫌疑"时称,"被嫌事实,有相当大的把握可能作出有罪判决时,才可以认为是有犯罪嫌疑"。

三、掌握刑事起诉证明标准应注意的问题

对起诉证明标准的掌握必须宽严适当,如果这个标准过宽,对显然证据不足的案件提起公诉,不仅浪费国家司法资源,而且严重损害公民权益;反之,如果对起诉的证明标准要求过严,检察机关在行使公诉权时谨小慎微,不敢冒任何风险,又将会使某些应该打击而且可能定罪的罪犯逃脱刑事制裁。在此问题上,需注意以下几点:

(一) 起诉的证明标准不同于认定有罪的证明标准

刑事诉讼法修改以前,证据学界的通说认为,"犯罪事实清楚,证据确实、充分"是刑事诉讼立法对侦查、起诉、审判的统一要求。[①]这是因为,在原来的审判方式下,法院的审判基本上是依据检察院提供的案卷,在一般情况下,诉讼案卷中已形成的证据可以决定起诉的罪名是否成立。因此,按照原刑事诉讼法制度中,律师提前介入诉讼已取得的辩护性证据,检察官在起诉时不一定掌握,起诉时和起诉后律师将取得的证据,在起诉过程中检察官更不可能知道;由于庭审活动实质化,庭审阶段成为决定案件事实的关键性阶段,庭审对案件的最终处理具有决定性意义。在庭审过程中,如果证人作证不理想,检

---

① 陈一云主编:《证据学》,中国人民大学出版社1991年版,第122页。

察官举证和论辩不力，以及控诉方提出的某些证据因不符合证据要求而不能作为定案依据，加上辩护方很可能提出新的辩护证据，这都可能导致即使起诉时认为证据充分的案件，经过法庭审判也不一定就能够认定被告人有罪。因此，修改后的刑事诉讼法致使起诉后果的不确定性显然增大，在这种情况下再要求起诉时必须与定罪时的证明标准一致就存在矛盾。

（二）把握起诉证明标准必须兼顾打击犯罪与保护人权的双重价值

这里的所谓打击犯罪，是指检察机关应当将有可能被判有罪的被告人起诉到法院，不应因对起诉证明标准的过高要求而放纵应当起诉的被告人。我国《刑事诉讼法》第171条第4款规定，对于二次补充侦查的案件，人民检察院仍然认为证据不足，不符合起诉条件的，应当作出不起诉的决定。而不起诉的决定在法律后果上是无罪的。如果对起诉的标准要求过高，则会导致大量的案件以证据不足不起诉的形式终结，可能会放纵犯罪。这里的所谓保护人权，是指对犯罪嫌疑人、被告人的人权保护，对证据不足，不足以证明被告人有罪的案件提起公诉，虽然不是对被告人的实体性处理，但会导致被告人长期处于被追诉的地位，还有可能在审前处于被羁押的状态，不利于对被追诉者权利的保护。

（三）树立将某些疑难问题交由审判机关作最终裁决的观念

检察机关在起诉问题上的职能就是有理有据地对刑事案件提起公诉，准确有力地实施犯罪指控；而对案件的判决是法院的职责，法院是案件的最终裁决者。在检察机关相信确已犯罪且应当受到刑事处罚，但存在某些影响定罪的不确定因素时，检察机关在充分取证和进行法律论证的基础上，一般应对案件起诉，通过审判程序作进一步的审查，让法院对案件作最终裁决。法院在审理的过程中，如果认为证据不足以证明指控的犯罪事实，可作出证据不足，指控的犯罪事实不能成立的无罪判决。

第四节 起诉证据审查的方法和步骤

对起诉证据进行审查，检察人员必须具备一定的技能。同对批捕证据的审查一样，对起诉证据进行审查时，一般也是运用逐一审查、相互对比、综合审查三种基本方法；同时，对起诉证据进行审查，还经常用到鉴别法、验证法、印证法、质证法、对质法等具体的审查方法。实践中以对起诉证据进行审查的具体步骤和方法有：

一、审阅案卷

对起诉证据进行审查，不能因为审查期限的限制而急于下结论，也不能盲目信任侦查机关或侦查部门移送的案卷材料，而是要对所有的案卷材料进行认真细致的审查。审阅案卷是检察人员对起诉证据进行审查必经的、首要的工作程序。通过审阅案卷，检察人员不仅可以对起诉证据进行初步的审查，而且可以熟悉案情、发现问题，为对起诉证据的进一步调查奠定良好的基础。审阅案卷，一般采用以下方法：

（一）全面阅卷

审阅案卷，首先应当把侦查机关或部门移送的案卷材料从头至尾细致认真地进行审阅，全面了解案件的情况，不能疏漏任何一个细节。只有全面地审阅案件材料，才能对侦查机关进行诉讼活动的内容、程序、证据是否确实和充分，案件是否存在问题等情况获得完整的认识，并且为提起公诉、支持公诉等工作打下基础。全面阅卷的具体方法如下：

1. 按一定顺序有步骤地阅卷。全面审阅卷宗材料，一般可以按照由主到次、分类审阅的步骤进行。阅卷的过程，即是审查证据、熟悉案情的过程，以一定的顺序和步骤审阅卷宗，可以提高效率，便于思考，尤其是复杂、疑难的案件，往往卷宗材料非常多，更是需要以科学的方法审阅卷宗。

所谓从主到次的步骤，是指阅卷时先审阅主要案件材料、再审阅其他案件材料。主要案件材料包括主要的诉讼文书、主要的证据材料等。在实践中，阅卷大多是按照从主要诉讼文书到其他诉讼文书，从诉讼文书到其他案件材料，从主要证据材料到其他证据材料的顺序进行，以便尽快熟悉案情。之所以按照这样的顺序阅卷，是由于主要诉讼文书一般都高度概括了案件的主要事实和情节，对主要诉讼文书进行查阅，就可提纲挈领，清楚了解案件的主要事实，从而为检察人员熟悉全案的情况提供便利条件。

分类审阅，是指按照案件材料的类别进行阅卷。案件的材料一般可以分为诉讼文书类、犯罪嫌疑人的供述类、被害人陈述、证人证言类及技术鉴定材料类等类别。按照案件材料的类别阅卷，可以使起诉证据审查人员系统地有条理地审阅卷宗，从而逐渐形成对案件材料清晰的、完整的认识。

在对起诉证据进行审查的实践中，一般将从主到次和分类审阅两种方法结合使用。在案件材料不多的时候，也可以按照案卷材料装订的顺序进行阅卷。

2. 对案件材料要全部认真地审阅，不能疏忽任何细节问题。全面阅卷的目的就是为了全面了解案件的情况，因此，要对卷宗内所有的材料一一审阅，不能有任何遗漏。对于复杂、疑难的案件及前后有矛盾、认定事实上有变化的案件，要全面认真地、反复地审阅卷内的所有材料，要一边阅卷一边思考，逐步形成对案卷材料的深刻印象，才能做到心中有数，并在此基础上进一步对所有的证据材料进行相互对比、综合分析，发现案件中的问题和疑点，以最后确定哪些证据是真实可靠的、与案件有联系的并可以作为定案依据的，哪些证据不能作为定案依据的，哪些证据还需要进一步调查核实，以便进一步开展工作。

（二）重点阅卷

对起诉证据进行审查，要在全面阅卷的基础上进行重点阅卷。重点阅卷是根据不同性质案件的不同特点及具体每一案件的不同矛盾所在，有目的有针对性地审阅卷宗材料，以审查起诉证据是否符合起诉条件，并提高对起诉证据审查的效率及准确率。

重点审查，通常采用相互对比的方法，即把侦查机关或侦查部门起诉意见书中对案件事实的认定和提出的处理意见，与案卷内移送的证据材料进行相互对比并以相关的法律规定予以分析，以确定对案件事实的认定是否证据确实充分并符合法律的规定。既要把同一犯罪嫌疑人的供述进行对比，又要把不同犯罪嫌疑人的供述进行对比，要把犯罪嫌疑人的供述与被害人陈述、证人证言进行对比，以确定供与供之间、供与证之间、证与证之间的一致性和矛盾性。通过案件材料的相互对比，发现事实不清、证据不足的或证据之间存在矛盾的，应作为下一步证据审查的重点，进一步查明案件事实。

（三）制作阅卷笔录

检察人员审阅案卷材料，应当制作笔录，制作阅卷笔录的过程，也是检察人员熟悉案件材料的过程。制作阅卷笔录，有助于检察人员在脑海中形成对案件材料的深刻印象，有助于检察人员分析案情，理清各种证据材料与案件事实的关系，抓住案件的主要证据和主要事实进行重点审查。同时，也为出庭支持公诉的示证和质证做好一定的准备。阅卷笔录一般包括以下内容：

1. 案件的来源、涉嫌的罪名、原案编号及承办人、收案日期、卷宗册数。摘录案件的来源和涉嫌的罪名，是为了对移送起诉的案件是否属于本院管辖进行审查；摘录案件的原案编号和承办人员，有助于就案件涉及的一些问题和预审的承办人员进行联系；写明收案日期，是为了明确本案的审查期限，以防止超期审查。

2. 犯罪嫌疑人的基本情况。包括犯罪嫌疑人的姓名、性别、年龄、工作单位及职务、居住地、在被逮捕以前是否曾受过刑事处罚，即有无前科。摘录犯罪嫌疑人的基本情况是为了核实犯罪嫌疑人的身份和明确犯罪嫌疑人的责任年龄、责任能力，对于犯罪时不满18周岁涉及刑事责任年龄的，必须写明犯罪嫌疑人出生年月日并附注证明出生日期的证据；犯罪嫌疑人属于精神病人、又聋又哑的人、盲人、患有严重疾病的人，或者正在怀孕、哺乳婴儿的妇女，应当写明病情和具体情况，并抄录有关的鉴定结论。

3. 法律手续和户籍证明。要抄录有关犯罪嫌疑人被拘留、逮捕的具体日期，审查侦查机关是否超期羁押，以监督侦查活动是否符合法律程序和要求。摘抄犯罪嫌疑人的户籍证明，以进一步核对起诉意见书中对犯罪嫌疑人的基本情况的认定是否属实。

4. 犯罪嫌疑人的供述和辩解，即犯罪嫌疑人的口供。对犯罪嫌疑人的口供进行摘录时，要忠实于供述本身，要客观全面地反映犯罪嫌疑人的口供。不仅要摘录主要犯罪嫌疑人的供述，还要摘抄次要犯罪嫌疑人的供述；不仅要摘抄犯罪嫌疑人供认不讳的部分，还要摘抄犯罪嫌疑人辩解的部分；对口供的摘录不能断章取义，歪曲口供的真实意思。要特别注意摘录犯罪嫌疑人被侦查机关第一次讯问时的口供内容。

对犯罪嫌疑人前后供述不一致的地方，要详细摘录并注明翻供的时间。如果案件属于多人多次犯罪，需要对各个犯罪嫌疑人的各次供述进行相互对照的，这种情况下，可以采用画表格的形式进行摘录。

5. 证人证言、书证物证、赃物作价、伤情鉴定、尸检鉴定、现场勘查等；对以上证据进行摘录，要摘抄取证的时间、取证人、证实的主要内容、证人与案件有无利害关系等，对定案的主要证据要准确详细摘录。证人证言之间有矛盾的，对于相关的证明同一事实的证言可以合并记录、复制。对于案件中的口供与证据材料，可以相互对照方式制作阅卷笔录，即一起口供一起证据，不得把口供和证据各自罗列摘录。在涉及多起抢劫、盗窃的案件，常常采用列表格的形式进行摘录。

6. 破案及抓获犯罪嫌疑人的经过。抓获经过通常可以体现出犯罪嫌疑人是主动投案的还是由其他同案犯提供线索而被抓获的。这可以作为对犯罪嫌疑人进行处罚的根据之一。

7. 与被害人、证人、鉴定人的联系方法，对此进行摘录主要是为了方便对证据的核查。

8. 其他相关材料。这里其他材料是指阅卷笔录无法归入前七项的材料。对这些材料进行摘录时，必须记录材料的来源、获取的时间及主要内容。

阅卷笔录中记录的各种材料，均应注明在预审卷宗中的卷数、页码、行数。制作阅卷笔录的形式，一般有摘录式、归纳式、复制式、图表式，其中最常见的方式是摘录式，或以摘录式为主，辅之以其他形式。阅卷笔录结构要完整，记录的字迹要清楚。

二、讯问犯罪嫌疑人

检察人员对起诉证据进行审查时，对于阅卷中发现的供与供、供与证、证与证之间的矛盾，以及有供无证或有证无供的情况，可以进一步调查、核实。

讯问犯罪嫌疑人是检察人员审查证据，查明案件事实必须进行的一项工作。刑事诉讼法明确规定人民检察院在审查起诉时，应当讯问犯罪嫌疑人。检察人员在审查起诉进程中，讯问犯罪嫌疑人的目的是审查、核实起诉证据，这同侦查机关为收集证据而进行的讯问有所不同。检察人员讯问犯罪嫌疑人，目的主要在于：（1）直接听取犯罪嫌疑人对犯罪事实的供述，核实起诉意见书中认定的犯罪事实和情节，包括犯罪的时间、地点、手段、目的、动机、后果以及其他情节，以查明全案的情况；（2）听取犯罪嫌疑人无罪、罪轻的辩解，查明是否具有法定的从轻、减轻、免除处罚的情节或不追诉情形；（3）及时发现有无遗漏的罪行或应当追究的同案犯；（4）核实其他证据，发现新的证据或线索；（5）了解和掌握犯罪嫌疑人的认罪态度、思想动机及申辩理由，为出庭支持公诉做好准备。同时，还可以及时发现侦查活动中是否有违法情形。

在讯问前，承办人员应事先做好充分的准备，确定讯问意图，拟定讯问提纲，制定讯问策略；讯问提纲一般是包括犯罪嫌疑人的情况、拘留、逮捕的时间；犯罪前科以及行政拘留、劳动教养等情况；要对犯罪事实全面核实，重点查明作案时间、地点、手段等情节；犯罪的目的、动机、结果；犯罪嫌疑人对犯罪事实有何补充、辩解以及犯罪根源。

讯问时，办案人员不得少于二人，一般按如下步骤进行：（1）要核对犯罪嫌疑人的基本情况、被采取强制措施的种类、时间和原因；（2）要告知犯罪嫌疑人案件的诉讼阶段、受案单位、承办人的姓名、诉讼的权利，即犯罪嫌疑人可以聘请律师为其提供法律咨询、代理申诉、控告或者申请取保候审；（3）讯问犯罪嫌疑人的作案时间、地点、手段、结果、共同犯罪中的具体作用、赃物的去向及作案的动机、目的、被抓获经过；（4）犯罪嫌疑人否认犯罪或辩解的事实、理由及依据；（5）犯罪嫌疑人有无揭发、检举他人的犯罪事实及依据；（6）了解犯罪嫌疑人对犯罪的认识，适时进行认罪服法教育。

讯问聋哑或不通晓汉语的少数民族犯罪嫌疑人时必须有翻译人员在场，并在讯问笔录上签名。书记员应当做好讯问笔录，讯问笔录应字迹清楚，内容准确、意思完整。经检察员（助理检察员）复核后，交犯罪嫌疑人阅读，或由讯问人员向其宣读，犯罪嫌疑人对笔录无异议，应签名或按指印，笔录涂改、修正之处，犯罪嫌疑人应当按指印。

讯问后，对犯罪嫌疑人的供述和辩解，要进行认真分析，对照以前的供述、辩解和其他证据材料，分析研究哪些事实情节已查清，哪些事实情节仍未查清；哪些事实、情节有证据印证，哪些事实情节仍供证不符；对于仍未完全查清的事实情节或供证仍有矛盾的，还可以再次讯问。对于犯罪嫌疑人提出的新的证据和线索，应当及时调查核实，对于有证据证明的辩解，应予以采纳。

在审查起诉过程中，犯罪嫌疑人潜逃或者患有精神病及其他严重疾病不能接受讯问，丧失诉讼行为能力的，承办人员可以中止审查。共同犯罪中，部分犯罪嫌疑人潜逃的，对潜逃的犯罪嫌疑人可以中止审查，对其他犯罪嫌疑人的审查应当照常进行。

三、听取被害人及其诉讼代理人的意见

《刑事诉讼法》第170条明确规定人民检察院审查案件，应当听取被害人及其诉讼代理人的意见。被害人是犯罪行为直接侵害的人，是行使控诉职能的一方当事人。被害人有权就案件的处理等问题提出自己的意见，检察人员听取被害人的意见，也是了解案件情况和证据的过程。听取被害人及其诉讼代理人的意见，应当由两名以上办案人员听取，并应告知其有申请回避的权利；被害人及其诉讼代理人的意见应当围绕发案的时间、地点、手段、造成的损害后果和诉讼请求等内容进行；对于被害人提出的新的事实及主张，办案人员应要求其提供新的证据材料；听取被害人及其诉讼代理人的意见还应包括其他与本案有关的能够证明犯罪嫌疑人有罪、无罪或罪轻、罪重的情节。

承办人员在直接听取被害人的意见有困难的情况下，也可以采用以下方法进行：（1）被害人在异地且路途遥远，可以用书面通知的形式，让其在指定的期限内提出书面意见，逾期未提的，应当记录在案；（2）被害人及其诉讼代理人人数众多的，可以采用公告的形式，要求其在指定的地点和时间内提出意见，逾期未提出的，应当记明笔录；（3）被害人无法找到或被害人众多，通知和听取意见无法进行的，可视为无法告知，但应当记明笔录；对于被害人或其诉讼代理人是外国人或无国籍人的，应当层层报请最高人民检察院，通过外交途径通知；逾期未提出意见的，应当记明笔录。

四、听取辩护人的意见

《刑事诉讼法》第170条规定，人民检察院审查案件，应当听取辩护人的意见。辩护人在审查起诉阶段，有权向审查起诉的检察部门提出证明犯罪嫌疑人无罪、罪轻、或者减轻、免除刑事责任的证据，有权提出犯罪嫌疑人具有不起诉的条件，或者应将案件退回补充侦查等辩护意见。人民检察院听取辩护人的意见，有利于从另一角度对起诉证据进行审查，保证客观公正地查明案情。

五、调查核实证据

对起诉证据审查的特点之一就是全面审查。全面审查就是不仅要审查人证，还要审查物证；不仅要审查证据的真实可靠性，还要审查证据的关联性及合法性；不仅要逐一审查，还要相互对比、综合分析；对于复杂、疑难的案件，证据不确实充分及证据之间有矛盾的，还应当进一步调查核实、补充侦查。检察人员调查核实起诉证据，一般采取以下步骤和方法：

（一）通过讯问犯罪嫌疑人核实证据

通过讯问犯罪嫌疑人可以核实犯罪嫌疑人供述的真实性。人民检察院认为对犯罪嫌疑人需要进行医学鉴定的，应当要求公安机关进行，必要时，也可以由人民检察院进行或者由人民检察院送交有鉴定资格的鉴定机构进行。在起诉中，发现犯罪嫌疑人有患精神病可能的，人民检察院应当依照有关规定对犯罪嫌疑人进行鉴定；如果犯罪嫌疑人的辩护人或家属以犯罪嫌疑人有患精神病的可能而申请对犯罪嫌疑人进行鉴定的，人民检察院也可以依照规定对犯罪嫌疑人进行鉴定，并由申请方承担鉴定的费用。

（二）通过询问证人、被害人和鉴定人核实证据

审查起诉人员对证人证言笔录存在疑问，或者认为对证人的询问不具体、有遗漏的，可以对证人进行询问并制作询问笔录。询问证人，并不是审查起诉证据的必经程序。但是，对于能证明主要犯罪事实或者关键情节的，而侦查机关又未问清、或者对证人证言有疑问、或拟当庭作证的证人，检察人员均应当询问。询问前，检察人员应拟定询问提纲，确定询问的重点；对证人进行询问，检察人员不得少于二人；询问时，应核实证人的基本情况，告知证人案件的诉讼阶段、受案单位、检察人员姓名，出示有关证件，告知证人应当如实提供证言、证据和有意作伪证或者隐匿罪证应负的法律责任，询问证人应重点询问证人案件发生的时间、地点、主要情节、经过及有关证据等情况，书记员应

当做好询问笔录，并交由证人在笔录上签名、盖章或按指印。

询问被害人，与询问证人的规则基本相同，主要应当通过询问审查被害人的陈述中有无自相矛盾之处，通过询问被害人，还可以发现新的调查证据。对鉴定结论有疑问时，可以询问鉴定人，请鉴定人对鉴定结论作出说明。

（三）复验、复查

审查起诉人员在审查案件的时候，对公安机关的勘验、检查认为需要复验、复查的，应当要求复验、复查，人民检察院可以派员参加；也可以自行复验、复查，商请公安机关派员参加，必要时也可以聘请技术人员参加。审查起诉人员对鉴定结论有疑问的，可以指派或者聘请有专门知识的人或者鉴定机构，对案件中的某些专门性的问题进行补充鉴定或者重新鉴定。审查起诉人员对审查中涉及的专门技术问题的证据材料需要进行审查，可以送交检察技术人员或者其他具有专门知识的人员审查。检察技术人员或者其他具有专门知识的人员审查后应当出具审查意见。

（四）审核物证、书证等证据材料

对随案移送的物证，要进行认真的审查，除了审查物证的来源是否可靠外，还应审查需要鉴定作价的赃物，是否附有有关部门鉴定作价证明文件，对已经发还、没收、销毁、查封、变价处理或暂存他处的实物是否有相关的移送手续或凭证。在审查时还要注意把物证与勘验、检查笔录、鉴定结论以及其他物证相互印证，审查物证与案件是否有联系及其证明的作用。检察人员对物证、书证、视听资料、勘验、检查笔录存在疑问的，可以要求侦查人员提供物证、书证、视听资料、勘验、检查笔录获取、制作的有关情况。必要时也可以询问提供物证、书证、视听资料的人员并制作笔录，对物证、书证、视听资料进行技术鉴定。

（五）通过辨认核实证据

为了查明案情，在必要的时候，检察人员可以让被害人、证人和犯罪嫌疑人对与犯罪有关的物品、文件、尸体进行辨认；可以让被害人、证人对犯罪嫌疑人进行辨认，或者让同案的犯罪嫌疑人对其他犯罪嫌疑人进行辨认，以确认犯罪嫌疑人的真实性。辨认应当在检察人员的主持下进行，在辨认前，应当向辨认人详细询问被辨认人或被辨认物品的具体特征，禁止辨认人见到被辨认人或被辨认物，并应当告知辨认人有意作假辨认应负的法律责任。几名辨认人对同一被辨认人或者同一物品进行辨认时，应当由每名辨认人单独进行，必要的时候，可以有见证人在场。辨认时，应当将被辨认对象混杂在其他人员或者同一物品之中，不得给予辨认人任何暗示。辨认的情况，应当制作笔录，由参加辨认的人员签名或盖章。

（六）深入实际调查核实证据材料

深入案发现场，依靠群众调查核实证据，是检察人员调查核实起诉证据的一个非常重要的途径。通过深入案发地，不仅可以查看犯罪地点和场所、熟悉发案的空间状态、准确客观地核实案件的各种证据；同时，还可以找到新的证人，准确地查明案件事实。

六、补充侦查

检察人员审查案件后，如认为主要犯罪事实不清，证据不足，或者部分犯罪事实不清，有线索可继续补充证据的，或者认为侦查机关遗漏同案犯罪嫌疑人或罪行的，或者存在其他补充侦查其他证据材料的，应当详细列明补充侦查的项目，说明补充侦查的理由。在审查中如果发现侦查人员以非法方法收集供述、被害人陈述、证人证言的，应当提出纠正意见，同时应当要求侦查机关另行指派侦查人员重新调查取证，必要时检察人员也可以自行取证，侦查机关未另行指派侦查人员重新调查取证的，可以依法退回侦查机关补充侦查。补充侦查以二次为限。检察人员也可以自行侦查，必要时，可以要求公安机关提供协助。

第十五章
庭审中的证据实务

检察人员在出庭支持公诉前,要做好充分的准备,尤其是起诉证据的准备。公诉人员出示证据不但要坚持原则,而且应掌握一定的策略和技巧。公诉人在庭审中,要想获得出庭成功,必须正确分析和反驳辩护证据。在庭审中掌握质证技巧与策略也至关重要。

第一节 起诉证据的准备和出示

一、起诉证据的准备

根据刑事诉讼法和《人民检察院刑事诉讼法规则(试行)》的规定,人民检察院对案件进行审查后,认为犯罪事实已经查清,证据确实充分,依法应当追究刑事责任的,应当作出起诉决定。具有下列情形之一的,可以确认犯罪事实已经查清:(1)属于单一罪行的案件,查清的事实是以定罪量刑或者与定罪量刑有关的事实已经查清,不影响定罪量刑的事实无法查清的;(2)属于数个罪行的案件,部分罪行已经查清并符合起诉条件的,其他罪行无法查清的;(3)无法查清罪案工具、赃物去向,但有其他证据足以对被告人定罪量刑的;(4)证人证言,犯罪嫌疑人供述和辩解,被害人陈述的内容中主要情节一致,只有个别情节不一致且不影响定罪的。对于符合第二项情形的,应当以已经查清的罪行起诉。

庭审方式改革增加控、辩双方对证据和案件情况以及法律适用的辩论，强化了检察人员作为控方的举证责任，增强了法庭审判的科学性、民主性，从而保证了法庭审判的严肃性、公正性。但是这同时意味着检察机关举证责任的加强，如果检察机关作为控方不能当庭证明起诉书所指控的犯罪事实，则将承担败诉的风险。所以，检察人员在出庭支持公诉前，要做好充分的准备。

（一）公诉人必须进一步审查证据，熟悉案情

检察人员在审查起诉过程中，通过审阅卷宗、讯问犯罪嫌疑人、询问被害人、证人、调查证据等活动，已对案情有了深刻的了解，但是由于开庭和检察院审查起诉在时间上有段距离，而且检察人员往往同时承办数个不同的案件，容易淡忘一些关键的情节，所以在开庭前需要对起诉证据进一步审查，审查的目的是为了开庭示证和质证的顺利进行。公诉人需要进一步熟悉案情，了解被告人的思想状态，分析被告人及其辩护人可能提出的辩解，这样才能在法庭审判中，灵活自如地运用证据，及时反驳被告人及其辩护人的无理辩解，应付各种事先没有考虑到的情况，有力地揭露犯罪、证实犯罪，充分行使出庭支持公诉的权力，同时，也降低了检察机关由于事先无法获悉辩护方收集的证据而给出庭支持公诉带来的消极影响。

（二）公诉人应制订讯问被告人和询问证人、鉴定人及宣读、出示、播放证据的计划，并制订质证方案

改革后的庭审方式使公诉人在庭上举证责任加强，对被告人的讯问、对证人或鉴定人的询问均是由公诉人负责进行的，所以公诉人必须事先制订发问提纲及示证的方案，使所有的证据形成一条完整的证据链条，使法官能够得出指控犯罪成立的结论。制订示证方案应遵守以下原则：

1. 对拟在开庭时出庭作证的证人（包括被害人、鉴定人），在开庭前应进行询问，告知其开庭的时间及作为证人所拥有的权利和义务，进一步核实其证言，判断其在法庭上的证言表达能力。对于符合下列情形之一，经人民检察院审查同意，证人可以不出庭作证：（1）被告人的配偶、父母、子女；（2）未成年人；（3）身患严重疾病或者行动极为不便的；（4）其证言对定罪量刑不起直接决定作用的；（5）其他不能或者不宜出庭作证的。未到庭作证的被害人、证人的陈述及证言，应在出庭作证的被害人、证人作证之后宣读。

2. 在有多名被害人、证人出庭作证或需要宣读多名证人证言时，应将证言表达能力强、证明力强的被害人、证人证言安排在先。

3. 排列欲出示的物证、书证、照片、视听资料、现场勘查笔录、刑事科学技术鉴定等证据时，应以案件发生、发展的顺序逐一排列。

4. 一般情况下应采用一罪行一举证，同一类罪行集中举证的示证方法。

5. 对拟在法庭出示的物证、书证和视听资料等，要事先做好相应的准备。人民检察院受理侦查机关移送审查起诉的公诉案件，是由赃证物室对案件的赃证物负责核查，检察机关提起公诉时，应同时向人民法院提供作为证据使用的赃证物目录、有关扣押物品清单及相关证明材料、手续等，并在十五日内向人民法院提供移送赃证物，鉴于以上规定，对于公诉人拟在法庭上出示而已移送法院的物证，必须事先通知依法定程序予以提取，以备法庭上作为物证使用。公诉人出庭前，对物证要认真核对，以免在法庭上出现失误。对欲在法庭上播放的视听资料，庭前应进行审查，鉴别其内容的真实性、可靠性、客观性，审查其影像、声音、数据等载体是否是在胁迫下所作的意思表示等。

（三）公诉人应深入研究与本案有关的法律政策和专业知识

在开庭前，公诉人首先要深入研究我国现行法律中有关证据的法律规定。对于拟在法庭上宣读、出示的证据，必须在开庭前审查证据的证明力，要预先考虑被告人及其辩护人可能对控方证据在法律效力方面提出的质疑，以保证公诉人当庭质证取得良好的效果。同时，也只有深入研究各项有关证据的法律规定，才能对被告人及其辩护人的证据给予有力的、准确的反驳。例如，最高人民检察院关于 CPS 多道心理测试鉴定结论能否作为诉讼证据使用就作出专门的批复，批复中明确规定：CPS 多道心理测试（俗称测谎）鉴定结论与刑事诉讼法规定的鉴定结论不同，不属于刑事诉讼法规定的证据种类。人民检察院办理案件，可以使用 CPS 多道心理测试鉴定结论帮助审查、判断证据，但不能将 CPS 多道心理测试鉴定结论作为证据使用。在知道了上述规定后，公诉人就会避免以 CPS 多道心理测试鉴定结论作为控诉的证据。同时，如果辩方以此为证据，公诉人在掌握了这一批复后，也有了充分的反驳理由。其次，为了保障开庭示证和质证的顺利进行，公诉人要深入研究与判断案件性质、认定罪名等有关的法律规定。只有这样，才能有的放矢，针对案件的不同性质及不同的犯罪构成为当庭示证和质证在庭前做好充分的准备。例如，在贪污案件的开庭审查前，检察人员就要根据我国刑法有关该罪的主体身份的特殊规定，准备能够证明被告人系国家工作人员主体身份的证据。最后，公诉人在开庭前要深入研究审判中可能涉及的专业知识。公诉人在开庭前要对审判中可能涉及的法医学、司法精神病学、心理学等专业知识有充分的了解，以便在法庭的示证和质证中能灵活自如地运用这些知识，揭示事实、证实犯罪。如在交通肇事案件开庭前，针对被告人及其辩护人很可能以撞伤人是由于被害人突然出现刹车不及时造成事故为辩解理由，公诉人这时就需要具备一定的交通知识，准备能够证明被害人出现时，距该车尚有相当长的距离，从而进一步说明如果车速正常，及时刹车完全不会伤及被害人的证据。

（四）了解掌握一些与案件有关的科学、专业知识

如果公诉人不懂得与案件有关的科学、专业知识，在法庭上说外行话，不仅不能把犯罪事实讲清楚，把辩论的问题答辩透彻，而且可能闹出笑话，陷于被动地位。比如，关于走私、贪污案件，要掌握一定的财会和工商管理知识；关于交通肇事案件，要懂得交通规则和驾驶知识。

（五）拟好公诉词或公诉发言提纲

公诉人出庭支持公诉，就是当面指控、揭露被告人的罪行，要求人民法院依法惩处。根据法庭审理程序，法庭调查结束进入辩论阶段后，首先是公诉人发言，公诉人的这一次发言，是以起诉书指控的犯罪事实为基础，对案件的进一步论证和说明。这次发言，通常叫做发表公诉词。公诉人事先要把公诉词写好，即使业务强的公诉人，也要写出比较详细的发言提纲。因为这是一次重要的发言，弄不好就会影响整个出庭公诉的效果。公诉词不是起诉书的简单重复，而是以起诉书为依据，进一步有重点、有针对性地揭露被告人犯罪的动机、目的、手段和后果，还要指出被告人走上犯罪道路的社会根源和思想根源及其犯罪造成的社会危害性，以促使被告人从思想上真正认罪服法，使旁听群众受到一次生动的法制教育。起诉书概括性强，不可能写得具体，所以发表公诉词就要把全部案情具体、生动地在法庭上阐述清楚。拟定公诉词应注意以下几点：

1. 从公诉词阐述的主要内容上来说，要针对性强、重点突出。针对性强是指因案而异，有的放矢。重点突出，是指抓住主要问题，选准主攻方向。针对性和重点是一致的，有了针对性就有了重点，有了重点就有了针对性。

2. 从公诉词的证言表达上来讲，应客观准确、形象生动。客观准确的含义有两层：其一是如实反映案件的真实情况，不夸大、不缩小；其二是要注意两方面的情况，对被告人有利的有必要说明的问题也要予以点到，不能一味指控。对形象生动的认识，我们认为，公诉词是法庭辩论中的演讲词，只有形象生动，才能有吸引力；只有入情入理，才能使人心悦诚服，因此在公诉词中应恰当使用修辞手法。

3. 公诉词阐明定罪量刑的意见，一定要以事实为根据，以法律为准绳，引用法律条款要准确、具体，不发表在事实上和法律上没有根据的意见，不乱定、错定罪名，不无根据地要求从严惩处。

4. 从公诉词的社会效益上讲，要宣传法制，教育被告人。

有时，在拟定公诉词时还不可能完全、准确地掌握法庭上发生的情况，这就要善于随机应变，临时在法庭上修改和补充公诉词的内容，以达到很好地揭露犯罪、宣传社会主义法制、教育群众的目的。

（六）制作答辩提纲，预测辩护论点

公诉要做到不打无把握之仗，应当事前制作答辩提纲。法庭答辩与起诉书、公诉词的作用不尽相同。答辩是与被告人、辩护人进行面对面的辩论，如果公诉人没有充分准备，当被告人及其辩护人在法庭上提出问题时，公诉人就可能有道理说不清楚或者不够充分，以致陷入被动局面。因此，在准备答辩提纲时，要把可能提出的问题估计得充分一些，考虑得周到一些，进行充分准备。宁可备而不用，也不可用而不备。这样，在法庭辩论中公诉人才可能掌握主动权。

公诉人在制作答辩提纲时，可以从下列几方面找出那些与具体案情联系得上的内容，把它假定为对方辩护的论点，据此确定答辩的题目，准备答辩的材料。

1. 从认定事实方面提出问题。一般有两种情况：一是提出反证，否定全部或部分犯罪事实。二是提出证据不足，事实不能认定。

2. 从确定案件性质方面提出问题。

3. 从犯罪情节方面提出问题。

4. 从因果关系或客观原因方面提出问题。

5. 从起诉书对几个被告人的排列次序方面提出问题。

6. 对事故性的案件，往往提出是过失行为造成的，或者是意外事件。

7. 从程序方面提出问题。

但是，由于答辩提纲是事先准备的，有时不可能把法庭上辩护的问题都预先准备好。因此，在答辩中必须根据法庭调查的事实，针对被告人及其辩护人提出的辩护理由进行答辩，不能只按事先准备的提纲，无针对性地照本宣读，以致所答非所问，闹出笑话。

二、起诉证据的出示

根据我国刑事诉讼法的规定，人民检察院对公诉案件负有举证责任，对于被告人是否有罪以及犯罪情节轻重，应当提出证据并加以证实。犯罪嫌疑人、被告人除法律另有规定外，不承担证明自己无罪的责任。

人民检察院在公诉案件中执行控诉职能，代表国家向人民法院提起公诉，并出庭支持公诉。凡人民检察院提起公诉的案件，在事实方面都必须有达到犯罪嫌疑人犯罪，证据确实、充分的要求。在出庭支持公诉过程中，公诉人要依法讯问被告人，询问证人，向法庭出示证据，初评和论证被告人犯有起诉书指控的罪行。在庭审过程中公诉人示证具有极其重要的地位和作用，直接影响着指控的犯罪事实是否成立，司法的公正和公平是否能够实现。

（一）公诉人出示证据应坚持的原则

1. 实事求是，客观全面

实事求是是我国刑事诉讼法运用证据的指导原则，也是公诉人求证的基本原则；客观全面则是证据本身客观性的要求，也是正确履行公诉人控诉职责的保障。公诉人在示证时，为实现这一原则应当做到以下几点：（1）在法庭上出示的所有证据本身必须具有证据的真实性、关联性和合法性；（2）向法庭出示证据时，既要向法庭出示证明被告人有罪、罪重和应当从重处罚的证据，又要向法庭出示证明其罪轻或具有可以从轻、减轻处罚的证据；（3）示证时，必须保持证据的完整性，不允许断章取义，歪曲证据本来意义；（4）公诉人要根据具体案情和辩方提出的论点，全方位、多角度地运用证据，既要证明犯罪的时间、地点、手段、过程，又要证明其犯罪的动机、目的、社会危害性，为法庭的正确定罪量刑提供充分的依据。

2. 目的明确，讲究策略

公诉人在法庭上出示证据的目的是为了向法庭证明起诉书指控的犯罪事实和情节是客观、真实的。示证为法庭辩论奠定了良好的基础，是为证实犯罪、惩罚犯罪服务的。所以公诉人在示证时要树立全局观念，明确示证在出庭公诉全局中的位置和重要性，在宏观上始终保持清晰的思路，在示证的方法、技巧等方面，讲求谋略。运用不同的示证方式，实现示证的目的，从而达到出庭支持公诉的目的。

3. 证据确实、充分，形成完整的证明体系

示证不是证据的简单堆集，是指在向法庭展示一条完整的证明链条。任何一个单一的证据只能证明案件事实的一个方面或者一个片断，要完整地证实整个案件事实和各个方面，就必须运用科学的逻辑推理的思维方法，对证据进行排列组合，使得各个证据紧密相连，形成一个无懈可击的证据链条，全面地揭露犯罪事实。在证据体系中，常常是直接证据与间接证据、言词证据与实物证据、原始证据与传来证据相互印证、使用，从而证实了从犯罪预备到犯罪既遂的整个犯罪过程。

4. 突出重点，有的放矢

公诉人在法庭上示证，要根据不同的案情、被告人的不同认罪态度、辩护人的不同辩护意见，以及不同的庭审环境和公诉目的，以不同的方式进行示证，以期达到最好的示证效果。同时，公诉人在示证时要突出重点。对于为一般人共同知晓的常识性事实，或者人民法院生效判决所确认的并且未依审判监督程序重新审理的事实，或者法律、法规的内容以及适用等属于审判人员中履

行职务所应当知晓的事实，或者在法庭审理中存在异议的程序事实以及法律规定的推定事实，是不必提出证据进行证明的。

（二）公诉人出示证据的策略和技巧

在出庭支持公诉前，公诉人一般都要根据案件的不同性质和证据的不同特点，制订示证方案，但是在开庭审理过程中，则要根据庭审的具体情况灵活地运用证据，以期达到理想的效果，这就需要公诉人掌握一定的示证策略和技巧。

1. 公诉人示证的策略

新的庭审方式使公诉人的示证活动在庭审中占有主导地位。公诉人示证是否成功，直接关系到整个诉讼的结局。因此，公诉人在庭审中应注意示证的策略，以实现揭露犯罪、证实犯罪，准确地运用法律惩治犯罪的目的。

（1）示证方式的策略。公诉人出示证据应采取最佳的出示方式，以达到最佳的证明效果。刑事诉讼法规定了8种证据种类，这些证据以何种方式向法庭出示才能达到证明犯罪事实的最佳效果，需要公诉人针对具体的案件并结合证据自身的特点灵活运用示证的策略方法。

对被告人供述、被害人陈述、证人证言及鉴定意见等言词证据，除被告人以外，应以被害人、证人、鉴定人当庭作证为最好的示证方式。因为，通过证人、被害人、鉴定人作证，公诉人当庭询问或发问，能够生动、形象地揭示案件的起因、过程和具体情节，有时还可以直接指认出犯罪分子。因而，由证人所提供的言词证据不仅成为揭露犯罪、证实犯罪的直接指认证据，更有助于法庭从总体上、动态上了解案情事实全貌和案件发展、变化的全过程。如果公诉人只是当庭宣读这些言词证据，则难以达到上述效果。

对物证、书证等实物证据，应以最能反映证据的客观性、真实性、直观性为最佳的示证方式，一般应以原物向法庭出示。因为实物证据都是存留下来的实实在在的东西，又不易捏造，因而，这种证据的客观性和证明力较强，可以揭穿某些言词证据中虚假的内容。如果公诉人在法庭上出示证据照片，就不易达到这样的证明效果。当然，对于一些不易保存或大宗的物证，公诉人可以采取视听方式当庭予以播放，也能取得较好的证明效果。

对于新的证据种类如视听资料而言，必须在法庭上予以实际播放，才能取得最好的证明效果。因为视听资料是通过一定技术手段取得的，其技术含量明显高于其他证据，它能把有关案情及时、准确、形象、生动地记录下来，具有直观性、纪实性、稳定性、同步性和科学性，其证明效果明显地优于其他证据，能够明确展示是谁制作，在什么环境下制作的，以充分证实其客观性、真实性。

（2）展示证据的策略。每一刑事案件，都包括犯罪构成的四个要件，每一要件都需要公诉人当庭出示证据予以证实。但是公诉人在出示证据时，不能不分轻重缓急，应当因案件的不同而分清主次，把重点展示和全面展示相结合，这样才能有力地揭露犯罪、指控犯罪、证实犯罪，从而掌握法庭的主动权。公诉人在展示证据时，对于案件中的重点环节应重点出示。如防卫过当案件中的限度问题，伤害案件中的伤害程度问题，盗窃案件中的数额确定问题，等等，对于这些问题，不但要由各个证据加以证明，而且对每一个证据都要加以充分有效的展示。对于案件中的一般事实环节，无争议情节的示证，公诉人不必向法庭过细展示，如被告人的平素表现、性格特点，以及对案件不起决定作用的证言等。对于复杂疑难案件的证据展示，公诉人则应一事一证。对于重大杀人案件中的法医鉴定，公诉人在出示证据时，不应只向法庭宣读结论部分，而应将法医鉴定的内容部分即被害人身中数刀及伤害程度等，全面、详细地向法庭宣读，如果涉及专业性较强的医学理论等方面的知识，还应当在法庭上予以解释，以达到出示证据的最理想效果。

2. 公诉人示证的技巧

（1）巧妙安排示证的顺序，扩大示证的效果。庭审中公诉人示证顺序的安排是非常重要的。示证顺序的安排一般来说应具有逻辑性，所出示的证据应环环紧扣。为了在法庭上更好地揭露犯罪，什么证据先出示，什么证据后出示，公诉人应予以巧妙的安排，以取得最佳的效果。根据司法实践，公诉人应掌握以下原则：

其一，一人一罪的案件，公诉人向法庭出示证据时，可以按证据的证明力的强弱，先后向法庭出示证明被告人犯罪事实存在的各种证据。

其二，共同犯罪的案件，公诉人应先对主犯进行示证，再对从犯进行示证。对于共同犯罪中不认罪的，应该运用迂回的示证方法，先对认罪的被告人进行示证，扫清外围，待犯罪事实被法庭确认后，再集中出示各种证据，全力攻克拒不认罪的被告人。

其三，对既有直接证据，又有间接证据的案件，应当先出示直接证据，后出示间接证据。

其四，对于有矛盾证据的案件，公诉人应当首先出示有利于指控的犯罪的证据，并使有利的证据形成一个稳固、合法、有效的证明体系，之后再向法庭指出矛盾证据是不可信的，应予以排除。

其五，以供为主，以证为辅。对于被告人当庭翻供的案件，经过多次讯问后，被告人仍不如实供述犯罪事实的，公诉人应及时停止讯问。在进行求证的时候，应首先宣读被告人曾经供述过的记录在卷的被告人供述笔录，之后，再宣读直接证实被告人犯罪事实存在的事实证据以及其犯罪时使用的实物证据。

其六，对涉及罪与非罪、此罪与彼罪的，要首先出示证明有犯罪事实存在的证据，然后是罪重、罪轻的，最后才是量刑情节等其他方面的证据。

（2）示证应注重条理性。所谓条理性主是要求公诉人出示证据时，根据案情的特点和证据性质将事实和证据进行分门别类，然后有条不紊地向法庭出示证据。实践中，常见的有以下几种：

其一，按序分段出示证据。按序分段出示证据就是根据案件发生、发展中的自然停顿为标准，将整个案件划分成若干阶段，并对每个阶段要证明的问题和证明这些问题所需的各种证据材料按照一定顺序分别出示的方法。这种按序分段，每个阶段都有一组证据材料相对集中出示，条理清晰、层次分明、结构合理、证明力强。例如，在一起盗窃案中，案情一般包括以下几段：A. 盗窃动机和故意的形成；B. 购买作案工具改锥并预先查看作案地点；C. 用改锥撬开房门进入室内窃取财物；D. 窃取财物后从窗户逃跑而被当场抓获。将整个案情分为以上四组，出示证据时就应按照 A 至 D 的顺序逐组出示证据。对于同类犯罪，则以每一次作案作为一个示证单元。

在出庭支持一些重大复杂、证据较多的疑难案件时，采用这种方法效果明显，首先，它既有效地克服了一次性调查，一揽子出示证据造成的事实和证据不能及时准确相互对应的弊端，也防止了一事一证，求证零散，不易归纳总结的现象；其次，这种方法便于法庭及时果断地采纳证据，接受指控，也可以使旁听群众准确、细致地了解案情，从而大大加快庭审节奏，提高工作效率。

其二，连环出示证据。连环出示证据是指公诉人在没有直接证据的情况下，把依法获取的每一个能够证明案件某一局部情况或者个别情节的间接证据，依据它们之间存在的必然联系，按照先后顺序串联起来，组成完整的证明体系，然后运用逻辑推理，组织、出示证据的方法。这种方法主要运用于没有直接证据，被告人拒不供认的案件。运用时应注意要符合间接证据的证明规则。

其三，综合出示证据。有些案件是一个被告人犯有多起犯罪事实或者多人共同犯罪，某些证据在该被告人多起犯罪事实中均有证明作用，或者能够证明多人共同犯罪，如果在讯问完一个犯罪事实或一个被告人后就将该证据使用一次，就会造成重复多次使用，给以繁琐、机械之感。如果在讯问完所有犯罪事实或所有被告人之后，将该证据综合使用一次，可以提高诉讼效率，增强庭审效果。

其四，集中出示证据。一般说来，一个案件只有一个或几个问题是控辩双方辩论的焦点，对于双方均无争议的事实，公诉人出示证据时可适当从简从略。对于双方争议的焦点问题，公诉人将所有能够证明该事实和犯罪的证据集中起来，先主要证据后次要证据，先直接证据后间接证据，逐一向法庭出示，并加以适当说明，阐述该证据的来源及可靠性、所证明的内容等。

其五，选择出示证据。选择出示证据是指公诉人在出示证据的时候，对数个证明同一案件情节的同类证据互相比较，从中选择出一两个最具有代表性的证据，详细列举其全部内容，对其余证据则只作简单说明，不再详细列举内容的出示证据的一种方法，这样出示证据的最大好处就是简明扼要说明问题，不仅可以节省诉讼时间，而且还能避免不必要的争议。

其六，公诉人在开庭示证时，可以根据案情的特点和证据性质，将证据分门别类逐一编号，庭审出示证据时就按照编号逐一出示，特别是某些物证较多的案件，可将物证逐一编号并贴上标签，出示证据时逐一地说明物证的来源、固定方法及特征。按编号出示证据可以有效地克服一案众多证据杂乱无章或同类证据易混淆的现象，使公诉人能够井然有序地出示证据。

（3）示证应保持节奏性。所谓节奏性是指公诉人在出示证据时根据案情结合辩护规律确定出示证据的重点和非重点，相互地控制好快慢、轻重节奏，确保重点问题的证据的出示。在决定定罪量刑的问题上可放慢证据出示的节奏，加大示证的力度，突出重点，从而收到扼住要害的显著效果。具体地说，在出示证据时，公诉人应首先注意捕捉全案中最关键的情节，如罪与非罪的问题、此罪与彼罪的问题及类似伤害案件中的伤害程度，盗窃案中的盗窃数额等关系到定罪量刑的问题。其次，公诉人应当选择犯罪中实施阶段作为示证的重点。因为实施阶段是犯罪过程的中心阶段，它不仅是连接犯罪主体与犯罪客体的结果，而且也是犯罪意图外化，形成定罪量刑的主要根据的阶段。再次，共同犯罪案件应选择主犯为求证的重点。抓住主犯就能把握案件的主线，比较顺利地定罪量刑。最后，选择易成为辩论焦点的地方作为示证的重点。归根结底，出示证据的节奏性就是强调公诉人出示证据要紧紧围绕起诉书指控的犯罪事实，分清主次，详略得当，突出重点。若被告人在庭审中的陈述与其在侦查、预审、审查起诉阶段的陈述是一致的或基本一致，不影响定罪量刑的，可以当庭不宣读其讯问笔录。

（4）示证应保持程序上的规范性。公诉人出示未列入证据目录的证据材料，应经审判长许可。公诉人在出示证据前，应首先向法庭说明："审判长，请准许出示××单位（人），在××时间、××地点，向××机关出具的××证据材料，该证据材料证实××事实"，或"审判长，请准许宣读未到庭的证人（被害人）××，在××时间、××地点，向××机关作的证言笔录（书面陈述），该证言（陈述）证明××事实"。又如在合议庭要求公诉人继续出示证据时，公诉人应向法庭说明"现在（下面）出示××单位、在××时间、××地点、向××机关出具的证据材料，该证据材料证明××事实"。在所有证据出示完毕后，公诉人应向法庭说明"审判长，公诉人举证完毕"。

第二节　辩护证据的分析与反驳

我国现行刑事诉讼法对原刑事诉讼法中的控、辩、审三方的诉讼法律关系进行了改革和调整，在一定程度上保障了控、辩相互独立的诉讼地位，强化了控辩双方的诉讼职能，同时也在某种意义上改善了控审不分以及控、审与辩距离不等的情形。例如，《刑事诉讼法》第189条规定："证人作证，审判人员应当告知他要如实地提供证言和有意作伪证或者隐藏罪证要负的责任。公诉人、当事人和辩护人、诉讼代理人经审判长许可，可以对证人、鉴定人发问。审判长认为发问内容与案件无关的时候，应当制止。审判人员可以询问证人、鉴定人。"这就从很大程度上改善了以往公诉人与法官具有同等地位，公诉人对证人、鉴定人的发问是当然的权力和做法，从而使公诉人在诉讼地位上与当事人趋于对等，更进一步使法官能居中裁判。我国《刑事诉讼法》第190条规定："公诉人、辩护人应当向法庭出示物证，让当事人辨认，对未到庭的证言笔录、鉴定人的鉴定意见、勘验笔录和其他作为证据的文书，应当当庭宣读。审判人员应当听取公诉人、当事人和辩护人、诉讼代理人的意见。"这一规定改变了原有刑事诉讼法所规定的，由法官向被告出示物证而由其辨认的职权做法，现改由控辩双方积极向法庭示证，对各自诉讼主张负有举证责任，由法庭居中核实、认定的抗辩式诉讼结构。可见，现行刑事诉讼法对诉讼主体结构的调查和改进，使控辩双方趋于平等或对等，使法官居于中立地位。公诉人在庭审中，要想获得出庭成功，正确分析与反驳辩护证据，要做好以下几方面工作：

一、认真宣读起诉书，打好第一炮

《刑事诉讼法》第184条规定："人民法院审判公诉案件，人民检察院应当派员出席法庭支持公诉。"第186条又规定："公诉人在法庭上宣读起诉书后，被告人、被害人可以就起诉书指控的犯罪进行陈述，公诉人可以讯问被告人。"修正后的刑事诉讼法，除适用简单程序审理的案件外，不存在公诉人不出席法庭的问题，更不存在由审判人员代为宣读起诉书的问题。因此，公诉人在法庭上的第一项活动就是宣读起诉书。起诉书是检察机关提起公诉，追究被告人的刑事责任,将被告人交付法庭的重要法律文书,是法庭进行审判活动的依据。公诉人在宣读起诉书时,一定要严肃认真,读字准确,语气有力,声音洪亮,使出席法庭和旁听的人都能听清听懂,打好第一炮,否则,就会影响开庭的效果。

二、搞好庭审调查,掌握控诉主动权

新的庭审方式改变了法庭调查程序。法庭调查由以审判人员为主讯问被告人、出示证据,改为由以公诉人为主讯问被告人、出示证据,加重了公诉人的指控犯罪、证实犯罪的任务和责任。这就要求公诉人在被告人拒不认罪时,要运用证人证言、被害人陈述、物证、书证,揭露犯罪、反复出示证据,制服被告人;当被告人在法庭上推翻原来供词在主要犯罪事实、情节上避重就轻时,要运用其他证据和被告人原来供词,抓住其自相矛盾点,揭露被告人翻供是想逃避法律追究的侥幸心理;在证人翻供时,要分析证人证言前后不一致的原因,用其他证据和证人原来证词的共同点揭穿翻供和举证意图。当发现原认定犯罪事实错误,定性不准确或主要事实不清,证据不足时,要建议休庭,撤回起诉,重新调查争取主动权。

三、认真发表公诉词是出庭成功的保证

在法庭调查结束后,审判进入法庭辩论阶段,公诉人要首先发表公诉词。公诉词是法庭上最系统、最重要的发言。这个发言,对公诉人来说,是揭露犯罪、证实犯罪,使被告人认罪服法的讼词;对法庭来说,是检察机关为法庭进行审判并作出公正判决而提供的系统的、完整的意见;对辩护人来说,是观点明确、有根有据、全面客观的辩论发言;对旁听群众来说,是依法办案、宣传社会主义法制、提高群众法制观念的演说。

在司法实践中,一些人往往只重视法庭辩论,而忽视发表公诉词的作用。他们认为,法庭辩论是法庭审判活动的高潮,在法庭上作答辩,既是出庭工作的难点,也是衡量出庭支持公诉水平的关键。诚然,重视法庭答辩,这当然是必要的,但发表公诉词也不能轻视。公诉词与法庭答辩之间存在着内在的联系,两者相辅相成,互为补充。如前所述,公诉词通过对犯罪事实和定性的论证,进一步揭露犯罪,证实犯罪。公诉词的这些主要内容,必然作为公诉人在答辩中所涉及的一些主要的问题的答辩基础;而公诉人在法庭上的答辩则是对公诉词的引申和必要的补充。尤其重要的是,如果预测到辩护人可能对案件提

出的辩护理由和问题，在公诉词中事先加以主动的、着重的、有力的说明，就可以避免答辩时临时考虑不周，措手不及，出现失误的情况，从而减少答辩的困难。

四、掌握答辩规律和法庭辩论重点，采用正确的答辩方法

（一）要掌握答辩规律，即辩护人和被告人提出辩护意见的一般规律

如辩护人一般都从犯罪事实认定、犯罪主观动机、犯罪性质、适用法律条款等方面进行辩护，根据这些辩护规律，公诉人要根据具体案件的性质、特点，找出其规律，这样才能做到答辩主动。

（二）要抓住法庭辩论的重点进行答辩

一是答辩要有针对性。对被告人及其辩护人在法庭上提出的辩论点，抓住案件实质问题进行答辩，答辩主次分明，重点突出，观点明确，才能占主动权。否则泛泛地答辩，应答不答，答非所辩，会使公诉人陷入被动；二是答辩要坚持实事求是原则。也就是要忠实于法律，忠实于事实真相。公诉人在辩论中，要依据事实和法律，合情、合理、合法地答辩，既要揭露被告人有罪的一面，又要认真听取被告人、辩护人的辩解和辩护意见；三是答辩时语气要严肃，用语准确、文明，才会使辩论主动权掌握在公诉人的手中；四是答辩发言要逻辑性强，做到意思表达准确、条理、无懈可击。

（三）答辩采用的主要方法

1. 综合式答辩法

将提出的辩护的问题，按问题的性质、内容、主次进行归纳和分类排除，确定应予答辩的问题和次序。答辩时可先说明辩护人提出的一系列问题归纳为几个什么观点，指出哪些辩护的问题是重复的，哪些辩护的观点不清或同案件事实和定罪量刑无关，因此不作答辩。然后，再对需要答辩的观点依次答辩。

2. 突破式答辩法

在辩论过程中，辩护一方，往往围绕一个重要观点，提出许多辩护意见，对于这种辩护，采用突破式答辩较为有利，即就其提出的主要的、本质的观点加以突破，其余的观点也就不攻自破了。

3. 重点式答辩法

所谓重点是指对犯罪事实、犯罪性质的认定以及对法律条款的适用和诉讼程序是否合法等。只有抓住重点，才能达到辩论的目的。

4. 迂回式答辩法

即对对方的意见观点不从正面进行反驳答辩，而采取迂回策略，不受对方思路的牵制，按自己的思路，阐述对案件事实和认定的看法与见解。

5. 推理式答辩法

即把两个属性相同或相邻的事物进行比较推理，既可证明自己的观点，又可反驳对方的错误，进而得出可信的结论。

6. 归谬引申式答辩法

即先假定对方的观点正确，然后加以引申，得出荒谬的结论，从而证明对方观点错误的方法。

7. 借言辩驳式答辩法

借言辩驳式答辩法是借用对方原话或对方承认的证人证言来进行反驳论证的一种方法。

上述几种答辩方法，是在特定的情况下采用的，而通常则采取正面答辩的方法。

五、庭审中的几种对策

庭审是一场尖锐复杂的斗争。由于各类案件不同，各个被告人、诉讼参与人、旁听群众情况不同；在庭审进行过程中，突然发生各种各样的问题是屡见不鲜的。如何处理这些问题，大有讲究。根据有关法律规定和审判实践经验，提出公诉人对庭审中出现的特殊情况的处理对策。

（一）对辩护人当庭举出与控诉相反的材料的对策

公诉人对于辩护方提供给法庭的证据进行质证时，要注意到辩护方提供的证据一般都是与公诉证据证明方向相反的材料，与公诉证据间有着强烈的对抗性。所以对辩护方提出的证据，公诉方必须质疑。公诉方应全面考虑证据的来源、证明内容、证明力以及与其他证据间是否存在矛盾之处，然后运用已有的证据排除其作为定案根据的可能性。公诉人如能当庭确认反证材料系伪证假证，就应从法律监督的角度对反证予以坚决的驳斥和否定。有必要的话，对辩护方的此种行为，公诉方还应提请法庭注意。对辩护方提出的新证据，公诉人在问明证据的来源，并根据案件已有的证据，对其内容进行分析论证后，方能得出建议法庭是否采纳的意见。公诉人不可不置可否，或一概否定，更不能单纯强调现有证据的合法性与真实性而否定新的证据的客观真实性。公诉人公正客观地评断辩护方提出的新证据，对其合理要求及时予以支持，不仅能体现出公诉机关实事求是、以证定案、以理服人的办案作风，更能使案件得到公正的审理，不枉不纵，达到公诉的真正目的。

公诉人在法庭审理过程中发现事实不清、证据不足，或者有遗漏罪行、遗漏同案犯罪嫌疑人，需要补充侦查或补充提供证据的；或者发现遗漏罪行、遗漏同案犯罪嫌疑人，虽然不需要补充侦查或补充提供证据的，但需要提出追加或者变更起诉的；或需要通知开庭前未向人民法院提供名单的证人、鉴定人或者经人民法院通知而未到庭的证人出庭陈述的，公诉人应当要求法庭延期审理。律师收集的材料，应由审判人员审查有无必要，然后请律师将上述材料递交合议庭进行审查。合议庭审查后，若认为上述材料可能影响对被告人定罪量刑，则本案应延期审理，对上述材料进行查证核实。在查证核实阶段，不仅要查明上述材料是否属实，还应注意律师或其他人员有无为被告人串供，有无利诱、威胁证人作伪证等。一经发现，在查清事实的基础上，应依法追究有关人员的法律责任。如查明律师提供的材料属实，而且影响定罪量刑，则应对上述单位、证人依法取证，客观、公正地予以采纳。

（二）对认定自首的被告人在庭上翻供、拒不认罪的对策

公诉人除了在庭审中通过向被告人发问、询问证人，对有关证据质证及在法庭辩论中运用证据证明犯罪外，还应及时修改公诉词删去对被告人自首情节的认定及相应的法律条文，明确表明被告人的行为已不具备自首的条件，从而不构成自首的意见。

（三）对证人当庭作反证的对策

1. 利用法律、运用策略迫使证人在庭上如实作证。告知他要如实地提供证言和有意作伪证或隐匿罪证要负的法律责任。如该证人仍坚持反证，公诉人应抓住其前后证言之间的矛盾点，重点发问，力图使他在前后矛盾面前不能自圆其说。再抓住其漏洞、破绽紧逼发问，露出伪证之真实面目。

2. 如上述方法不能当庭揭露出伪证之本来面目，致使这些证据不能当庭生效，公诉人在对该证人证言质证时，可以发表以下意见：（1）根据《刑事诉讼法》第48条规定"证据必须经过查证属实，才能作为定案根据"的规定，阐明证据在查证属实之前，不能作为定案根据的观点。（2）该证人刚才向法庭所作之证，不仅与原证言有矛盾，且与其他证据也有矛盾，需查证核实。建议本案休庭延期审理。

3. 延期审理后，应抓紧查证核实。经查证，如发现该证言属实，则应客观、公正地采纳。如影响案件事实或主要情节的认定，则应主动撤回起诉，根据事实与法律，或修改起诉书后重新起诉，或不诉，或撤案。如该证人当庭所作系伪证，则应查明其伪证的原因，依法追究其责任。

（四）对被告人当庭翻供的对策

被告人出于各种原因，会在开庭时作出与原供内容完全不同的供述。这就和控方的诉讼主张形成矛盾。出现这种情况，公诉人首先要处变不惊，及时调整好自己的心态；然后，要冷静地分析被告人翻供的原因，选择被告做无罪、罪轻辩解中最薄弱的环节，运用证据体系，逐一指控犯罪事实。当庭翻供的被告人，他们往往有侥幸心理，想孤注一掷以逃避法律的制裁。这种情况下，公诉人应对被告人进一步讯问。要针对被告人当庭所作陈述与在侦查、审查起诉阶段所作陈述不一致的地方，分析其翻供的原因与动机，向其宣读其在侦查、审查起诉阶段所作的供述，造成其心理上的慌乱，让其能主动向法院坦白翻供的原因，起到良好的公诉效果。如果被告人拒不承认翻供，则由公诉人直接揭露其翻供的真实原因，指出被告人缺乏认罪悔罪的态度，应依据证据认定犯罪事实，并建议法庭量刑时考虑被告人的认罪态度予以从重处罚。同时，公诉人还可以把被告人的口供与同案犯口供进行比较，找出并利用共同犯罪中同案犯间的矛盾，使之陷于不能自圆其说的地步，从而不得不认罪服法。必要时，公诉人还可避实就虚，实行侧面迂回、扫清障碍的讯问方式，层层剥离，稳扎稳打，步步为营，四面包抄，将被告人置于防不胜防的境地，使其于无意中在某些薄弱环节露出破绽，不得不按照实际情况进行供述。

第三节 庭审中的质证技巧与策略

一、质证概述

证据法学上的质证，从广义上来讲，是指在诉讼过程中，由法律允许的质证主体借助采取各种证据方法，旨在对包括当事人提供的证据在内的各种证据采取询问、辨认、质疑、说明、解释、咨询、辩驳等形式，从而对法官的内心确信形成特定证明力的一种诉讼活动。我国目前立法上主要采取狭义的质证，即主要指在庭审过程中，由诉讼当事人就法庭上所出示的证据进行对质、核实等活动。在刑事审判过程中，质证就是指在法庭审判长的主持下，公诉人和辩护方对各方所出示证据的真实性、关联性、合法性进行询问和答疑，以确定该证据的证明作用和解决该证据是否被法庭采信的一种诉讼活动。对质证这一概念，可作如下分析：

（一）质证的主体

质证主体是指在法庭上从事质证活动的行为人。我国《刑事诉讼法》第

59 条规定:"证人证言必须在法庭上经过公诉人、被害人和被告人、辩护人双方质证并且查实以后,才能作为定案的根据。法庭查明证人有意作伪证或者隐匿罪证的时候,应当依法处理。"可见,公诉案件中质证的主体包括公诉人、被害人、被告人和辩护人。该法第 186 条规定,审判人员、公诉人可以讯问被告人;被害人、附带民事诉讼的原告人和辩护人、诉讼代理人,经审判长许可,可以向被告人发问。该法第 189 条又规定,公诉人、当事人和辩护人、诉讼代理人经审判长许可,可以对证人、鉴定人发问;审判人员可以询问证人、鉴定人。就此,上述有关讯问主体和发问人的被告人,以及作为被发问人和被询问人的证人、鉴定人提出疑问,要求回答,并对其回答的可靠性提出异议,进行质询等。实际上,从广义而言,这也是质证的一种必要方式,因此,上述的所有主体均可作为广义上的质证主体。

（二）质证的对象

质证的对象是指质证主体从事质证行为所指向的客体。我国刑事诉讼法把证据界定为:物证,书证,证人证言,被害人陈述,犯罪嫌疑人、被告人供述和辩解,鉴定意见,勘验、检查、辨认、侦查实验等笔录,视听资料、电子数据。最高人民法院《关于适用〈中华人民共和国刑事诉讼法〉的解释》第 63 条规定:"证据未经当庭出示、辨认、质证等法庭调查程序查证属实,不得作为定案的根据,但法律和本解释另有规定的除外。"所以,在刑事诉讼中,能够作为质证对象的应当包括以上八种类型的证据。

（三）质证的内容

质证的内容是体现某种证据是否具有证明力的根据。一般来说,应当包括证据的客观性、关联性和合法性这三方面。

质证在司法实践中具有重要的作用。证据是法院认定事实的基础,是适用法律的前提,对某些证据的采用与取舍,确认其证明力的大小与强弱在很大程度上决定了诉讼的最后结局。质证是控辩双方的一项诉讼权利,是控辩双方为实现胜诉目的而采取的必要手段。质证是法院审查、认定证据效力的必要前提,也是公诉成败的前提。通过控辩双方的质证,能充分发挥双方的主观能动性,使指控更加充分,辩护表达更加彻底,控辩双方可以围绕案件事实证据、争执焦点、有罪无罪、罪重罪轻、所负刑罚及是非责任、适用法律等问题,通过彼此之间的质证,平等、民主、完整地充分行使自己依法享有的各种诉讼权利。通过控辩双方的质证,可以防止法官先入为主、先审后定的现象,确保其处于公正的地位,杜绝和防范法官不公正裁判的可能性,切实维护被告人的合法权益。

二、我国刑事诉讼中质证的特点

（一）确立控辩双方平等或对等的地位

我国现行刑事诉讼法对原刑事诉讼法中的控、辩、审三方的诉讼法律关系进行了改革和调整，在一定程度上保障了控、辩相互独立的诉讼地位，强化了控辩双方的诉讼职能，同时也在某种意义上改善了控审不分以及控、审与辩距离不等的情形。例如，现行《刑事诉讼法》第189条规定："证人作证，审判人员应当告知他要如实地提供证言和有意作伪证或者隐藏罪证要负的责任。公诉人、当事人和辩护人、诉讼代理人经审判长许可，可以对证人、鉴定人发问。审判长认为发问的内容与案件无关的时候，应当制止。"这就从很大程度上改善了以往公诉人与法官具有同等地位，公诉人对证人、鉴定人的发问是其当然的权力和做法，从而使公诉人在诉讼地位上与当事人趋于对等，更进一步使法官能居中裁判。我国《刑事诉讼法》第190条规定："公诉人、辩护人应当向法庭出示物证，让当事人辨认，对未到庭的证言笔录、鉴定人的鉴定意见、勘验笔录和其他作为证据的文书，应当当庭宣读。审判人员应当听取公诉人、当事人和辩护人、诉讼代理人的意见。"这一规定改变了原有刑事诉讼法规定的，由法官向被告人出示物证而由其辨认的职权主义做法，现改由控辩双方积极向法庭示证，对各自诉讼主张负有举证责任，由法庭居中核实、认定的抗辩式诉讼结构。可见，现行刑事诉讼法对诉讼主体结构的调整和改进，使控辩双方趋于平等或对等，使法官居于中立的地位，使控辩双方在法庭上的质证产生良好的效果。

（二）设置交叉询问规则

现行刑事诉讼法有条件地设置了交叉询问的规则，进一步充实了质证的内容。我国《刑事诉讼法》第189条规定，公诉人、当事人和辩护人、诉讼代理人经审判长许可，可以对证人、鉴定人发问。最高人民法院《关于适用〈中华人民共和国刑事诉讼法〉的解释》第212条规定，向证人发问，应当先由提请通知的一方进行，发问完毕后，对方经审判长准许，也可以发问；向鉴定人发问，应当先由要求传唤的一方进行，发问完毕后，对方经审判长准许，也可以发问。同时，该解释第213条为这种询问设置了相应的程序规则，即发问的内容应当与案件的事实相关；不得以诱导方式提问；不得威胁证人；不得损害证人的人格尊严。以上规定体现了我国的交叉询问规则。

（三）体现直接言词原则

1979年刑事诉讼法的弊端主要在于：由于实行卷宗移送主义，使法官过于依赖卷宗材料，在开庭前就能够对案件进行实质性审查，难免使法官形成"先入为主"、"先定后审"的倾向，使庭审活动中的质证形同虚设。修正后的刑事诉讼法，大大降低了控诉方的书面卷宗材料可能会对法官在案件事实的认定上的不良影响，使法官在不带有主观观念的情形下主持庭审活动，有利于将法官因内心确信而产生的裁判结论建立在通过庭审质证而取得的证据基础之上。在诉讼中，只有贯彻直接言词原则，才能为庭审质证提供必要的前提条件，并使质证具有实质内涵。直接言词原则是直接原则和言词原则的合并称谓。这一原则的涵义包括：（1）法官必须在法庭上亲自听取当事人、证人和其他诉讼参与人的陈述，亲自听取双方的辩论以及检验物证，审查书证、鉴定意见，由此产生感知，从而形成对案件事实真实性的内心确信；（2）审判程序原则上应以言词陈述方式进行，其中包括当事人之间在诉讼中就事实主张和证据的可信性进行的攻击与防御，必须以言词辩论方式进行。具体地讲，直接原则分为直接审理原则和直接采证原则。直接审理原则亦称"在场原则"，即在开庭审理时，刑事诉讼中的被告人、公诉人以及其他诉讼参与人，除法律有特别规定外，必须亲自在场，上述人员如果不在场，审判活动视同未发生，或不存在，对事实的认定不能作为裁判的基础。直接采证原则是指对诉讼中的调查与采信，必须由法官亲自进行，只有亲自对有关证据进行审查、判断后才能决定是否采信以及证据的证明力的大小，并以此作为裁判的依据。我国《刑事诉讼法》第54条、第190条的规定都体现了直接采证原则。言词原则是指法律有特别的规定外，法庭审理活动应以口头方式进行。我国《刑事诉讼法》第189条、第193条的规定都体现了言词原则。

三、质证技巧与策略

（一）质证的基本原则

质证包括质疑和质辩两个方面。质疑是对对方出示证据的怀疑、异议否定；质辩是对对方质疑的解答、反驳和对己方证据的维护。对于质证，公诉人应当掌握其基本原则：把握方向、合理吸收、排除干扰。

把握方向是指质证应始终围绕对定案至关重要的证据的可采性为中心展开质疑和辩论，对其他无关证据效力的证据的质疑，点到即止或者不予理会。公诉人对辩方否定控方定案证据的，必须充分阐明其应予采信的理由，驳斥辩方错误观点。如公诉人对辩方质疑置之不理或答辩不力，则易对法官产生负面影响。另外，公诉人对辩方出示关系到定案的证据必须质证。由于控辩双方诉讼职责的不同，辩方往往会当庭举出与控方定案证据证明方向相反的证据材料，对此，公诉人可从程序和实体内容两方面入手加以质证。

合理吸收，是指质证的过程实质上是对证据去伪存真的过程。从法理上讲，控辩双方的质证本质和方向是一致的，即都追求实事求是、客观公正的司法效果。因此，公诉人对于质证过程中辩方提出的质辩中的合理成分，应本着职业道德，对之加以吸收。对辩方的观点一概予以排斥的做法是不足取的，亦有悖于质证目的和立法本意。

排除干扰，是指质证中辩方有时会趁机施放"烟幕弹"，干扰控方公诉，使控方偏离方向或掉入辩方早已精心设计好的圈套中，导致公诉方质证失败。所以在辩方质证有故意歪曲控方质证的证明方向、效力时，公诉人应义正辞严地据理力争，予以矫正，并指出辩方质证不合逻辑或谬误之处，从而保证质证的正确进行和公诉的成功。

（二）质证的方法

根据现行刑事诉讼法的规定，公诉人宣读起诉书，被告人、被害人作陈述后，控辩双方就每一犯罪事实提出控方证据和辩方证据，进行质疑和质辩。一般情况下，质证的程序是按照控方举证、讯（询）问，辩方举证、询问，交叉询问等依次进行。质证的方式一般采取"一证一质"，即举一证质一证。

1. 对证人证言的质证

证人证言是证人就其了解的案件向司法机关所作的陈述，在刑事诉讼过程中具有重要的作用。根据证人是否到庭可把证人证言的质证分为两类情况。第一种情况是对证人出庭作证的，是哪一方的证人就要由哪一方先询问，然后再由另一方询问，证人都必须如实回答，对双方提出的质疑，各方必须进行质辩；另外一种情况是对证人没有出庭作证的，控方所举证言，由公诉人宣读，辩护人和被告人提出质疑的，公诉人应有针对性地答疑。根据提出证人方的不同，公诉人对证人证言的质证又可划分为两类。公诉人对己方证人应采取正面询问方式进行询问，对辩方证人应以客观公正的态度采取质询的方式进行询问。公诉人对证人证言质疑的目的是为了弄清证人的资格、证人证言的来源、证人证言收集的程序是否合法，证言是否符合情理、逻辑和事物发展的客观规律，与其他证据有无矛盾等。公诉人询问证人时，应注意以下策略：

（1）公诉人询问证人时，出庭的证人有一定的选择。庭审调查具有明显的对抗性，因此，从主观上讲，是一切知道案件事实真相的人都应出庭作证。但是证人出庭作证又受到诸多客观因素的制约。同时，调查取证时，公诉人要做好证人的工作，动员证人尤其是关键性的证人出庭作证。至于对定罪量刑意义不大的证人，不是确非必要的话，可以不到庭，公诉人宣读其证人证言笔录即可。

（2）公诉人询问证人应当分别进行。隔离询问完毕后认为需要对质时，可以建议法庭传唤有关的被告人、证人同时到庭对质，对质应当在有把握获取案件真实情况下进行，没有把握和非确属必要时，应当慎用。

（3）公诉人对证人进行询问，应注意原则上和程序上的规范性。公诉人要询问时，语言宜简练，禁止提出具有提示性、诱导性的问题，不得对证人进行威胁，不得损害证人的人格尊严。

公诉人在法庭上对证人正式进行询问前，应先在合议庭核实证人身份和基础上，进一步问明证人与被告人的关系，应注意保持语言的规范性。如"证人××，你是否认识当庭接受审判的被告人？""你和被告人是怎么认识的？"等，然后再让证人就他所了解的与案件有关的事实向法庭作连贯性陈述，如"证人××，请你将所了解的与本案有关的事实向法庭做一陈述"。在证人进行连贯性陈述后，可以对证人进行第一轮的询问。对证人的第一轮询问完毕后，应向法庭说："审判长，公诉人对证人××暂时询问至此"。当事人、辩护人、诉讼代理人对证人发问完毕后，当审判长问公诉人是否继续询问证人时，公诉人根据情况，认为有必要再次询问时，应说明："有，请证人××就××事实作证"；若认为不必要再次询问的，则应回答："审判长，公诉人不再询问"。在辩护人对证人进行发问的过程中，如果辩护人进行诱导性询问或与本事实无关的发问以及其他不当发问，可能影响证言的客观真实性的，公诉人应当向法庭提出反对意见，"审判长，辩护人发问不当，请予以制止"。

（4）公诉人对证人询问要突出重点。在证人进行连贯性陈述后，针对证言中有遗漏、矛盾、模糊不清和有争议的内容，公诉人应着重围绕与定罪量刑紧密相关的事实进行询问。这种询问应当采取一问一答的形式，问题应当简洁、清楚，避免一次提出数个需要回答的复合性问题。询问应当有重点进行，不能漫无目的地对证人已经讲明的案件事实、情节重复提问或在细枝末节上纠缠不休。证人进行虚假陈述的，必要时可直接宣读其在侦查、预审或审查起诉阶段提供的证言笔录或者出示、宣读其他证据，并根据上述证据的内容对证人再次进行询问。在询问时，应让证人陈述其知道的事实，然后根据案件的需要突出重点进行询问，询问时应根据不同的证人有所侧重。对有被害人出庭作证的，发问时一定要注意方法，避免因伤害被害人，而影响证据的证明力。

公诉人对鉴定人的询问同样要注意以上策略。

2. 对被告人的供述和辩解的质证

被告人供述和辩解，也称做口供，是被告人就有关案件的情况向司法机关所作的陈述。其主要内容包括被告人承认自己有罪的供述和无罪罪轻的辩解。公诉人对被告人的供述和辩解质证的目的是通过被告人供述其犯罪事实，使法官和其他旁听人员对全案有充分的了解；同时，要分析被告人的供述是否符合作案当时的客观情况，与在侦查、审查起诉期间的供述有无矛盾，有无反复，并查明与其他证据之间有无矛盾之处。

公诉人对被告人的供述和辩解的质证，主要通过讯问被告人来完成。讯问被告人注意运用以下策略：

（1）讯问被告人应当分别进行，隔离讯问，以防止相互串供、相互推诿、相互干扰，影响各自供述的真实性。

（2）对被告人的讯问应有针对性。讯问被告人应围绕以下内容进行：被告人主体身份证明、职权范围；被告人实施犯罪行为的时间、地点、方法、手段、结果、犯罪后的表现；被告人有无犯罪的故意或过失，行为的动机、目的；犯罪集团或一般共同犯罪案件中参与犯罪人员的各自地位和所起的作用；有无法定的从重、加重或者从轻、减轻以及免除处罚的情节；被告人全部或部分否认起诉书指控的犯罪事实的，否认的根据和理由；与定罪量刑有关的其他事实、情节。

（3）对被告人的讯问应有层次性。公诉人应将多起犯罪事实分成多个单元，公诉人一个单元一个单元进行讯问，不能眉毛胡子一把抓。公诉人应对多起犯罪事实的顺序进行安排，以此确定讯问的顺序，这种顺序可以不按起诉书排列的顺序为准。通常讯问先从证据比较扎实、被告的供述比较稳定、当庭翻供的可能性比较小的犯罪事实着手，再逐步过渡到证据相对薄弱、被告人口供不稳定的事实进行讯问。

（4）对被告人的讯问应做到问举结合、问定结合、问论结合。问举结合是指讯问被告人的过程也是公诉人出示证据、证明犯罪的一种方法。公诉人在对被告人进行讯问时，不能机械呆板，应在凡是能够于讯问中使用其他举证手段的，均应尽量将讯问与其他举证手段结合起来，使讯问与举证相得益彰，产生比单独进行讯问所无法比拟的效果。

问定结合是指公诉人对被告人进行讯问的目的是为了固定被告人的供述。这种固定通常有正面的固定和反面的固定两种。对于被告人承认的供述固定起来可以作为证据使用；对于被告人否认的供述予以固定，可以作为进一步驳斥的对象。对于被告人当庭供述与其在侦查、预审、审查起诉阶段中的供述不一致，可能影响定罪量刑的，公诉人可在征得审判长的同意后宣读其在侦查、预审、审查起诉阶段的供述笔录。

问论结合是指公诉人的每一次发问或每一组发问都应有意图隐藏其间，被告人的回答一旦满足这种意图，公诉人的讯问目的就达到了，公诉人此时应当抓住时机，总结被告人的回答证明了什么、反驳了什么并及时进行论证，加大指控的力度。

（5）公诉人讯问被告人应注意遵守下列规则，即公诉人讯问被告人的内容应当与案件的事实有关，禁止对被告人提出具有诱导性倾向的问题，不得威胁被告人，不得损害被告人的人格。对被告人讯问还应注意语言的规范性。如果辩护人对被告人进行诱导性或与案件无关的发问，可能影响供述的客观真实性的，公诉人应向法庭提出反对意见："审判长，辩护人的发问具有诱导性（或与案件事实无关），请予以制止"。

3. 对言词证据之外的证据的质证

言词之外的证据主要包括物证、书证、鉴定意见、现场勘查笔录和视听资料。对于这些证据，必须抓住其固有的特点来阐述其证明力。质证的焦点一般会集中在证据的外部特征、勘验的科学性、鉴定意见的客观公正性上。公诉人应对证据所涉及的专门知识有所了解。对于辩护人提出的专业性较强的问题，公诉人必要时可请勘验人、鉴定人作专门的解答，因为在不具备专业知识的前提下，质证答疑极易给辩护人留下破绽，造成质证不力。

对于涉及物品的财产犯罪中的有关鉴定意见需要格外加以注意和重视。在此类案件的当庭质证时，物品价值的鉴定意见经常成为质证的焦点。侦查机关和检察机关在庭审过程中通常对价格评估机构的估价持绝对信任的态度，对一些未见实物的无实物估价放松警惕，往往在庭审质证中使公诉人处于被动。所以公诉人必须持极端负责的态度，不迷信权威部门，对物品的实际价格要寻找原始发票，自购买之日起未超半年的按原价计算；对于未见实物的，委托估价一般应综合运用各种知识再作核实，必要时，掌握估价依据以备开庭质证。

公诉人向法庭出示物证，应当对该物证所要证明的内容、获取情况作概括性说明，并向当事人、证人等询问物证的主要特征，让其进行辨认。出示物证可以结合宣读物证技术鉴定书进行。此外，物证、书证证明的内容实质也易成为质证的焦点。物证、书证由于其本身的特点，其背后往往隐藏一定的秘密，所以公诉人在质证中一定要对该证据背后的事实予以揭露，才能取得质证的成功。

随着刑事科学的日益现代化，办案中的技术手段越来越发达，体现在证据领域即为视听资料的大大增加。在庭审质证的过程中，公诉人可以运用多媒体技术举证，视听资料作为固定证据的手段可以体现被告人的供述、证人证言、现场勘查等证据情况。对于视听资料，辩护人往往以逼供、逼证或相关情节已被删减、重新编辑为由提出质疑。公诉人应在完善相关技术手段的前提下，结合此证据与其他证据的共同证明力、同一指向性来论述被告人犯罪事实的成立，同时也回答了辩护人提出的删减、再编辑是不能成立的。

公诉人对于辩护方提供给法庭的证据进行质证时，要注意到辩护方提供的证据一般都是与公诉证据证明方向相反的材料，与公诉证据间有着强烈的对抗性。所以对辩护方提出的证据，公诉方必须质疑。公诉方应全面考虑证据的来源、证明内容、证明力以及与其他证据间是否存在矛盾之处，然后运用已有的证据排除其作为定案根据的可能性。公诉人如能当庭确认反证材料系伪证假证，就应从法律监督的角度对反证予以坚决的驳斥和否定。有必要的话，对辩护方的此种行为，公诉方还应提请法庭注意。对辩护方提出的新证据，公诉人在问明证据的来源，并根据案件已有的证据，对其内容进行分析论证后，方能得出建议法庭是否采纳的意见。公诉人不可一概否定，更不能单纯强调现有证据的合法性与真实性而否定新的证据的客观真实性。公诉人公正客观地评断辩护方提出的新证据，对其合理要求及时支持，不仅能体现出公诉机关实事求是，以证定案，以理服人的办案作风，更能使案件得到公正的审理，不枉不纵，达到公诉的真正目的。

公诉人在法庭审理过程中发现事实不清、证据不足的，或者有遗漏罪行、遗漏同案犯罪嫌疑人，需要补充侦查或补充提供证据的；或者发现遗漏罪行、遗漏同案犯罪嫌疑人，虽然不需要补充侦查或补充提供证据的，但需要提出追加或者变更起诉的；或需要通知开庭前未向人民法院提供名单的证人、鉴定人或者经人民法院通知而未到庭的证人出庭陈述的，公诉人应当要求法庭延期审理。

（三）公诉人质证应注意的问题

修正后的刑事诉讼法对审判制度作了较大的修改，由于种种原因，实践中问题也不少，为了更好地发挥公诉人的当庭质证的效果，准确质证，完成出庭支持公诉的任务，公诉人在质证时，还应当注意以下问题：

1. 注意庭审质证的程序问题

主要包括以下两方面：一是尽管刑事诉讼法明确规定质证的主角为控辩双方，但控辩双方必须遵守法官的主持，未经法官许可，不得擅自变更程序，不得擅自发问。二是在质证的具体活动中，必须依照谁举证、谁主询、谁答疑的原则，以免造成质证程序的混乱。公诉人应当自觉遵守质证程序，按照法官的指导开展公诉，不能因为自己是国家公诉人而具有特权思想，损害公诉机关的形象，破坏质证顺利进行。

2. 质证必须充分，不能留有尾巴

控辩双方要充分运用质证的权利，一旦发现对方所举之证存在缺陷或问题时，要一质到底，将证据和事实在质证阶段搞清楚。既要防止没有作为的思想，又要防止在质证阶段不彻底以至于到辩论阶段对证据的资格、作用提出质证，混淆诉讼阶段的任务的情形。但同时，公诉人也要防止误解"充分"而质证时重复拖拉，重点不突出。由于控、辩、审三方交叉发问，控方问什么，有问必答，有答必问，使庭审过程重复、拖沓、冗长。因此，公诉人质证时应本着体现证据的真实性、客观性、合法性的原则，对直接证据和形成锁链的间接证据进行合理筛选，确定重点，以提高法庭对该证据的采信程度。

3. 避免讯（询）问不到位

讯（询）问是质证的重要环节，好的讯（询）问能起到画龙点睛、突出重点的作用，讯（询）问不到位必定影响庭审的效果。讯（询）问不到位的原因主要是由于公诉人心中无数，事先未做充分的准备，庭审仓促上阵，走过场，摆形式，该问不问或者问不到点子上，可问可不问的却问了一大堆，使质证针对性不强，达不到预期的效果。为防止这种情况，公诉人应根据不同的案情，制作讯问被告人提纲。在被告人作连贯性陈述时，公诉人应注意力集中，认真听，必要时，要做一下记录，画出重点，及时归纳，抓住与起诉书指控的差异、问题，紧紧扣住案件事实和重要证据展开，针对性要强，推理要严密。被告人答问时，对重要情节或事实虽作陈述，但条理不清，公诉人可采用复述的方法，再问被告人，从而使答案条理清楚。

4. 避免对被告人翻供、证人翻证的对应措施不利

被告人、证人出于种种原因，会在开庭时，作出与原供述或证言内容完全不同的供述或证言。这于是就和控方的诉讼主张形成矛盾。出现这种情况，公诉人首先要处变不惊，及时调整好自己的心态；然后，要冷静地分析被告人翻供的原因，选择被告人作无罪、罪轻辩解中最薄弱的环节，运用证据体系，逐一指控犯罪事实。当庭翻供的被告人，他们往往处于侥幸心理，想孤注一掷以逃避法律的制裁。这种情况下，公诉人应对被告人进一步讯问。要针对被告人当庭所作陈述与其在侦查、审查起诉阶段所作陈述不一致的地方，分析其翻供的原因与动机，向其宣读其在侦查、审查起诉阶段所作的供述，造成其心理上的慌乱，让其能主动向法院坦白翻供的原因，起到良好的公诉效果。如果被告人拒不承认翻供，则由公诉人直接揭露其翻供的真实原因，指出被告人缺乏认罪悔罪的态度，应依据证据认定犯罪事实，并建议法庭量刑时考虑被告人的认罪态度予以从重处罚。同时，公诉人还可以把被告人翻供后的口供与同案犯口供进行比较，找出并利用共同犯罪中同案犯间的矛盾，使之陷于不能自圆其说的地步，从而不得不认罪服法。必要时，公诉人还可避实就虚。实行侧面迂回、扫清障碍的讯问方式，层层剥离，稳扎稳打，步步为营，四面包抄，将被告人置于防不胜防的境地，使其于无意中在某些薄弱环节露出破绽，不得不按照实际情况进行供述。

证人翻证的原因很多，公诉人可针对翻证的动机进行质疑：首先，要向证人重复有关作伪证或者隐藏罪证的法律责任，对其进行法制教育，昭示法律的威严，宣读证人出庭前的证言笔录，指出证人当庭陈述中的矛盾之处，并针对其翻供的原因进行质询。公诉人利用法庭这种特殊的庄严氛围，增加证人心理压力，动摇其翻供的防线，使证人暴露出编造痕迹，以使公诉人的质疑成功。其次，可以适当出示、宣读其他证据，并对证人进行质询。公诉人出示、宣读其他证据，让证人意识到公诉人手中已经掌握足够的定案证据，证人试图作虚假的陈述只是徒劳，即使他不说真话，法官也照样有证据可以给被告人定罪量刑，而他说了假话、作了伪证还要受到法律的追究，这样证人必然要在心中进行斗争，并最终趋利避害，选择如实作证，从而达到公诉人质证的目的。

为了保障质证的顺利进行，防止被告人翻供、证人翻证，公诉人应在讯问之前对被告人、证人进行政策和法律教育，针对其思想动态有重点地开展工作，特别是对一些有可能在庭上翻供的被告人更应及早做好准备，以翻供为假设，不断地加固、丰富证据，在心理上做好准备，研究对策，防患于未然。

第十六章
民事行政检察证据实务

民事、行政案件的当事人向检察机关提出申诉,应当举证,以证明自己的申诉主张。举证义务由提出申诉主张的当事人承担,即由申诉人承担。在民事、行政申诉案件中,举证义务亦有转移的问题。检察机关在审查民事行政案件中调查权非常必要,而且调查取证的范围应当明确。在本章中,我们还阐述了民事行政检察证据审查的方法和步骤,同时对适用公开审查程序应注意的几个问题进行了探讨。

第一节 当事人在民事行政检察中的举证

一、当事人在民事行政抗诉案件审查中的举证义务

法院在审理民事、行政案件中,有一个举证责任的问题。在民事诉讼中,举证责任由原告承担,在行政诉讼中,举证责任由被告承担。民事行政案件当事人不服法院发生法律效力的判决、裁定,向人民检察院申诉,应当怎样处理当事人的举证问题,无论从理论上还是从实务上看,都是一个新问题。

目前,检察机关的民事行政检察干部大多来自于刑事检察部门,受刑事检察工作的影响,不熟悉或者不习惯于民事、行政案件的举证要求,一接手案件,就先想到"查",忽略了申诉人的举证问题,使民事行政检察干部在调查取证上花费精力太大,一个案件往往拖上半年、一年,迟迟不能结案,既浪费了人力、物力和时间,也使申诉人的积极性没

有得到发挥。经过近几年的改进，这个问题已经有了很大改变，民事行政检察干部基本上能够自觉地让申诉人举证，而把自己放在审查者的位置上。

民事、行政案件的当事人向检察机关提出申诉，应当举证以证明自己的申诉主张，这是毫无疑义的。对此，尽管《民事诉讼法》、《行政诉讼法》都没作明文规定，但依据民事诉讼和行政诉讼的基本原理，可以得出这一结论。

二、举证义务的承担与转换

（一）举证义务的承担

举证义务由提出申诉主张的当事人承担，即由申诉人承担。

在民事诉讼中，举证责任由原告承担，在行政案件中，举证责任由被告承担。在民事、行政申诉案件中，当事人不论任何一方向检察机关申诉，举证义务不受《民事诉讼法》、《行政诉讼法》上述规定的影响，无论是原告申诉，还是被告申诉，一律由申诉人承担。

申诉人负担举证义务的证明范围，应当是自己的申诉主张。申诉主张，不应当是申诉人对自己实体权利的主张，而是认为法院已经发生法律效力的判决、裁定确有错误的主张。这种诉讼主张，应当符合《民事诉讼法》第185条规定的4项内容之一，即：（1）原判决、裁定认定事实的主要证据不足的；（2）原判决、裁定适用法律确有错误的；（3）人民法院违反法定程序，可能影响案件正确判决、裁定的；（4）审判人员在审理该案件时有贪污受贿、徇私舞弊、枉法裁判行为的；或者符合《行政诉讼法》第64条规定的内容，即已经发生法律效力的判决、裁定适用法律法规确有错误。

申诉人提出上述4项内容的一项或数项作为自己的申诉主张，应当提供证据，证明其成立。

承担举证义务的当事人，对于自己的申诉主张，应当提供足够的证据证明，检察机关认为其举证不足属于主观原因的，可以责令继续举证。

为了保证申诉人正确履行举证义务，当事人应当在申诉时，委托律师或者其他具有法律知识的人作为申诉代理人，代理申诉人向检察机关提供证据。

（二）举证义务的转换

在民事诉讼中，有举证责任转换的问题，即举证责任由原告承担，当被告提出积极的诉讼主张时，应承担举证责任，即举证责任由原告转移给被告；如果被告持消极的否定主张，即单纯地反驳原告的诉讼主张，则不承担举证责任，但有权提供证据，证明自己的反驳主张成立。

在民事、行政申诉案件中，举证义务亦有转换的问题。

举证义务由申诉人承担,这是举证义务承担的原则。如果对方当事人即被申诉人提出的申诉主张不是消极的反驳主张,而是积极的肯定主张,则应承担举证义务,应当在提出肯定主张的时候,予以举证证明,证明不足或证明不能,检察机关亦不能查证确认者,对该肯定的申诉主张不予认定。

对于消极的否定主张,并非主张的当事人一律不得举证。这是因为,当事人向检察机关申诉,有提供证据的权利。这种权利,当事人可以自由行使。当申诉人或对方当事人提出消极的主张,自己愿意提供证据加以证明时,应当允许和鼓励,但不能将此举证权利改变为义务,令当事人必须举证。

在民事诉讼和行政诉讼中,法律规定由被告举证的,在当事人向检察机关申诉时,应当如何确定举证义务,是值得研究的。

在行政诉讼中,举证责任本来就是由被告承担,当被告向检察机关申诉时,应当承担举证义务;当原告向检察机关申诉时,也应当承担举证义务,但被告反驳原告的申诉主张时,也应当承担举证义务。

在民事诉讼中,法律规定被告举证的情况,称之为举证责任倒置,主要适用于侵权诉讼和违约诉讼等具体情形:(1)在侵权诉讼中适用过错推定原则归责的情形,被告主张自己无过错的;(2)在侵权诉讼中适用无过错责任原则归责情形,被告主张损害是由原告或第三人的过错发生的;(3)在侵权诉讼中适用推定因果关系确定侵权责任,被告主张自己的行为与损害后果无因果关系的;(4)法律规定其他应当由民事被告举证证明的。

对于这些举证责任倒置的案件,法院裁判发生法律效力之后,当事人一方申诉的,如果是原告申诉,应当承担举证义务;如果是被告申诉,亦应当承担举证义务;但被告反驳原告的申诉主张,涉及被告承担举证责任的那一部分事实,仍应当由被告承担举证义务。

三、当事人无须举证的事实

在诉讼中,当事人对其主张的某些事实,可以不必提供证据证明,通常称作不要证事实。内容包括:(1)当事人一方对另一方当事人陈述的案件事实和提出的诉讼请求,明示承认的;(2)众所周知的事实和自然规律及定理;(3)根据法律规定或已知事实,能推定出的另一事实;(4)已为人民法院发生法律效力的裁决所确定的事实;(5)已为有效公证书所证明的事实。

对于这些事实,在民事诉讼和行政诉讼中,均无须举证证明。当事人向检察机关申诉,当涉及这些事实时,应当这样处理:

第一,当事人否认法院对上述事实认定的真实性的,应当举证证明自己的主张。

比如，法院以有效的公证书所证明的事实认定为案件事实，当事人认为该公证书所证明的事实为错误的；法院以另一当事人明示承认作为认定案件事实依据，而该承认确为虚假，如当事人系受强制、胁迫或有重大误解而承认的等，均应举证证明，以确定法院的认定是否确有错误。

第二，当事人在申诉中提出的事实属于不要证事实，如果确属不要证事实的范围，又没有相反的证据证明其为不真实，可以免除当事人的举证义务，而按其主张作为事实依据，审查法院的判决、裁定是否正确。在一般情况下，检察机关对于不要证事实不必进行查证，但对其真实性没有把握的，可以进行核对。

第二节 检察机关在民事行政检察中的调查

一、检察机关在审查民事行政案件中调查的必要性

检察机关在民事、行政案件的审查过程中，究竟有没有调查权，在理论上和实践上都有争论。主要有两种观点：

一种观点认为，检察机关是负有法律监督职能的司法机关，在审查案件的过程中当然有调查权。检察机关可以依照自己的职权和审查案件的需要，决定是否进行调查，怎样调查，对谁进行调查。

另一观点认为，民事诉讼和行政诉讼与刑事诉讼不同，证据是当事人负责举证的，司法机关不应当利用职权进行调查；同时，检察机关在民事诉讼和行政诉讼中的地位也与在刑事诉讼中的地位不同，不是诉讼的提起者，不负有举证责任，只是负责对已发生法律效力的判决、裁定进行监督，因此不应当享有调查权。

对于这个问题应当进行分析，不能一概而论。我们认为，检察机关要有调查的权力，但是调查权又不能滥用。

首先，检察机关在审查民事、行政案件的过程中，应当有调查权。这是基于检察机关的性质决定的。虽然按照现行法律规定，检察机关在民事诉讼和行政诉讼中不是当事人，而是法律监督机关。根据检察机关的这种职能，在为了证明自己抗诉确有依据时，可以提供自己调查取得的证据。如果检察机关没有调查权，当事人自己对有些证据又无法调取，就无法证明法院的判决、裁定是否正确，也就无法行使监督权。检察机关只有享有调查权，在当事人无法证

明，法院也没有依照职权进行调查查明的情况下，才能够依照自己的权力进行调查，查明事实真相，证明法院的判决、裁定是否正确，决定是否抗诉。

其次，检察机关在审查民事、行政案件的时候，尽量不作调查或者少作调查，即对调查权应当慎用。这是因为，检察机关进行调查就要取证，这将在诉讼中出现两个后果：一是在再审中，检察机关出具证据，就要在再审法庭上进行质证，因为没有经过质证的证据，不能作为认定案件事实的证据使用。检察机关既然出具证据，当事人就要进行质证，这就必然要和当事人发生交锋。这样，就与检察机关监督者的身份和地位相矛盾。不作调查或者少作调查，就会尽量减少这种矛盾。二是，当事人在诉讼中进行诉辩，地位平等，检察机关参与调查，在法庭上提供证据，必然对一方当事人有利而对另一方不利，因而会影响当事人之间的平衡关系。因此，检察机关在民事、行政诉讼中，应当慎用调查权，不到万不得已不使用这一权力。

二、检察机关查证的范围

检察机关对于民事、行政申诉案件的证明，尽管也分成当事人举证和自己查证，但是在很多方面与诉讼过程中的证明是不同的：其一，当事人对自己提出的申诉主张，有义务提供证据，而不是有责任提供证据。其二，检察机关的查证范围，应当比法院的查证范围更宽。

根据最高人民法院《关于适用〈中华人民共和国民事诉讼法〉若干问题的意见》第73条的规定，人民法院的查证范围，包括4项：一是当事人及其诉讼代理人因客观原因不能自行收集的；二是人民法院认为需要鉴定、勘验的；三是当事人提供的证据互相有矛盾、无法认定的；四是人民法院认为应当由自己收集的其他证据。

检察机关的查证范围，包括这4项内容，不过其中第4项，可以有更宽的理解。除此之外，检察机关还可以就法院据以定案的证据进行复核，以确定发生法律效力的判决、裁定是否确有错误。

检察机关的查证范围之所以比法院的查证范围更宽，是因为检察机关与法院的职能作用不同。人民法院是审判机关，是当事人双方纠纷的裁判者，其职能是评断双方当事人之间的是非，且可以在法庭审理中，由双方当事人举证、质证，可以认定证据是否可以采信，据以证明当事人争议的纠纷事实。检察机关的职能不在于对当事人纠纷的评断，而在于对法院裁定、判决的正确性、公正性以及适用法律是否正确进行法律监督。其目的是证明法院的判决、裁定是否确有错误。因而在当事人举证的基础上，可以不受当事人举证范围和申诉请求的限制，进行必要的查证。

应当注意的是，民事、行政申诉案件的证明不受庭审空间的限制。法院审理活动，主要的场所是法庭，基本的证明活动在法庭审理过程中解决。检察机关处理民事、行政申诉案件，证明活动完全是在庭外，不受庭审空间、时间的限制，因而给予检察机关的查证以更大的自由。

正因为这样，检察机关在办理民事行政申诉案件时，一方面，应当强调当事人的举证义务，以充分发挥当事人的举证积极性，节省检察机关的人力、物力、财力和时间；另一方面，检察机关也应当运用自己的职权，在认为有必要的时候，自己进行各种必要的查证、核实工作，尤其是在当事人举证与判决、裁定采信的证据相矛盾的时候，进行调查、核实，为最终审查法院的判决、裁定是否正确，奠定坚实的事实基础。

应当强调指出的是，检察机关的查证工作，对于民事、行政申诉案件而言，并非一律都可进行。立案以后，检察机关首先要进行的是对原审法院案卷材料中的证据进行审查，据此决定是否需要进行查证。检察机关的查证应因案而异，根据案件的具体情况，决定是否需要查证。对于判决、裁定所依据的证据充分、真实，与当事人的举证不矛盾，或者虽有矛盾但当事人的举证不能推翻原有证据的，以及判决、裁定所依据的证据不足或证据失实，足以使原判发生错误的，均可不必进行查证，而直接进行处理。

第三节　民事行政检察证据审查的方法和步骤

一、公开审查程序的概念和内容

1999年5月，最高人民检察院印发了《民事行政抗诉案件公开审查试行规则》，要求检察机关在办理民事、行政抗诉案件中，要试行公开审查程序，对案件进行公开审查，并且将这一制度作为深化检务公开的一种措施，认真抓好落实。

公开审查的基本要求是审查公开进行，不仅对当事人公开，还要对社会公开，群众愿意参加旁听的，经过批准还可以参加旁听。这样，就将检察机关对民事案件和行政案件的审查过程公之于众，公之于社会，接受社会的监督，接受当事人的监督。在这样严格的监督下，能够保证审查依法进行，防止在办案中出现腐败现象。

公开审查程序的基本内容是：三个公开、两种方式、一个目的。

所谓三个公开,是指立案公开、审查公开、审查结论公开。在三个公开中,审查公开是其核心。立案公开要求通知双方当事人已经立案的情况。审查结论公开就是抗诉不抗诉要公开,要对当事人公开,对法院公开。

所谓两种方式,是指听取当事人陈述的两种方式:同时听取双方当事人陈述和分别听取当事人陈述。实践中,可以根据不同情况分别适用。有人认为这样是给自己套枷锁,不好做到。其实,这样操作有很大弹性,既可坚持原则,又不会增加太多负担。不听取当事人陈述不能全面而深入地了解案情。因此,听取当事人陈述是一个必需的程序。

所谓一个目的就是保障司法公正。一是从办案程序上保障司法公正。如程序不公正,实体要受影响。检察机关是法律监督机关,审查程序也要合法。二是掌握好抗诉条件,通过公开审查,保证在实体上实现司法公正。

二、审查公开的含义

审查公开的含义是,对民事、行政案件的审查活动要公开进行。首先,审查要对当事人,不能只听申诉人一方的意见,只对申诉人一方公开,而是要对案件的所有当事人公开,要求所有的当事人都参加审查活动,知道审查进行的情况。其次,审查活动要向社会公开,与案件有关的人要求旁听检察机关的审查活动,检察机关应当准许。

三、公开审查的方法

(一)分别听取当事人陈述

公开审查的第一种方法,是分别听取当事人的陈述。公开审查的核心,是审查公开,就是要听取双方当事人的陈述。分别听取当事人的陈述,就是在承办案件的检察官的主持下,对双方当事人分别听取其对法院生效判决或者裁定的意见,如果当事人对自己的申诉主张或者申诉反驳有相应的证据,可以提供给检察官,由检察官进行审查。

分别听取当事人的陈述,在操作上与询问当事人相似。在书记员的配合下,由检察官主持,对当事人进行分别询问,由当事人进行陈述和说明,书记员做好笔录。对一方当事人进行询问之后,再对另一方当事人进行询问,听取当事人的陈述。然后,检察官根据双方当事人的陈述情况,以及提供的证据,对案件进行综合分析,最后决定对案件的处理。

如果案件有第三人或者其他诉讼参与人的,如果第三人有当事人的资格,应当听取其陈述。案件的判决、裁定原来没有列其为第三人，但是该人认为自己具有第三人的地位，应当参加进诉讼中来，而法院没有予以准许，现在又进行申诉的，应当听取其陈述。其他诉讼参与人是否要听取其陈述，则根据审查案件的需要决定，不必都听取其陈述。

（二）同时听取当事人陈述

同时听取当事人的陈述，就是通知双方当事人到检察机关，由检察官主持，当事人当面进行陈述，提供证据，可以进行反驳，通过这种形式，检察官对案件是否具有《民事诉讼法》第185条和《行政诉讼法》第64条规定的抗诉条件进行审查。

同时听取当事人的陈述，使检察官在审查案件的时候，有了一个双方当事人进行交锋的机会，当事人可以面对面地说明案情，对案件适用法律的情况说明意见，同时，当事人可以向检察官出示证据，进行质证，给检察官审查案件提供了一个公正、全面、直接的机会，因而可以全面感受案情，对案件进行审查，从而保证检察官对案件的审查公正和全面。

四、同时听取当事人陈述的步骤

同时听取当事人陈述，是检察机关审查民事行政案件的新要求，缺乏经验，较难操作。

对此，最高人民检察院民事行政检察厅拟定了《检察机关民事行政抗诉案件公开审查听取当事人陈述示范规程》，供民事行政检察部门在公开审查案件时参考。

按照该示范规程的要求，检察机关同时听取当事人陈述，可以分为四个阶段：

第一阶段，是陈述准备阶段。这个阶段是公开审查听取当事人陈述之前的准备阶段，具体工作是由书记员进行。书记员工作的主要内容，是查清当事人是否到会，当事人的身份是否真实。查清之后，要向当事人和参加旁听的人宣布纪律。在做完这些工作之后，书记员向主持听取当事人陈述的检察官报告。

第二阶段，是告知权利和义务阶段。在这一阶段，主要任务是告知当事人在检察官听取当事人陈述中的权利和义务，说明公开审查的对象和内容，以及当事人陈述的规则。主持听取当事人陈述的检察官应当首先说明听取当事人陈述的法律依据，宣布主持审查的检察官的姓名，书记员的姓名。然后，宣布当事人在陈述中的权利和义务，询问当事人对主持审查的检察官以及书记员是否有回避的要求，如果对主持审查的检察官有申请回避的要求，应当按照规定，报告检察长决定是否回避。对书记员的回避,则由主持审查的检察官决定。最后,检察官宣布陈述的规则。

第三阶段,是实体陈述阶段。这一阶段是公开审查听取当事人陈述的核心阶段。检察官通过当事人的实体陈述,对已经发生法律效力的民事、行政判决、裁定在认定事实上、适用法律上以及审判程序上是否存在错误进行审查。

第三阶段的实体审查,一般分为五个层次:(1)宣读判决书;(2)申诉人陈述申诉主张的要点,对方当事人陈述申诉反驳的要点;(3)当事人对判决书认定的案件事实陈述意见;(4)当事人对判决书或者裁定书适用法律进行陈述;(5)当事人对法院审判该案件的程序进行陈述。检察官可以根据案件的具体情况,有针对性地进行,选择后三项中的程序进行。例如,当事人只对判决书、裁定书认定事实或者适用法律提出申诉的,则可以针对该问题进行陈述。在听取陈述中,检察官应当抓住主要问题,掌握当事人申诉主张和申诉反驳的争议要点,发挥询问的主动性,以听为主,辅之以适当的询问,达到公开审查的目的。尤其是对认定事实的争议,要组织好当事人陈述,审查双方当事人提供的证据,进行质证,使检察官对事实有正确的认定。

第四阶段,是陈述结束。检察官对案件的审查不表明态度,不说明本案是否抗诉,只宣布听取当事人陈述结束,审查结果另行通知,然后组织当事人核对当事人陈述笔录,核对后由当事人签字或者盖章。

五、适用公开审查程序应注意的问题

(一)同时听取当事人陈述的形式问题

公开审查同时听取当事人的陈述,究竟采用什么形式,是圆桌形式,还是法庭形式?经过实践,还是不要搞成法庭形式为宜,以免当事人有到检察院开庭的错觉。圆桌形式不易与法庭混淆,虽然看起来不够严肃,但感觉比较好。总之,不要拘泥于形式,不要太严肃。

(二)公开审查听取当事人陈述的方式问题

其具体方式,应当是以听为主,以问为辅,以查为补。光听不问,不能发挥检察官的作用,不利于查清案件事实。检察官在听和问的时候,不要表态,关键的是在听取陈述的过程中形成自己的确信,在集体研究案件时再作决定。

(三)关于审查期间问题

如果在规定的期间内,对案件不能审查完毕,可以报请延长。在审查中注意不要把案件的审查程序搞得过于复杂。应当实行主诉检察官制度,提高办案效率。总之,民行审查只是引起再审程序,不是终局决定。无论是与法院还是与刑事案件起诉相比,均无必要把民行审查搞得过于复杂。

(四)送达问题

送达是对当事人,不是对上级机关和下级机关。有的检察院在对上级检察官移送案卷的时候,也用送达回证,实属不当。对当事人的送达不了,要不要公告送达?法院的送达有一个法律后果,检察机关的送达则没有这种结果,所以没有必要公告送达。